# LE GRAND LIVRE DU
# WOK

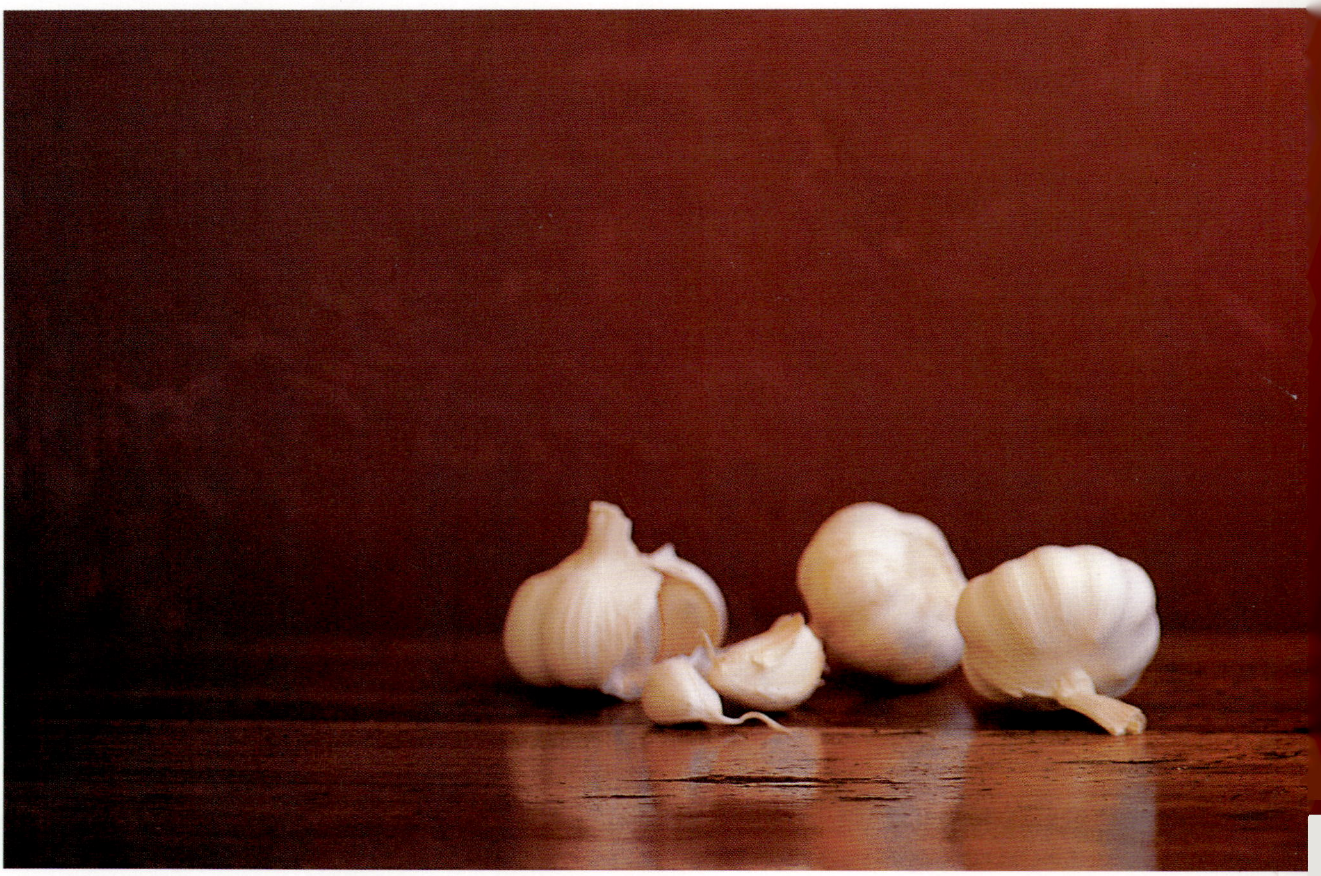

# LE GRAND LIVRE DU
# WOK

FIOREDITIONS

© Copyright 2002 pour l'édition originale
Murdoch Books®, un département de Murdoch Magazines Pty Ltd.

Murdoch Books® Australia
GPO Box 1203
Sydney NSW 2001
Tél. : + 61 (0) 2 8220 2000
Fax: : + 61 (0) 2 8220 2020

Murdoch Books UK Limited
Ferry House
51-57 Lacy Road
Putney, Londres SW15 1PR
Tél. : + 44 (0) 20 8355 1480
Fax : + 44 (0) 20 8355 1499

© Copyright 2003 pour l'édition française

**FIOREDITIONS**

Via Cassia, 1136
00189 Rome - Italie
Tél. : + 39 (0)6 30 36 28 98
Fax : + 39 (0)6 30 36 14 13

Réalisation : InTexte Édition, Toulouse
Traduction de l'anglais : Virginie Clamens, Anaïs Duchet, Sophie Guyon,
Christine Liabeuf, Christophe Sagniez, Claire Thibault,

ISBN 88-7525-000-6

IMPRIMEUR
Printed in China by Leefung-Asco Printers Limited

Tous droits réservés. Aucune partie de ce livre ne peut être reproduite, stockée ou transmise
par quelque moyen électronique, mécanique, de reprographie, d'enregistrement
ou autres que ce soit sans l'accord préalable de l'éditeur.

---

NIVEAU DE DIFFICULTÉ : Lorsqu'on teste une recette, on évalue au préalable
son niveau de difficulté. Dans ce livre, nous avons utilisé les notations suivantes :
☆ Une étoile indique que la recette est simple et rapide à préparer ; elle est parfaite pour les débutants.
☆☆ Deux étoiles indiquent que la recette nécessite un peu plus d'attention ou un peu plus de temps.
☆☆☆ Trois étoiles désignent un plat particulier, nécessitant plus de temps, d'attention et de patience,
mais le résultat en vaut toujours la peine. En suivant scrupuleusement les instructions,
même les débutants peuvent préparer ces plats.

---

IMPORTANT
Les personnes susceptibles de redouter les conséquences d'une éventuelle salmonellose
(personnes âgées, femmes enceintes, jeunes enfants et personnes souffrant d'une déficience immunitaire)
doivent demander l'avis de leur médecin avant de consommer des œufs crus.

# LE WOK

Cet ouvrage présente les infinies ressources du wok, cet ustensile « tout en un », que l'on peut utiliser aussi bien comme un fait-tout, une sauteuse, un autocuiseur ou une friteuse. À première vue, le wok pourrait presque paraître impressionnant – comment un seul objet peut-il avoir autant de fonctions différentes ? Vous comprendrez en lisant ce livre. Chaque chapitre présente une utilisation différente du wok, pour préparer des soupes, des currys, faire sauter, frire ou cuire à la vapeur. Tous les chapitres commencent par une introduction expliquant comment un wok peut être autocuiseur un jour et sauteuse le lendemain. Vous pouvez choisir de maîtriser ces différentes techniques les unes après les autres ou les expérimenter toutes en même temps. Quelle que soit votre méthode, vous allez découvrir de délicieuses recettes venues d'Asie qui ont toutes un point commun : le wok.

# SOMMAIRE

| | |
|---|---|
| La cuisine au wok | 8 |
| Ingrédients asiatiques | 10 |
| Nouilles et riz | 16 |
| Produits frais | 18 |
| Soupes | 20 |
| Currys et plats asiatiques | 52 |
| Sautés | 100 |
| Friture | 224 |
| Cuisson à la vapeur | 262 |
| Index | 296 |

## PAGES THÉMATIQUES

| | |
|---|---|
| SOUPES | 22 |
| L'ART DU CURRY ET DU PLAT PRINCIPAL | 54 |
| PÂTES DE CURRY THAÏES | 56 |
| ASSORTIMENT DE PÂTES DE CURRY | 58 |
| RIZ PARFUMÉS | 72 |
| ACCOMPAGNEMENTS | 86 |
| L'ART DU SAUTÉ | 102 |
| RIZ FRIT | 178 |
| L'ART DE LA FRITURE | 226 |
| YUM CHA | 246 |
| CUIRE À LA VAPEUR | 264 |

# LA CUISINE AU WOK

Le wok est, depuis plusieurs siècles, un ustensile indispensable dans les cuisines asiatiques. Le succès grandissant de cette gastronomie venue d'Asie lui a permis de s'imposer partout dans le monde.

## PRÉPARATION DU WOK

Une fine couche d'apprêt protège les wok en acier au carbone contre la rouille.

Faites bouillir de l'eau et du bicarbonate de soude, puis éliminez cette couche à l'aide d'un tampon à récurer.

Pour graisser le wok, placez-le sur un feu vif. Imbibez du papier absorbant d'huile et passez-le sur la surface.

Le wok noircit lorsque vous le graissez et fonce à mesure que vous l'utilisez. Au fil du temps, il développera un revêtement antiadhésif.

Les woks ont pour principe de cuire les aliments le plus près possible de la source de chaleur. Conçus à une époque où le combustible était rare, ils ont peu changé au fil des siècles, car leur forme et leur matériau permettent d'absorber la chaleur, de la retenir et de la transmettre rapidement à toute la surface.

Le wok offre un mode de cuisson rapide et sain. La rapidité de la cuisson compense le temps passé à la préparation et à l'organisation (les sautés en sont un bon exemple). La grande surface du wok permettant de réduire la quantité d'huile nécessaire à la cuisson, la cuisine au wok est réputée bénéfique pour la santé. En outre, la cuisson rapide des sautés et des plats cuits à la vapeur préserve la qualité nutritionnelle des ingrédients.

### MODÈLES DE WOK

Tous les modèles de woks ont à peu près la même forme mais peuvent légèrement différer, par exemple en termes de taille. Pour une utilisation domestique, un wok de 30 à 35 cm de diamètre est idéal, car il est plus facile de cuisiner de petites quantités dans un grand wok que l'inverse.

Certains woks sont pourvus d'anses latérales, d'autres d'un manche. Les woks à deux poignées sont plus stables, ce qui est pratique pour la cuisson à la vapeur ou la friture, tandis que les woks à manche sont plus fonctionnels pour faire sauter les aliments ; vous pouvez en effet tenir le wok d'une main et la spatule de l'autre pour remuer constamment la préparation, ce qui est la base de cette technique de cuisson.

Les woks peuvent avoir un fond plat ou convexe. Les woks à fond arrondi sont les plus adaptés à la cuisson au gaz, car vous pouvez régler les flammes afin qu'elles soient suffisamment hautes pour chauffer tout l'extérieur du wok. Un socle augmente la stabilité du wok sur la plaque de cuisson. Les woks à fond plat conviennent mieux aux plaques électriques, car ils permettent un contact permanent avec la source de chaleur.

### CHOIX DU MATÉRIEL

À l'origine, les woks étaient en fonte et certains leur restent fidèles, car la fonte retient bien la chaleur. Cependant, ce modèle est très lourd et ne convient donc pas à tout le monde.

Beaucoup d'autres matériaux sont actuellement disponibles. Le plus courant dans les pays asiatiques est l'acier au carbone léger. Il permet de saisir parfaitement et donne un arôme particulier, surtout lors de la cuisson au gaz. L'inox est également répandu, mais il ne conduit pas bien la chaleur, à moins d'être enserré dans deux couches d'un autre métal conducteur, tel que l'aluminium. Les woks à revêtement antiadhésif font également l'unanimité ; ils sont faciles à nettoyer et nécessitent très peu d'huile. Cependant, nombre de fabricants d'ustensiles de cuisine à revêtement antiadhésif déconseillent l'utilisation de leurs produits à feu vif, alors qu'il s'agit de l'une des conditions indispensables au sauté. Certains nouveaux woks à revêtement antiadhésif anodisé résistent à des températures élevées, mais il est préférable de vérifier auprès du fabricant. Le wok électrique est une alternative, mais certains modèles n'atteignent pas des températures suffisamment élevées ; veillez à choisir la bonne puissance.

### VIEILLISSEMENT DU WOK

Les woks en acier au carbone de nouvelle génération doivent être vieillis avant la première utilisation pour éliminer le revêtement antirouille. Cette procédure n'est pas nécessaire pour les woks en inox, en fonte ou à revêtement antiadhésif.

Pour vieillir un wok en acier au carbone, placez-le sur la plaque de cuisson, remplissez-le d'eau froide et ajoutez 2 cuillères à soupe de bicarbonate de soude. Portez à ébullition et laissez bouillir pendant 15 minutes. Videz le wok, puis éliminez le revêtement à l'aide d'un tampon à récurer ; répétez le processus jusqu'à élimination complète du revêtement. Rincez et séchez soigneusement le wok. Placez-le sur un feu vif, imbibez du papier absorbant d'huile d'arachide ou autre et frottez-le sur toute la surface intérieure du wok. Vous pouvez vous aider de longues pinces. Réduisez le feu et laissez chauffer 15 minutes, pour que le wok absorbe l'huile. Répétez l'opération juste avant la première utilisation du wok.

# LA CUISINE AU WOK

À la longue, une couche antiadhésive se forme. Les woks en acier au carbone prennent au fil du temps une couleur marron foncé ; c'est normal et même souhaitable. En effet, avec la chaleur, cette pellicule cuit dans le wok et donne à la nourriture l'arôme fumé caractéristique de la cuisson au wok. Pour beaucoup, cet arôme du wok est la marque de l'authentique sauté asiatique.

## ENTRETIEN

Les woks en fonte, en inox ou à revêtement antiadhésif doivent être traités comme les autres ustensiles composés de ces mêmes matériaux. Pour un wok en acier, une fois qu'il a refroidi, nettoyez-le à l'eau chaude à l'aide d'une brosse douce ou d'un chiffon. Veillez à bien le sécher avant de le ranger. Nombre de cuisiniers asiatiques placent le wok propre sur un feu doux 1 à 2 minutes pour s'assurer qu'il sera bien sec. Afin de les conserver en bon état, pensez à badigeonner les woks en acier d'une fine couche d'huile avant de les ranger.

Un wok en acier vieilli correctement a rarement besoin d'être récuré à l'aide d'un matériau abrasif. L'extérieur, en revanche, peut avoir besoin d'un bon récurage de temps en temps. Évitez dans la mesure du possible d'employer des détergents, car ils endommagent la couche protectrice due au vieillissement. Si vous faites brûler un aliment dans le wok, vous aurez peut-être besoin d'un détergent et même d'un morceau de paille de fer fine pour le nettoyer. Vous devrez le vieillir à nouveau.

## ACCESSOIRES POUR LA CUISINE AU WOK

Les outils présentés dans l'illustration ci-contre sont utiles pour cuisiner avec un wok mais ne seront pas tous indispensables.

- Si vous faites beaucoup de sautés, vous aurez absolument besoin d'une pelle particulière, idéale pour soulever et remuer les aliments lors de la cuisson.
- Le couvercle empêche l'évaporation pendant la cuisson des soupes, currys et ragoûts. Il sert aussi pour cuisiner les aliments à la vapeur si vous ne disposez pas d'un panier à étuver en bambou avec couvercle. Vérifiez avant d'acheter un wok qu'il dispose d'un couvercle.
- Une écumoire à friture est utile pour attraper et égoutter les aliments frits. Ces écumoires, dites « araignées », existent en plusieurs tailles. Une paire de longues baguettes est également utile pour retourner les aliments en cours de cuisson.
- Les paniers à étuver en bambou sont utiles pour la cuisson de certains aliments. Vous pouvez les servir à table tels quels. Il est préférable de les chemiser de papier sulfurisé ou de feuilles de bananier pour empêcher les aliments de tomber dans le wok.
- Un couperet (couteau à large lame) est indispensable pour couper tous les ingrédients à faire revenir.
- Le rouleau à pâtisserie fin est parfait pour préparer les raviolis. Vous pouvez aussi utiliser un rouleau classique.

LE GRAND LIVRE DU WOK

# INGRÉDIENTS ASIATIQUES

### POUSSES DE BAMBOU
Jeunes pousses comestibles de certaines variétés de bambou, cueillies juste après leur apparition. Les pousses de bambou fraîches sont difficiles à trouver et doivent être pelées et blanchies 5 minutes avant utilisation pour diminuer leur amertume.
Les pousses de bambou en bocal ou en boîte se trouvent en grandes surfaces ou dans les épiceries asiatiques.

### SAUCES & PÂTES AUX HARICOTS
Les Chinois utilisent les pâtes de soja, à base de haricots de soja jaune ou noir, fermentées et salées, pour aromatiser les aliments. La pâte de soja sous toutes ses formes se trouve dans les supermarchés. Les étiquettes, variant énormément, ne facilitent pas la distinction entre les différentes variétés.

La différence entre la sauce de soja noire, la sauce aux haricots brune et la sauce aux haricots jaune (*voir* ci-après) est si infime que vous pouvez les utiliser indifféremment sans affecter la saveur d'une recette.

**La sauce de soja noire** est à base de purée de haricots de soja noir fermentés, aromatisée de sauce de soja, de sucre, de sel et d'épices. Certaines contiennent aussi du piment, du gingembre ou de l'ail.

**La sauce ou pâte aux haricots brune** est aussi désignée sous le nom de sauce aux haricots jaune, mais elle est différente de la sauce aux haricots jaune d'Asie du Sud-Est : elle est plus foncée, plus épaisse et riche. Faite à partir de haricots de soja jaune moulus ou écrasés après avoir été salés et fermentés, elle a une saveur aigre-douce et se conserve très longtemps. Elle est souvent vendue sous forme de purée onctueuse, mais certaines marques y ajoutent des haricots de soja entiers, ce qui la rend plus épaisse.

**La sauce aux haricots jaune** est différente de la variété chinoise du même nom (*voir* la sauce aux haricots brune ci-dessus). La version d'Asie du Sud-Est est également à base de haricots de soja jaune salés et fermentés, mais elle est plus liquide et plus pâle. En Malaisie, on l'appelle *taucheo* et en Thaïlande, *tao jiew* ; elles sont interchangeables. Dans nos recettes « sauce aux haricots jaune » fait référence à l'une de ces deux sauces plutôt qu'à la sauce chinoise.

**La pâte de soja pimentée** (*toban jiang*) est originaire de la province chinoise du Séchouan. Elle ressemble à la sauce aux haricots brune, mais elle contient des piments. Elle est donc beaucoup plus piquante. Elle est souvent à base de haricots moulus plutôt que de haricots de soja.

### FARINE DE POIS CHICHE
La farine de pois chiche, aussi appelée besan, est souvent utilisée dans la gastronomie indienne. Elle apporte une texture et une saveur uniques et sert souvent d'épaississant dans les sauces et les pâtes à frire.

### HARICOTS NOIRS
Les haricots noirs sont des haricots de soja noir fermentés et très salés. Rincez-les avant utilisation. On les trouve en boîte ou en paquets. Les haricots en boîte étant plus salés, rincez-les bien avant utilisation. Les haricots noirs sous vide doivent être réhydratés dans de l'eau chaude et rincés avant utilisation. Une fois que le paquet est ouvert, conservez-le dans une boîte hermétique au réfrigérateur.

### CHAMPIGNONS NOIRS
On les trouve séchés et frais. Séchés, ils sont noirs et durs. Ils doivent tremper dans de l'eau chaude pour ramollir. Le pied dur doit être retiré.

### NOIX DE BANCOULE
Grosse noix de couleur crème dont la forme est proche de celle de la noix de macadamia. Elle n'est pas comestible crue car son huile est alors toxique. Elle est souvent rôtie, puis concassée et sert à épaissir et enrichir des currys et des sauces. Vous pouvez les remplacer par des noix de macadamia.

INGRÉDIENTS ASIATIQUES

### CARDAMOME
On les trouve sous forme de gousses et de graines ou en poudre. Les gousses, qui mesurent jusqu'à 1,5 cm de long, sont emballées sous vide avec des graines marron ou noires. Les graines aromatiques ont une saveur sucrée et épicée. Écrasez légèrement les gousses avant de les utiliser.

### FLOCONS DE PIMENT
Piments rouges séchés écrasés. On conserve les graines.

### PÂTE & CONFITURE DE PIMENT
On les trouve dans les épiceries asiatiques. Elles sont faites de tomate, oignon, sucre, piment, huile, tamarin, épices, vinaigre, ail et sel. Les végétariens doivent vérifier que la marque que vous achetez ne contient pas de pâte de crevettes. Dans les recettes de ce livre, les deux types sont interchangeables.

### POUDRE DE PIMENT
À base de piments rouges séchés, cette poudre peut varier de doux à fort. Vous pouvez la remplacer par des flocons de piment, mais pas par de la poudre de piment mexicaine, car cette dernière, mélangée à du cumin, a une saveur très différente.

### PORC LAQUÉ CHINOIS
(*char siu*) Filet de porc mariné dans un mélange de sauce de soja, de poudre de cinq-épices et de sucre, puis grillé au barbecue. On le trouve dans les épiceries chinoises.

### VIN DE RIZ CHINOIS
Vin de riz fermenté à la saveur prononcée, douceâtre, semblable au xérès sec. Ambré, il est fait à partir de riz gluant à Shaosing, dans le Sud de la Chine.

### CRÈME & LAIT DE COCO
Tous deux proviennent de la chair de noix de coco fraîche. La crème, pressée en premier, est plus épaisse que le lait. Le lait, extrait une fois que la crème a été pressée, est plus liquide et sa teneur en graisse moindre. La qualité et la consistance des produits commercialisés varient d'une marque à l'autre. La crème de coco est souvent vendue séparément du lait, mais tous les laits de coco, si on leur en laisse le temps, se séparent et la crème remonte alors à la surface.

### ÉCHALOTES FRITES SÉCHÉES
Souvent utilisées en garniture en Asie du Sud-Est, ce sont de petites échalotes rouges émincées et revenues jusqu'à ce qu'elles soient dorées. On les trouve dans les épiceries asiatiques en paquet ou en boîte. Conservez-les au congélateur pour que l'huile ne devienne pas rance.

### CUMIN
Ces petites graines aromatiques brun pâle ont un arôme prononcé et chaleureux. En poudre, le cumin est un composant essentiel des mélanges d'épices. Le cumin noir, plus petit et plus sombre que le cumin courant, a un goût plus sucré.

## DASHI

À base de varech séché (*kombu*) et de poisson séché (*bonito*), le dashi se vend en granulés ou en poudre. Dissous dans de l'eau chaude, il constitue un bouillon japonais du même nom.

## CREVETTES SÉCHÉES

Ces petites crevettes séchées au soleil se vendent entières ou en morceaux, mais on les moud généralement avant utilisation. Certaines sont plus salées que d'autres ; si vous les trouvez trop salées, rincez-les avant utilisation.

## NUOC MAM

Sauce salée à forte odeur de poisson. De petits poissons sont placés dans des tonneaux en bois et salés : ils fermentent plusieurs mois. Le liquide brun qui s'écoule est le nuoc mam.

## POUDRE DE CINQ-ÉPICES

Mélange d'épices parfumé très utilisé. Il est composé de clous de girofle, d'anis étoilé, de grains de poivre du Séchouan, de fenouil et de cannelle. Utilisez-le parcimonieusement, car son goût pourrait masquer des saveurs plus subtiles.

## GARAM MASALA

Mélange d'épices généralement composé de cannelle, de poivre noir, de coriandre, de cumin, de cardamome, de clous de girofle et de macis ou de muscade. Il peut également ne contenir que des épices fortes ou seulement les plus aromatiques. Vous trouverez des mélanges déjà prêts dans le commerce, mais le garam masala frais est nettement meilleur (*voir* la recette page 75). À la différence des autres mélanges d'épices, on l'ajoute généralement en fin de cuisson.

## SAUCE HOISIN

La sauce hoisin est une sauce chinoise épaisse, douce et épicée, faite de haricots de soja, d'ail, de sucre et d'épices. On l'utilise pour cuisiner et comme accompagnement. Conservez le bocal ouvert au réfrigérateur.

## KECAP MANIS

Sauce de soja douce, épaisse et sombre utilisée dans la cuisine indonésienne et malaise, qui remplace le nuoc mam, utilisé dans une grande partie de l'Asie du Sud-Est. Si vous n'en trouvez pas, ajoutez un peu de sucre à de la sauce de soja.

## MIRIN

Alcool de riz doux utilisé surtout dans la cuisine japonaise pour les marinades, mais convient également pour les vinaigrettes et pour faire sauter les aliments.

## PÂTE MISO

Pâte à base de haricots de soja fermentés, utilisée dans les soupes, sauces et marinades japonaises. En général, plus la pâte est claire, plus son goût est doux. Elle varie du blanc au marron et au rouge, en passant par le jaune et le marron clair.

## GRAINES DE MOUTARDE

Les graines de moutarde noires, marron, jaunes et blanches sont

INGRÉDIENTS ASIATIQUES

des ingrédients courants dans nombre de currys. Les graines de moutardes sont frites avant d'être moulues, pour en libérer les huiles essentielles et rehausser leur arôme. Les graines noires et marron sont les plus petites et les plus fortes, alors que les jaunes et les blanches sont plus grosses et de saveur plus douce.

### FEUILLES DE NORI
C'est une algue qui flotte dans la mer au large du Japon, de la Chine et de la Corée. Elle est pressée en feuilles ressemblant à du papier, puis séchée. Sa couleur varie du vert au violet. C'est au Japon qu'on l'utilise pour faire les sushi.

### SAUCE D'HUÎTRE
Souvent utilisée dans la gastronomie cantonaise, la sauce d'huître est également utilisée dans les plats thaïs à influence chinoise. C'est une sauce riche, épaisse et salée, à base d'huîtres séchées, utilisée à la fois pour son arôme et pour sa couleur. On la trouve facilement dans les supermarchés ; conservez-la au réfrigérateur une fois ouverte. La sauce d'huître végétarienne a un goût semblable mais est faite exclusivement à base de champignons.

### SUCRE DE PALME
Sucre brun non raffiné provenant de la sève de palmier. Celle-ci est bouillie pour donner un épais sirop, puis versée dans des moules où elle sèche en forme de gâteau dense et lourd. Elle est souvent utilisée en Asie du Sud-Est, dans les plats sucrés mais aussi pour équilibrer les saveurs dans des plats salés. Grattez le gâteau à l'aide d'un couteau pour obtenir des grains de sucre. Vous le trouverez en bloc ou en pot dans les épiceries asiatiques. Le sucre de palme thaï est plus clair, tendre et raffiné que les versions indonésienne ou malaise.

### GINGEMBRE CONFIT
C'est l'un des ingrédients de base de la gastronomie japonaise. Son goût est très prononcé. Il existe une grande variété de gingembres confits sur le marché, vendus au naturel ou dans du vinaigre doux. Il accompagne souvent les sushi et sashimi. Il rafraîchit le palais.

### FARINE DE RIZ
Vendue fine, moyenne ou grossière pour différents emplois : comme liant et épaississant, pour les nouilles et la pâtisserie, et comme panure pour la friture. La farine de riz gluant s'utilise principalement dans les desserts.

### SAKÉ
Alcool à base de purée de riz cuite et fermentée. Son goût sec est proche de celui du xérès. On l'utilise comme bouillon de cuisson et, dans sa forme plus raffiné, comme boisson. On trouve du saké clair ou ambré.

### SAMBAL OELEK
Pâte épicée faite de piments rouges frais, émincés et mélangés à du sucre, du sel et du vinaigre ou tamarin. Elle sert de sauce ou d'accompagnement et peut remplacer les piments frais dans la plupart des recettes. Vous pouvez la conserver plusieurs mois au réfrigérateur si vous la couvrez. Vous en trouverez la recette à la page 87.

### HUILE DE SÉSAME
L'huile de sésame asiatique est une huile aromatique faite à partir de graines de sésame grillées. Il est préférable de l'acheter en petites quantités, car elle perd rapidement sa saveur. Il arrive qu'on la mélange à d'autres huiles pour faire sauter les aliments, mais elle est généralement ajoutée aux aliments en fin de cuisson ou comme assaisonnement. Utilisez-la avec parcimonie, car elle est forte en goût.

## PÂTE DE SÉSAME

À base de graines de sésame moulues. On la trouve en bocal dans les épiceries asiatiques. Elle remplace le beurre de cacahuètes.

## CHAMPIGNONS SHIITAKE (SÉCHÉS)

Plongez ces champignons à l'arôme caractéristique dans de l'eau bouillante salée 20 minutes avant utilisation. On les trouve également frais.

## PÂTE & SAUCE DE CREVETTE

Mélange âcre à base de crevettes fermentées. Elle peut être rose et liquide (vendue en bocal) ou solide (vendue en brique foncée). Conservez-la dans du film alimentaire et dans une boîte hermétique au réfrigérateur. Elle est frite ou rôtie avant utilisation.

## GRAINS DE POIVRE DU SÉCHOUAN

Épice chinoise faite à partir des baies rouges du clavalier et commercialisée entière ou en poudre. Son arôme est boisé et son arrière-goût fort et épicé. La poudre est souvent frite à sec pour en rehausser l'arôme.

## SAUCE DE SOJA

La sauce de soja provient de haricots de soja fermentés et salés. La gastronomie chinoise différencie la sauce de soja claire et épaisse, car elles ont une saveur et une utilisation différentes. Lorsqu'une recette ne précise pas le type de sauce à utiliser, il s'agit généralement de la claire, car c'est la plus vendue comme sauce générique. Utilisez dans la mesure du possible une marque de sauce japonaise pour les recettes japonaises et une chinoise pour les recettes chinoises.

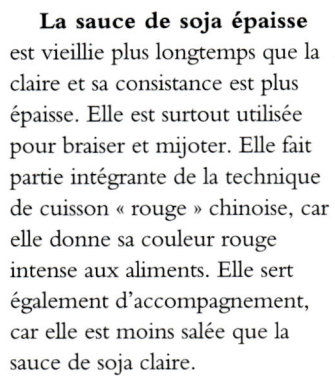

**La sauce de soja épaisse** est vieillie plus longtemps que la claire et sa consistance est plus épaisse. Elle est surtout utilisée pour braiser et mijoter. Elle fait partie intégrante de la technique de cuisson « rouge » chinoise, car elle donne sa couleur rouge intense aux aliments. Elle sert également d'accompagnement, car elle est moins salée que la sauce de soja claire.

**La sauce de soja claire** bien que plus claire et liquide que la sauce de soja épaisse, est plus salée et provient de la première presse des haricots de soja. Elle sert principalement à la cuisson, particulièrement dans les plats de poisson et de volaille, dans lesquels une couleur claire est préférable.

**La sauce de soja aux champignons** est une sauce de soja épaisse dans laquelle des champignons de paille séchés ont infusé.

**La sauce de soja japonaise** (*shoyu*) est une version plus claire et sucrée de la chinoise.

## ANIS ÉTOILÉ

Fruit chinois en forme d'étoile, composé de huit segments. Il est séché au soleil jusqu'à ce qu'il durcisse et devienne marron. Son arôme est fortement anisé et son goût l'est légèrement. Faites-le infuser entier pour confectionner des bouillons, soupes et sauces, et retirez-le avant de servir. L'anis étoilé est l'un des cinq ingrédients de la poudre de cinq-épices.

## CHAMPIGNONS DE PAILLE

Ces petits champignons ronds ont une teneur en protéines élevée. On les trouve frais en Asie du Sud-Est mais, dans la plupart des autres régions du monde, ils sont en boîte. Rincez-les et égouttez-les soigneusement avant de les utiliser. Ils sont très employés dans la gastronomie chinoise.

## TAMARI

Sauce de soja épaisse japonaise naturellement fermentée, à la saveur plus forte que la sauce de soja standard (shoyu). Même si le véritable tamari ne contient pas de blé, nombre de marques médiocres utilisent mal le nom. Vérifiez donc l'étiquette pour vous en assurer. On trouve souvent le tamari dans les magasins de diététique.

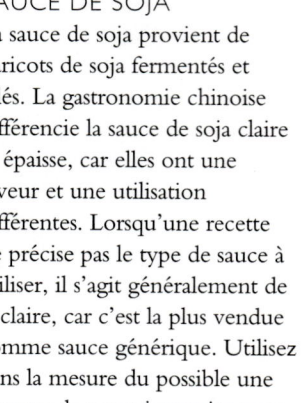

INGRÉDIENTS ASIATIQUES

## TAMARIN

Grande fève marron en forme de gousse à la saveur fruitée et acide. On la trouve sous la forme du fruit séché, d'un bloc de pulpe pressée (contenant généralement des pépins), de purée ou de concentré. On l'ajoute souvent à la cuisson sous forme d'eau de tamarin. Elle donne un arôme doux-amer.

## TOFU

Le tofu est fait à partir de haricots de soja jaune trempés, moulus, mélangés à de l'eau, puis cuits longtemps, jusqu'à ce qu'ils forment une masse solide.

**Le tofu ferme** est plutôt tendre, mais conserve sa forme pendant la cuisson. Il est idéal pour la friture, la marinade et la cuisson au four.

**Le tofu mou** est légèrement plus ferme que le tofu silken et reste mieux en forme. Il est idéal pour les soupes.

**Les cubes de tofu** à la texture aérée sont cuits dans une friteuse. Ils sont idéaux pour les sautés, les curry et les soupes.

**Le tofu silken**, doté d'une texture lisse et soyeuse, est semblable à la crème lorsqu'il est mélangé. Il n'est pas adapté à la friture à cause de sa texture délicate, mais convient parfaitement coupé en cubes pour les soupes.

**Le tempeh** est semblable au tofu, mais s'en distingue par le fait qu'il est fermenté (comme le miso et la sauce de soja). Les haricots de soja cuits sont mis en culture, puis pressés pour former des blocs compacts. Le tempeh étant tendre, on le trouve souvent mariné dans un mélange d'épices.

## VINAIGRE

**Le vinaigre noir chinois** est généralement fait à partir de riz gluant mais également de blé, de millet ou de sorgho. Il est de couleur sombre et sa saveur est robuste. On l'utilise principalement dans la gastronomie du Nord de la Chine, dans les sauces, les nouilles et les plats braisés, mais aussi parfois comme accompagnement. On le trouve dans les épiceries asiatiques ou les grandes surfaces. Le vinaigre noir de meilleure qualité, le vinaigre Chinkiang, vient de la province de Zhejiang en Chine.

**Le vinaigre de riz** est fait à partir de vinaigre et d'extrait naturel de riz. On l'utilise dans les vinaigrettes et les marinades. C'est le type de vinaigre le plus employé dans nos recettes et le plus répandu.

**Le vinaigre de riz japonais** est plus doux et moins âcre que le vinaigre standard.

**Le vinaigre de riz parfumé** contient du sucre et du sel, mais on ne l'utilise que dans le riz du sushi.

## WAKAME

(algue comestible) Algue brune à feuilles en forme de lobes, que l'on trouve dans les eaux côtières, à la texture molle et à la saveur de légume. La feuille entière est blanchie et vendue fraîche au Japon ou séchée pour l'exportation. Le wakame s'emploie dans des soupes, des salades ou comme légume, après avoir bouilli environ 10 minutes.

## PÂTE DE WASABI

La pâte de wasabi est une pâte âcre faite à partir de la racine verte de la plante japonaise appelée wasabi. On l'appelle souvent le « raifort japonais » à cause de son arôme, mais elle n'a aucun lien avec le raifort. Elle est servie en tant que condiment avec les sushi, les sashimi et les nouilles. Elle est très épicée, utilisez-la avec parcimonie.

## CHÂTAIGNES D'EAU

Petit légume rond croquant, conditionné en boîte (s'il est frais, pelez-le). Il donne une texture croustillante à de nombreux plats. Les châtaignes d'eau non utilisées restent fraîches pendant 4 jours, plongées dans l'eau au réfrigérateur ; changez l'eau tous les jours.

## PÂTE

**La pâte à gow gee** est une pâte à base de farine de blé et d'eau sous forme de galettes rondes et généralement utilisée pour les plats cuits à la vapeur.

**La pâte à wonton** se présente en carrés de pâte fine à base de farine de blé et d'œuf.

**Le papier de riz** a la forme de ronds friables de l'épaisseur d'une feuille de papier. Il est composé de farine de riz, de sel et d'eau. On le trouve sec dans des paquets scellés pour une longue conservation. Plongez-le rapidement dans de l'eau tiède avant de l'utiliser.

LE GRAND LIVRE DU WOK

# NOUILLES ET RIZ

### VERMICELLE TRANSPARENT
(vermicelle de soja, vermicelle aux haricots mungo) Fait de farine de haricot mungo et de farine de tapioca. Plongez-les dans la friture ou dans l'eau bouillante pendant 3 à 4 minutes, rincez et égouttez.

### NOUILLES DE RIZ SÉCHÉES
**Le vermicelle de riz séché** se cuisine sauté, frit ou en soupe. Plongez-le dans la friteuse jusqu'à ce qu'il soit croustillant ou dans l'eau bouillante 6 à 7 minutes.

**Les nouilles de riz séchées** sont plus larges et épaisses. Plongez-les dans de l'eau chaude 15 à 20 minutes. Égouttez et faites sauter. Pour les soupes, plongez-les dans de l'eau chaude 5 minutes.

### NOUILLES DE FARINE DE PATATE DOUCE
(*dang myan*) Faites de farine de patate douce, elles ont une texture élastique. Elles sont aussi appelées vermicelle coréen. Pour s'assurer que c'est le bon produit, vérifiez qu'elles contiennent de la farine de patate douce. Avant utilisation, plongez-les dans de l'eau bouillante 10 minutes pour qu'elles ramollissent, ou faites-les bouillir à l'eau 3 minutes. Égouttez et rincez.

### NOUILLES AUX ŒUFS
Faites de farine de blé et d'œufs, elles se vendent fraîches ou sèches, en plusieurs épaisseurs. Les fines rondes se mangent frites, sautées ou en soupe. Les plates plus larges s'utilisent dans les soupes. Fraîches, elles se conservent au réfrigérateur une semaine. Cuisez-les dans l'eau bouillante 1 minute, égouttez-les et rincez-les. Sèches, elles se conservent indéfiniment. Cuisez-les 3 minutes jusqu'à ce qu'elles soient tendres, rincez-les et égouttez-les. Si vous faites une soupe, ajoutez-les directement au wok.

### NOUILLES DE RIZ FRAÎCHES
Faites à partir d'une pâte fine à base de farine de riz, on les trouve non coupées, sous forme de feuilles fraîches, ou pré-coupées. Consommez les feuilles rapidement : elles ne se conservent pas au réfrigérateur et risquent de durcir et de s'amalgamer. Avant de les utiliser, couvrez-les d'eau bouillante et dissociez-les délicatement. Égouttez et rincez.

### NOUILLES HOKKIEN
Nouilles épaisses aux œufs frais, cuites et légèrement huilées avant d'être conditionnées. Elles sont souvent emballées sous vide. Elles se cuisinent sautées, en soupes ou en salades. Couvrez-les d'eau bouillante 1 minute pour les dissocier. Égouttez et rincez.

### PANCIT CANTON
(nouilles chinoises *e-fu*) On les appelle « nouilles de longévité » ; plus la nouille est longue, plus la vie de celui qui la mange sera longue, il ne faut donc pas les couper. Ces gâteaux ronds de nouilles pré-bouillies et frits sont délicats et se cassent facilement. Faites-les bouillir 2 à 3 minutes et égouttez.

### NOUILLES RAMEN
Ces nouilles de farine de blé japonaises sont liées à l'œuf. On les trouve fraîches, séchées et instantanées. Faites-les bouillir avant de les utiliser : 2 minutes pour les fraîches,

4 pour les séchées et il suffit d'ajouter du bouillon très chaud pour les instantanées.

### NOUILLES SHANGHAI
Ces nouilles rondes épaisses sont très proches des nouilles hokkien, mais elles n'ont pas été cuites ni huilées. Elles sont vendues couvertes de farine dans un paquet. Faites-les cuire dans de l'eau bouillante 4 à 5 minutes, égouttez et rincez.

### NOUILLES SOBA
Nouilles de farine de sarrasin pure ou mélangée à de la farine de blé, fraîches ou séchées. Faites-les cuire dans un récipient d'eau bouillante et remuez pour les dissocier. Portez à ébullition et ajoutez 250 ml d'eau froide. Répétez l'opération 3 fois, au moment de l'ébullition. Égouttez et rincez à l'eau froide pour que les nouilles soient froides.
**Les chasoba** sont des nouilles soba à la poudre de thé vert.

### NOUILLES SOMEN
Ces fines nouilles blanches japonaises de farine de blé se mangent souvent froides ou avec un peu de bouillon. Cuisez-les 2 minutes dans de l'eau bouillante avant de les utiliser, puis rincez-les à l'eau froide et égouttez-les.

### NOUILLES UDON
Ces nouilles blanches japonaises de farine de blé existent dans diverses épaisseurs, fraîches et séchées. Faite-les bouillir 1 à 2 minutes avant de les utiliser. Elles sont souvent servies dans des soupes, mais peuvent également accompagner des plats braisés.

### NOUILLES DE BLÉ
Fraîches ou séchées, ces nouilles sans œuf sont pleines de ressources. Cuisez-les dans l'eau bouillante (2 minutes pour les fraîches et 4 minutes pour les séchées), puis rincez-les à l'eau froide. Les nouilles fraîches se conservent au réfrigérateur jusqu'à 1 semaine. On les trouve de différentes épaisseurs.

### RIZ BASMATI
Il s'agit d'un riz long, fin et parfumé. Les grains restent fermes et se dissocient à la cuisson. Le riz basmati accompagne souvent les plats indiens, tels que les currys.

### RIZ AU JASMIN
Riz blanc long, parfumé, utilisé dans toute l'Asie du Sud-Est. Il est généralement cuit à la vapeur ou par absorption complète de l'eau et servi comme accompagnement (*voir* page 163).

### RIZ LONG
Comme son nom l'indique, il s'agit d'un riz blanc long pour tous usages, traité pour en retirer l'enveloppe et le son. Il est utilisé principalement dans les plats salés.

### RIZ ROND
Riz à grains ronds et courts, traité comme le riz long. Il est apprécié en Asie pour ses propriétés collantes et on l'utilise souvent pour faire du riz gluant. Le riz mi-long en est très proche, mais ses grains sont un peu plus longs.

LE GRAND LIVRE DU WOK

# PRODUITS FRAIS

### PAK-CHOI
(chou chinois) Membre de la famille du chou, à la saveur légèrement moutardée, doté d'une tige épaisse blanche et de feuilles vert foncé. Coupez les feuilles et lavez bien le chou avant de l'utiliser. Les deux parties peuvent être employées dans des soupes, sautées, cuites à la vapeur et servies avec de la sauce d'huître ou frites. La variété plus petite, le pak-choi de Shanghai, se prépare de la même façon.

### PIMENT
**Le piment oiseau** est extrêmement piquant. Il mesure entre 1 et 3 cm de long, on le trouve frais, séché ou en saumure.

**Le petit piment rouge**, d'environ 5 cm, est également très piquant.

**Le piment moyen**, de 10 à 15 cm, est moyennement piquant.

**Le grand piment**, de 15 à 20 cm, plus épais, est plus doux et sucré que le piment moyen.

### CHOY SUM
(chou chinois à fleurs) Le choy sum est plus mince que le pak-choi. Il est doté de feuilles vertes et de tiges vert pâle pourvues de groupes de minuscules fleurs jaunes aux extrémités des pousses intérieures. Les feuilles et les fleurs cuisent rapidement et ont une saveur légère, douce et moutardée ; les tiges sont croustillantes et juteuses.

### CORIANDRE
La coriandre est une herbe aromatique verte à feuille, utilisée pour parfumer et décorer. On utilise la plante entière fraîche : racines, tiges et feuilles. On peut également en rôtir les graines, qui sont souvent moulues.

### FEUILLES DE CURRY
Petites feuilles pointues à la saveur épicée, de curry grillé. Elles sont très utilisées dans la gastronomie indienne et malaise.

### DAIKON
Grand radis blanc utilisé au Japon, râpé ou finement émincé pour décorer, ou en saumure. Il parfume les soupes et les daubes et sert d'accompagnement.

### GAI LON
(brocoli chinois) Légume vert, doté de tiges vertes épaisses, de feuilles légèrement parcheminées et de fleurs blanches. Vous pouvez le cuire à la vapeur entier ou le couper pour en faire des soupes ou les faire sauter. Les jeunes tiges sont croustillantes et douces ; les tiges épaisses doivent être pelées et coupées en deux.

### GALANGA
Rhizome à la peau marron et à la chair couleur crème. Il est de la famille du gingembre, mais a un arôme et une saveur différents. On le trouve frais, émincé en saumure, émincé séché dans des paquets ou en poudre.

### CIBOULETTE CHINOISE
Également connu sous le nom d'ail à tondre, cette ciboulette épaisse, plate, à l'odeur d'ail, est plus forte que la variété plus fine utilisée dans la gastronomie occidentale. Sa fleur est comestible.

PRODUITS FRAIS

### GINGEMBRE
Choisissez des racines fermes, lisses et conservez-les dans un sac en plastique au réfrigérateur. Pelez la peau marron.

### LIME & FEUILLE DE LIME KAFIR
Lime à peau sombre et à feuilles vert foncé brillantes, à l'arôme âcre. Les feuilles, fraîches ou séchées, sont en forme de huit. Dans nos recettes, la moitié du huit constitue une feuille.

### LEMON-GRASS
Herbe aromatique, meilleure fraîche. Coupez la base, supprimez les couches extérieures dures et émincez les couches blanches. Vous pouvez aussi utiliser la tige entière pour la cuisson, mais vous devez la retirer avant de servir.

### CHAMPIGNONS
**La pleurote** est un champignon en forme de coquille d'huître ou d'éventail, d'un gris crémeux pâle ou marron, à la saveur légèrement poivrée qui s'adoucit en cuisant.
**Le champignon shiitake** pousse sur le bois en décomposition. On le trouve frais ou séché. Lorsqu'il est séché, trempez-le avant utilisation et retirez les pieds.
**Le champignon enoki** est un minuscule champignon japonais doté de longues tiges fines, qui pousse en bouquet. Il ne nécessite pas beaucoup de cuisson.

### ÉCHALOTE ROUGE D'ASIE
Petit oignon rouge poussant en bulbes, vendu en segments ressemblant à de grandes gousses d'ail, à l'arôme très concentré.

### AUBERGINE JAPONAISE
C'est une aubergine pourpre longue et fine, en forme de cigare.

### HARICOTS KILOMÈTRE
Ce sont de longs haricots verts sans fil. Il est préférable d'utiliser des haricots verts foncés, fermes, à consommer rapidement après achat.

### BASILIC THAÏ
Membre de la famille du basilic, aux feuilles plus petites et sombres que le basilic standard. Son arôme rappelle l'anis et le clou de girofle. Les tiges et jeunes feuilles ont une couleur tirant sur le pourpre.

### MENTHE VIETNAMIENNE
Cette menthe est pourvue de feuilles étroites pointues portant des taches caractéristiques qui varient d'une feuille à l'autre. Son arôme ressemble à celui de la coriandre, en plus acide.

### LISERON D'EAU
Légume à feuilles asiatique doté de longues feuilles vert foncé pointues et de tiges creuses plus pâles. Nécessite peu de cuisson.

### CHOU CHINOIS
(chou napa ou céleri-chou)
Ce chou ressemble à la laitue romaine avec des feuilles serrées. Il a un arôme très délicat.

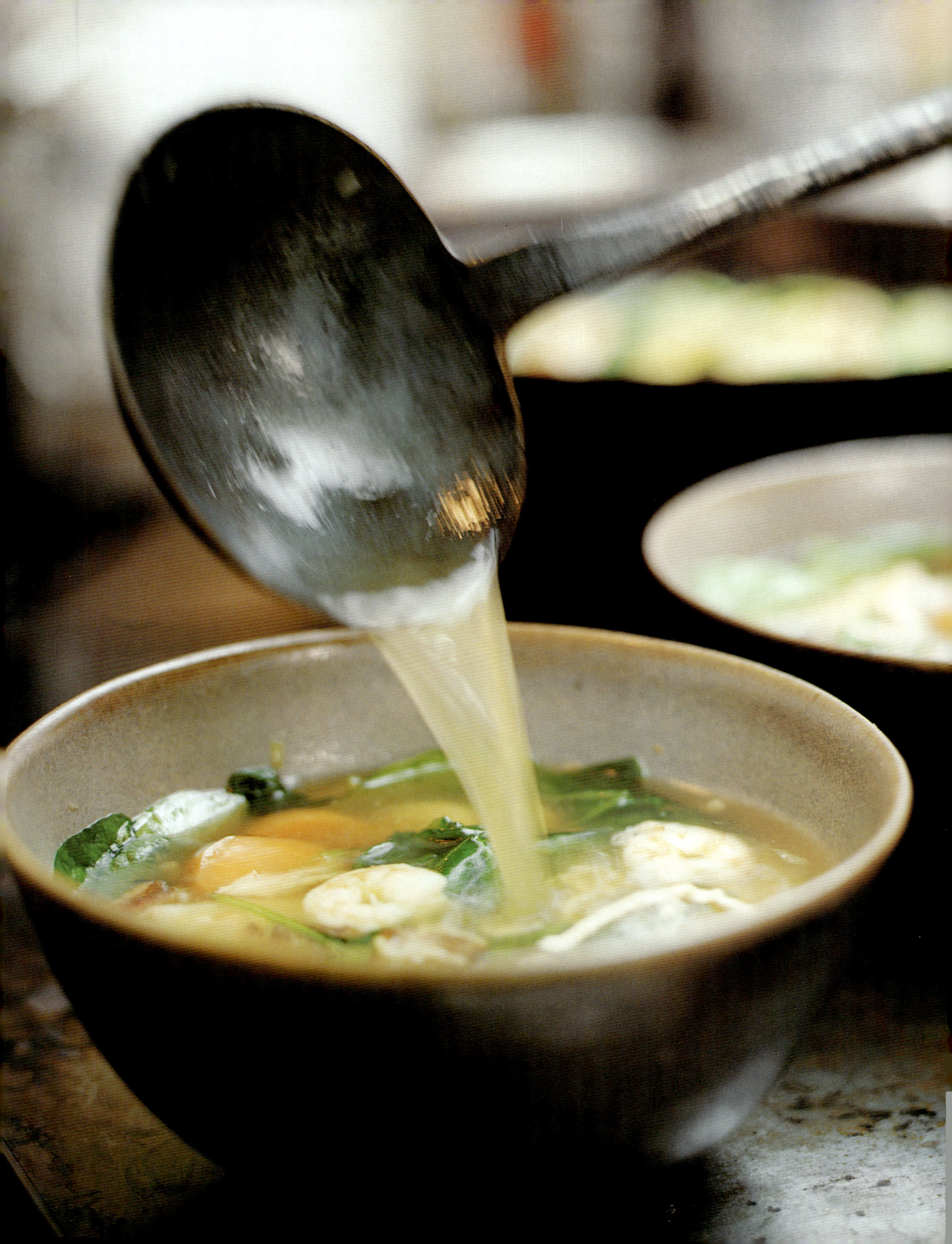

# SOUPES

Plat réconfort par excellence, la soupe est aussi bénéfique à l'âme qu'au corps. Les peuples asiatiques ont compris depuis des siècles que la soupe doit se consommer tout au long de la journée, sans forcément être reléguée au rang d'entrée. Vous n'imagineriez sans doute pas de manger une soupe de nouilles au petit déjeuner ; c'est pourtant exactement ce que font les Vietnamiens. Sur les marchés thaïlandais, les vendeurs de laksa ou de soupes s'affairent tout au long de la journée à satisfaire les petites faims de ceux qui travaillent dans leur quartier. Quant aux Cantonais, ils apprécient la soupe pour ses vertus curatives, la consommant pour apaiser toutes sortes de maux ou pour éliminer les toxines. À tous les moments de la journée correspond une soupe à savourer.

# SOUPES

Les soupes asiatiques peuvent constituer un repas copieux, rafraîchir le palais entre deux plats ou apaiser agréablement une petite faim. Vous n'aurez aucun mal à les préparer dans un wok si vous suivez quelques étapes faciles.

Nombre de soupes asiatiques sont suffisamment copieuses pour constituer un repas en soi, notamment les laksa aux nouilles (pages 24-25) ou la soupe pho au bœuf (page 40). D'autres soupes ont des saveurs si intenses qu'il est préférable de les servir au cours d'un repas complet. Les soupes plus légères à base de bouillon sont également plébiscitées ; elles sont souvent consommées pendant ou après un repas, pour parfumer et ramollir le riz et servir de boisson.

Il existe aussi une forte tradition régionale de consommation de soupes à des fins médicales. La gastronomie chinoise, par exemple, possède une école de cuisine qui s'appuie sur le concept taoïste du yin et du yang, de l'équilibre entre qualités qui s'opposent. Les aliments ont des vertus réchauffantes, rafraîchissantes, ou neutres et sont prescrits comme toniques.

### SOUPES À CUISSON RAPIDE

Nombre de soupes asiatiques emploient une pâte épicée comme saveur de base. Les épices sont frites dans un peu d'huile, puis viennent s'ajouter le liquide et les autres ingrédients constituant la soupe. Les woks sont parfaitement adaptés à ce type de soupes, car ils sont parfaits pour frire les épices et si proches de la source de chaleur que les parfums des condiments s'exhalent rapidement. On agrémente souvent les soupes d'ingrédients à saveur prononcée, tels que le nuoc mam, la pâte de crevettes, le citron vert, le jus de tamarin et le piment, car ils exhalent immédiatement leurs arômes. L'exemple parfait en est la soupe aux crevettes aigre-piquante (page 32).

### SOUPES À BASE DE BOUILLON

Les woks sont également parfaits pour cuire rapidement les soupes compilées : soupes à base de bouillon, auquel on ajoute des ingrédients à cuisson rapide. Par exemple : les soupes de nouilles, comme la soupe de nouilles ramen au porc grillé et aux légumes verts (page 47), les soupes aux raviolis, comme la soupe composée chinoise (page 30), et celles qui contiennent des ingrédients émincés que l'on fait simplement revenir, comme la soupe aux huit trésors (page 31). Ces ingrédients n'ont pas besoin d'être mijotés.

### SOUPES À CUISSON LENTE

Toutes les soupes asiatiques ne cuisent pas rapidement. Il existe également une tradition de soupes mijotées, notamment la soupe de nouilles au bœuf du Séchouan (page 43) et la soupe de nouilles aigre-piquante chinoise (page 46). Elles sont souvent parfumées d'épices telles que l'anis étoilé et la cannelle, ainsi que d'ingrédients séchés comme l'écorce d'agrume, les champignons chinois ou shiitake et le champignon noir. Quand vous préparez ces soupes au wok, vérifiez le niveau de liquide, car il peut s'évaporer trop rapidement et vous devrez en rajouter. Il est également important de les couvrir à l'aide d'un couvercle (si cela est précisé dans la recette). Sinon, l'évaporation provoquée par l'importance de la surface du wok concentre les saveurs et donnent une soupe épaisse au goût très fort.

Les woks étant d'excellents conducteurs de chaleur, il est important de faire mijoter les soupes à feu aussi doux que possible et de suivre les instructions quant au couvercle. Vous pouvez ajouter de l'eau ou du bouillon si le liquide s'évapore trop vite.

### LE BON WOK

Lorsque vous choisissez un wok pour préparer des soupes, il est préférable d'opter pour un wok à revêtement antiadhésif ou en inox pour les soupes contenant beaucoup de jus de tamarin ou de citron vert, car l'acidité de ces ingrédients peut endommager la couche vieillie des woks en acier au carbone. Ces woks sont également plus adaptés aux soupes claires ou à cuisson lente, car la durée de cuisson peut également endommager la couche, ce qui décolorerait la soupe. Les woks en acier sont mieux adaptés aux soupes à cuisson rapide ou compilées, ou à celles qui impliquent de faire revenir une pâte d'épices.

### SOUPES AUX NOUILLES

Faites tremper ou cuire les nouilles avant de les ajouter à la soupe, pour ne pas troubler la soupe avec l'amidon. Vous pouvez également disposer les nouilles dans le bol de service avant d'ajouter la soupe.

### IMPORTANCE DU BOUILLON

Comme pour toutes les soupes, il est important de commencer par un bouillon de qualité. Si vous n'avez pas le temps d'en préparer un, vous en trouverez de bonne qualité dans le commerce. Outre les emballages brique que l'on trouve dans la plupart des supermarchés, nombre d'épiceries asiatiques vendent du bon bouillon en boîte (il est très salé, vous aurez besoin de le diluer si vous en utilisez beaucoup). Certains bouchers et poissonniers vendent du bouillon maison, posez-leur la question.

Si divers types de bouillons sont employés dans les cuisines asiatiques, le bouillon le plus utile est celui de poulet. Des arômes y sont ensuite ajoutés pour donner à chaque soupe sa saveur caractéristique. Les condiments font partie intégrante des recettes présentées dans ce chapitre. Des recettes préconisent d'utiliser un bouillon maison, mais d'autres sont adaptées à l'emploi d'un bouillon tout prêt de qualité.

### VARIANTES RÉGIONALES DE BOUILLON

Même si le bouillon de poulet est le plus utilisé dans la gastronomie asiatique, les bouillons de porc ou de légumes ne sont pas exclus. Le bouillon de poisson, en revanche, est assez rare. Le condiment le plus usité est la sauce de soja, l'alcool de riz, le gingembre et les oignons verts.

Dans les gastronomies d'Asie du Sud-Est, le bouillon de poulet est aussi répandu. Les bouillons de poisson et de crevettes sont quant à eux utilisés dans les soupes aux fruits de mer. Des condiments sont ajoutés, comme le galanga, les feuilles de lime kafir, la coriandre et le nuoc mam.

Au Japon, le dashi est le bouillon le plus courant. Il est fait à base d'une algue appelée kombu et de bonite séchée. Pour des raisons pratiques, vous pouvez préparer le dashi avec des granulés que l'on trouve dans le commerce. Des pâtes miso peuvent venir s'ajouter au dashi pour préparer la soupe miso qui accompagne tous les repas japonais.

*ASTUCES POUR LA PRÉPARATION DES SOUPES*
*L'utilisation de bouillon maison améliore le goût des soupes. Dans la mesure du possible, préparez le bouillon un jour à l'avance et conservez-le au réfrigérateur. Cela en rehaussera la saveur et vous permettra d'éliminer l'excès de graisse.*

*Nombre de soupes commencent par une pâte d'épices frites rapidement pour exhaler un maximum d'arômes.*

*Pendant que la soupe mijote, vérifiez régulièrement le niveau de liquide. De par l'importance de la surface du wok, il se peut qu'il s'évapore trop ; vous aurez alors besoin de rajouter de l'eau ou du bouillon.*

---

### BOUILLON DE POULET DE BASE

- 1,5 kg d'os de poulet
- 3 gousses d'ail, émincées
- 2 tranches de gingembre frais de 1 cm
- 4 oignons verts, partie blanche seule, écrasée

Laver les os de poulet et les disposer dans une grande casserole ou marmite. Ajouter 3,5 l d'eau et porter à ébullition à petits bouillons. Faire mijoter 30 minutes, en retirant l'écume qui remonte à la surface. Ajouter l'ail, le gingembre et les oignons verts et laisser mijoter à feu doux, en couvrant partiellement, pendant 3 heures. Passer au chinois puis laisser refroidir. Couvrir et réserver au réfrigérateur une nuit. Retirer la graisse de la surface une fois qu'elle est solidifiée. Pour 2 litres.

## LAKSA AUX CREVETTES
(Laksa lemak)

Préparation : 30 minutes
Cuisson : 35 minutes
4 à 6 personnes

☆☆

- 1 cuil. à soupe 1/2 de graines de coriandre
- 1 cuil. à soupe de graines de cumin
- 1 cuil. à café de curcuma en poudre
- 1 oignon, grossièrement haché
- 2 cuil. à café de gingembre frais haché
- 3 gousses d'ail
- 3 tiges de lemon-grass, partie blanche seule
- 6 noix de bancoule, grossièrement hachées
- 4 à 6 petits piments rouges frais, hachés
- 2 à 3 cuil. à café de pâte de crevettes
- 1 litre de bouillon de poulet
- 60 ml d'huile
- 750 ml de lait de coco
- 4 feuilles de lime kafir fraîches
- 2 cuil. à soupe 1/2 de jus de citron vert
- 2 cuil. à soupe de nuoc mam
- 2 cuil. à soupe de sucre de palme râpé
- 750 g de crevettes crues, décortiquées, déveinées, en conservant la queue
- 250 g de vermicelle de riz séché
- 90 g de germes de soja
- 4 cubes de tofu, coupés en julienne
- 3 cuil. à soupe de menthe vietnamienne fraîche hachée
- 20 g de feuilles de coriandre fraîche
- rondelles de citron vert, en garniture

**1** Faire revenir à sec les graines de coriandre dans une sauteuse à feu doux 1 à 2 minutes sans cesser de remuer afin que leur parfum s'exhale. Les moudre. Faire de même avec les graines de cumin.
**2** Placer coriandre, cumin, curcuma, oignon, ail, gingembre, lemon-grass, noix de bancoule, piment et pâte de crevettes dans un mixeur. Ajouter 125 ml de bouillon et mixer pour obtenir une pâte lisse.
**3** Faire chauffer un wok à feu doux, ajouter l'huile et l'étaler soigneusement. Faire cuire la pâte 3 à 5 minutes sans cesser de remuer. Verser le reste du bouillon et porter à ébullition. Laisser mijoter à feu doux 15 minutes, le bouillon doit avoir réduit.
**4** Ajouter le lait de coco, les feuilles de lime, le jus de citron vert, le nuoc mam et le sucre et laisser mijoter 5 minutes. Ajouter les crevettes, laisser mijoter 2 minutes, jusqu'à ce qu'elles soient cuites. Ne pas faire bouillir et ne pas couvrir.
**5** Entre-temps, plonger le vermicelle dans de l'eau bouillante 6 à 7 minutes, jusqu'à ce qu'il ait ramolli. Égoutter et répartir dans des bols de service avec une grande partie des germes de soja. Verser la soupe chaude, puis le tofu, la menthe, la coriandre et le reste des germes. Servir décoré de rondelles de citron vert.

### LAKSA
Il existe plusieurs versions de la soupe aux nouilles appelée laksa. La plus connue est la laksa lemak, plat composé de nouilles de riz et de crevettes ou de poulet dans un bouillon enrichi de lait de coco, présenté sur cette page. La laksa penang est une soupe de poisson à base de bouillon aromatisé au tamarin qui remplace le lait de coco (*voir* page 25). Enfin, la laksa johore, moins connue, associe poisson en purée à des nouilles et du lait de coco. Chaque version a son lot d'inconditionnels.

*Ci-contre . Laksa aux crevettes*

SOUPES

## LAKSA PENANG AU POISSON
(Assam laksa)

Préparation : 20 minutes
   + macération : 20 minutes
Cuisson : 40 minutes
4 personnes

☆☆

1 vivaneau entier, écaillé et nettoyé
750 ml de bouillon de poulet
6 tiges de menthe vietnamienne fraîche
4 piments rouges séchés
2 morceaux de galanga frais de 3 cm, finement hachés
4 échalotes rouges d'Asie, finement émincées
2 tiges de lemon-grass, partie blanche seule, finement émincée
1 cuil. à café de curcuma en poudre
1 cuil. à café de pâte de crevettes
4 cuil. à soupe de concentré de tamarin
1 cuil. à soupe de sucre
500 g de nouilles de riz fraîches
1 petit concombre libanais, épépiné et coupé en lanières
10 g de menthe vietnamienne fraîche
1 grand piment vert frais, émincé

**1** Couper les nageoires et la queue du poisson à l'aide de ciseaux de cuisine. Inciser profondément la partie la plus charnue des deux flancs.
**2** Verser le bouillon et 750 ml d'eau dans un wok à revêtement antiadhésif. Ajouter les tiges de menthe et faire bouillir à feu vif. Placer le poisson dans le wok et laisser mijoter 10 minutes, jusqu'à ce qu'il soit cuit. Le poisson doit rester immergé pendant la cuisson ; ajouter de l'eau si nécessaire. Retirer le poisson et le laisser refroidir.
**3** Plonger les piments 20 minutes dans 250 ml d'eau bouillante. Égoutter et hacher. Préparer la pâte laksa : placer le piment, le galanga, les échalotes, le lemon-grass, le curcuma et la pâte de crevettes dans un robot et mixer jusqu'à l'obtention d'une pâte lisse, en ajoutant un peu d'eau si besoin.
**4** Émietter le poisson en retirant les arêtes. Réserver les deux. Ajouter les arêtes et le tamarin au bouillon dans le wok et porter à ébullition. Faire mijoter 10 minutes, égoutter et verser le liquide dans un autre wok, en veillant à ne pas laisser d'arêtes. Incorporer la pâte laksa au liquide et faire mijoter à feu doux pendant 10 minutes. Incorporer le sucre, ajouter le poisson et faire mijoter 1 à 2 minutes, jusqu'à ce qu'il soit réchauffé.
**5** Placer les nouilles dans une jatte résistant à la chaleur, couvrir d'eau bouillante et les séparer délicatement. Égoutter et passer sous l'eau froide pour les faire refroidir. Répartir les nouilles dans quatre bols. Verser le poisson et le bouillon par-dessus. Parsemer de concombre, de menthe et de piment. Servir.

### PÂTE DE CREVETTES
Il existe deux types de pâte de crevettes. La plus répandue en Malaisie et Indonésie est un bloc comprimé fait de crevettes partiellement fermentées séchées et moulues. La version chinoise est plus tendre et ressemble davantage à une sauce. Elle est vendue en bocal plutôt qu'en bloc. Dans les deux cas, utilisez la pâte avec parcimonie, car elle peut neutraliser la saveur d'autres ingrédients du plat.

*Ci-dessus : Laksa penang au poisson*

## LEMON GRASS

Si vous utilisez le lemon-grass pour donner du goût à une soupe ou un bouillon, vous n'avez pas besoin d'ôter la partie verte. Il vous suffit d'écraser la tige et de l'ajouter au bouillon pour qu'elle diffuse son délicieux arôme citronné, puis de la retirer au moment de servir. Cependant, si vous ajoutez du lemon-grass haché à une pâte de curry ou un autre plat, vous devez ôter la partie verte fibreuse de la tige et hacher finement seulement les parties blanches tendres.

Les parties vertes du lemon-grass ne se défont pas lors de la cuisson. Elles restent fibreuses et dures, donnant une sensation désagréable dans la bouche. Il vous suffit de peler le lemon-grass jusqu'à atteindre la première couche pourpre ; tout le lemon-grass sous cette couche est suffisamment tendre pour que vous l'utilisiez.

*Ci-dessus : Soupe vietnamienne épicée au bœuf, au porc et aux nouilles*

## SOUPE VIETNAMIENNE ÉPICÉE AU BŒUF, AU PORC ET AUX NOUILLES
(Bun bo Hué)

Préparation : 20 minutes + congélation : 30 minutes
Cuisson : 40 minutes
4 personnes

☆☆

300 g de filet de bœuf
60 ml d'huile
300 g de filet de porc, coupé en cubes de 3 cm
1 gros oignon, coupé en quartiers fins
2 litres de bouillon de bœuf
2 tiges de lemon-grass
2 cuil. à soupe de nuoc mam
1 cuil. à café de crevettes séchées moulues
1 cuil. à café de sucre
2 grands piments rouges frais, émincés
400 g de nouilles de riz fraîches
180 g de germes de soja
10 g de menthe fraîche
15 g de feuilles de coriandre fraîche
piment frais, finement émincé, en garniture (facultatif)
quartiers de citron, en garniture

1 Placer le bœuf au congélateur 20 à 30 minutes, jusqu'à ce qu'il soit partiellement congelé. Le couper perpendiculairement aux fibres en tranches de l'épaisseur d'une feuille de papier. Réserver.
2 Faire chauffer le wok, ajouter 1 cuillerée à soupe d'huile et l'étaler soigneusement. Faire revenir le porc 2 à 3 minutes, jusqu'à ce qu'il soit doré. Ajouter une autre cuillerée à soupe d'huile et faire revenir l'oignon 2 à 3 minutes, jusqu'à ce qu'il soit tendre. Verser le bouillon et 500 ml d'eau. Écraser une tige de lemon-grass et l'ajouter au wok. Ajouter le porc et porter à ébullition. Réduire et faire mijoter 15 minutes, jusqu'à ce que le porc soit tendre, en écumant régulièrement la surface. Entre-temps, émincer finement la partie blanche de l'autre tige de lemon-grass.
3 Retirer la tige entière de lemon-grass du bouillon et incorporer le nuoc mam, les crevettes séchées et le sucre. Laisser mijoter.
4 Chauffer le reste d'huile dans une sauteuse à feu moyen. Faire revenir le lemon-grass émincé et le piment 2 à 3 minutes, jusqu'à ce que leurs parfums s'exhalent. Incorporer le bouillon. Juste avant de servir, porter à ébullition à feu moyen.
5 Placer les nouilles de riz dans une grande jatte résistant à la chaleur, couvrir d'eau bouillante et les séparer délicatement. Égoutter immédiatement et rincer. Répartir les nouilles dans quatre bols de service chauds. Parsemer de germes de soja et verser le bouillon très chaud. Ajouter le bœuf, que la chaleur de la soupe cuira. Parsemer de menthe, de coriandre et éventuellement de piment. Servir immédiatement garni de quartiers de citron.

## SOUPE DE NOUILLES AU POULET

Préparation : 10 minutes
Cuisson : 10 minutes
4 personnes

☆

85 g de nouilles aux œufs fraîches
1,5 l de bouillon de poulet
2 cuil. à soupe de sauce de soja
1 cuil. à soupe de mirin (vin de riz doux)
3 morceaux de gingembre frais de 3 cm, coupés en julienne
2 blancs de poulet, coupés en tranches fines
1 kg de pak-choi de Shanghai, paré et effeuillé
feuilles de coriandre fraîche, en garniture
sauce de piment doux, en accompagnement (facultatif)

1 Faire cuire les nouilles 1 minute dans une casserole d'eau bouillante, égoutter et rincer.
2 Verser le bouillon dans un wok et porter à ébullition. Ajouter la sauce de soja, le mirin, le gingembre, le poulet et les nouilles. Faire cuire 5 minutes, jusqu'à ce que le poulet soit tendre et les nouilles réchauffées. Écumer la surface.
3 Ajouter le pak-choi et poursuivre la cuisson 2 minutes, jusqu'à ce que le chou flétrisse. Servir dans des bols profonds et décorer de coriandre. Accompagner éventuellement de sauce au piment douce.

## SOUPE THAÏE AU POULET ET AU GALANGA
(Tom kha kai)

Préparation : 20 minutes
Cuisson : 20 minutes
4 personnes

☆

2 morceaux de galanga frais de 5 cm, finement émincés
500 ml de lait de coco
250 ml de bouillon de poulet
4 feuilles de lime kafir fraîches, ciselées
1 cuil. à soupe de racines de coriandre fraîche bien rincées et finement hachées
500 g de blanc de poulet, coupé en fines lanières
1 à 2 cuil. à café de piments rouges frais finement hachés
2 cuil. à soupe de nuoc mam
1 cuil. à soupe 1/2 de jus de citron vert
3 cuil. à café de sucre de palme râpé
4 cuil. à soupe de feuilles de coriandre fraîche (facultatif)

1 Placer le galanga, le lait de coco, le bouillon, les feuilles de lime et la racine de coriandre dans un wok. Porter à ébullition, réduire le feu et faire mijoter 10 minutes, en remuant de temps en temps.
2 Ajouter le poulet et le piment, faire mijoter 8 minutes, jusqu'à ce que le poulet soit cuit à l'intérieur.
3 Incorporer le nuoc mam, le jus de citron vert et le sucre de palme. Poursuivre la cuisson 1 minute. Incorporer les feuilles de coriandre. Servir immédiatement, éventuellement garni de coriandre.

*Ci-dessous : Soupe thaïe au poulet et au galanga*

## SOUPE JAPONAISE AUX LÉGUMES ET AUX NOUILLES RAMEN

Préparation : 15 minutes
Cuisson : 15 minutes
6 personnes

☆

250 g de nouilles ramen fraîches
1 cuil. à soupe d'huile
1 cuil. à soupe de gingembre frais finement haché
2 gousses d'ail, hachées
150 g de pleurotes, coupées en deux
1 petite courgette, finement émincée
1 poireau, coupé en deux dans la longueur et finement émincé
100 g de pois mangetout, coupés en deux en biais
100 g de cubes de tofu, coupés en julienne
80 g de pâte miso blanche
80 ml de sauce de soja claire
60 ml de mirin (vin de riz doux)
90 g de germes de soja
1/3 cuil. à café d'huile de sésame
4 oignons verts, finement émincés
100 g de champignons enoki

**1** Porter une grande casserole d'eau légèrement salée à ébullition. Ajouter les nouilles et faire cuire 2 minutes, sans cesser de remuer pour les empêcher de coller, jusqu'à ce qu'elles soient tendres. Égoutter, rincer à l'eau froide, puis égoutter à nouveau.
**2** Faire chauffer le wok à feu moyen, ajouter l'huile et l'étaler soigneusement. Ajouter le gingembre et l'ail et faire rissoler 30 secondes, ajouter les pleurotes, la courgette, le poireau, les pois mangetout et les cubes de tofu et faire revenir 4 minutes. Verser 1,5 l d'eau et porter à ébullition, réduire le feu et faire mijoter. Incorporer la pâte miso, la sauce de soja et le mirin jusqu'à ce qu'ils soient chauds, sans faire bouillir. Avant de servir, incorporer les germes de soja et l'huile de sésame.
**3** Répartir les nouilles dans six bols, verser le bouillon par-dessus. Parsemer d'oignon vert émincé et de champignons enoki.

### DÉGUSTATION DES NOUILLES

On apprend très tôt aux petits occidentaux à ne pas faire de bruit en mangeant. Au Japon, en revanche, on les y encourage ! En effet, il est acceptable de faire du bruit en mangeant des nouilles. Cela a un double objectif : montrer que l'on apprécie le repas, mais également ingurgiter de l'air frais en même temps que les nouilles chaudes.
Une autre différence entre l'étiquette occidentale et l'étiquette nippone : les Japonais attrapent tous les morceaux de la soupe à l'aide de baguettes et les mangent avant de boire le bouillon à même le bol.

*Ci-contre : Soupe japonaise aux légumes et aux nouilles ramen*

# SOUPE AUX CREVETTES ET AU LAIT DE COCO

Préparation : 20 minutes + trempage : 20 minutes
Cuisson : 45 minutes
4 personnes

☆ ☆

### Pâte de curry

6 longs piments rouges séchés
2 cuil. à café de graines de coriandre
1 cuil. à café de graines de cumin
1 cuil. à café de curcuma en poudre
1/2 cuil. à café de paprika
1/2 cuil. à café de grains de poivre noir
4 échalotes rouges d'Asie, émincées
4 gousses d'ail, grossièrement hachées
1 cuil. à soupe de gingembre frais, émincé
4 racines de coriandre fraîche, bien rincées
2 cuil. à soupe de tiges de coriandre fraîches, hachées
1 cuil. à café de zeste de citron vert, râpé
2 tiges de lemon-grass, partie blanche émincée et tige pour le bouillon
2 feuilles de lime kafir fraîches, en fines lanières
1 cuil. à café de pâte de crevettes
2 cuil. à soupe d'huile

### Bouillon

700 g de crevettes moyennes crues
4 échalotes asiatiques rouges, hachées
1 gousse d'ail
tiges de lemon-grass, parties vertes seules
6 grains de poivre noir

2 cuil. à soupe d'huile
800 ml de lait de coco
60 ml de nuoc mam
feuilles de coriandre fraîche, en garniture
écorce de citron vert émincée, en garniture

**1** Préparer la pâte de curry : plonger les piments 20 minutes dans de l'eau bouillante, égoutter. Faire revenir à sec dans une sauteuse les épices et les grains de poivre à feu moyen 1 minute, jusqu'à ce que leurs parfums s'exhalent. Moudre le tout, verser dans un robot et ajouter les autres ingrédients de la pâte, plus 1 cuillerée à café de sel. Mixer pour obtenir une pâte lisse, en ajoutant si besoin un peu d'eau.

**2** Décortiquer et déveiner les crevettes, en conservant la queue. Couvrir de film alimentaire et mettre au réfrigérateur. Réserver les têtes et les carapaces.

**3** Préparer le bouillon : faire revenir les têtes et les carapaces des crevettes dans un wok à feu vif pendant 5 minutes, jusqu'à ce qu'elles soient orange. Ajouter le reste des ingrédients du bouillon et 1,5 l d'eau. Porter à ébullition. Réduire le feu, faire mijoter 15 à 20 minutes et égoutter.

**4** Faire chauffer un wok sec à feu moyen, ajouter l'huile et l'étaler soigneusement. Ajouter 3 cuillerées à soupe de pâte de curry et laisser cuire à feu moyen 1 à 2 minutes, sans cesser de remuer pour que les parfums s'exhalent. Incorporer le bouillon et le lait de coco, porter à ébullition, réduire le feu et faire mijoter 10 minutes. Ajouter les crevettes et faire cuire 2 minutes sans cesser de remuer, jusqu'à ce qu'elles soient cuites. Incorporer le nuoc mam et garnir de feuilles de coriandre et d'écorce de citron vert.

NOTE : vous pouvez congeler le reste de pâte dans une boîte hermétiquement fermée.

*Ci-dessus : Soupe aux crevettes et au lait de coco*

Ci-dessus : Soupe japonaise miso aux nouilles et au poulet

### SOUPE JAPONAISE MISO AUX NOUILLES ET AU POULET

Préparation : 15 minutes + trempage : 20 minutes
Cuisson : 15 minutes
4 à 6 personnes

☆

8 champignons shiitake séchés
400 g de nouilles udon fraîches
1 litre de bouillon de poulet
600 g de blanc de poulet, en lanières de 1,5 cm
300 g de pak-choi de Shanghai, coupé en deux dans la longueur
60 g de pâte miso blanche
2 cuil. à café de dashi
1 cuil. à soupe de flocons de wakame ou d'autres algues
150 g de tofu mou, coupé en cubes de 1 cm
3 oignons verts, émincés en biais

1 Plonger les champignons 20 minutes dans 250 ml d'eau bouillante. Égoutter en pressant, réserver le liquide. Jeter les pieds durs et émincer finement les chapeaux.
2 Porter 2 litres d'eau à ébullition dans une grande casserole et faire cuire les nouilles 1 à 2 minutes, jusqu'à ce qu'elles soient tendres. Égoutter et rincer à l'eau froide. Réserver.
3 Verser le bouillon et 1 litre d'eau dans un wok et porter à ébullition. Réduire le feu et laisser frémir. Ajouter le poulet et laisser mijoter 2 à 3 minutes, jusqu'à ce qu'il soit complètement cuit.
4 Ajouter les champignons et faire cuire 1 minute. Ajouter les moitiés de pak-choi et faire mijoter encore 1 minute, jusqu'à ce qu'il commence à réduire. Ajouter la pâte miso, le dashi, le wakame et le jus des champignons réservé. Mélanger pour dissoudre le dashi et la pâte miso. Veiller à ne pas faire bouillir.
5 Incorporer le tofu délicatement. Répartir les nouilles dans les bols, versez la soupe et parsemer d'oignons verts.

### SOUPE COMPOSÉE CHINOISE

Temps de préparation 20 minutes
  + réfrigération : 2 heures
Cuisson : 2 h 20
4 à 6 personnes

☆☆

**Bouillon**
1 poulet entier de 1,5 kg
60 ml d'alcool de riz
1/2 anis étoilé
8 oignons verts, émincés
2 fanes de céleri-branche
1/2 cuil. à café de grains de poivre blanc
4 gousses d'ail, hachées
2 morceaux de gingembre frais de 10 cm, finement émincés

24 wonton (voir page 48)
12 crevettes moyennes crues, décortiquées et déveinées
200 g de porc grillé chinois, en fines tranches
60 g de champignons de paille chinois
70 g de pousses de bambou, émincées
500 g de pak-choi de Shanghai, finement émincé
2 oignons verts, coupés en tronçons de 3 cm
2 cuil. à soupe 1/4 de sauce de soja claire
1 cuil. à soupe de sauce d'huître
1/2 cuil. à café d'huile de sésame

1 Placer tous les ingrédients du bouillon dans une marmite et ajouter 4 litres d'eau. Porter à ébullition et écumer la surface. Réduire le feu et laisser mijoter 2 heures. Refroidir légèrement, retirer le poulet puis filtrer le bouillon dans une jatte. Couvrir et mettre la viande et le bouillon séparément au réfrigérateur jusqu'à ce qu'ils soient refroidis. Écumer à nouveau la surface du bouillon.
2 Verser 2 litres de bouillon dans un grand wok et porter à ébullition. Entre-temps, retirer un blanc du poulet, jeter la peau et couper la chair en lamelles.
3 Ajouter les wonton au bouillon et faire cuire 2 à 3 minutes, jusqu'à ce qu'ils remontent à la surface. Retirer à l'aide d'une écumoire et répartir dans les bols de service. Réduire le feu, ajouter les crevettes, le porc, les champignons et les pousses de bambou et faire cuire 30 secondes, jusqu'à ce que les crevettes se recroquevillent. Ajouter le pak-choi, les oignons verts, le poulet et la sauce de soja, la sauce d'huître et l'huile de sésame. Faire cuire 2 minutes, jusqu'à ce que les crevettes soient entièrement cuites. Verser la soupe sur les wonton et servir.

## SOUPE AUX HUIT TRÉSORS

Temps de préparation : 15 minutes
 + trempage : 20 minutes
Cuisson : 1 heure
4 à 6 personnes

☆☆

4 champignons shiitake séchés
1 cuil. à soupe d'huile
1 cuil. à café d'huile de sésame
2 cuil. à café de gingembre frais finement haché
1 cuil. à soupe d'oignon vert finement haché
60 g de lard chinois ou de jambon cru,
 coupé en lanières fines (voir Note)
1 litre de bouillon de poulet
1 cuil. à soupe de sauce de soja
1 cuil. à soupe d'alcool de riz
250 g de blanc de poulet
1 carotte, en rondelles de 1 cm d'épaisseur
12 petites crevettes crues, décortiquées
 et déveinées
200 g de tofu ferme, coupé en cubes de 2 cm
50 g de pousses de bambou, coupées en tranches
100 g d'épinards hachés
2 oignons verts, émincés en biais, en garniture

1 Plonger les champignons 20 minutes dans 125 ml d'eau bouillante. Égoutter en pressant, réserver le liquide. Jeter les pieds durs et couper les chapeaux en quatre.
2 Faire chauffer un wok à feu vif. Ajouter les huiles et les étaler soigneusement, puis ajouter le gingembre, l'oignon vert et le lard ou le jambon cru. Faire cuire environ 10 secondes, ajouter le bouillon, la sauce de soja, l'alcool de riz, le jus des champignons et 1/2 cuillerée à café de sel. Porter à ébullition, ajouter le poulet. Baisser le feu, couvrir et pocher le poulet 40 minutes. Retirer le poulet du bouillon, laisser refroidir et couper en lanières.
3 Porter à nouveau le bouillon à ébullition, ajouter la carotte et faire cuire 5 minutes. Ajouter les crevettes, le tofu, les pousses de bambou, l'épinard et la viande de poulet dans le wok. Poursuivre la cuisson 5 minutes. Servir avec l'oignon vert.
NOTE : la chair du lard chinois est plutôt sèche et a un goût prononcé, comme le jambon cru. Vous pouvez la remplacer par du jambon cru.

*Ci-dessous : Soupe aux huit trésors*

### GASTRONOMIE THAÏLANDAISE

La gastronomie thaïlandaise se caractérise par quatre saveurs principales : l'épicé, l'aigre, le sucré et le salé. Elles sont souvent représentées par le piment, le jus de citron vert, le sucre de palme et le nuoc mam, respectivement. Les herbes aromatiques telles que la coriandre fraîche, les feuilles de lime kafir et le lemon-grass s'associent à ces ingrédients pour donner une cuisine à la fois complexe et subtile. Les néophytes décrivent souvent cette cuisine comme épicée, mais les plats thaïlandais ne le sont pas tous. Certes, la tolérance au piquant des piments est une question d'habitude et, à l'instar des enfants thaïlandais, les personnes n'ayant pas l'habitude doivent apprendre à l'apprivoiser.

*Ci-dessus : Soupe aux crevettes aigre-piquante*

## SOUPE AUX CREVETTES AIGRE-PIQUANTE
(Tom yam kung)

Préparation : 20 minutes
Cuisson : 40 minutes
4 personnes

☆☆

1 kg de crevettes moyennes crues
1 cuil. à soupe d'huile
2 cuil. à soupe tom yam paste
   (pâte de crevette pimentée)
2 tiges de lemon-grass, partie blanche seule, écrasées
4 feuilles de lime kafir fraîches
3 petits piments rouges frais, finement émincés
80 à 100 ml de nuoc mam
80 à 100 ml de jus de citron vert
2 cuil. à café de sucre de palme râpé
4 oignons verts, finement émincés en biais
4 cuil. à soupe de feuilles de coriandre fraîche

**1** Décortiquer et déveiner les crevettes en conservant les queues. Réserver les carapaces et les têtes. Couvrir les crevettes et les mettre au réfrigérateur.
**2** Faire chauffer un wok à feu moyen, ajouter l'huile et bien la répartir. Faire revenir les carapaces et têtes de crevettes 8 minutes, jusqu'à ce qu'elles soient orangées.
**3** Ajouter le tom yam paste et 60 ml d'eau. Faire cuire 1 minute, jusqu'à ce que les parfums s'exhalent. Ajouter 2,2 l d'eau, porter à ébullition, réduire le feu et faire mijoter 20 minutes. Filtrer dans une jatte. Verser à nouveau dans le wok.
**4** Ajouter les crevettes, le lemon-grass, les feuilles de lime et le piment. Faire mijoter 4 à 5 minutes, jusqu'à ce que les crevettes soient cuites. Incorporer le nuoc mam, le jus de citron vert, le sucre, les oignons verts et la coriandre. Retirer le lemon-grass et servir.

## SOUPE DE NOUILLES VIETNAMIENNE AU POISSON

Préparation : 30 minutes
Cuisson : 20 minutes
4 personnes

☆☆

1 cuil. à café de pâte de crevettes
150 g de vermicelle transparent
2 cuil. à soupe d'huile d'arachide
6 gousses d'ail, finement hachées
1 petit oignon, finement émincé
2 grands piments rouges frais, hachés
2 tiges de lemon-grass, partie blanche, émincée
1,25 l de bouillon de poulet (*voir* page 23)
   ou 1 litre de bouillon mélangé à 250 ml d'eau
   et 60 ml de nuoc mam

1 cuil. à soupe de vinaigre de riz

4 tomates mûres, pelées, épépinées et concassées

500 g de filets de poisson blanc ferme (espadon, par exemple), coupés en morceaux de 3 cm

10 g de menthe vietnamienne fraîche, ciselée, un peu plus pour décorer

15 g de feuilles de coriandre fraîche, ciselée, un peu plus pour décorer

90 g de germes de soja

2 grands piments rouges frais, émincés, en garniture

quartiers de citron, en garniture

**1** Envelopper la pâte de crevettes dans du papier aluminium et la placer sous un gril chaud 1 minute.
**2** Plonger le vermicelle 3 à 4 minutes dans de l'eau bouillante. Rincer à l'eau froide, égoutter et couper en tronçons de 15 cm.
**3** Faire chauffer un wok à feu moyen, ajouter l'huile et l'étaler soigneusement. Ajouter l'ail et faire cuire 1 minute, jusqu'à ce qu'il soit doré. Ajouter l'oignon, les piments, le lemon-grass et la pâte de crevettes. Faire cuire sans cesser de remuer 1 minute. Verser le bouillon, le nuoc mam, le vinaigre et la tomate, porter à ébullition. Réduire le feu et faire mijoter 10 minutes. Ajouter le poisson et poursuivre doucement la cuisson 3 minutes, jusqu'à ce qu'ils soient cuits. Incorporer les herbes.
**4** Répartir le vermicelle et les germes de soja dans quatre bols et verser la soupe dessus. Parsemer de piment, menthe et coriandre. Servir avec des quartiers de citron.

## SOUPE DE POULET ET DE NOUILLES AU CURRY

Préparation : 15 minutes
Cuisson : 50 minutes
4 personnes

☆

175 g de nouilles aux œufs fines

60 ml d'huile d'arachide

2 blancs de poulet de 250 g

1 oignon, émincé

1 petit piment rouge frais, épépiné et haché

1 cuil. à soupe de gingembre frais finement haché

2 cuil. à soupe de poudre de curry indien

750 ml de bouillon de poulet

800 ml de lait de coco

300 g de pak-choï de Shanghai, coupé en lanières

4 cuil. à soupe de basilic frais ciselé

**1** Faire cuire les nouilles aux œufs 3 minutes dans une grande casserole d'eau bouillante. Égoutter et rincer.
**2** Faire chauffer un wok à feu moyen, ajouter une cuillerée à soupe d'huile et l'étaler soigneusement. Ajouter le poulet et le faire revenir 5 minutes, jusqu'à ce qu'il soit cuit. Retirer le poulet et réserver au chaud. Nettoyer le wok.
**3** Chauffer à nouveau le wok, ajouter le reste d'huile et le répartir soigneusement. Ajouter l'oignon et faire revenir 4 à 6 minutes à feu doux, jusqu'à ce qu'il soit tendre sans trop foncer. Ajouter le piment, le gingembre et la poudre de curry, poursuivre la cuisson 1 à 2 minutes. Verser le bouillon et porter à ébullition. Réduire le feu et faire mijoter 10 minutes. Couper le poulet en biais en lamelles fines.
**4** Ajouter le lait de coco au wok et faire mijoter 8 minutes, ajouter le pak-choï et faire cuire 3 minutes. Incorporer le basilic juste avant de servir.
**5** Répartir les nouilles dans quatre bols profonds. Disposer les lamelles de poulet par-dessus et verser la soupe. Servir immédiatement.

*Ci-dessous : Soupe de poulet et de nouilles au curry*

# SOUPE DE POULET ÉPICÉE À L'INDONÉSIENNE
(Soto ayam)

Préparation : 30 minutes
 + réfrigération : 12 heures
Cuisson : 2 h 15
6 personnes

☆☆

- 2 cuil. à café de graines de coriandre
- 2 cuil. à soupe d'huile
- 1 poulet de 1,4 kg, coupé en huit
- 4 gousses d'ail
- 1 oignon, émincé
- 2 cuil. à café de gingembre frais coupé en julienne
- 1 piment rouge séché, coupé en deux
- 2 tiges de lemon-grass, partie blanche seule, grossièrement hachée
- 50 g de racines et de tiges de coriandre, bien rincées et grossièrement hachées
- 2 cuil. à café de curcuma en poudre
- 1 cuil. à café de poudre de galanga
- 1 cuil. à café de sucre
- 1 litre de bouillon de poulet
- 2 cuil. à soupe de jus de citron
- 120 g de vermicelle transparent
- 1 cuil. à soupe 1/2 de nuoc mam
- 90 g de germes de soja
- 3 cuil. à soupe de feuilles de coriandre fraîche hachées
- 4 oignons verts, finement émincés en biais
- 20 g d'oignons frits croustillants
- 1 cuil. à soupe de sambal oelek

**1** Faire revenir à sec 1 minute les graines de coriandre dans une sauteuse, jusqu'à ce que leur parfum s'exhalent. Laisser refroidir et moudre finement.

**2** Faire chauffer un wok jusqu'à ce qu'il soit très chaud, ajouter 2 cuillerées à café d'huile et répartir soigneusement. Ajouter les morceaux de poulet et faire cuire en plusieurs fois 3 à 4 minutes, jusqu'à ce qu'ils soient dorés sur tous les côtés. Retirer du wok.

**3** Faire chauffer le reste d'huile dans le même wok. Ajouter l'ail, l'oignon, le gingembre et le piment. Faire revenir 5 minutes, jusqu'à ce qu'ils soient tendres. Ajouter le lemon-grass, la racine et la tige

## SOTO AYAM

Il existe autant de versions du soto ayam en Indonésie que de nonya ; il s'agit en fait d'un bouillon de poulet parfumé agrémenté de vermicelle transparent. On le mange généralement en en-cas ou partie d'un repas, avec du riz et un autre accompagnement. Les plats servis avec le soto ayam vont du simple bol de riz au sambal oelek à des garnitures plus élaborées, telles que des chips, du chou râpé ou des œufs durs. Traditionnellement, on place une petite quantité de chaque accompagnement au fond du bol de soupe et on verse le bouillon chaud dessus. Le riz est servi dans une assiette séparée. On verse du bouillon dessus à mesure qu'on le mange.

*Ci-contre : Soupe de poulet épicée à l'indonésienne*

SOUPES

de coriandre, le curcuma, le galanga, le sucre et la coriandre moulue, faire cuire 5 minutes. Remettre le poulet dans le wok, ajouter le bouillon, le jus de citron et 500 ml d'eau, pour couvrir le poulet.
**4** Couvrir le wok et faire mijoter 20 minutes, en écumant la surface de temps en temps. Retirer seulement les blancs du poulet, couvrir et laisser mijoter (toujours en écumant la surface régulièrement) 20 minutes avant de retirer les autres morceaux de poulet. Couvrir le poulet et le réserver au réfrigérateur jusqu'à utilisation. Couvrir à nouveau le wok et faire mijoter le bouillon à feu doux 1 heure de plus.
**5** Filtrer le bouillon à l'aide d'un chinois, laisser refroidir à température ambiante. Couvrir de film alimentaire et mettre au réfrigérateur toute la nuit.
**6** Plonger le vermicelle transparent 3 à 4 minutes dans l'eau bouillante, égoutter et rincer.
**7** Écumer la surface du bouillon froid. Placer le bouillon et les morceaux de poulet dans le wok à feu moyen. Porter à ébullition, incorporer le nuoc mam, les germes de soja, les feuilles de coriandre et le vermicelle. Bien assaisonner et disposer dans de grands bols. Parsemer d'oignon vert et d'oignon frit croustillant. Servir avec le sambal oelek.

## NOIX DE SAINT-JACQUES AUX NOUILLES SOBA ET AU DASHI

Préparation : 10 minutes
Cuisson : 15 minutes
4 personnes

☆☆

250 g de nouilles soba
60 ml de mirin (vin de riz doux)
60 ml de sauce de soja claire
2 cuil. à café de vinaigre de riz
1 cuil. à café de dashi
2 oignons verts, émincés en biais
1 cuil. à café de gingembre frais finement haché
24 grosses noix de Saint-Jacques
5 champignons noirs frais, hachés (*voir* Note)
1 feuille de nori, coupée en lanières

**1** Mettre les nouilles dans une grande casserole d'eau bouillante et remuer pour les séparer. Porter à ébullition, ajouter 250 ml d'eau froide et répéter l'opération 3 fois, lorsque l'eau arrive à ébullition. Égoutter et rincer à l'eau froide.
**2** Verser le mirin, la sauce de soja, le vinaigre, le dashi et 875 ml d'eau dans un wok à revêtement antiadhésif. Porter à ébullition, réduire le feu et laisser mijoter 3 à 4 minutes. Ajouter les oignons verts et le gingembre. Poursuivre la cuisson à feu doux.
**3** Faire chauffer une poêle à fond cannelé ou une plaque chauffante jusqu'à ce qu'elle soit très chaude. Saisir les noix de Saint-Jacques 30 secondes de chaque côté en plusieurs fois. Retirer du feu.
**4** Répartir les nouilles et les champignons noirs dans quatre bols de service profonds. Verser 185 ml de bouillon dans chaque bol, y placer 6 noix de Saint-Jacques. Garnir de nori coupé en lanières et servir immédiatement.
NOTE : si vous ne trouvez pas de champignons noirs frais, vous pouvez en utiliser des séchés, que vous plongerez 20 minutes dans de l'eau chaude.

*Ci-dessus : Noix de Saint-Jacques aux nouilles soba et au dashi*

1 Placer le poisson dans un robot ménager et le mixer finement. Délayer la farine de riz dans 80 ml d'eau, l'ajouter au poisson et mélanger 5 secondes. Avec les mains humides, former des boules de 2 cuillerées à soupe du mélange.
2 Faire cuire les nouilles 2 minutes dans une grande casserole d'eau bouillante, jusqu'à ce qu'elles soient tendres. Égoutter et réserver.
3 Verser 2 litres d'eau dans un wok à revêtement antiadhésif et porter à ébullition. Réduire le feu, incorporer le dashi et remuer jusqu'à dissolution, à feu doux. Augmenter le feu et porter à ébullition. Ajouter la sauce de soja, le mirin et saler. Ajouter les boulettes de poisson, réduire le feu et faire mijoter 3 minutes à feu moyen, jusqu'à ce que les boulettes soient entièrement cuites et remontent à la surface. Ajouter le pak-choi, augmenter le feu et porter à nouveau à ébullition. Incorporer les nouilles et faire cuire 1 minute, jusqu'à ce qu'elles soient réchauffées.
4 Répartir les nouilles et les boulettes de poisson dans des bols de service, verser le liquide dessus. Parsemer d'oignons verts et de concombre.

## SOUPE CHINOISE À L'AGNEAU, AU VERMICELLE TRANSPARENT ET À LA CIBOULETTE CHINOISE

Préparation : 10 minutes
   + macération : 3 heures
Cuisson : 20 minutes
4 personnes

☆

2 cuil. à soupe de sauce de soja claire
1 cuil. à soupe de sauce d'huître
1 cuil. à soupe d'alcool de riz
1 cuil. à café de sucre
1 cuil. à café $1/4$ d'huile de sésame
3 tranches de gingembre frais
1 cuil. à soupe de gingembre finement haché
250 g de filet d'agneau
100 g de vermicelle transparent
1 cuil. à soupe d'huile
3 oignons verts, 2 finement hachés et 1 finement émincé en biais
125 g de ciboulette chinoise, hachée
1 litre de bouillon de poulet

1 Mélanger dans une jatte la sauce de soja, la sauce d'huître, l'alcool de riz, le sucre, $1/4$ de

## SOUPE DE NOUILLES AUX BOULETTES DE POISSON

Préparation : 15 minutes
Cuisson : 15 minutes
4 à 6 personnes

☆

500 g de filets de poisson blanc tendre (lotte ou perche par exemple), sans peau ni arêtes
2 cuil. à soupe de farine de riz
200 g de nouilles somen
2 cuil. à café $1/2$ de dashi
2 cuil. à soupe de sauce de soja claire
1 cuil. à soupe de mirin (vin de riz doux)
200 g de pak-choi (chou chinois), râpé
2 oignons verts, finement émincés en biais
$1/2$ concombre libanais, pelé, épépiné et coupé en fines lanières de 5 cm de long

*Ci-dessus : Soupe de nouilles aux boulettes de poisson*

cuillerée d'huile de sésame et les tranches de gingembre. Ajouter l'agneau et faire mariner 3 heures, en le retournant de temps en temps.
**2** Plonger le vermicelle 3 à 4 minutes dans de l'eau bouillante, rincer et égoutter.
**3** Faire chauffer un wok à feu vif, ajouter l'huile, le reste d'huile de sésame et l'étaler soigneusement. Ajouter le gingembre haché, les oignons verts hachés et la ciboulette chinoise. Faire cuire 30 secondes, sans cesser de remuer. Verser lentement le bouillon, porter à ébullition. Ajouter l'agneau et les tranches de gingembre, réduire le feu, couvrir et pocher l'agneau 10 minutes.
**4** Retirer l'agneau du wok. Porter la soupe à ébullition à feu moyen ou fort. Entre-temps, émincer l'agneau. Le remettre dans le wok, ajouter le vermicelle et bien mélanger. Servir chaud, parsemé d'oignon vert émincé.

de maïs, le maïs en boîte, la sauce de soja, l'alcool de riz et 250 ml d'eau. Mélanger jusqu'à ce que la soupe arrive à ébullition. Réduire le feu et faire mijoter 10 minutes. Ajouter le poulet.
**3** Mélanger la maïzena, l'huile de sésame et 1 cuillerée à soupe d'eau dans une petite jatte, jusqu'à l'obtention d'une pâte lisse. Ajouter un peu de bouillon chaud, mélanger, verser dans la soupe. Porter à ébullition sans cesser de remuer 3 à 4 minutes, jusqu'à ce que la sauce épaississe. Assaisonner. Garnir d'oignons verts.
NOTE : il ne s'agit pas d'une recette chinoise authentique. Elle a en fait été inventée par des Américains d'origine chinoise qui avaient le mal du pays.

*Ci-dessous : Soupe chinoise au poulet et au maïs*

## SOUPE CHINOISE AU POULET ET AU MAÏS

Préparation : 10 minutes
Cuisson : 15 minutes
4 personnes

☆

750 ml de bouillon de poulet

2 blancs de poulet de 200 g chacun

3 ou 4 épis de maïs

1 cuil. à soupe d'huile

4 oignons verts, finement émincés, le vert haché pour la garniture

1 gousse d'ail, hachée

2 cuil. à café de gingembre frais râpé

300 g de maïs doux en boîte

2 cuil. à soupe de sauce de soja claire

1 cuil. à soupe d'alcool de riz

1 cuil. à soupe de maïzena

2 cuil. à café d'huile de sésame

**1** Porter le bouillon à ébullition dans une petite casserole. Ajouter le poulet et retirer la casserole du feu. Couvrir la casserole et laisser le poulet refroidir dans le bouillon. Retirer le poulet à l'aide d'une écumoire, couper la viande en fines lanières à la main. Détacher les grains de maïs des épis (environ 400 g).
**2** Faire chauffer un wok à feu moyen ou vif, ajouter l'huile et l'étaler soigneusement. Ajouter l'oignon vert, l'ail et le gingembre, faire revenir 30 secondes avant d'ajouter le bouillon, les grains

## SOUPE DE NOUILLES RAMEN AU PORC ET AU MAÏS

Préparation : 15 minutes
Cuisson : 30 minutes
4 personnes

☆

200 g de filet de porc grillé chinois, en un seul morceau
2 petits épis de maïs frais
200 g de nouilles ramen séchées
2 cuil. à café d'huile d'arachide
1 cuil. à café de gingembre frais râpé
1,5 l de bouillon de poulet
2 cuil. à soupe de mirin (vin de riz doux)
2 oignons verts, émincés en biais
20 g de beurre doux
1 oignon vert, émincé en biais, en garniture

1 Couper le porc en tranches fines. Couper les côtés des épis de maïs à l'aide d'un couteau tranchant pour libérer les grains.
2 Faire cuire les nouilles ramen 4 minutes dans une grande casserole d'eau bouillante, jusqu'à ce qu'elles soient tendres. Égoutter, rincer à l'eau froide et égoutter à nouveau.
3 Faire chauffer un wok à feu vif, ajouter l'huile et l'étaler soigneusement. Faire revenir le gingembre 1 à 2 minutes, verser le bouillon, le mirin et 500 ml d'eau. Porter à ébullition, réduire le feu et faire mijoter 6 à 8 minutes.
4 Ajouter le porc au bouillon et faire cuire 5 minutes. Ajouter les grains de maïs et les oignons verts, poursuivre la cuisson 4 à 5 minutes, jusqu'à ce que les grains soient tendres.
5 Dissocier les nouilles en les passant sous un filet d'eau chaude, les répartir dans quatre bols profonds, en tas. Verser le liquide dessus, puis le porc et le maïs. Placer une cuillerée à café de beurre au sommet de chaque tas et garnir d'oignons verts. Servir immédiatement.

*Ci-dessous : Soupe de nouilles ramen au porc et au maïs*

## SOUPE THAÏLANDAISE AU POTIRON ET À LA NOIX DE COCO

Préparation : 20 minutes
Cuisson : 30 minutes
4 personnes

☆☆

½ cuil. à café de pâte de crevettes
2 long piments rouges frais, hachés
¼ de cuil. à café de grains de poivre blanc
2 cuil. à soupe de pâte de piment
2 gousses d'ail
3 cuil. à café d'huile
5 oignons verts, émincés en biais
125 ml de crème de coco
500 ml de bouillon de poulet
2 tiges de lemon-grass, partie blanche seule, écrasée
875 ml de lait de coco
750 g de potiron, coupé en cubes de 2 cm
250 g de petites crevettes crues, décortiquées et déveinées
1 cuil. à soupe de nuoc mam
4 cuil. à soupe de feuilles de basilic thaïlandais frais

1 Envelopper la pâte de crevettes de papier aluminium et la placer sous un gril chaud 1 minute. Ôter le papier et mettre dans un robot avec les piments, le poivre, la pâte de piment, l'ail et 1 pincée de sel. Mixer jusqu'à obtention d'une pâte homogène.

**2** Faire chauffer un wok à feu vif, ajouter l'huile et l'étaler soigneusement. Faire revenir les oignons verts 1 à 2 minutes, jusqu'à ce qu'ils soient légèrement dorés. Retirer du wok. Ajouter la crème de coco, porter à ébullition. Faire mijoter ensuite 10 minutes, jusqu'à ce que l'huile commence à se séparer de la crème.

**3** Incorporer la pâte et faire revenir à feu moyen 1 à 2 minutes, jusqu'à ce que les parfums s'exhalent. Ajouter le bouillon, le lemon-grass, le lait de coco, le potiron et l'oignon vert cuit, couvrir. Faire mijoter 8 à 10 minutes, jusqu'à ce que le potiron soit tendre. Ôter le couvercle, ajouter les crevettes et poursuivre la cuisson 2 à 3 minutes, jusqu'à ce qu'elles soient cuites. Incorporer le nuoc mam et le basilic. Servir.

## SOUPE THAÏLANDAISE DE NOUILLES DE RIZ AU CANARD

Préparation : 40 minutes
Cuisson : 25 minutes
4 à 6 personnes

☆

1 canard rôti chinois entier (*voir* Note)
4 racines et tiges de coriandre, bien rincées
50 g de galanga frais, émincé
4 oignons verts, émincés en biais en tronçons de 3 cm
400 g de brocoli chinois, coupé en tronçons de 5 cm
2 gousses d'ail, hachées
60 ml de nuoc mam
1 cuil. à soupe de sauce hoisin
2 cuil. à café de sucre de palme râpé
1/2 cuil. à café de poivre blanc moulu
500 g de nouilles de riz fraîches
ail frit croustillant, en garniture (facultatif)
feuilles de coriandre fraîches, en garniture (facultatif)

**1** Couper la tête du canard à l'aide d'un couteau tranchant et la jeter. Retirer la peau et la graisse du canard, sans toucher le cou. Détacher soigneusement la viande et réserver. Retirer toute graisse visible de la carcasse ainsi que le croupion. Couper la carcasse en gros morceaux, la placer dans une grande marmite remplie de 2 litres d'eau.

**2** Écraser les racines et les tiges de coriandre avec le dos d'un couteau. Ajouter à la marmite avec le galanga et porter à ébullition. Écumer la surface. Faire bouillir à feu moyen 10 minutes. Filtrer le bouillon à l'aide d'un chinois. Jeter la carcasse et verser le bouillon dans un grand wok.

**3** Couper la viande de canard en lanières. L'ajouter au bouillon avec les oignons verts, le brocoli chinois, l'ail, le nuoc mam, la sauce hoisin, le sucre de palme et le poivre blanc. Porter doucement à ébullition.

**4** Mettre les nouilles dans une jatte résistant à la chaleur, couvrir d'eau bouillante et les dissocier délicatement. Bien égoutter et passer sous l'eau froide pour les faire refroidir. Répartir les nouilles et la soupe dans des bols de service. Garnir éventuellement d'ail frit croustillant et de feuilles de coriandre. Servir immédiatement.

NOTE : vous trouverez des canards rôtis chinois dans les rôtisseries chinoises.

*Ci-dessus : Soupe thaïlandaise de nouilles de riz au canard*

## PHO

Les soupes de nouilles sont omniprésentes au Vietnam, la pho (prononcez « pheu ») étant la plus connue. Les Vietnamiens en mangent à tout moment de la journée : matin, midi ou soir. Les herbes aromatiques donnent à cette soupe le parfum caractéristique de la cuisine vietnamienne, et les condiments qui l'accompagnent permettent à chacun de personnaliser la pho selon son goût. Cette soupe, originaire du Nord du pays, est appréciée dans tout le Vietnam.

*Ci-dessus : Pho au bœuf*

## PHO AU BŒUF
(Pho bo)

Préparation : 15 minutes + trempage : 15 minutes
Cuisson : 35 minutes
4 personnes

☆☆

2 litres de bouillon de bœuf
1 anis étoilé
1 morceau de gingembre frais de 4 cm, émincé
2 pieds de cochon, coupés en deux
½ oignon, percé de 2 clous de girofle
2 tiges de lemon-grass, écrasées
2 gousses d'ail, hachées
¼ de cuil. à café de poivre blanc moulu
1 cuil. à soupe de nuoc mam, un peu plus pour accompagner
200 g de nouilles de riz fines fraîches
300 g de filet de bœuf, partiellement congelé et coupé en tranches fines
90 g de germes de soja
25 g de feuilles de coriandre fraîche hachées, un peu plus pour accompagner
2 oignons verts, finement émincés en biais
4 cuil. à soupe de menthe vietnamienne hachée, un peu plus pour accompagner
1 piment rouge frais, finement émincé, un peu plus pour accompagner
2 citrons verts, coupés en quartiers

1 Placer le bouillon de bœuf, l'anis étoilé, le gingembre, les pieds de cochon, l'oignon, le lemon-grass, l'ail et le poivre blanc dans un wok et porter à ébullition. Réduire le feu, couvrir, et faire revenir 30 minutes à feu très doux. Filtrer, verser à nouveau dans le wok et incorporer le nuoc mam.
2 Entre-temps, placer les nouilles dans une jatte résistant à la chaleur, couvrir d'eau bouillante et les dissocier délicatement. Bien égoutter et passer sous l'eau froide pour les refroidir. Égoutter à nouveau.
3 Répartir les nouilles dans quatre bols de service. Verser les lanières de bœuf, les germes de soja, les oignons verts, la coriandre, la menthe et le piment. Verser le bouillon à l'aide d'une louche.
4 Placer le piment, la menthe, la coriandre, les quartiers de citron vert et le nuoc mam dans des coupelles. Présenter avec la soupe, en laissant les convives se servir.

## SOUPE CLAIRE CHINOISE AUX BOULETTES DE PORC ET AUX NOUILLES

Préparation : 20 minutes
  + réfrigération : 1 heure
Cuisson : 30 minutes
4 à 6 personnes

☆☆

1 cuil. à soupe d'huile d'arachide

2 cuil. à café d'huile de sésame

4 gousses d'ail, hachées

5 cuil. à café de gingembre frais râpé

150 g de pak-choi (chou chinois), râpé

300 g de porc, haché

1 blanc d'œuf

1 cuil. soupe 1/2 de maïzena

1/4 de cuil. à café de poivre blanc moulu

80 ml de sauce de soja claire

2 cuil. à soupe d'alcool de riz

6 oignons verts, finement émincés

15 g de feuilles de coriandre fraîche, finement émincées

1,5 l de bouillon de poulet (voir page 23) ou 1,25 l de bouillon prêt-à-l'emploi mélangé à 250 ml d'eau (voir Note)

200 g de nouilles aux œufs fines fraîches

piment rouge frais, finement haché, en garniture (facultatif)

**1** Faire chauffer un wok à feu vif, ajouter l'huile d'arachide et 1 cuillerée à café d'huile de sésame, et étaler soigneusement. Ajouter l'ail, 2 cuillerées à café de gingembre et le pak-choi. Faire revenir 1 minute, jusqu'à ce que l'ail commence à dorer. Retirer le wok du feu et laisser refroidir.

**2** Placer le mélange refroidi dans une jatte et ajouter le porc haché, le blanc d'œuf, la maïzena, le poivre blanc, deux cuillerées à soupe de sauce de soja, 1 cuillerée à soupe d'alcool de riz, 1/2 oignon vert et 3 cuillerées à soupe de coriandre. Bien mélanger, couvrir de film alimentaire et laisser au réfrigérateur 1 heure. Avec les mains humides, former des boules d'une cuillerée à soupe de mélange.

**3** Nettoyer et sécher le wok, y verser le bouillon. Porter à ébullition, réduire le feu et faire mijoter 1 à 2 minutes. Ajouter 3 cuillerées à café de gingembre, le reste de sauce de soja et l'alcool de riz. Faire cuire, à couvert, 5 minutes et ajouter les boulettes de porc. Poursuivre la cuisson sans couvercle 8 à 10 minutes, jusqu'à ce que les boulettes soient cuites et remontent à la surface.

**4** Entre-temps, faire cuire 1 minute les nouilles dans une grande casserole d'eau bouillante, jusqu'à ce qu'elles se dissocient. Égoutter et bien rincer. Répartir les nouilles dans les bols de service, verser la soupe par-dessus. Parsemer du reste d'oignon vert et de coriandre. Ajouter deux gouttes du reste d'huile de sésame. Accompagner de la sauce de soja restante et éventuellement de piment rouge, finement haché.

NOTE : les bouillons du commerce étant généralement très salés, il est préférable de les diluer dans de l'eau lorsque vous les utilisez en grande quantité. Les bouillons faits maison sont moins salés et n'ont donc pas besoin d'être dilués.

*Ci-dessus : Soupe claire chinoise aux boulettes de porc et aux nouilles*

## SOUPE DE SHANGHAI AU POULET ET AUX NOUILLES

Préparation : 10 minutes
Cuisson : 35 minutes
4 à 6 personnes

☆

2,5 l de bouillon de poulet (voir page 23) ou 2 litres de bouillon prêt-à-l'emploi rallongé de 500 ml d'eau

1 anis étoilé

4 tranches de gingembre frais de 5 mm

600 g de blanc de poulet

375 g de nouilles Shanghai

200 g d'asperges fraîches, coupées en tronçons de 3 cm

1 cuil. à soupe de gingembre frais coupé en julienne

1 cuil. à soupe 1/2 de sauce de soja claire, un peu plus pour accompagner

1 cuil. à soupe d'alcool de riz

1/2 cuil. à café de sucre

4 oignons verts, finement émincés en biais

50 g de feuilles de cresson (facultatif)

1/4 de cuil. à café d'huile de sésame, pour arroser

*Ci-dessous : Soupe de Shanghai au poulet et aux nouilles*

**1** Verser le bouillon dans un wok à revêtement antiadhésif et porter à ébullition. Réduire le feu, ajouter l'anis étoilé, les tranches de gingembre et le poulet. Pocher à feu moyen le poulet 15 à 20 minutes, jusqu'à ce qu'il soit complètement cuit. Retirer les morceaux à l'aide d'une écumoire et laisser refroidir. Laisser le bouillon dans le wok.
**2** Entre-temps, porter 2 litres d'eau à ébullition dans une grande casserole et faire cuire les nouilles 3 minutes. Égoutter et passer sous l'eau froide.
**3** Couper le blanc de poulet en lanières de 5 mm. Porter à nouveau le bouillon à ébullition et ajouter l'asperge, le gingembre en julienne, la sauce de soja, l'alcool de riz, le sucre et 1/2 cuillerée à café de sel. Réduire le feu, ajouter les nouilles et faire mijoter 2 minutes. Remettre le poulet dans le wok et faire cuire 1 minute, jusqu'à ce qu'il soit cuit.
**4** Retirer les nouilles du liquide à l'aide de baguettes et répartir dans les bols de service. Répartir le poulet, les asperges, les oignons verts et éventuellement le cresson dans les bols, verser le bouillon dessus. Arroser d'huile de sésame et servir éventuellement avec de la sauce de soja.

## SOUPE DE POULET AIGRE-DOUCE THAÏLANDAISE

Préparation : 20 minutes
+ trempage : 20 minutes
Cuisson : 20 minutes
4 à 6 personnes

☆ ☆

6 grand piments rouges séchés

4 échalotes rouges d'Asie, hachées

4 gousses d'ail, hachées

2 cuil. à soupe de galanga frais finement haché

2 cuil. à café de curcuma frais haché

2 tiges de lemon-grass, partie blanche seule, finement hachée

1/2 cuil. à café de zeste de citron vert

1 cuil. à café de pâte de crevettes

1 litre de bouillon de poulet

6 feuilles de lime kafir fraîches

2 cuil. à soupe de concentré de tamarin

2 cuil. à soupe de nuoc mam

45 g de sucre de palme, râpé

450 g de blanc de poulet, finement émincé

200 g d'asperges fraîches, coupées en trois

100 g de mini-épis de maïs, coupés en deux dans la longueur

200 g d'ananas frais, coupé en cubes de 2 cm

**1** Plonger les piments 20 minutes dans de l'eau bouillante, égoutter et hacher. Placer le piment, les échalotes, l'ail, le galanga, le curcuma, le lemon-grass, le zeste de citron vert et la pâte de crevettes dans un robot ménager. Mixer jusqu'à obtenir une pâte lisse, en ajoutant éventuellement de l'eau.
**2** Verser le bouillon et 250 ml d'eau dans un wok à revêtement antiadhésif, ajouter les feuilles de lime et porter à ébullition à feu vif. Incorporer la pâte de piments et faire mijoter 5 minutes. Ajouter le tamarin, le nuoc mam, le sucre de palme, le poulet coupé à la main, les asperges et le maïs. Remuer pour empêcher les tranches de poulet de s'amalgamer. Faire revenir 10 minutes, jusqu'à ce que le poulet soit cuit et les légumes tendres. Incorporer l'ananas.
**3** Servir dans des bols chauds, au cours d'un repas.
NOTE : utilisez un wok à revêtement antiadhésif ou en inox pour cette recette, car le concentré de tamarin provoque une réaction dans un wok normal et altère la couleur du plat.

## SOUPE DE NOUILLES AU BŒUF DU SÉCHOUAN

Préparation : 10 minutes
Cuisson : 3 heures
4 personnes

☆☆

1,5 de bouillon de bœuf

1 cuil. à soupe d'huile d'arachide

400 g de palette de bœuf

1/2 bâton de cannelle

2 anis étoilés

1 cuil. à soupe 1/2 de grains de poivre du Séchouan, concassés

1 cuil. à soupe de gingembre frais coupé en julienne

2 cuil. à soupe de sauce de soja épaisse

1 cuil. à soupe d'alcool de riz

1 cuil. à soupe de sauce aux haricots brune

3 morceaux d'écorce de mandarine séchée de 5 cm (*voir* Note)

125 g de nouilles aux œufs fines fraîches

3 oignons verts, finement émincés en biais

**1** Verser le bouillon de bœuf et 2 litres d'eau dans une marmite et faire mijoter à feu doux. Conserver chaud jusqu'à utilisation.
**2** Faire chauffer un wok à feu vif, ajouter l'huile et l'étaler soigneusement. Ajouter la palette et saisir 2 à 3 minutes de chaque côté. Ajouter le bâton de cannelle, l'anis étoilé, les grains de poivre, le gingembre, la sauce de soja, l'alcool de riz, la sauce aux haricots et l'écorce de mandarine. Verser le bouillon chaud, couvrir et porter à ébullition à feu moyen. Réduire le feu et faire mijoter, à couvert, 2 heures à 2 h 30, jusqu'à ce que la palette soit tendre. Si elle n'est pas suffisamment tendre pour être coupée, la remettre à mijoter.
**3** Retirer la palette et jeter l'écorce de mandarine. Entre-temps, faire cuire les nouilles 1 minute dans une grande casserole d'eau bouillante pour les dissocier. Égoutter. Juste avant de servir, ajouter les nouilles au bouillon et laisser 1 à 2 minutes, jusqu'à ce qu'elles soient chaudes. Couper la palette en morceaux de la taille d'une bouchée et la répartir dans quatre bols de services. Verser dessus le bouillon et les nouilles, parsemer d'oignon vert et servir.
NOTE : l'écorce d'agrume séchée est l'un des condiments les plus importants de la cuisine chinoise. Vous trouverez l'écorce séchée de mandarines, clémentines et oranges dans de nombreuses épiceries asiatiques.

*Ci-dessus : Soupe de nouilles au bœuf du Séchouan*

1 Jeter les moules cassées ou celles qui ne se ferment pas lorsqu'on les tapote. Bien les rincer.
2 Faire chauffer un wok à feu moyen, ajouter l'huile et l'étaler soigneusement. Faire cuire les oignons verts et l'ail 1 minute, jusqu'à ce qu'ils soient tendres. Ajouter le bouillon, le galanga, le lemon-grass, les piments, les feuilles de lime et 750 ml d'eau. Faire mijoter 15 minutes.
3 Ajouter les moules, couvrir et porter à ébullition à feu vif. Faire cuire 7 à 8 minutes, jusqu'à ce que les moules s'ouvrent, en remuant de temps en temps. Jeter les moules fermées.
4 Incorporer la moitié de la coriandre, répartir le bouillon et les moules dans quatre grands bols de service. Parsemer de la coriandre restante, servir immédiatement.
NOTES : nombre de bouillons tout prêts étant très salés, utilisez soit un bouillon fait maison (*voir* la recette page 23) soit 500 ml de bouillon prêt-à-l'emploi rallongé de 250 ml d'eau. Placer un grand saladier vide au centre de la table pour les coquilles de moules vides.

## SOUPE DE POULET AIGRE À LA CAMBODGIENNE

Préparation : 20 minutes
Cuisson : 40 minutes
4 personnes

☆☆

800 g de cuisses de poulet, sans peau, coupées en cubes de 5 cm sur l'os
1 cuil. à soupe de pulpe de tamarin, diluée dans 60 ml d'eau bouillante
60 ml de nuoc mam
1/2 cuil. à café de sucre
200 g d'ananas frais, coupé en cubes de 2 cm
2 petites tomates mûres, coupées en quartiers
3 oignons verts, coupés en tronçons de 3 cm
1 cuil. à café d'huile
4 gousses d'ail, finement hachées
2 cuil. à soupe de feuilles de coriandre fraîche hachées
3 cuil. à soupe de basilic frais haché
1 piment rouge frais, finement émincé en biais
2 cuil. à soupe de jus de citron vert
90 g de germes de soja

1 Verser 1,25 l d'eau dans un wok à revêtement antiadhésif, porter à ébullition à feu moyen. Ajouter les morceaux de poulet et faire cuire 30 minutes, en écumant régulièrement la surface, jusqu'à ce que

*Ci-dessus : Bouillon thaïlandais aux moules*

## BOUILLON THAÏLANDAIS AUX MOULES

Préparation : 20 minutes
Cuisson : 25 minutes
4 personnes

☆

1,5 kg de moules, grattées et ébarbées
1 cuil. à soupe d'huile
5 oignons verts, finement émincés en biais
2 gousses d'ail, hachées
750 ml de bouillon de poulet ou de poisson (*voir* Note)
2 cuil. à soupe 1/2 de galanga émincé
4 tiges de lemon-grass, partie blanche seule, écrasée
2 grands piments rouges frais, coupés en deux dans la longueur
6 feuilles de lime kafir fraîches, ciselées
2 cuil. à soupe de feuilles de coriandre fraîche grossièrement ciselées

le bouillon soit clair. Retirer le poulet du wok à l'aide d'une écumoire, détacher la viande des os, jeter les os et la graisse. Faire refroidir légèrement la viande, tout en continuant de faire mijoter le bouillon.

**2** Filtrer le jus du tamarin pour en retirer les pépins, l'ajouter ensuite au bouillon. Remettre le poulet dans le wok, ajouter le nuoc mam, le sucre, l'ananas, les tomates et les oignons verts. Ajouter du sel et faire cuire 1 à 2 minutes à feu moyen, jusqu'à ce que le poulet, la tomate et l'ananas soient chauds.

**3** Faire chauffer l'huile dans une petite poêle à feu moyen et ajouter l'ail. Faire revenir 2 minutes, jusqu'à ce qu'il soit doré. Retirer l'ail à l'aide d'une écumoire et l'ajouter à la soupe. Retirer le wok du feu et incorporer la coriandre, le basilic, le piment et le jus de citron vert. Placer les germes de soja dans le fond de quatre bols et verser la soupe dessus. Servir immédiatement.

## BOUILLON DE NOUILLES AU CRABE ET AU MAÏS

Préparation : 15 minutes
Cuisson : 15 minutes
4 personnes

☆

75 g de nouilles aux œufs fines
1 cuil. à soupe d'huile d'arachide
1 cuil. à café de gingembre frais finement haché
3 oignons verts, finement émincés, parties blanches et vertes séparées
1,5 l de bouillon de poulet
80 ml de mirin (vin de riz doux)
250 g de mini-épis de maïs frais, coupés en biais en rondelles de 1 cm
175 g de chair de crabe fraîche
1 cuil. à soupe de maïzena, délayée dans 1 cuil. à soupe d'eau
2 œufs, légèrement battus
2 cuil. à café de jus de citron vert
1 cuil. à soupe de sauce de soja
3 cuil. à soupe de feuilles de coriandre fraîche ciselées

**1** Faire cuire les nouilles dans une grande casserole d'eau salée pendant 3 minutes, jusqu'à ce qu'elles soient tendres. Égoutter et rincer à l'eau froide.

**2** Faire chauffer un wok à revêtement antiadhésif, ajouter l'huile et l'étaler soigneusement. Ajouter le gingembre et la partie blanche de l'oignon vert. Faire cuire à feu moyen 1 à 2 minutes. Ajouter le bouillon, le mirin et le maïs, porter à ébullition. Faire mijoter 3 minutes. Incorporer les nouilles, la chair de crabe et la maïzena diluée. Poursuivre la cuisson sans cesser de remuer, jusqu'à ce que le bouillon épaississe. Réduire le feu et verser l'œuf en remuant sans faire bouillir. Incorporer délicatement le jus de citron vert, la sauce de soja et la moitié de la coriandre.

**3** Répartir les nouilles dans quatre bols et verser la soupe dessus. Parsemer de la partie verte des oignons verts et de feuilles de coriandre.

*Ci-dessus : Bouillon de nouilles au crabe et au maïs*

## SOUPE DE NOUILLES AIGRE-PIQUANTE CHINOISE

Préparation : 45 minutes + réfrigération : 12 heures + repos : 10 minutes
Cuisson : 4 heures
6 personnes

☆☆

**Bouillon**
1,5 kg d'os de poulet, lavés
2 tranches de 1 cm de gingembre frais
4 oignons verts, partie blanche seule, hachée

200 g de nouilles de Shanghai fraîches
200 g de blanc de poulet, coupé en fines lanières
2 cuil. à soupe de pâte piment rouge aillée
60 ml de sauce de soja claire
3/4 de cuil. à café de poivre blanc moulu
4 champignons shiitake frais, équeutés, têtes finement émincées
100 g de champignons enoki, coupés et séparés
115 g de mini-épis de maïs, coupés en quatre dans la longueur
60 ml de vinaigre noir chinois
65 g de champignons noirs, grossièrement hachés
200 g de tofu ferme, coupé en cubes de 2,5 cm
3 œufs, légèrement battus
30 g de maïzena
1 cuil. à café d'huile de sésame
oignons verts, finement émincés en biais, en garniture

**1** Préparer le bouillon : placer les os de poulet et 3,5 l d'eau dans une grande casserole, porter à ébullition. Faire mijoter 30 minutes, en écumant la surface. Ajouter le gingembre et les oignons verts. Faire mijoter 3 heures, partiellement couvert. Filtrer à l'aide d'un chinois et laisser refroidir. Couvrir et placer au réfrigérateur une nuit. Écumer la surface du bouillon.
**2** Faire cuire les nouilles 4 à 5 minutes dans une grande casserole d'eau bouillante, égoutter et rincer.
**3** Verser 2 litres de bouillon dans un wok à revêtement antiadhésif et porter à ébullition à feu vif. Réduire le feu et ajouter le poulet, la pâte de piment aillée, la sauce de soja et le poivre blanc. Bien mélanger le tout. Faire mijoter 10 minutes à feu moyen, à couvert, jusqu'à ce que le poulet soit cuit. Ajouter les champignons, le maïs, le vinaigre, les champignons noirs, le tofu et du sel. Placer un couvercle sur le wok et faire mijoter doucement pendant 5 minutes, sans remuer.
**4** Délayer la maïzena dans 60 ml d'eau. Ajouter à la soupe avec les nouilles, poursuivre la cuisson, verser les œufs lentement sur la surface. Éteindre le feu et laisser reposer 10 minutes. Incorporer l'huile de sésame lentement. Répartir dans les bols de service et décorer de lanières d'oignons verts.

**SOUPES AIGRES-PIQUANTES**
Traditionnellement, les soupes aigres-piquantes chinoises ne contiennent pas de piment. Le piquant provient du poivre blanc. Les cuisiniers chinois préfèrent le poivre blanc au noir, car il est non seulement piquant, mais également parfumé. Pour que le poivre blanc dégage tout son arôme, il doit être fraîchement moulu.
La soupe aigre-piquante parfaite doit correspondre au principe taoïste ancestral du yin et du yang (féminin/masculin, chaud/froid, eau/feu), à savoir, atteindre l'équilibre des saveurs et des textures opposées. L'une des préoccupations principales du taoïsme est la conséquence de l'alimentation sur le corps, ainsi que les attributs vivants de certains aliments.

*Ci-contre : Soupe de nouilles aigre-piquante chinoise*

## SOUPE DE NOUILLES RAMEN AU PORC LAQUÉ ET AUX LÉGUMES VERTS

Préparation : 15 minutes + trempage : 20 minutes
Cuisson : 10 minutes
4 personnes

☆

15 g de champignons shiitake séchés
350 g de brocoli chinois, coupé en tronçons de 4 cm
375 g de nouilles ramen fraîches
1,5 l de bouillon de poulet (voir page 23) ou 1,25 l de bouillon prêt-à-l'emploi, rallongé de 250 ml d'eau
60 ml de sauce de soja
1 cuil. à soupe de sucre
200 g de porc laqué chinois, coupé en lamelles fines
flocons de piment (facultatif)

**1** Plonger les champignons 20 minutes dans 125 ml d'eau bouillante. Égoutter, sécher et réserver le jus. Jeter les pieds et émincer les chapeaux.
**2** Blanchir le brocoli chinois 3 minutes dans une grande casserole d'eau bouillante salée, jusqu'à ce qu'il soit à la fois tendre et ferme. Égoutter, refroidir dans de l'eau froide.
**3** Faire cuire les nouilles 2 minutes dans une grande casserole d'eau, jusqu'à ce qu'elles soient tendres. Égoutter, rincer à l'eau froide, égoutter à nouveau.
**4** Verser le bouillon et 500 ml d'eau dans un wok à revêtement antiadhésif. Porter à ébullition. Ajouter les champignons émincés et le jus réservé, la sauce de soja et le sucre. Faire mijoter 2 minutes, puis ajouter le brocoli.
**5** Répartir les nouilles dans des bols. Verser dessus le bouillon chaud et les légumes. Ajouter le porc et éventuellement les flocons de piment.
NOTE : si vous utilisez du bouillon acheté dans le commerce, il est préférable de le rallonger avec de l'eau, car il est généralement plus salé que le bouillon maison. On ajoute habituellement 250 ml d'eau pour 1,5 l de bouillon.

PORC LAQUÉ CHINOIS
Le char siu, ou porc laqué, est une spécialité cantonaise que l'on voit suspendue dans certains restaurants chinois. *Char siu* signifie « suspendu au-dessus du feu ». Le porc est traditionnellement teinté en rouge. En Chine, on l'achète généralement tout prêt, car la plupart des maisons ne possèdent pas de four. La marinade du porc peut contenir de la sauce hoisin, de la sauce d'huître, de la sauce aux haricots et du tofu fermenté.

*Ci-dessus : Soupe de nouilles ramen au porc laqué et aux légumes verts*

# LE GRAND LIVRE DU WOK

**SOUPE AUX WONTON DE CREVETTES À LA NOIX DE COCO**

Sceller les wonton en rassemblant la pâte autour de la farce pour former une poche.

## SOUPE AUX WONTON DE CREVETTES À LA NOIX DE COCO

Préparation : 30 minutes + réfrigération : 12 heures
Cuisson : 1 h 10
4 personnes

☆☆

### BOUILLON

1,5 kg d'os de poulets, lavés
1 oignon, grossièrement haché
125 g de céleri, grossièrement haché

### WONTON

325 g de petites crevettes crues, décortiquées, déveinées et hachées
2 cuil. à soupe de feuilles de coriandre fraîche ciselées
1 cuil. à soupe de basilic thaï frais ciselé
2 cuil. à soupe de céleri, finement haché
2 oignons verts, finement hachés
20 carrés de pâte à wonton
1 œuf, légèrement battu

### FOND DE SOUPE

2 cuil. à soupe de pâte tom yam (pâte de crevettes épicée)
3 tiges de lemon-grass, partie blanche seule, finement émincées
6 feuilles de lime kafir fraîches
2 petits piments rouges frais, finement hachés
200 ml de lait de coco
1 cuil. à soupe de sucre de palme râpé
1 cuil. à soupe de jus de citron vert
1 cuil. à soupe de nuoc mam
feuilles de coriandre fraîche, en garniture

1 Préparer le bouillon : placer les os de poulet, l'oignon, le céleri et 3 litres d'eau dans une grande casserole. Porter à ébullition à feu moyen. Écumer la surface. Réduire le feu et faire mijoter 1 heure, en écumant la surface. Filtrer le bouillon à l'aide d'un chinois et laisser refroidir. Couvrir de film alimentaire et laisser au réfrigérateur une nuit. Retirer la couche de graisse de la surface une fois qu'elle est solidifiée.
2 Préparer les wonton : mélanger les crevettes, la coriandre, le basilic, le céleri et les oignons verts. Placer les carrés de pâtes à wonton sur un plan de travail propre. Déposer une cuillerée à café de mélange

*Ci-dessus : Soupe aux wonton de crevettes à la noix de coco*

de crevettes au centre de chaque pâte. Enduire le bord des pâtes avec un peu d'œuf battu. Soulever les bords et pincer autour de la farce pour former une poche. Répéter l'opération avec le reste des pâtes et de la farce pour faire 20 wonton. Couvrir et réserver.
**3** Faire chauffer un wok à feu moyen, ajouter la pâte tom yam et faire cuire 10 secondes, jusqu'à ce que l'arôme se dégage. Incorporer 1 litre de bouillon de poulet en fouettant, porter à ébullition à feu vif. Réduire le feu, ajouter le lemon-grass, les feuilles de lime, les piments et le lait de coco. Faire mijoter 5 minutes. Incorporer le sucre, le jus de citron vert et le nuoc mam. Ajouter délicatement les wonton et faire mijoter 2 minutes, jusqu'à ce qu'ils soient complètement cuits. Retirer les wonton à l'aide d'une passoire et en déposer cinq dans chaque bol. Verser le bouillon et décorer de feuilles de coriandre fraîche.
NOTE : congelez le bouillon qui reste.

## SOUPE DE CANARD AUX CINQ ÉPICES ET AUX NOUILLES SOMEN

Préparation : 10 minutes
Cuisson : 30 minutes
4 personnes

☆☆

4 magrets de canard, avec la peau
1 cuil. à café de poudre de cinq-épices
1 cuil. à café d'huile d'arachide
200 g de nouilles somen

BOUILLON À L'ANIS ÉTOILÉ
2 litres de bouillon de poulet
3 anis étoilés
5 oignons verts, hachés
3 cuil. à soupe de feuilles de coriandre fraîche, hachées

**1** Préchauffer le four à 200 °C (th. 6). Retirer l'excès de graisse des magrets, saupoudrer légèrement de poudre de cinq-épices des deux côtés.
**2** Faire chauffer un wok à feu vif, ajouter l'huile et l'étaler soigneusement. Ajouter les magrets, peau vers le bas. Faire cuire à feu moyen 2 à 3 minutes, jusqu'à ce qu'ils soient dorés et croustillants. Retourner et faire cuire l'autre côté 3 minutes. Mettre les magrets dans un plat à four et faire rôtir, peau vers le haut, 8 minutes pour une cuisson à point ou jusqu'à ce qu'ils soient cuits selon son goût.

**3** Entre-temps, mettre le bouillon de poulet et l'anis étoilé dans un wok à revêtement antiadhésif. Porter à ébullition, réduire le feu et faire mijoter 5 minutes, à couvert. Ajouter les oignons verts et la coriandre, poursuivre la cuisson 5 minutes.
**4** Faire cuire les nouilles 2 minutes à l'eau bouillante, jusqu'à ce qu'elles soient tendres. Égoutter et répartir dans quatre grands bols. Verser le bouillon sur les nouilles et ajouter un magret en tranches.

### SOUPE MISO RAPIDE

Plonger 5 g de feuilles d'algues wakame 10 minutes dans l'eau, jusqu'à ce qu'elles soient tendres. Égoutter. Dissoudre 2 cuillerées à café 1/2 de poudre de dashi dans 1,5 l d'eau bouillante. Dans un wok, délayer 125 ml de shiro miso dans 80 ml de bouillon dashi, pour obtenir un mélange lisse. Ajouter le reste du bouillon dashi et mélanger. Égoutter 300 g de tofu silken coupé en cubes de 1,5 cm et ajouter le bouillon avec le wakame. Faire chauffer le tout. Pour 4 personnes.

*Ci-dessous : Soupe de canard aux cinq épices et aux nouilles somen*

## SOUPE CHINOISE DE NOUILLES LONGUES ET COURTES

Préparation : 30 minutes
Cuisson : 15 minutes
6 personnes

☆☆

300 g de porc haché
4 oignons verts, émincés
3 gousses d'ail, grossièrement hachées
2 cuil. à café de gingembre frais râpé
2 cuil. à café de maïzena
110 ml de sauce de soja claire
60 ml d'alcool de riz
30 carrés de pâte à wonton
3 litres de bouillon de poulet (*voir* page 23) ou 2,25 l de bouillon prêt à l'emploi rallongé d'eau
20 g de gingembre frais, finement émincé
200 g de nouilles aux œufs plates
2 oignons verts, émincés en biais, en garniture
1 cuil. à café d'huile de sésame

*Ci-dessous : Soupe chinoise de nouilles longues et courtes*

**1** Placer la viande hachée, les oignons verts, l'ail, le gingembre, la maïzena, 1 cuillerée à soupe ½ de sauce de soja et 1 cuillerée à soupe d'alcool de riz dans un robot de cuisine. Mixer jusqu'à l'obtention d'une pâte homogène.
**2** Placer 2 cuillerées à café de ce mélange au centre d'un carré de pâte à wonton et humecter légèrement les bords. Soulever les bords et pincer autour de la farce pour former une poche. Répéter l'opération avec le reste de la farce et des carrés de pâte.
**3** Verser le bouillon de poulet dans un grand wok. Ajouter le gingembre et faire mijoter à feu moyen ou vif. Incorporer le reste de la sauce de soja et l'alcool.
**4** Entre-temps, porter une grande casserole d'eau à ébullition. Réduire le feu, ajouter les wonton, faire mijoter 1 minute, jusqu'à ce qu'ils soient cuits et remontent à la surface. Les retirer à l'aide d'une écumoire et réserver. Porter l'eau à ébullition à nouveau, ajouter les nouilles aux œufs. Faire cuire 3 minutes, pour qu'elles soient tendres. Égoutter et rincer.
**5** Retirer les tranches de gingembre du bouillon. Ajouter les wonton et faire mijoter 2 minutes, jusqu'à ce qu'ils soient chauds et remontent à la surface. Ajouter les nouilles à la soupe et chauffer à nouveau.
**6** Répartir les wonton dans 6 grands bols, parsemer d'oignon vert et arroser de quelques gouttes d'huile de sésame.

## SOUPE SUKIYAKI

Préparation : 20 minutes + trempage : 20 minutes
Cuisson : 15 minutes
4 à 6 personnes

☆

10 g de champignons shiitake séchés
100 g de vermicelle de riz
2 cuil. à café d'huile
1 poireau, coupé en deux dans la longueur puis en tronçons
1,5 l de bouillon de poulet
1 cuil. à café de dashi dissout dans 500 ml d'eau bouillante
125 ml de sauce de soja
2 cuil. à soupe de mirin (vin de riz doux)
1 cuil. à soupe ½ de sucre
100 g de pak-choi (chou chinois), râpé
300 g de tofu mou, coupé en cubes de 2 cm
400 g de rumsteack, coupé en tranches fines
4 oignons verts, émincés en biais

1 Plonger les champignons shiitake 20 minutes dans 125 ml d'eau bouillante. Égoutter en pressant, réserver le jus. Jeter les pieds et émincer les chapeaux. Entre-temps, plonger les nouilles dans de l'eau bouillante 6 à 7 minutes, jusqu'à ce qu'elle soient tendres. Égoutter.
2 Faire chauffer un wok à revêtement antiadhésif à feu moyen, ajouter l'huile et l'étaler soigneusement. Ajouter le poireau et faire cuire 1 à 2 minutes, jusqu'à ce qu'il soit tendre. Ajouter le bouillon de poulet, le fond de soupe dashi, la sauce de soja, le mirin, le sucre, les champignons et le jus réservé. Porter à ébullition, réduire le feu et faire mijoter 5 minutes.
3 Ajouter le pak-choi et faire mijoter encore 5 minutes. Ajouter le tofu et le bœuf et poursuivre la cuisson 2 minutes, jusqu'à ce qu'ils soient tendres. Répartir les nouilles dans les bols de service et verser la soupe dessus. Servir décoré d'oignon vert.

## SOUPE DE FRUITS DE MER COMBINÉE VIETNAMIENNE

(Canh chua)

Préparation : 30 minutes
Cuisson : 30 minutes
4 personnes

☆☆

- 1 cuil. à soupe d'huile
- 1 tige de lemon-grass, partie blanche seule, finement hachée
- 1 piment rouge frais, finement haché
- 2 gousses d'ail, finement hachées
- 2 litres de bouillon de poisson ou de poulet (voir page 23) ou 1,5 l de bouillon prêt-à-l'emploi rallongé de 500 ml d'eau
- 1 cuil. à soupe de concentré de tamarin
- 1 cuil. à soupe de nuoc mam
- 400 g de moules, grattées et ébarbées
- 500 g de crevettes moyennes crues, décortiquées et déveinées, en conservant la queue
- 500 g de filet de poisson blanc ferme (lotte ou vivaneau, par exemple), coupé en morceaux de 2,5 cm
- 1 tomate mûre, coupée en quartiers fins
- 3 cuil. à soupe de feuilles de coriandre fraîche
- 1 cuil. à soupe de menthe vietnamienne fraîche
- 90 g de germes de soja

1 Faire chauffer un wok à revêtement antiadhésif à feu vif, ajouter l'huile et l'étaler soigneusement. Ajouter le lemon-grass, le piment et l'ail. Faire cuire 2 minutes, jusqu'à ce que les ingrédients soient tendres et que leurs parfums s'exhalent. Ajouter le bouillon, le tamarin et le nuoc mam. Porter à ébullition, réduire le feu et faire mijoter 15 minutes.
2 Jeter les moules cassées ou celles qui ne se ferment pas lorsqu'on les tapote. Augmenter le feu, ajouter les moules, couvrir. Faire cuire à feu moyen à vif 2 à 3 minutes, en remuant de temps en temps. Retirer le couvercle et ajouter les crevettes, les morceaux de poisson et la tomate. Poursuivre la cuisson 3 minutes, jusqu'à ce que les fruits de mer soient cuits. Jeter les moules fermées. Incorporer les feuilles de coriandre et la menthe.
3 Répartir les germes de soja dans quatre bols, verser la soupe dessus et servir immédiatement.
NOTE : il est important d'utiliser un wok à revêtement antiadhésif ou en inox pour cette recette, car le concentré de tamarin risque d'endommager la couche vieillie d'un autre type de wok.

*Ci-dessous : Soupe de fruits de mer combinée vietnamienne*

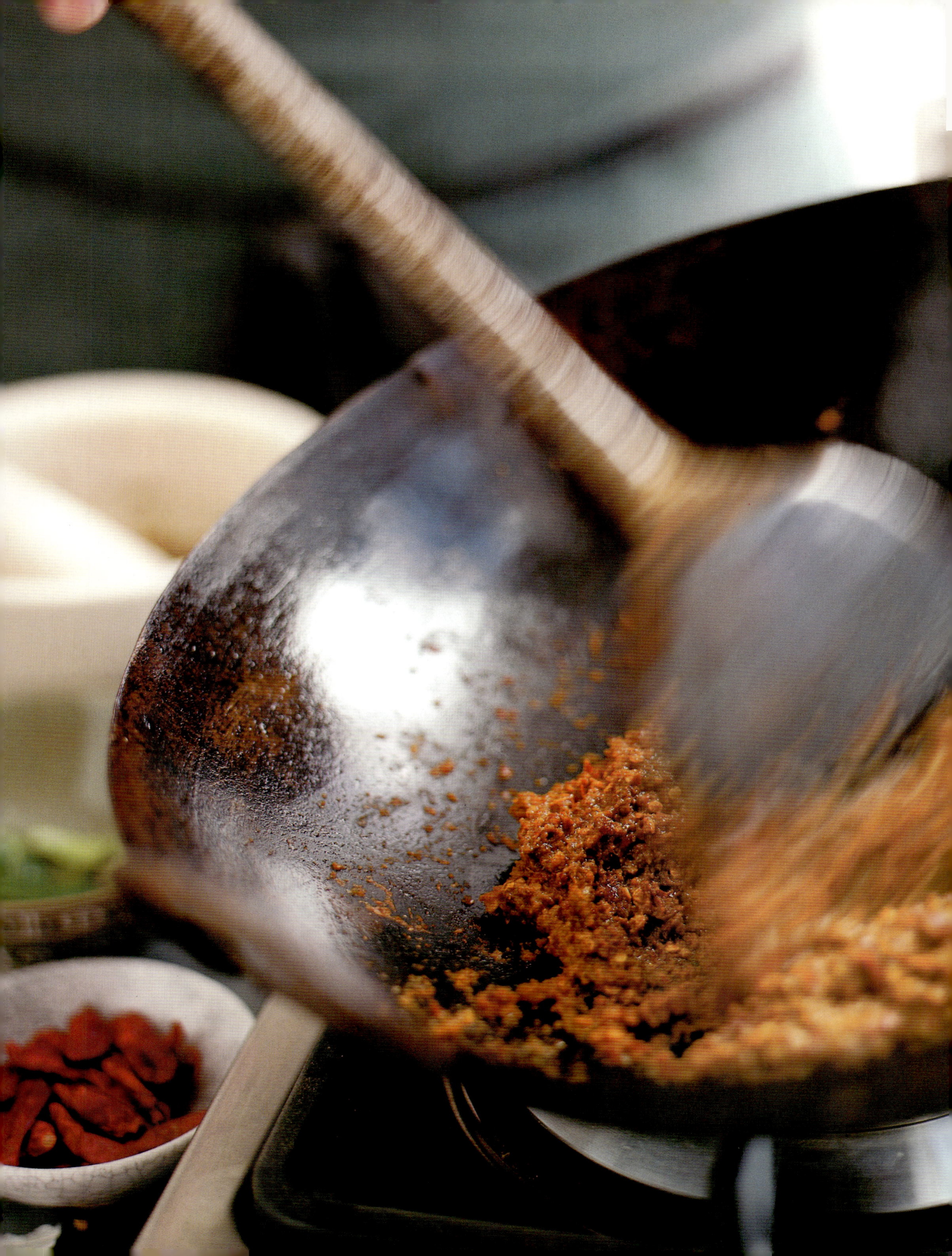

# CURRYS ET PLATS ASIATIQUES

Prononcer le mot « curry » suffit pour que chacun pense immédiatement à l'Inde. Le curry a fait sa première apparition en Inde mais, comme nombre d'autres plats, les différentes cultures qui l'ont adopté l'ont fait évoluer en fonction de leur propre goût. Les Vietnamiens ont leur version : mélange d'épices indiennes, de raffinement français et d'ingrédients locaux. En Malaisie, le curry de tête de poisson témoigne de la délicate alliance des cuisines indienne et chinoise. Quel que soit le pays dans lequel on vous le sert, la seule garniture indispensable pour lui donner toute sa saveur est un grand bol de riz cuit à la vapeur.

# L'ART DU CURRY ET DU PLAT PRINCIPAL

Le secret du curry : mélanger d'excellentes pâtes d'épices et laisser le temps aux arômes de se développer.

## QU'EST-CE QU'UN CURRY ?

Le mot curry vient du mot tamoul *kari*, qui signifie « sauce épicée ». Les currys ne se trouvent pas que dans la cuisine indienne mais se sont répandus dans l'Asie du Sud-Est. Aujourd'hui, les currys sont généralement à base de poudre ou de pâte d'épices que l'on fait revenir avant d'ajouter les autres ingrédients afin que les arômes s'exhalent.

Il existe deux principales sortes de currys, qui se différencient par la quantité et la consistance de leur sauce. Les currys qui ont beaucoup de sauces sont « mouillés » alors que ceux dont la sauce est plus épaisse et collante sont « secs ».

## LES CURRYS CUITS AU WOK

Le wok est très souvent associé à la cuisine sautée, mais c'est un objet plein de ressources, aux utilisations multiples et on peut y préparer des currys (indien et du Sud-Est asiatique) et des plats principaux asiatiques.

L'Inde a inventé un objet similaire au wok, appelé « kerai ». De même forme que le wok, le kerai a deux poignées et est généralement en fonte, matériau qui conserve la chaleur et empêche la nourriture d'attacher pendant la cuisson plus lente, ce qui les rend idéaux pour cuisiner les nombreux currys de la région. Le Baltistan, dans l'extrême nord du Pakistan, d'où est originaire la cuisine balti, a sa propre version du kerai, le « balti ». Le terme balti désigne à la fois la cuisine et l'objet que l'on utilise. Il est l'ustensile de base dans la région, servant également à transporter la nourriture depuis la cuisinière jusqu'à la table.

Le wok se révèle très pratique pour la phase initiale du curry qui consiste à faire griller les épices, et sa large surface permet une évaporation rapide et la concentration des arômes des currys secs. Le bœuf rendang (page 78) est un exemple typique de curry sec. Le liquide s'évapore pendant la cuisson et laisse un revêtement huileux riche et délicieux, qui permet de faire cuire la viande et de lui conserver ses parfums.

Ce procédé, appelé « tempérage », convient à la cuisine au wok, même s'il faut s'assurer que la viande ne brûle pas ou n'attache pas au fond du wok.

## LES CURRYS DU SUD-EST ASIATIQUE

Les currys du Sud-Est asiatique sont eux aussi souvent préparés dans un wok. Certains, et ils sont nombreux, cuisent plus rapidement que d'autres. Par exemple, le Curry thaï de porc rouge aux mini-épis de maïs (page 74) est prêt à déguster en 35 minutes. Pour ces currys à cuisson rapide, la viande est souvent coupée en fines lanières, plutôt qu'en cubes. La durée de cuisson est limitée au temps qu'il faut pour juste saisir la viande et permettre aux arômes de la sauce de se développer.

## LA CUISSON AU WOK DES PLATS PRINCIPAUX ASIATIQUES

Lors de l'utilisation du wok pendant la cuisson lente de viandes braisées et de plats en sauce, les niveaux de température et de liquide doivent être surveillés de près afin que la sauce ne s'évapore pas trop et attache avant que la viande ou la volaille ne soit tendre. C'est un élément utile à connaître pour la préparation de certains plats asiatiques de ce chapitre comme le Poulet braisé au gingembre et à l'anis étoilé (page 78) et la Rouelle de porc braisée à la nord-vietnamienne (page 66). Nos recettes précisent si un couvercle est nécessaire, et quand il peut être retiré pour que la sauce réduise et épaississe. Il est important de suivre ces instructions pendant la cuisson.

## LAIT ET CRÈME DE COCO

Le lait et la crème de coco sont très importants dans de nombreux currys. Ils confèrent l'épaisseur et l'onctuosité au plat. Certaines recettes nécessitent du lait de coco, certaines de la crème de coco, et d'autres les deux. Le lait et la crème de coco sont obtenus par le pressage de la chair de noix de coco ; la crème, du premier pressage, le lait des pressages ultérieurs.

L'épaisseur des produits que l'on trouve dans le commerce varie beaucoup, selon la quantité d'eau ajoutée à la chair de noix de coco et le nombre de pressages. Pour rendre les choses plus difficiles, certaines marques ne distinguent pas le lait de la crème. Mais alors, la substance la plus épaisse et la plus crémeuse remonte.

Lors de l'utilisation de lait ou de crème, ne secouez pas la boîte à moins que la recette ne le précise. Dans de nombreuses recettes, la substance plus épaisse (en haut de la boîte) ne doit pas être ajoutée au même moment que le liquide (en bas de la boîte).

## LE LAIT DE COCO DANS LE CURRY

Le lait de coco s'utilise de façon très différente d'une recette ou d'une région à une autre. Ainsi, en Inde, on ne distingue pas la crème du lait. La différence est plus importante dans la cuisine thaïe, où la couche épaisse de crème est souvent portée à ébullition et « fendue » (« cuire la crème de coco jusqu'au moment où elle se lézarde et une couche d'huile la fend »). Des pâtes de curry sont souvent ajoutées à cette huile pour finir de frire et parfumer, avant l'ajout des autres ingrédients.

Il en va autrement dans les plats d'autres pays, tels que la Malaisie, où les épices sont souvent préalablement frites dans l'huile. Les ingrédients mijotent ensuite avec le lait de coco plus liquide, alors que la crème épaisse est mélangée au dernier stade de la cuisson afin d'enrichir le plat et lui donner une consistance plus onctueuse.

Dans la cuisine asiatique, il est préférable de ne pas couvrir pendant la cuisson un plat contenant de la crème de coco épaisse. La crème pourrait alors cailler et modifier l'apparence du plat ; la sauce n'aurait plus son aspect lisse. Elle peut aussi recouvrir la surface d'une couche trop grasse.

## SUGGESTIONS ET CONSEILS

- Lorsqu'on met du tamarin dans un plat à cuisson lente, il est conseillé d'utiliser un wok en inox ou antiadhésif. Longtemps en contact avec le wok, l'acidité du tamarin peut ôter le revêtement des woks en acier au carbone. La nourriture peut également en être altérée.
- Les épices sont un élément essentiel des currys et participent pour une large part à leur parfum. Parce que les épices perdent vite de leur saveur, il faut les acheter en petites quantités. Ce qui n'a pas été utilisé doit être conservé dans un récipient hermétique, dans un endroit frais et sombre afin d'éviter qu'ils ne sèchent ou ne deviennent rances.
- Traditionnellement, les currys sont entièrement faits maison, y compris les épices entières que l'on fait griller et que l'on pile. Faire griller les épices fait ressortir la force de leur arôme.
- Comme dans beaucoup de plats à cuisson lente, les currys et les plats principaux asiatiques gagnent en parfum quand on les laisse mariner, couverts, au réfrigérateur – jusqu'à 3 jours. Ils peuvent être congelés et se conserver un mois au maximum. Les plats de fruits de mer sont une exception et doivent être consommés le jour de leur préparation et ne peuvent être congelés.
- Il existe des milliers de pâtes de curry. Souvent, elles sont interchangeables et peuvent être remplacées par des pâtes toutes prêtes.

## LES SECRETS DE LA PRÉPARATION DU CURRY

Une pâte d'épices est la base d'arôme de la plupart des currys. Il est souvent possible d'utiliser la pâte de curry aujourd'hui disponible dans le commerce. Cependant, il n'est pas difficile de la faire soi-même et son parfum est alors insurpassable.

On peut se servir d'un mortier et d'un pilon pour écraser les épices mais un petit robot de cuisine ou un mixer à épices fonctionne aussi bien.

Le mode d'utilisation du lait de coco dans les currys est très variable, mais il est souvent porté à ébullition et « fendu » (chauffé jusqu'à ce qu'une couche de lait se lézarde) avant l'ajout de la pâte d'épices.

# PÂTES DE CURRY

Les pâtes de curry peuvent tout à fait être préparées à l'avance et conservées. Elles sont très faciles à confectionner et sont une très bonne base pour parfumer les soupes et les currys. Elles peuvent aussi relever d'autres plats.

Les pâtes de curry se conservent 2 semaines dans un récipient hermétique au réfrigérateur ou 2 mois au congélateur. Pour être sur que le récipient est propre, préchauffez le four à 120 °C (th. 4). Lavez un pot en verre et son couvercle dans de l'eau savonneuse et chaude (ou dans un lave-vaisselle) et rincez-le bien dans de l'eau chaude. Mettez-le dans le four pendant 20 minutes, afin qu'il soit bien sec. Ne le séchez pas avec un torchon, des germes pourraient s'y déposer.

### PÂTE DE CURRY ROUGE THAÏ
Préchauffer le four à 180 °C (th. 6). Mettre 15 grands piments rouges séchés dans une terrine allant au four, couvrir d'eau bouillante et laisser tremper 20 minutes. Égoutter, épépiner et hacher grossièrement la chair.

Entre-temps, mettre 2 cuillerées à café de pâte de crevettes (enveloppée dans du papier aluminium), 2 cuillerées à café de graines de coriandre, 1 cuillerée à café de grains de poivre blanc et 1 de grains de cumin dans un plat à rôtir et mettre au four 5 à 10 minutes, jusqu'à ce que les parfums s'exhalent. Retirer le papier aluminium.

Verser la pâte de crevettes dans un robot de cuisine ou dans un mortier avec le piment haché, ajouter 5 échalotes rouges d'Asie, 10 gousses d'ail hachées, 2 tiges de lemon-grass émincées (partie blanche seule), 1 cuillère à soupe de galanga frais haché, 2 cuillerées à soupe de racine de coriandre fraîche émincée et 1 cuillerée à café de zeste de lime kafir. Mixer ou piler pour obtenir une pâte lisse. Pour 225 g.

### PÂTE DE CURRY VERT THAÏ
Préchauffer le four à 180 °C (th. 6). Mettre 2 cuillerées à soupe de graines de coriandre, 2 cuillerées à soupe de pâte de crevettes (enveloppée dans du papier aluminium), 1 cuillerée à café de grains de poivre blanc et 1 de graines de cumin dans un plat à rôtir et mettre au four 5 à 10 minutes, jusqu'à ce que les parfums

s'exhalent. Retirer la pâte de crevettes du papier aluminium.

Verser dans un robot ou dans un mortier, ajouter 1 cuillerée à café de gros sel, 4 tiges de lemon-grass émincées finement (partie blanche seule), 2 cuillerées à café de galanga frais haché et 1 de feuille de lime kafir finement coupées en lanières, 1 cuillerée à soupe de racine de coriandre fraîche hachée, 5 échalotes rouges d'Asie émincées, 10 gousses d'ail hachées et 16 gros piments verts épépinés et concassés. Mixer ou piler pour obtenir une pâte lisse. Pour 225 g.

### PÂTE DE CURRY CHU CHEE
Préchauffer le four à 180 °C (th. 6). Mettre 10 gros piments rouges séchés dans un bol allant au four, recouvrir d'eau bouillante et laisser tremper 20 minutes. Égoutter, épépiner et hacher grossièrement la chair.

Entre-temps, mettre 1 cuillerée à café de graines de coriandre, 1 cuillerée à soupe de pâte de crevettes (dans du papier aluminium) et 1 cuillerée à soupe de grains de poivre blanc dans un plat à rôtir. Mettre au four 5 à 10 minutes, jusqu'à ce que les parfums s'exhalent. Retirer la pâte de crevettes du papier aluminium.

Verser les épices grillées dans un robot ou un mortier avec le piment haché et ajouter 10 feuilles de lime kafir finement coupées en lanières, 10 échalotes rouges d'Asie hachées, 2 cuillerées à café de racine et de brins de coriandre fraîche émincés, 1 tige de lemon-grass finement émincée (partie blanche seule), 3 cuillerées à soupe de galanga frais haché, 1 cuillerée à soupe de krachai concassé (voir Note) et 6 gousses d'ail hachées. Mixer ou piler pour obtenir une pâte lisse. Pour 115 g.

NOTE : on trouve le krachai (parent du galanga en boîte) dans les épiceries asiatiques. Cet ingrédient est facultatif. L'omettre ne nuira pas à la recette.

### PÂTE DE CURRY JAUNE THAÏE
Mettre 8 petits piments verts frais, 5 échalotes rouge d'Asie grossièrement émincées, 1 tige de lemon-grass émincée (partie blanche seule ), 2 gousses d'ail émincées finement, 2 cuillerées à soupe de galanga frais finement émincé, 1 cuillerée à soupe de jus de lime, 1 cuillerée à soupe de brins et de racine de coriandre finement hachés, 1 cuillerée à café de coriandre et 1 de cumin en poudre, ½ cuillerée à café de curcuma en poudre et 1 de grains de poivre noir dans un robot ou un mortier. Mixer ou piler jusqu'à obtention d'une pâte lisse. Pour 115 g.

*De gauche à droite : Pâte de curry rouge thaïe ; Pâte de curry vert thaïe ; Pâte de curry chu chee ; Pâte de curry jaune thaïe*

# ASSORTIMENT DE PÂTES DE CURRY

### PÂTE DE CURRY BALTI

Une par une, faire frire à sec 4 cuillerées à soupe de graines de coriandre, 2 cuillerées à soupe de grains de cumin, 2 bâtons de cannelle émiettés, 2 cuillerées à café de fenouil en grains, 1 de grains de moutarde noire, 1 de grains de cardamome, 1 cuillerée à café de fenugrec et 6 clous de girofle entiers dans une petite poêle à feu moyen pendant 2 à 3 minutes, jusqu'à ce que les parfums s'exhalent.

Verser les épices dans un robot ou dans un mortier. Laisser refroidir. Mixer ou piler jusqu'à obtention d'une poudre fine. Ajouter 20 feuilles de curry frais, 4 feuilles de laurier frais, 1 cuillerée à soupe de curcuma en poudre, 2 gousses d'ail hachées, 1 cuillerée à soupe de gingembre frais râpé, 1 cuillerée à soupe $1/2$ de poudre de piment et 185 ml de vinaigre de malt. Bien mélanger.

Faire chauffer 125 ml d'huile dans la poêle, ajouter la pâte et laisser cuire en remuant pendant 5 minutes. Ajouter 60 ml de vinaigre de malt et bien mélanger. Pour 225 g.

### PÂTE DE CURRY DE MADRAS

Frire à sec séparément 2 cuillerées à soupe $1/2$ de graines de coriandre et 1 de graines de cumin dans une poêle pendant 30 secondes à 1 minute, jusqu'à ce que les parfums s'exhalent. Attention de ne pas laisser brûler. Laisser refroidir, mixer ou piler.

Verser dans un petit bol et ajouter 2 gousses d'ail hachées, 2 cuillerées à café de gingembre frais râpé, 1 cuillerée à café de graines de moutarde brune, 1 de poudre de piment, 1 de curcuma en poudre et 1 de sel, et $1/2$ cuillerée à café de grains de poivre noir concassés. Bien mélanger. Ajouter 3 à 4 cuillerées à soupe de vinaigre blanc et mixer pour obtenir une pâte lisse. Pour 115 g.

## PÂTE DE CURRY DE VINDALOO
Mettre 2 cuillerées à soupe de gingembre frais râpé, 4 gousses d'ail hachées, 4 piments rouges frais émincés, 1 cuillerée à soupe de coriandre en poudre et 1 de graines de cumin, 2 cuillerées à café de curcuma et de cardamome en poudre, 1 cuillerée à café de cannelle en poudre, 4 clous de girofle entiers, 6 grains de poivre et 125 ml de vinaigre de cidre dans un robot. Mixer 20 secondes, jusqu'à obtention d'un mélange homogène et lisse. Pour 115 g.

## PÂTE DE CURRY MUSAMAN
Préchauffer le four à 180 °C (th. 6). Mettre 10 piments rouges séchés dans un bol allant au four et recouvrir d'eau bouillante. Laisser tremper 20 minutes. Égoutter, épépiner et hacher grossièrement la chair.

Mettre 5 échalotes rouges d'Asie hachées, 1 tige de lemon-grass émincée (partie blanche seule), 1 cuillerée à soupe de galanga frais et émincé, 10 gousses d'ail hachées, 3 cosses de cardamome, 1 cuillerée à soupe de graines de cumin, 1 cuillerée à café de pâte de crevettes (dans du papier aluminium) et $1/4$ de cuillerée à café de grains de poivre noir dans un plat à rôtir. Mettre au four 5 minutes, jusqu'à ce que les parfums s'exhalent. Retirer la pâte de crevette du papier aluminium.

Verser les ingrédients grillés dans un robot de cuisine, ajouter le piment émincé, $1/2$ cuillerée à café de noix muscade en poudre et $1/4$ de cuillerée à café de cannelle et de clou de girofle en poudre. Mixer ou piler jusqu'à obtention d'une pâte lisse. Si la préparation est trop sèche, ajouter un peu de vinaigre blanc. Pour 115 g.

## PÂTE DE CURRY JUNGLE
Tremper 12 piments rouges séchés 20 minutes dans de l'eau bouillante. Égoutter et émincer.

Envelopper 1 cuillerée à soupe de pâte de crevettes dans du papier aluminium et faire chauffer 1 minute au gril, jusqu'à ce que les parfums s'exhalent. Retirer le papier.

Mettre la pâte de crevettes dans un robot, ajouter le piment, 4 échalotes rouges d'Asie émincées, 4 gousses d'ail émincées, 1 tige de lemon-grass émincée (partie blanche), 2 petites racines de coriandre émincées, 1 cuillerée à soupe de galanga émincé, 1 de gingembre frais émincé, 1 cuillerée à café de poivre blanc moulu et 1 de sel. Mélanger jusqu'à obtention d'une pâte lisse. Ajouter un peu d'eau si nécessaire. Pour 115 g.

*De gauche à droite : Pâte de curry balti ; Pâte de curry de Madras ; Pâte de curry de Vindaloo ; Pâte de curry musaman ; Pâte de curry jungle.*

*Ci-dessus : Curry rouge de bœuf aux aubergines thaïes*

## CURRY ROUGE DE BŒUF AUX AUBERGINES THAÏES

Préparation : 40 minutes
Cuisson : 1 h 30
4 personnes

☆☆

270 ml de crème de coco en boîte (sans secouer la boîte)
2 cuil. à soupe de pâte de curry rouge thaï
500 g de bœuf, coupé en lanières
2 cuil. à soupe de nuoc mam
1 cuil. à soupe sucre de palme râpé
5 feuilles de lime kafir fraîches
500 ml de lait de coco
8 aubergines thaïes, coupées en deux
2 cuil. à soupe de basilic thaï frais finement ciselé

1 Retirer la crème de coco épaisse au sommet de la boîte, soit environ 125 ml. Mettre cette crème dans un wok et porter à ébullition, puis laisser mijoter 10 minutes, ou jusqu'au début de la séparation de la crème. Ajouter le pâte de curry et laisser mijoter. Mélanger régulièrement pendant 5 minutes, jusqu'à ce que les parfums s'exhalent.
2 Ajouter la viande et faire cuire, sans cesser de remuer, 3 à 5 minutes, jusqu'à ce que la viande change de couleur. Incorporer le nuoc mam, le sucre de palme, les feuilles de citron, le lait de coco et le reste de crème de coco, et laisser mijoter 1 heure, jusqu'à ce que la viande soit tendre et la sauce épaissie.
3 Ajouter l'aubergine et laisser cuire 10 minutes, jusqu'à ce qu'elle soit tendre. Si la sauce est trop épaisse, ajouter un peu d'eau. Incorporer la moitié du basilic, garnir avec le reste et servir avec du riz.

## POITRINE DE PORC ROUGE

Préparation : 10 minutes + trempage : 20 minutes
Cuisson : 2 h 10
6 personnes

☆

6 champignons shiitake séchés
2 cuil. à café d'huile d'arachide
1 kg de poitrine de porc
500 ml de bouillon de poulet
60 ml de sauce de soja épaisse
60 ml d'alcool de riz
4 gousses d'ail, hachées
1 morceau de gingembre frais de 5 cm, émincé
1 morceau de zeste de mandarine séchée
2 cuil. à café de poivre du Séchouan en grains
2 anis étoilés
1 bâton de cannelle
1 cuil. à soupe 1/2 de sucre candi

1 Recouvrir les champignons de 250 ml d'eau bouillante et laisser tremper 20 minutes, jusqu'à ce qu'ils ramollissent. Égoutter et réserver le liquide.
2 Faire chauffer un wok à feu vif, ajouter l'huile et l'étaler soigneusement. Ajouter le porc, côté peau en dessous, et faire dorer 5 minutes, puis le retourner et laisser cuire encore 6 minutes, jusqu'à ce qu'il soit saisi.
3 Ajouter le bouillon, la sauce de soja, l'alcool de riz, l'ail, le gingembre, le zeste de mandarine, les épices, le jus de trempage des champignons réservé et 500 ml d'eau. Porter à ébullition et baisser le feu. Laisser mijoter à feu doux, à couvert, pendant environ 1 h 15.

**4** Ajouter le sucre et les champignons dans le wok et laisser cuire encore 45 minutes, jusqu'à ce que le porc soit très tendre. Retirer le porc du bouillon et le couper en lamelles d'un centimètre d'épaisseur environ. Filtrer le jus dans un bol, et le remettre dans le wok. Porter à ébullition et laisser bouillir jusqu'à ce qu'il ne reste plus qu'environ 180 ml de jus.
**5** Disposer le porc sur un plat avec les champignons et arroser d'un peu de jus. Servir avec du riz vapeur lors d'une occasion particulière, par exemple.
NOTE : le sucre candi est obtenu par cristallisation du sirop de sucre. Il donne un parfum délicat, particulièrement aux plats braisés, comme aux confiseries qui prennent un aspect luisant. On le trouve dans le rayon des produits exotiques des supermarchés ou dans les épiceries asiatiques.

## POULET AU BEURRE
(Murgh makhani)

Préparation : 10 minutes
Cuisson : 35 minutes
4 à 6 personnes

☆☆

2 cuil. à soupe d'huile d'arachide
1 kg de blancs de poulet, coupés en quatre
60 g de beurre ou ghee (beurre clarifié)
2 cuil. à café de garam masala
2 cuil. à café de paprika doux
2 cuil. à café de coriandre en poudre
1 cuil. à café de gingembre frais finement haché
1/4 de cuil. à café de poudre de piment
1 bâton de cannelle
6 cosses de cardamome, écrasées
350 g de pulpe de tomates
1 cuil. à soupe de sucre
60 g de yaourt nature
125 ml de crème
1 cuil. à soupe de jus de citron

**1** Faire chauffer le wok à feu vif, ajouter 1 cuillerée à soupe d'huile et l'étaler soigneusement. Ajouter la moitié du poulet et faire sauter environ 4 minutes, jusqu'à ce qu'il soit bien doré. Retirer du wok. Rajouter un peu d'huile, si nécessaire, et faire dorer le reste du poulet. Retirer du wok.
**2** Réduire un peu le feu, ajouter le beurre et remuer jusqu'à ce qu'il soit fondu. Ajouter le garam masala, le paprika, la coriandre, le gingembre, la poudre de piment, le bâton de cannelle et les cosses de cardamome. Faire sauter sans cesser de remuer 1 minute, jusqu'à ce que les parfums s'exhalent. Remettre les morceaux de poulet dans le wok et les mélanger afin qu'ils soient enrobés d'épices.
**3** Verser la pulpe de tomates et le sucre dans le wok. Laisser mijoter, en remuant, 15 minutes, jusqu'à ce que le poulet soit tendre et la sauce épaisse.
**4** Incorporer le yaourt, la crème et le jus de citron. Laisser mijoter 5 minutes, jusqu'à ce que la sauce épaississe légèrement. Servir accompagné de poppadums (pains indiens aux lentilles).

POULET AU BEURRE
Hors de l'Inde, le Poulet au beurre est un plat si connu dans les restaurants indiens que nombreux sont ceux qui pensent qu'il a été imaginé pour rendre la cuisine indienne plus accessible au goût occidental. En fait, cette recette est originaire de la région du Penjab, au nord-ouest de l'Inde. Le patrimoine culinaire de cette région a bénéficié des influences de nombreux envahisseurs du passé, dont les Perses, les Afghans, les Grecs et les Mongols, qui en ont fait une cuisine riche et variée. Les Penjabis sont réputés pour être les plus grands gastronomes du pays, et la diffusion de la cuisine penjabi participe sans aucun doute à la popularité de la cuisine indienne à l'extérieur de l'Inde. Le poulet tandoori figure lui aussi en bonne place. Le Poulet au beurre, ou « Murgh makhani », est un plat de base que l'on trouve dans les « dhabas », de petits restaurants situés sur le bord des routes au Penjab.

*Ci-contre : Poulet au beurre*

# BŒUF AU TAMARIN

Préparation : 20 minutes
Cuisson : 2 heures
4 personnes

☆

2 cuil. à soupe d'huile
1 kg de paleron, coupé en dés de 4 cm
2 oignons rouges, émincés
3 gousses d'ail, finement hachées
1 cuil. à soupe de gingembre frais en julienne
2 cuil. à café de coriandre en poudre
2 cuil. à café de cumin en poudre
1/2 cuil. à café de fenugrec en poudre
1/2 cuil. à café de poudre de piment
1/2 cuil. à café de clous de girofle en poudre
1 bâton de cannelle
125 g de purée de tamarin
6 feuilles de curry frais
250 ml de crème de coco
100 g de haricots verts, coupés en deux
brins de coriandre fraîche, en garniture

**1** Faire chauffer un wok antiadhésif à feu vif, ajouter l'huile et l'étaler soigneusement. Ajouter le bœuf, en plusieurs fournées, et faire revenir à feu vif 2 à 3 minutes, jusqu'à ce qu'il soit doré. Retirer du wok.

**2** Ajouter les oignons émincés et faire cuire à feu moyen 2 à 3 minutes, jusqu'à ce qu'ils soient ramollis, puis ajouter l'ail et le gingembre et laisser cuire encore 2 minutes. Ajouter la coriandre, le cumin, le fenugrec, la poudre de piment et de clous de girofle et le bâton de cannelle, et laisser cuire encore 2 minutes.

**3** Remettre la viande dans le wok et bien mélanger jusqu'à ce qu'elle soit enrobée d'épices. Ajouter la purée de tamarin, les feuilles de curry et 1 litre d'eau. Porter à ébullition, puis baisser le feu très bas et laisser mijoter 1 h 30, à couvert, jusqu'à ce que le bœuf soit tendre. Remuer de temps en temps pour éviter que la viande n'attache au fond du wok. Incorporer la crème de coco et laisser cuire, à découvert, encore 5 à 10 minutes. Ajouter les haricots et faire cuire 5 minutes, jusqu'à ce qu'ils soient tendres mais encore croquants. Garnir avec les brins de coriandre fraîche et servir avec du riz.

**TAMARIN ET WOKS**
Parce que le fruit du tamarinier est très acide, il est indispensable de ne pas utiliser un wok en acier au carbone noir quand on utilise le tamarin dans les soupes ou les currys dont la cuisson est longue.
La pulpe risque en effet d'arracher le revêtement, ce qui donne un goût métallique à la nourriture et y dépose des taches noires.

*Ci-contre : Bœuf au tamarin*

## CURRY DE FRUITS DE MER ROUGE LÉGER
(Chu chee ta-leh)

Préparation : 20 minutes
Cuisson : 20 minutes
4 personnes

☆

540 ml de crème de coco (ne pas secouer)
3 cuil. à soupe de pâte de curry chu chee
 (*voir* page 57)
500 g de crevettes moyennes crues, décortiquées
 et déveinées, en conservant la queue
500 g de noix de Saint-Jacques
2 à 3 cuil. à soupe de nuoc mam
2 à 3 cuil. à soupe de sucre de palme râpé
8 feuilles de lime kafir fraîches, finement ciselées
2 petit piments rouges frais, finement émincés
 (facultatif)
30 g de basilic thaï frais

**1** Ouvrir les boîtes de crème de coco et enlever la crème épaisse du dessus, soit environ 250 ml. Mettre la crème dans le wok, porter à ébullition, puis incorporer la pâte de curry. Baisser le feu et laisser mijoter 10 minutes, jusqu'à ce que les parfums s'exhalent et que l'huile commence à se séparer de la crème.
**2** Incorporer les fruits de mer et le reste de crème de coco. Faire cuire 5 minutes. Ajouter le nuoc mam, le sucre, les feuilles de lime et le piment, et cuire encore 1 minutes. Incorporer la moitié du basilic et utiliser le reste pour la garniture.
NOTE : pour faire du tofu dans un curry rouge léger (chu chee tofu), utiliser la pâte de curry ci-dessous et remplacer les fruits de mer par 200 g de dés de tofu frits.

### PÂTE DE CURRY VÉGÉTARIENNE CHU CHEE

Mettre 10 petits piments rouges frais, 1 tige de lemon-grass hachée (partie blanche seule), 50 g d'échalotes rouges d'Asie pelées, 2 gousses d'ail, 2 cuil. à soupe de galanga frais râpé, 1 cuil. à soupe de jus de citron vert, 1 cuil. à soupe de brins et de racine de coriandre fraîche hachés, 1 cuil. à soupe de coriandre en poudre, 1 cuil. à café de cumin et 1/2 cuil. à café de curcuma en poudre dans un robot de cuisine ou un moulin à épices jusqu'à obtenir une pâte lisse. Pour 115 g.

### LE LAIT DE COCO MAISON

Il est facile de faire du lait ou de la crème de coco soi-même. Videz la noix de coco en perçant les yeux avec un poinçon. La noix de coco dans une main, tapez fermement tout autour avec un marteau ou un pilon. La noix de coco devrait s'ouvrir. (Si la noix de coco ne se fend pas facilement, la mettre au four à 150 °C (th. 5) 15 minutes. Elle devrait se fendre en refroidissant. Si ce n'est pas le cas, elle se fendra facilement avec un marteau). Utilisez de préférence une râpe à noix de coco (hiramne). Sinon, retirez la chair de la coque en faisant levier avec un couteau. Enlevez la peau extérieure dure et marron au couteau et râpez à la main ou avec une râpe ou le hachoir d'un robot de cuisine. Mélangez la noix de coco râpée et 125 ml d'eau chaude. Laissez macérer 5 minutes. Passez le mélange dans une passoire chemisée d'étamine, puis ramassez l'étamine en boule pour évacuer le liquide restant. Cela fera un lait de coco épais. Répétez l'opération avec encore 250 ml d'eau pour que le lait de coco soit plus liquide. Pour 125 ml de crème de coco et 250 ml de lait de coco.

*Ci-dessus : Curry de fruits de mer rouge léger*

1 Mettre la pulpe de tamarin et 125 ml d'eau bouillante dans un bol et laisser refroidir. Écraser la pulpe avec le bout des doigts pour la dissoudre, égoutter et réserver le liquide. Jeter la pulpe.

2 Faire chauffer un wok antiadhésif à feu très vif, ajouter l'huile et l'étaler soigneusement. Ajouter le bœuf, en plusieurs fournées, et faire cuire à feu très vif 5 minutes. Réduire le feu, ajouter le lait de coco et les cosses de cardamome. Laisser mijoter 1 heure, jusqu'à ce que la viande soit tendre. Retirer le bœuf du wok, filtrer le jus de cuisson dans un bol.

3 Faire chauffer la crème de coco dans le wok et incorporer la pâte de curry. Faire cuire 10 minutes, jusqu'à ce que l'huile et la crème se dissocient.

4 Ajouter le nuoc mam, les oignons, les pommes de terre, la préparation de viande, le sucre de palme, les cacahuètes, l'eau de tamarin et le jus de cuisson réservé. Laisser mijoter 25 à 30 minutes, jusqu'à ce que la sauce ait épaissi et que la viande soit tendre.

NOTES : il est important que les oignons-grelots et les pommes de terre soient petits et de la même grosseur (environ 25 à 30 g), pour que la cuisson se fasse uniformément.

La purée de tamarin réagissant mal au contact avec le métal d'un wok classique. Il faut donc utiliser un wok antiadhésif ou en inox.

## CURRY DE BŒUF MUSAMAN À LA THAÏLANDAISE
(Gaeng musaman nuer)

Préparation : 30 minutes + refroidissement
Cuisson : 2 heures
4 personnes

☆☆

1 cuil. à soupe de pulpe de tamarin

2 cuil. à soupe d'huile

750 g bœuf à braiser maigre

500 ml de lait de coco

4 cosses de cardamome, écrasées

500 ml de crème de coco

2 cuil. à soupe de pâte de curry de musaman (*voir* page 59)

2 cuil. à soupe de nuoc mam

8 oignons-grelots (*voir* Notes)

8 pommes de terre naines (*voir* Notes)

2 cuil. à soupe de sucre de palme râpé

80 g de cacahuètes non salées, grillées et pilées

*Ci-dessus : Curry de bœuf musaman à la thaïlandaise*

## MARINADE D'AUBERGINE À L'INDIENNE
(Brinjal achar)

Coupez 1 kg d'aubergines fines en deux dans le sens de la longueur, saupoudrez-les de sel et laissez dégorger 30 minutes. Pendant ce temps, mettez 6 gousses d'ail, 1 cuillerée à soupe de gingembre frais grossièrement émincé, 1 cuillerée à soupe de garam masala, 1 cuillerée à café de curcuma en poudre, 1 cuillerée à café de poudre de piment et 1 cuillère à soupe d'huile dans un robot. Broyez jusqu'à obtention d'une pâte. Rincez les aubergines et séchez-les avec du papier absorbant. Faites chauffer 80 ml d'huile dans une sauteuse, ajouter les aubergines et faites cuire 5 minutes, jusqu'à ce qu'elles soient dorées. Ajoutez la pâte d'épices et faire cuire 2 minutes sans cesser de remuer. Incorporez 410 ml d'huile et laissez cuire 10 à 15 minutes, en remuant de temps en temps. Versez dans des pots propres et tièdes et fermez. Vous pouvez conserver cette marinade au réfrigérateur jusqu'à 5 jours. Servez avec des currys indiens. Pour 450 g.

## CURRY DE POULET SALÉ DE MALAISIE
(Ayam kapitan)

Préparation : 35 minutes
Cuisson : 1 h 20
4 à 6 personnes

☆☆

1 cuil. 1/2 à café de crevettes séchées

6 à 8 piments rouges frais, épépinés et émincés

4 gousses d'ail, finement hachées

3 tiges de lemon-grass, partie blanche seule, finement émincées

2 cuil. à café de curcuma en poudre

10 noix de bancoule

80 ml d'huile

2 gros oignons, hachés

1 poulet de 1,5 kg coupé en 8 morceaux

250 ml de lait de coco

125 ml de crème de coco

2 cuil. à soupe de jus de citron vert

**1** Mettre les crevettes dans une poêle et les faire revenir à sec, à feu doux, 3 minutes, jusqu'à ce qu'elles soient odorantes et orange foncé. Secouer la poêle régulièrement. Verser les crevettes dans un robot de cuisine et broyer.

**2** Mettre le piment, l'ail, le lemon-grass, le curcuma, les noix de bancoule et 2 cuillerées à soupe d'huile dans le robot et broyer par à-coups jusqu'à obtenir des morceaux très fins. Avec une spatule, racler les rebords du bol au fur et à mesure.

**3** Faire chauffer le wok à feu vif, ajouter le reste d'huile et l'étaler soigneusement. Ajouter les oignons et 1/4 de cuillerée à café de sel. Faire revenir 5 minutes, en remuant régulièrement, jusqu'à ce que le mélange soit bien cuit. Incorporer 2 cuillerées à soupe de lait de coco si les oignons commencent à attacher.

**4** Ajouter le poulet dans le wok et faire cuire 5 minutes, sans cesser de remuer, jusqu'à ce qu'il dore. Incorporer le reste de lait de coco et 375 ml d'eau. Porter à ébullition. Baisser le feu très bas et laisser mijoter 45 minutes, à couvert. Enlever le couvercle et enlever tout excès d'huile à l'aide d'une cuillère. Laisser mijoter à découvert 25 minutes, jusqu'à ce que le poulet soit cuit et que la sauce ait un peu épaissi. Enlever tout excès d'huile. Ajouter la crème de coco. Porter de nouveau à ébullition la préparation, sans cesser de remuer, jusqu'à ce qu'elle soit bien mélangée. Incorporer le jus de citron vert. Servir avec du riz.

### LA CUISINE NONYA
Alliant le goût salé des crevettes séchés au piquant des piments et à l'arôme du lemon-grass, le curry de poulet salé de Malaisie, ou Ayam kapitan, est un exemple typique dans la tradition malaise de la cuisine Nonya. Celle-ci est le résultat de l'association d'ingrédients chinois et malais qui se produisit lors de l'installation d'immigrants chinois en Malaisie dès le xve siècle. Les mariages qui suivirent entre les immigrants chinois et la population autochtone ont conduit à la création d'un art culinaire particulier qu'on appelle la cuisine Nonya. Nonya était le nom donné aux épouses malaises des Chinois (l'époux était appelé un « Baba »). Le piment, la pâte de crevettes, le lait de coco et les herbes et plantes aromatiques sont accompagnés d'aliments de base chinois, tels que le porc et les nouilles.

*Ci-contre : Curry de poulet salé de Malaisie*

## LE VIETNAM

Divisée géographiquement et culturellement en trois régions principales, la petite nation d'Asie du Sud-Est qu'est le Vietnam puise ses influences dans de nombreuses cultures, principalement celle de la Chine qui l'a colonisée il y a mille ans. La cuisine du Nord-Vietnam ressemble davantage à la cuisine chinoise que dans les autres régions (en raison de leur frontière commune). C'est au centre du Vietnam que la cuisine est la plus épicée, les Portugais y ayant introduit le piment. Elle est aussi considérée comme la plus raffinée du Vietnam et est influencée par la cuisine de la cour mise au point par la monarchie locale – l'ancienne capitale royale Hué est située en son centre. La cuisine du Sud-Vietnam est concentrée sur Saigon (Ho Chi Minh Ville) et se caractérise par ses influences françaises et indiennes. Le Vietnam est le seul pays d'Asie du Sud-Est à conserver largement l'usage des baguettes, de tradition chinoise.

*Ci-contre :*
*Rouelle de porc braisée à la nord-vietnamienne*

## ROUELLE DE PORC BRAISÉE À LA NORD-VIETNAMIENNE

Préparation : 30 minutes + macération : 2 heures
Cuisson : 1 h 45
4 à 6 personnes

☆☆

- 1 cuil. à soupe ½ d'huile
- 1 kg de rouelle de porc, désossée, en un seul morceau, peau et gras intacts
- 1 cuil. à café de pâte de crevettes
- 5 gousses d'ail, hachées
- 3 grosses échalotes rouges d'Asie, finement hachées
- 3 cuil. à café de galanga en poudre
- 1 cuil. à café de curcuma en poudre
- 2 cuil. à café de sucre
- 2 cuil. à soupe de nuoc mam
- 700 ml de bouillon de poulet maison (*voir page 23*) ou 500 ml de bouillon tout prêt, dilué dans 200 ml d'eau
- 2 cuil. à soupe de vinaigre noir
- 1 cuil. à soupe de maïzena
- 3 oignons verts, finement émincés en biais

**1** Faire chauffer un wok à feu très vif, ajouter 2 cuillerées à café d'huile et l'étaler soigneusement. Mettre le porc dans le wok, peau en dessous. Faire dorer 2 minutes. Retourner la viande et faire dorer encore 2 minutes. Retirer du wok et laisser refroidir. Couper le porc en dés de 3 cm.

**2** Préchauffer le gril, envelopper la pâte de crevettes dans du papier aluminium. Mettre sous le gril brûlant 5 minutes. Laisser refroidir, enlever le papier aluminium et mettre la pâte dans une grande terrine avec l'ail, les échalotes, le galanga, le curcuma, le sucre et le nuoc mam. Bien mélanger. Ajouter le porc et l'enrober de marinade. Couvrir et réfrigérer 1 à 2 heures.

**3** Faire chauffer le wok à feu vif, ajouter le reste d'huile et l'étaler soigneusement. Ajouter le porc et le faire dorer, en plusieurs fois, 1 à 2 minutes. Incorporer le bouillon et le vinaigre, laisser mijoter à couvert, à feu doux, 1 h 30, pour que la viande soit très tendre. Écumer constamment la surface pour enlever la graisse.

**4** Délayer la maïzena dans une cuillerée à café d'eau. Retirer le porc du jus à l'aide d'une écumoire et réserver. Faire mijoter le reste de bouillon et écumer la surface. Incorporer la maïzena. Laisser mijoter 2 minutes, afin d'épaissir. Remettre le porc et ajouter l'oignon vert. Saler, poivrer et servir.

CURRYS ET PLATS ASIATIQUES

## MOULES AU SOJA NOIR ET CORIANDRE

Gratter les moules avec une brosse dure.

Retirer les barbes des moules.

## MOULES AU SOJA NOIR ET CORIANDRE

Préparation : 20 minutes
Cuisson : 10 minutes
4 personnes

☆☆

1,5 kg de moules noires
1 cuil. à soupe d'huile d'arachide
2 cuil. à soupe de graines de soja noir, rincés et écrasés
2 gousses d'ail, finement hachées
1 cuil. à café de gingembre frais coupé fin
2 longs piments rouges frais, épépinés et émincés
1 cuil. à café de feuilles de coriandre fraîche finement ciselées
1 cuil. à café de racine de coriandre fraîche finement hachée
60 ml d'alcool de riz
2 cuil. à soupe de jus de citron vert
2 cuil. à café de sucre
15 g de feuilles de coriandre fraîche, grossièrement ciselée, en garniture

**1** Gratter les moules avec une brosse dure et retirer les barbes. Jeter toute moule cassée ou ouverte, qui ne se ferme pas même quand on la manipule. Rincer abondamment.

**2** Faire chauffer un wok jusqu'à ce qu'il soit brûlant, ajouter l'huile et l'étaler soigneusement. Ajouter les graines de soja noir, l'ail, le gingembre, le piment, les racines et les feuilles de coriandre hachées. Cuire à feu doux 2 à 3 minutes, jusqu'à ce que les parfums s'exhalent.

**3** Incorporer l'alcool de riz et mettre à feu vif. Ajouter la moitié des moules en une seule couche et bien couvrir. Laisser cuire 2 à 3 minutes, jusqu'à l'ouverture des moules. Enlever toute moule qui ne s'ouvre pas. Les retirer du wok et répéter l'opération avec le reste des moules.

**4** Disposer les moules dans un plat de service en laissant le jus de cuisson dans le wok. Ajouter le jus de citron vert, le sucre et les feuilles de coriandre supplémentaires dans le wok. Faire revenir 30 secondes. Arroser les moules de sauce et servir avec du riz.

*Ci-dessus : Moules au soja noir et coriandre*

## GOSHT KORMA
(ou Ragoût d'agneau épicé à l'indienne)

Bien que le mot « korma » dérive du turc « qawurmah », qui vient du verbe « frire », il est aujourd'hui largement associé au plat indien mogol : un ingrédient principal braisé ou en ragoût. En général, ce qui caractérise les kormas, c'est l'ajout d'éléments tels que la crème ou le yaourt, ou de fruits à écale tels que l'amande, qui enrichissent l'arôme et la texture du plat.

*Ci-contre : Ragoût d'agneau épicé à l'indienne*

## RAGOÛT D'AGNEAU ÉPICÉ À L'INDIENNE
(Gosht korma)

Préparation : 30 minutes + macération : 1 heure
Cuisson : 2 heures
4 à 6 personnes

☆

2 kg de gigot d'agneau, désossée, en cubes de 3 cm
1 oignon, haché
2 cuil. à café de gingembre frais râpé
3 gousses d'ail
2 cuil. à café de coriandre en poudre
2 cuil. à café de cumin en poudre
1 cuil. à café 3/4 de cardamome en poudre
une bonne pincée de poivre de Cayenne
2 cuil. à soupe de ghee ou d'huile
1 oignon supplémentaire, émincé
1 cuil. à soupe de concentré de tomates
125 g de yaourt nature
1 bâton de cannelle
125 ml de crème très épaisse
50 g d'amandes en poudre
amandes effilées, grillées, en garniture

**1** Mettre l'agneau dans une terrine. Broyer l'oignon, le gingembre, l'ail, la coriandre, le cumin, la cardamome, le poivre de Cayenne et 1/2 cuillerée à café de sel dans un robot jusqu'à obtenir une pâte lisse. Enduire l'agneau d'épices et laisser mariner 1 heure.
**2** Faire chauffer le ghee à feu moyen, ajouter l'oignon et faire revenir, en remuant, à feu doux 5 à 7 minutes, jusqu'à ce que l'oignon ramollisse. Ajouter l'agneau et et faire cuire, sans cesser de remuer, 8 à 10 minutes, jusqu'à ce que l'agneau change de couleur.
**3** Incorporer le concentré de tomates, le yaourt, le bâton de cannelle et 750 ml d'eau. Baisser le feu et laisser mijoter, à couvert, 1 h 15, jusqu'à ce que la viande soit tendre. Remuer de temps en temps. Si besoin, incorporer 125 ml d'eau. Ajouter la crème et les amandes. Laisser cuire 10 à 15 minutes. Assaisonner et garnir avec les amandes effilées. Servir avec du riz.

## CURRY DE POTIRON

Préparation : 20 minutes
Cuisson : 30 minutes
4 personnes

☆

2 cuil. à soupe de graines de sésame
1 cuil. à soupe d'huile d'arachide
1 oignon, finement haché
3 gousses d'ail, hachées
2 cuil. à café de gingembre frais finement coupé
1 cuil. à café de coriandre en poudre
2 cuil. à café de cumin en poudre

CURRYS ET PLATS ASIATIQUES

2 cuil. à café de piment rouge frais finement haché
800 g de potiron, coupé en dés de 2 cm
250 ml de crème de coco
250 ml de bouillon de légumes
2 cuil. à café de feuilles de coriandre fraîche hachées

**1** Faire chauffer le wok à feu vif. Faire sauter et griller les graines de sésame 1 à 2 minutes. Les retirer. Étaler soigneusement l'huile dans le wok. Faire fondre l'oignon 3 minutes. Ajouter l'ail, le gingembre, les épices et le piment. Cuire 1 minute, jusqu'à ce que les parfums s'exhalent.
**2** Ajouter le potiron. Faire cuire 1 minute. Incorporer la crème de coco et porter à ébullition. Baisser le feu et laisser mijoter, un peu couvert, 10 minutes. Enlever le couvercle et laisser mijoter 5 à 10 minutes, jusqu'à ce que le potiron soit tendre et que le jus ait épaissi. Saler et garnir de graines de sésame et de coriandre.

## CURRY DE POULET VERT À LA THAÏLANDAISE
(Gaeng khiao wang gai)

Préparation : 15 minutes
Cuisson : 30 minutes
4 personnes

☆☆

**PÂTE DE CURRY**

1 cuil. à soupe de pâte de crevettes
1 cuil. à café de graines de coriandre, grillées
1/2 cuil. à café de grains de cumin, grillés
1/4 de cuil. à café de grains de poivre blanc
5 racines de coriandre fraîche
3 cuil. à soupe de galanga frais haché
10 longs piments verts frais, en petits morceaux
1 tige de lemon-grass, partie blanche seule, hachée
6 échalotes rouges d'Asie
3 gousses d'ail
1 cuil. à café de zeste de citron vert ou de lime kafir
2 cuil. à soupe d'huile d'arachide

250 ml de crème de coco
500 g de blancs de poulet, en lamelles fines
125 g de haricots kilomètre, émincés
500 ml de lait de coco
150 g de brocoli, en fleurettes
1 cuil. à soupe de sucre de palme râpé
2 à 3 cuil. à soupe de nuoc mam
6 cuil. à soupe de feuilles de coriandre fraîche

**1** Pour faire la pâte de curry, préchauffer le gril à feu vif, envelopper la pâte de crevettes dans du papier aluminium. Mettre au gril très chaud 5 minutes. Laisser refroidir, enlever le papier aluminium et mettre dans un robot.
**2** Mettre la coriandre, le cumin et le poivre dans un mortier et piler jusqu'à obtention d'une poudre fine. Verser dans le robot avec 1/4 de cuillerée à café de sel et le reste des ingrédients pour la pâte. Mixer jusqu'à obtention d'un mélange homogène.
**3** Mettre la crème de coco dans un wok et porter à ébullition à feu vif. Laisser mijoter 10 minutes, jusqu'à séparation de l'huile et de la crème.
**4** Baisser à feu moyen. Incorporer la moitié de la pâte de curry. Faire revenir 2 à 3 minutes, jusqu'à ce que les parfums s'exhalent. Ajouter le poulet et laisser cuire 3 à 4 minutes. Incorporer les haricots, le lait de coco et le brocoli. Porter à ébullition, réduire le feu et laisser mijoter 4 à 5 minutes, jusqu'à ce que le mélange soit cuit. Incorporer le sucre, le nuoc mam et 5 cuillerées à soupe de feuilles de coriandre. Garnir avec un peu de coriandre et servir avec du riz.
NOTE : conserver la pâte de curry dans un récipient hermétique au réfrigérateur, jusqu'à deux semaines.

*Ci-dessus : Curry de poulet vert à la thaïlandaise*

*Ci-dessus : Porc doux à la thaïlandaise*

## PORC DOUX À LA THAÏLANDAISE
(Moo wan)

Préparation : 10 minutes
Cuisson : 50 minutes
4 à 6 personnes

☆☆

850 g de côtes de porc
125 g de sucre de palme, râpé
4 échalotes rouges d'Asie
1 cuil. à soupe de nuoc mam
1 cuil. à soupe de kecap manis
½ cuil. à café de poivre blanc en poudre
feuilles de coriandre fraîches, en garniture

1 Désosser et parer les côtes de porc. Couper en tranches de 1 cm d'épaisseur.
2 Mettre le sucre dans un wok avec 2 cuillerées à soupe d'eau. Remuer à feu doux jusqu'à dissolution du sucre. Mettre à feu plus vif et faire bouillir, sans remuer, 5 minutes jusqu'à ce que le sucre roussisse uniformément. Incorporer le porc et les échalotes. Ajouter le nuoc mam, le kecap manis, le poivre et 250 ml d'eau chaude. Mélanger jusqu'à dissolution de tout le sucre.
3 Couvrir et laisser cuire 10 minutes en remuant de temps en temps. Cuire de nouveau, à découvert, 20 à 30 minutes en remuant fréquemment, jusqu'à ce que la sauce soit onctueuse et la viande cuite. Garnir avec la coriandre et servir avec du riz.

## CURRY DE TÊTE DE POISSON MALAIS

Préparation : 20 minutes
Cuisson : 40 minutes
6 personnes

☆☆

### Pâte de curry

4 gousses d'ail, hachées
4 échalotes rouges d'Asie, en petits morceaux
1 tige de lemon-grass, partie blanche seule, finement coupée
2 morceaux de 3 cm de galanga frais, finement hachés
2 gros piments rouges frais, finement émincés

400 ml de crème de coco en boîte (ne pas secouer)
10 feuilles de curry frais
2 cuil. à soupe de curry malais de fruits de mer en poudre
½ cuil. à café de curcuma en poudre
500 ml de bouillon de poisson
2 cuil. à soupe de purée de tamarin
2 cuil. à soupe nuoc mam
1 cuil. à soupe de sucre
200 g d'aubergines fines, en tranches de 1 cm
150 g de gombos, en rondelles de 1 cm
4 têtes de poisson de 200 g (demander au poissonnier de les nettoyer et de les écailler)
2 tomates mûres, coupées en huit
2 gros piments verts frais, en rondelles de 1 cm

1 Pour faire la pâte de curry, mettre les ingrédients dans un robot et mixer pour obtenir une pâte lisse. Ajouter de l'eau si nécessaire.
2 Enlever la crème épaisse du haut de la boîte de crème de coco. Mettre la crème dans un wok

antiadhésif et porter à ébullition. Laisser mijoter 10 minutes, jusqu'à séparation de l'huile et de la crème. Ajouter la pâte de curry et cuire 5 minutes, jusqu'à ce que les parfums s'exhalent. Ajouter les feuilles de curry, la poudre de curry et de curcuma. Cuire encore 1 minute.

**3** Incorporer le bouillon, la purée de tamarin, le nuoc mam, le sucre et le reste de crème de coco. Faire bouillir 1 minute. Ajouter l'aubergine et le gombo. Baisser le feu et laisser mijoter 15 minutes. Ajouter les têtes de poisson. Laisser cuire 5 minutes en remuant pour une cuisson uniforme. Incorporer la tomate et le piment vert jusqu'à ce que la préparation soit chaude, les légumes tendres et les yeux des poissons opaques. Saler, poivrer et servir avec du riz.

## POULET DU SÉCHOUAN

Préparation : 10 minutes
Cuisson : 25 minutes
4 personnes

☆

1/4 de cuil. à café de poudre de cinq-épices
750 g de blancs de poulet, coupés en deux
2 cuil. à soupe d'huile d'arachide
1 cuil. à soupe de gingembre frais, en julienne
1 cuil. café de pâte de piment
1 cuil. à café de grains de poivre du Séchouan pilés
2 cuil. à soupe sauce de soja non-pimentée
1 cuil. à soupe d'alcool de riz
600 g de pak-choi nain, effeuillé

**1** Saupoudrer le poulet de poudre de cinq-épices. Chauffer un wok à feu vif, ajouter la moitié de l'huile et l'étaler soigneusement. Ajouter les morceaux de poulet et faire revenir 2 minutes de chaque côté, jusqu'à ce qu'ils soient bien dorés. Retirer du wok.
**2** Baisser à feu moyen. Mettre le gingembre et faire cuire 30 secondes. Ajouter la pâte de piment et les grains de poivres pilés. Remettre le poulet dans le wok, ajouter la sauce de soja, l'alcool de riz et 125 ml d'eau. Laisser mijoter 15 à 20 minutes, jusqu'à ce que le poulet soit bien cuit.
**3** Entre temps, faire chauffer le reste d'huile. Ajouter le pak-choi et faire cuire 1 minute, sans cesser de remuer délicatement, jusqu'à ce que les feuilles soient flétries et les tiges tendres. Servir avec le poulet et du riz vapeur.

### AROMATES DU SÉCHOUAN

Le Séchouan, en Chine, est considéré comme le royaume des aromates, où les épices relevées et piquantes, telles que le piment rouge fort et le poivre du Séchouan, se marient. Presque tous les plats sont parfumés avec de la pâte de haricots fermentés, de l'huile ou de la pâte de sésame, ce qui donne souvent naissance à des noms très originaux tels que « étrangement parfumé » ou « goût familier ». La nature flamboyante de la cuisine du Séchouan convient bien au climat, rafraîchissant le corps pendant les chaudes et humides nuits d'été et réchauffant l'âme pendant les rigoureux hivers.

*Ci-contre : Poulet du Séchouan*

# RIZ PARFUMÉS

### RIZ COCO INDONÉSIEN
(Nasi lemak)

Laver 300 g de riz demi-long dans une passoire jusqu'à ce que l'eau soit claire. Réserver 30 minutes.

Mettre le riz, 250 ml d'eau, 250 ml de lait de coco et 1 feuille de pandanus (en vente dans les épiceries asiatiques), nouée, dans une grande sauteuse. Porter à ébullition, couvrir, baisser à feu doux et laisser mijoter à couvert 12 minutes. Retirer du feu et réserver 10 minutes. Enlever la feuille de pandanus. Aérer le riz avec une fourchette et servir éventuellement avec un oignon vert. Accompagne admirablement les plats indonésiens et malais. Pour 4 personnes.

### RIZ INDIEN AU GHEE ÉPICÉ

Nettoyer 300 g de riz basmati dans une passoire jusqu'à ce que l'eau soit claire. Réserver 30 minutes.

Faire chauffer 25 g de ghee (beurre clarifié) dans une grande sauteuse. Ajouter 4 cosses de cardamome écrasées, 1 bâton de cannelle, 3 feuilles de curry séchées, 1 gousse d'ail hachée, 2 cuillerées à café de graines de sésame. Faire sauter jusqu'à ce que les parfums s'exhalent. Ajouter le riz, bien mélanger. Verser 500 ml d'eau. Porter à ébullition, couvrir, baisser à feu très doux et laisser mijoter 12 minutes. Retirer du feu et réserver 10 minutes, toujours couvert.

Enlever le couvercle, incorporer 2 cuillerées à soupe de raisins de Smyrne et 1 cuillerée à café supplémentaire de ghee. Servir avec les currys. Pour 4 personnes.

### RIZ AU SAFRAN

Laver 300 g de riz long dans une passoire jusqu'à ce que l'eau soit claire. Réserver 30 minutes.

Entre temps, faire tremper 2 à 3 minutes 1/4 de cuillerée à café de filaments de safran dans 2 cuillerées à soupe d'eau chaude.

Émincer finement 1 oignon. Faire chauffer 1 cuillerée à soupe d'huile d'olive dans une grande sauteuse, ajouter l'oignon et faire revenir 7 à 8 minutes à feu moyen. Retirer l'oignon de la sauteuse et réserver au chaud.

Mettre le riz dans la sauteuse, ajouter le

reste d'huile et remuer pour en imprégner le riz. Ajouter 250 ml de bouillon de poulet et 250 ml d'eau. Porter à ébullition puis ajouter les filaments de safran et l'eau de trempage. Laisser mijoter 2 à 3 minutes et couvrir hermétiquement. Baisser le feu et laisser cuire 10 minutes à feu très doux. Retirer du feu, couvrir et réserver pendant 10 minutes. Incorporer les oignons et servir immédiatement. Accompagne admirablement les currys. Pour 4 personnes.

## RIZ AU LEMON-GRASS ET AU LIME KAFIR

Laver 400 g de riz long dans une passoire jusqu'à ce que l'eau soit claire. Réserver 30 minutes.

Mettre dans une sauteuse avec 250 ml d'eau, 500 ml de crème de coco, 1 tige de lemon-grass écrasée, 2 feuilles de lime kafir fraîches et 1 cuillerée à café de sel. Porter à ébullition à feu vif, bien mélanger. Baisser à feu très doux. Couvrir hermétiquement et laisser cuire 15 minutes. Retirer du feu et laisser reposer couvert 5 minutes. Remuer légèrement le riz avec une fourchette pour bien incorporer la crème de coco. Enlever le lemon-grass et les feuilles de lime. Excellent avec les plats sautés.
Pour 4 à 6 personnes.

## RIZ AU GINGEMBRE ET AUX OIGNONS VERTS

Laver 250 g de riz au jasmin dans une passoire jusqu'à ce que l'eau soit claire. Réserver 30 minutes.

Verser le riz dans une grande sauteuse. Ajouter 440 ml d'eau et porter à ébullition. Baisser à feu très doux et faire cuire 10 minutes à couvert. Retirer la sauteuse du feu et laisser reposer couvert 10 minutes.

Faire chauffer 1 cuillerée à soupe d'huile dans une petite casserole à feu moyen. Quand l'huile est chaude mais ne fume pas, retirer la casserole du feu et ajouter 2 cuillerées à café de gingembre frais râpé et des oignons verts finement hachés. Ajouter 1/4 de cuillerée à café de sel. Faire cuire rapidement en remuant, en veillant à ce que le mélange ne brunisse pas. Incorporer cette préparation au riz. Ajouter une cuillerée à soupe de sauce de soja. Excellent avec les plats sautés. Pour 4 personnes.

*De gauche à droite : Riz coco indonésien ; Riz indien au ghee épicé ; Riz au safran ; Riz au lemon-grass et au lime kafir ; Riz au gingembre et aux oignons verts*

## CURRY JUNGLE DE CREVETTES

Préparation : 20 minutes
Cuisson : 10 minutes
Pour 6 personnes

☆☆

1 cuil. d'huile d'arachide
1 gousse d'ail, hachée
60 g de pâte de curry jungle (voir page 59)
1 cuil. à soupe de nuoc mam
30 g de noix de bancoule en poudre
300 ml de bouillon de poisson
3 feuilles de lime kafir fraîches, ciselées
600 g de crevettes crues moyennes, décortiquées, déveinées, queues conservées
1 petite carotte, coupée en quatre dans la longueur, émincée en biais
1 cuil. à soupe de whisky
150 g de haricots kilomètre, en morceaux de 2 cm
50 g de pousses de bambou émincées
basilic thaï frais, en garniture

1 Faire chauffer un wok à feu moyen, ajouter l'huile et l'étaler soigneusement. Ajouter l'ail et la pâte de curry. Faire sauter en remuant 5 minutes.
2 Ajouter le nuoc mam, la noix de bancoule, le bouillon de poisson, le whisky, les feuilles de lime, les crevettes, la carotte, les haricots et les pousses de bambou. Porter à ébullition. Baisser le feu et laisser mijoter 5 minutes, jusqu'à ce que la préparation soit cuite. Garnir avec le basilic et servir.

## CURRY DE PORC ROUGE THAÏ AUX MINI-ÉPIS DE MAÏS

Préparation : 10 minutes
Cuisson : 25 minutes
Pour 4 personnes

☆

400 ml de crème de coco en boîte (ne pas secouer)
1 cuil. à soupe 1/2 de pâte de curry rouge thaï
500 g de filet de porc, paré et coupé en cubes de 2 cm
2 cuil. à soupe de nuoc mam
1 cuil. à soupe de sucre de palme râpé
4 feuilles de lime kafir fraîches, coupées en deux dans la longueur
115 g de mini-épis de maïs frais, coupé en deux en biais
30 g de basilic thaï frais en botte
piment rouge frais, finement haché, en garniture

1 Ouvrir la boîte de crème de coco et enlever la crème épaisse du dessus. Mettre la crème dans un wok et porter à ébullition. Laisser mijoter 10 minutes, jusqu'à séparation de la crème et de l'huile. Ajouter la pâte de curry et bien mélanger. Laisser mijoter 2 à 3 minutes, jusqu'à ce que les parfums s'exhalent, en remuant fréquemment.
2 Ajouter les cubes de porc et faire cuire 2 à 3 minutes, en remuant, jusqu'à ce que la viande change de couleur. Incorporer le nuoc mam, le sucre, les feuilles de lime, le maïs et le reste de crème de coco. Laisser mijoter 4 à 5 minutes, jusqu'à ce que le porc soit cuit et tendre. Ajouter le basilic, garnir avec le piment et servir.

*Ci-dessus : Curry jungle de crevettes*

# MOULES MASALA

Préparation : 40 minutes
Cuisson : 20 minutes
6 personnes

☆☆

### PÂTE DE CURRY

- 1 cuil. à café de gingembre frais râpé
- 1 tige de lemon-grass, partie blanche seule, finement hachée
- 3 gousses d'ail, hachées
- 3 piments verts frais, finement haché
- 2 cuil. à café de garam masala
- 1 cuil. à café de cumin en poudre
- 2 cuil. à soupe de brins de coriandre fraîche émincés
- 1 cuil. à soupe de concentré de tomates
- 80 ml de jus de citron
- 1 cuil. à soupe d'huile

- 1,5 kg de moules noires
- 1 cuil. à soupe de ghee (beurre clarifié)
- 1 gros oignon rouge, en rondelles
- 4 cuil. à soupe de feuilles de coriandre fraîche hachées

**1** Pour faire la pâte de curry, broyer le gingembre, le lemon-grass, l'ail, le piment, le garam masala, le cumin, les brins de coriandre et le concentré de tomates dans un robot, jusqu'à obtention d'un mélange lisse. Ajouter le jus de citron et l'huile et mixer jusqu'à obtention d'une pâte.

**2** Bien gratter les moules avec une brosse dure pour enlever le sable ou les végétaux des coquilles. Retirer les barbes. Jeter toute moule cassée ou ouverte, qui ne se referme pas lorsqu'on la manipule. Bien rincer à l'eau froide.

**3** Faire chauffer le ghee dans un wok. Ajouter l'oignon et faire fondre 5 minutes, jusqu'à ce qu'il soit tendre. Incorporer la pâte de curry et faire cuire 2 minutes, jusqu'à ce que les parfums s'exhalent. Ajouter 625 ml d'eau, porter à ébullition, baisser le feu et laisser mijoter. Ajouter les moules et faire cuire encore 5 minutes, jusqu'à ce qu'elles s'ouvrent. Retirer les moules dès qu'elles sont ouvertes, les mettre dans un plat et les réserver au chaud. Jeter toutes les moules qui ne se sont pas ouvertes pendant la cuisson.

**4** Faire bouillir le jus de cuisson 5 minutes, jusqu'à ce qu'il réduise et épaississe un peu. Incorporer la coriandre.

**5** Disposer les moules dans un plat creux et les arroser de sauce. Servir avec du riz vapeur.

## CURRYS ET PLATS ASIATIQUES

### GARAM MASALA

Frire à sec séparément 8 cosses de cardamomes, 4 bâtons de cannelle de 6 cm cassés, 4 cuillerées à soupe de graines de coriandre, 2 cuillerées à soupe de grains de cumin, 1 cuillerée à soupe 1/2 de grains de poivre noir entiers et 1 cuillerée à café de clous de girofle jusqu'à ce que les parfums s'exhalent. laisser refroidir séparément. Décortiquer la cardamome et ne conserver que les graines. Broyez toutes les épices dans un robot jusqu'à obtention d'une poudre fine. Ajoutez 1/2 cuillerée à café de noix muscade râpée. Vous pouvez le conserver jusqu'à 3 mois dans un pot en verre stérilisé. Pour 225 g.

*Ci-dessous : Moules masala*

*Ci-dessus : Agneau balti*

### AGNEAU BALTI

Préparation : 15 minutes
Cuisson : 1 h 25
4 personnes

☆☆

1 kg de gigot d'agneau, coupé en cube de 3 cm
5 cuil. à soupe de pâte de curry balti
   (*voir* page 58)
2 cuil. à soupe de ghee (beurre clarifié)
   ou d'huile
1 gros oignon, finement haché
3 gousses d'ail, hachées
1 cuil. à soupe de garam masala
2 cuil. à soupe de feuilles de coriandre fraîche
feuilles de coriandre fraîche, en garniture

1 Mélanger l'agneau, 1 cuillerée de pâte de curry et 1 litre d'eau bouillante dans un wok. Porter à ébullition à feu vif. Baisser le feu, couvrir et laisser cuire 40 à 50 minutes à feu très doux, jusqu'à ce que la viande soit presque cuite. Égoutter et réserver le jus. Nettoyer le wok.

2 Faire chauffer le ghee dans le wok à feu moyen. Ajouter l'oignon et faire revenir 5 à 7 minutes, jusqu'à ce qu'il soit fondu et doré. Ajouter l'ail et le garam masala et laisser cuire 2 à 3 minutes. Mettre à feu plus vif, ajouter le reste de la pâte de curry et remettre l'agneau dans le wok. Faire cuire 5 minutes. Ajouter progressivement la sauce réservée et laisser mijoter à feu doux 15 minutes, en remuant de temps en temps.

3 Ajouter les feuilles de coriandre hachées et 250 ml d'eau. Laisser mijoter 15 minutes, jusqu'à ce que la viande soit tendre et que la sauce ait légèrement épaissi. Saler et poivrer (poivre noir moulu) selon son goût. Garnir avec les feuilles de coriandre supplémentaires. Servir avec des poppadums (pain indien aux lentilles) et du riz vapeur.

### POULET NONYA AU CITRON VERT

Préparation : 20 minutes
Cuisson : 25 minutes
4 à 6 personnes

☆

**Pâte de curry**
75 g d'échalotes rouges d'Asie
4 gousses d'ail
2 tiges de lemon-grass, partie blanche seule,
   émincées
2 cuil. à café de galanga frais, finement haché
1 cuil. à café de curcuma en poudre
2 cuil. à soupe de sambal oelek
1 cuil. à café de pâte de crevettes

60 ml d'huile
1 kg de blancs de poulet, coupés en cube de 3 cm
400 ml de lait de coco
1 cuil. à café de zeste de citron vert, râpé
125 ml de jus de citron vert
6 feuilles de lime kafir, coupées en fines lanières
2 cuil. à soupe de purée de tamarin
quartiers de citron vert, en garniture
feuilles de lime kafir fraîches supplémentaires,
   en garniture

1 Broyer les ingrédients de la pâte de curry dans un mixeur jusqu'à obtention d'une poudre fine.

**2** Faire chauffer un wok antiadhésif jusqu'à ce qu'il soit brûlant. Verser l'huile et l'étaler soigneusement. Ajouter la pâte de curry et faire revenir 1 à 2 minutes, jusqu'à ce que les parfums s'exhalent. Ajouter les cubes de poulet et faire sauter 5 minutes, jusqu'à ce qu'ils soient bien dorés.
**3** Ajouter le lait de coco, le zeste et le jus de citron vert, les feuilles de lime et la purée de tamarin. Baisser le feu et laisser mijoter 15 minutes, jusqu'à ce que le poulet soit cuit et que la sauce ait réduit et légèrement épaissi. Bien saler, garnir avec les quartiers et les feuilles de lime kafir et servir avec du riz vapeur.

## CURRY JAUNE DE LÉGUMES

Préparation : 20 minutes + trempage : 20 minutes
Cuisson : 20 minutes
4 personnes

☆

**PÂTE DE CURRY JAUNE**

8 petits piments rouges séchés
1 cuil. à café de grains de poivre noir
2 cuil. à café de graines de coriandre
2 cuil. à café de graines de cumin
1 cuil. à café de curcuma en poudre
1 cuil. à soupe 1/2 de galanga frais émincé
5 gousses d'ail, hachées
1 cuil. à café de gingembre frais râpé
5 échalotes rouges d'Asie, finement émincées
2 tiges de lemon-grass, partie blanche seule, hachées
1 cuil. à café de pâte de crevettes
1 cuil. à café zeste de citron vert finement râpé

2 cuil. à soupe d'huile d'arachide
500 ml de crème de coco
125 ml de bouillon de légumes
150 g de haricots kilomètre, coupés en tronçons de 3 cm
150 de mini-épis de maïs frais
1 aubergine fine, en rondelles de 1 cm
100 g de chou-fleur, en fleurettes
2 petites courgettes, en rondelles de 1 cm
1 petit poivron rouge, en lanières de 1 cm
1 cuil. 1/2 à soupe de nuoc mam
1 cuil. à café de sucre de palme râpé
piments rouges frais hachés, en garniture
feuilles de coriandre fraîche, en garniture

**1** Pour faire la pâte de curry, tremper 20 minutes les piments dans de l'eau bouillante. Égoutter et hacher. Faire chauffer une poêle, mettre les grains de poivre, les graines de coriandre, les graines de cumin et le curcuma. Frire à sec 3 minutes à feu moyen. Verser dans un mortier ou un robot et broyer finement.
**2** Mettre les épices en poudre, le piment, le galanga, l'ail, le gingembre, le lemon-grass et la pâte de crevettes dans un mortier et piler jusqu'à ce que la poudre soit lisse. Incorporer le zeste de citron vert.
**3** Faire chauffer un wok à feu moyen. Ajouter l'huile et l'étaler soigneusement. Ajouter 2 cuillerées à soupe de pâte de curry et cuire 1 minute. Ajouter 250 ml de crème de coco. Porter à ébullition et laisser mijoter 10 minutes, jusqu'à épaississement et séparation de l'huile et de la crème.
**4** Ajouter le bouillon, les légumes et la crème de coco. Faire cuire 5 minutes, jusqu'à ce que les légumes soient tendres. Incorporer le nuoc mam et le sucre. Garnir avec le piment et la coriandre.
NOTE : il est aussi possible d'utiliser la pâte de curry jaune de la page 57.

*Ci-dessus : Curry jaune de légumes*

## POULET BRAISÉ AU GINGEMBRE ET À L'ANIS ÉTOILÉ

Préparation : 10 minutes
Cuisson : 30 minutes
4 personnes

☆

- 1 cuil. à café de grains de poivre du Séchouan
- 2 cuil. à soupe d'huile d'arachide
- 2 morceaux de gingembre de 3 cm, coupés en julienne
- 2 gousses d'ail, hachées
- 1 kg d'escalopes de poulet, coupées en deux
- 80 ml d'alcool de riz
- 1 cuil. à soupe de miel
- 60 ml de sauce de soja claire
- 1 anis étoilé

**1** Faire chauffer un wok à feu moyen, mettre le poivre et faire sauter 2 à 4 minutes, en remuant souvent, jusqu'à ce que les parfums s'exhalent. Retirer et écraser doucement avec le dos d'un couteau.
**2** Réchauffer le wok, ajouter l'huile et l'étaler soigneusement. Ajouter le gingembre et l'ail. Faire rissoler à feu doux 1 à 2 minutes. Ajouter le poulet. À feu moyen, faire cuire 3 minutes, jusqu'à ce que le poulet soit bien doré.
**3** Ajouter le reste des ingrédients, baisser le feu, couvrir et laisser mijoter 20 minutes, jusqu'à ce que la viande soit tendre. Servir avec du riz.

*Ci-dessus : Poulet braisé au gingembre et à l'anis étoilé*

## CURRY SEC DE BŒUF À L'INDONÉSIENNE
(Bœuf rendang)

Préparation : 20 minutes
Cuisson : 2 h 30
6 personnes

☆

- 2 cuil. à café de graines de coriandre
- 1/2 cuil. à café de graines de fenouil
- 2 cuil. à café de graines de cumin
- 2 oignons, coupés grossièrement
- 2 gousses d'ail, hachées
- 800 ml de lait de coco
- 1/4 cuil. à café de clous de girofle en poudre
- 1,5 kg de paleron, coupé en dés de 2,5 cm
- 4 à 6 petits piments rouges frais, hachés
- 1 cuil. à soupe de jus de citron
- 1 tige de lemon-grass, partie blanche seule, coupée dans la longueur et pilée
- 2 cuil. à café de sucre de palme râpé

**1** Frire à sec dans une poêle, séparément, les graines de coriandre, de fenouil et de cumin 30 secondes à 1 minute, jusqu'à ce que les parfums s'exhalent. Ne pas les faire griller. Broyer les épices dans un moulin à épices ou dans un mortier.
**2** Écraser l'oignon et l'ail dans un robot de cuisine jusqu'à obtenir une pâte lisse. Ajouter un peu d'eau si nécessaire.
**3** Verser la moitié du lait de coco dans un wok antiadhésif. Porter à ébullition. Baisser le feu et laisser mijoter, en remuant de temps en temps, 10 minutes, jusqu'à réduction de moitié ou séparation de l'huile et du lait.
**4** Ajouter le clou de girofle, la poudre de coriandre, de fenouil et de cumin dans le wok. Mélanger 1 minute. Ajouter la viande et cuire 2 minutes, jusqu'à ce qu'elle dore bien. Ajouter le mélange d'ail et d'oignons, le piment, le jus de citron, le lemon-grass, le sucre, 1 cuillerée à café de sel et le reste de lait de coco. Couvrir, laisser cuire à feu moyen, 2 heures, jusqu'à ce que le liquide ait réduit

et que le mélange ait épaissi, en remuant souvent pour qu'il n'attache pas.

**5** Enlever le couvercle et faire cuire 8 à 10 minutes, jusqu'à ce que l'huile du lait de coco se sépare de la crème. Ne pas laisser le curry brûler. Servir avec des quartiers de citron vert.

## AGNEAU À L'INDIENNE AUX ÉPICES ET AU YAOURT
(Rogan josh)

Préparation : 25 minutes
Cuisson : 2 heures
4 à 6 personnes

☆

1 cuil. à soupe de ghee (beurre clarifié) ou d'huile
2 oignons, hachés
125 g de yaourt nature
1 cuil. à café de poudre de piment
1 cuil. à soupe de coriandre en poudre
2 cuil. à café de cumin en poudre
1 cuil. à café de cardamome en poudre
1/2 cuil. à café de clous de girofle en poudre
1 cuil. à café de curcuma en poudre
3 gousses d'ail, hachées
1 cuil. à soupe de gingembre frais râpé
400 g de tomates concassées en boîte
1 kg de gigot d'agneau, désossé et coupé en cubes de 2,5 cm
30 g d'amandes effilées
1 cuil. à café de garam masala
feuilles de coriandre fraîche, hachées, en garniture

**1** Faire chauffer le ghee ou l'huile dans un wok à feu moyen. Ajouter l'oignon et faire revenir 5 minutes, sans cesser de remuer, jusqu'à ce qu'il fonde. Ajouter en remuant le yaourt, la poudre de piment, la coriandre, le cumin, la cardamome, le clou de girofle, le curcuma, l'ail et le gingembre. Incorporer la tomate et 1 cuillerée à café de sel. Laisser mijoter encore 5 minutes.
**2** Ajouter l'agneau et bien mélanger jusqu'à ce qu'il soit bien enrobé des épices. Couvrir et laisser mijoter à feu doux 1 h 30 à 1 h 45 jusqu'à ce que la viande soit bien tendre, en remuant de temps en temps. Ajouter 125 ml d'eau dans le wok si l'agneau attache.
**3** Entre-temps, faire dorer les amandes à sec, à feu moyen, 2 à 3 minutes dans une poêle, en la secouant. Retirer du feu dès qu'elles sont dorées.
**4** Ajouter le garam masala dans le curry et bien mélanger. Parsemer des amandes effilées et des feuilles de coriandre, et servir.

### YAOURT
En Inde, le yaourt et les autres produits laitiers sont une source importante de protéines, particulièrement dans les régimes végétariens. Le yaourt est servi à presque tous les repas sous forme de raita, de lassi (boisson douce et sucrée), incorporé à des sauces pour les épaissir et les parfumer, ou mélangé à des épices dans les marinades. En Inde et au Sri Lanka, le yaourt est essentiellement à base de lait de bufflonne ; il est beaucoup plus gras que le yaourt au lait de vache.

*Ci-contre : Agneau à l'indienne aux épices et au yaourt*

*Ci-dessus : Ragoût de bœuf hoisin*

## RAGOÛT DE BŒUF HOISIN

Préparation : 15 minutes
Cuisson : 1 h 45
6 personnes

☆

- 1 cuil. à soupe 1/2 d'huile d'arachide
- 1 kg de bœuf à braiser (paleron, par exemple), coupé en cube de 3 cm
- 1 cuil. à soupe de gingembre frais, en morceaux
- 1 cuil. à soupe d'ail, finement haché
- 1 litre de bouillon de bœuf de bonne qualité
- 80 ml d'alcool de riz
- 80 ml de sauce hoisin
- 1 morceau de 5 cm de cannelle de Chine
- 1 morceau de zeste de mandarine séchée
- 1 anis étoilé
- 1 cuil. à café de grains de poivre du Séchouan, légèrement concassés
- 2 cuil. à café de sucre roux
- 300 g de daikon, coupé en morceaux de 3 cm
- 3 oignons verts, en morceaux longs de 3 cm, un peu plus pour la garniture (facultatif)
- 50 g de pousses de bambous, émincées
- quelques gouttes d'huile de sésame (facultatif)

**1** Chauffer un wok à feu très vif, ajouter l'huile d'arachide et l'étaler soigneusement. Faire revenir le bœuf 1 à 2 minutes, en quatre fournées, jusqu'à ce que la viande soit bien dorée. Retirer du wok.
**2** Faire revenir le gingembre et l'ail à sec quelques secondes dans le wok. Ajouter le bouillon, l'alcool de riz, la sauce hoisin, la cannelle de Chine, le zeste de mandarine, l'anis étoilé, les grains de poivre du Séchouan, le sucre, le daikon et 875 ml d'eau. Remettre le bœuf dans le wok.
**3** Porter à ébullition et écumer la surface. Baisser le feu et laisser mijoter 1 h 30, jusqu'à ce que la viande soit tendre et que la sauce ait légèrement épaissi, en remuant de temps en temps. Ajouter l'oignon vert et les pousses de bambou 5 minutes avant la fin de la cuisson. Incorporer quelques gouttes d'huile de sésame et garnir éventuellement avec l'oignon vert supplémentaire. Servir avec du riz.
NOTE : on peut retirer l'anis étoilé, la cannelle de Chine et le zeste de mandarine avant de servir ou les laisser sur le plat pour la présentation.

## CURRY ROUGE DE POULET ET D'AUBERGINE

Préparation : 15 minutes + repos
Cuisson : 35 minutes
4 personnes

☆

- 500 g d'aubergines, coupées en cubes de 2 cm
- 60 ml d'huile d'arachide
- 500 g de blancs de poulet, coupés en cubes de 2 cm
- 4 oignons verts, hachés
- 2 cuil. à soupe 1/2 de pâte de curry rouge
- 250 ml de crème de coco
- 125 ml de bouillon de poule
- 4 feuilles de lime kafir fraîches, en fines lanières
- 3 cuil. à café de sucre de palme râpé
- 2 cuil. à soupe de nuoc mam
- 2 cuil. à soupe de menthe vietnamienne fraîche

**1** Disposer l'aubergine dans un plat peu profond et saupoudrer de sel. Laisser dégorger 30 minutes. Rincer et bien égoutter.
**2** Chauffer un wok à feu très vif. Ajouter 1 cuillerée à soupe d'huile d'arachide et l'étaler soigneusement. Ajouter la moitié du poulet et faire sauter 4 minutes, jusqu'à ce qu'il dore. Retirer du wok. Ajouter une autre cuillerée à soupe d'huile et répéter l'opération avec le reste du poulet. Faire chauffer le reste d'huile, ajouter l'aubergine et

CURRYS ET PLATS ASIATIQUES

l'oignon vert, et faire sauter 3 à 4 minutes.
**3** Remettre le poulet dans le wok et ajouter la pâte de curry. Faire cuire à feu vif 1 minute, en remuant, jusqu'à ce que les parfums s'exhalent. Ajouter la crème de coco, le bouillon, les feuilles de lime, le sucre de palme et le nuoc mam. Porter à ébullition. Baisser le feu et laisser mijoter 15 à 20 minutes, jusqu'à ce que l'aubergine et le poulet soient cuits.
**4** Saler et parsemer de menthe vietnamienne. Servir avec du riz vapeur.

## CURRY DE POISSON MALAIS

Préparation : 25 minutes
Cuisson : 25 minutes
4 personnes

☆☆

2 morceaux de 4 cm de gingembre frais
3 à 6 piments rouges frais
1 oignon, coupé en petits morceaux
4 gousses d'ail, hachées
3 tiges de lemon-grass, partie blanche seule, émincées
2 cuil. à café de pâte de crevettes
60 ml d'huile
1 cuil. à soupe de poudre de curry à poisson (*voir* Notes)
250 ml de lait de coco
1 cuil. à soupe de purée de tamarin
1 cuil. à soupe de kecap manis
500 g de filets de poisson fermes, sans peau et coupés en cubes (julienne, ide ou colin)
2 tomates mûres, concassées
1 cuil. à soupe de jus de citron
oignons frits croustillants, pour parsemer

**1** Émincer le gingembre et le broyer dans un mixeur avec le piment, l'oignon, l'ail, le lemon-grass et la pâte de crevettes. Ajouter 2 cuillerées à soupe d'huile et mixer jusqu'à obtention d'une pâte. Racler souvent les bords du bol avec une spatule.
**2** Chauffer un wok antiadhésif à feu très vif. Ajouter le reste d'huile et l'étaler soigneusement. Ajouter la pâte aux crevettes. Faire cuire 3 à 4 minutes à feu doux, sans cesser de remuer, jusqu'à ce que les parfums s'exhalent. Ajouter le curry et cuire 2 minutes, puis le lait de coco, le tamarin, le kecap manis et 250 ml d'eau. Porter à ébullition en remuant de temps en temps. Baisser le feu et laisser mijoter 10 minutes.
**3** Incorporer le poisson, la tomate et le jus de citron. Saler, poivrer et laisser mijoter 5 minutes, jusqu'à ce que le poisson soit cuit. Servir avec du riz. Parsemer d'oignons frits croustillants.
NOTES : la préparation de poudre de curry de poisson est disponible dans les magasins spécialisés. Utiliser un wok antiadhésif ou en acier au carbone.
La purée de tamarin réagit au métal d'un wok classique et risque d'altérer le plat.

### POUDRE DE CURRY À POISSON
La poudre de curry à poisson est un mélange de coriandre, de cumin, de fenouil en grains, de curcuma, de grains de poivre et de piments. Elle est parfaite pour les currys de poissons. Les proportions d'épices étant différentes du curry traditionnel, cette poudre de curry est moins épicée et convient aux parfums délicats du poisson. On trouve les poudres de curry particulières, comme celle-ci, uniquement dans les épiceries asiatiques. Évitez les poudres de curry vendues dans des boîtes en carton. Le carton a tendance à absorber l'huile et l'arôme des épices. Recherchez plutôt des épices vendues en pots en plastique ou en verre.

*Ci-contre : Curry de poisson malais*

## BŒUF PANANG

Préparation : 30 minutes
+ trempage : 20 minutes
Cuisson : 1 heure
4 à 6 personnes

★★

PÂTE DE CURRY

- 8 à 10 gros piments rouges séchés
- 6 échalotes rouges d'Asie, coupées en fins morceaux
- 6 gousses d'ail, hachées
- 1 cuil. à café de coriandre en poudre
- 1 cuil. à soupe de cumin en poudre
- 1 cuil. à café de poivre blanc
- 2 tiges de lemon-grass, partie blanche seule, émincées et écrasées
- 1 cuil. à soupe de galanga frais, haché
- 6 racines de coriandre fraîche
- 2 cuil. à café de pâte de crevettes
- 2 cuil. à soupe de cacahuètes grillées

- 400 ml de crème de coco en boîte (ne pas secouer)
- 1 kg de bœuf à braiser, coupé en dés de 1 cm
- 400 ml de lait de coco en boîte
- 90 g de beurre de cacahuètes avec des éclats de cacahuètes
- 4 feuilles de lime kafir fraîches
- 60 ml de jus de citron vert
- 2 cuil. 1/2 à soupe de nuoc mam
- 3 à 4 cuil. à soupe de sucre de palme râpé
- cacahuètes grillées, concassées, en garniture
- basilic thaï frais, en garniture

**1** Pour faire la pâte de curry, mettre les piments dans un bol et couvrir d'eau bouillante. Laisser tremper 20 minutes, jusqu'à ce qu'ils soient ramollis. Épépiner et hacher grossièrement la chair. Mixer les piments hachés dans un robot de cuisine avec les échalotes, l'ail, la poudre de coriandre et de cumin, le poivre blanc, le lemon-grass, la galanga, les racines de coriandre, la pâte de crevettes et les cacahuètes grillées, jusqu'à obtenir une pâte lisse. Ajouter un peu d'eau si la pâte est trop épaisse.
**2** Ouvrir la boîte de crème de coco et retirer la crème très épaisse du dessus. Mettre cette crème dans un wok et faire cuire à feu moyen 10 minutes, jusqu'à séparation de l'huile et de la crème. Incorporer 8 cuillerées à soupe de pâte de curry et laisser mijoter 5 à 8 minutes, en remuant fréquemment, jusqu'à ce que les parfums s'exhalent.
**3** Ajouter le bœuf, le lait de coco, le beurre de cacahuètes, les feuilles de lime, le reste de la crème de coco dans le wok. Faire cuire 8 minutes, jusqu'à ce que le bœuf commence à prendre couleur. Baisser le feu et laisser mijoter à feu doux 30 minutes, jusqu'à ce que la viande soit tendre, en remuant très fréquemment pour éviter que la viande n'attache.
**4** Incorporer le jus de citron vert, le nuoc mam et le sucre dans le plat. Servir dans des bols. Garnir avec les cacahuètes grillées et le basilic thaï.
NOTE : le curry panang et le curry musaman sont les deux currys thaïs qui ressemblent le plus aux currys indiens. Cette similitude est due à l'utilisation de nombreuses épices séchées identiques dans les currys indiens. Les parfums plus soutenus de ces deux currys remontent aux origines musulmanes du Sud de la Thaïlande. Ces épices peuvent accompagner aussi bien la viande rouge, comme le bœuf ou l'agneau, que la volaille ou les fruits de mer.

*Ci-dessous : Bœuf panang*

CURRYS ET PLATS ASIATIQUES

## BOULETTES DE VIANDE À TÊTE DE LION

Préparation : 20 minutes
 + trempage : 20 minutes
Cuisson : 45 minutes
4 personnes

☆ ☆

- 6 champignons shiitake séchés
- 100 g de vermicelle transparent
- 600 g de viande de porc hachée
- 1 blanc d'œuf
- 4 gousses d'ail, finement hachée
- 2 cuil. à soupe de gingembre frais finement râpé
- 1 cuil. à soupe de maïzena
- 1 cuil. à soupe 1/2 d'alcool de riz
- 6 oignons verts, finement émincés
- 2 cuil. à soupe d'huile d'arachide
- 2 litres de bouillon de poulet fait maison (voir page 23) ou 1,5 l de bouillon tout prêt dilué avec 500 ml d'eau
- 60 ml de sauce de soja claire
- 1 cuil. à café de sucre
- 400 g de pak-choi, coupé en deux dans le sens de la longueur et effeuillé

1 Faire tremper les champignons 20 minutes dans 250 ml d'eau bouillante. Égoutter soigneusement et réserver le jus de trempage. Jeter les pieds et émincer finement les chapeaux. Entre-temps, mettre le vermicelle dans une terrine allant au four, couvrir d'eau bouillante et laisser 4 à 5 minutes, jusqu'à ce qu'il soit ramolli. Égoutter et rincer.
2 Mettre la viande de porc, le blanc d'œuf, l'ail, le gingembre, la maïzena, l'alcool de riz, deux tiers des oignons verts et une pincée de sel dans un robot de cuisine. Par impulsions, mixer jusqu'à obtention d'un mélange lisse et homogène. Avec les mains mouillées, partager la pâte en huit parts et former huit grosses boulettes.
3 Faire chauffer le wok à feu vif. Mettre l'huile d'arachide et l'étaler soigneusement. Faire revenir les boulettes de viande, par fournées, 2 minutes en les retournant. Ne pas les faire cuire complètement. Égoutter.
4 Laver et sécher le wok. Verser le bouillon dans le wok et porter à ébullition. Ajouter les boulettes de viande, la sauce de soja, le sucre, les champignons ainsi que leur jus de trempage. Couvrir et faire cuire à feu doux 20 à 25 minutes, jusqu'à ce que les boulettes de viande soient complètement cuites.
5 Ajouter le pak-choi et le vermicelle. Couvrir et laisser cuire 5 minutes, jusqu'à ce que le vermicelle soit bien chaud. Parsemer du reste d'oignon vert. Servir.

### BOULETTES DE VIANDE À TÊTE DE LION

Cette spécialité de l'Est de la Chine est traditionnellement faite avec du pé-tsaï (chou chinois), mais peut aussi l'être avec du pak-choi. Elle tient son nom des grosses boulettes de viande, qui ressembleraient à des têtes de lion, les feuilles représentant la crinière. Selon la légende, le plat fut créé par une femme spécialement pour son beau-père âgé qui avait perdu toutes ses dents et ne pouvait manger que de la nourriture moelleuse. C'est un plat plutôt mouillé mais qui se mange avec des nouilles (comme dans la recette ci-contre) ou du riz, plutôt qu'en soupe.

*Ci-dessus : Boulettes de viande à tête de lion*

## PORC VINDALOO

Ce plat indien très connu vient de Goa, dans le Sud-Ouest de l'Inde. Ses origines portugaises sont toujours évidentes aujourd'hui, particulièrement dans sa forme la plus commune, la préparation à base de porc. Il est inspiré de la daube de porc portugaise et parfumé au vinaigre (*vinho*) et à l'ail (*alhos*), d'où l'orthographe originale correcte « *vindhalo* ». Le vinaigre fut ajouté pour donner du goût mais aussi en raison de ses qualité de conservateur. ce plat pouvait donc être consommé pendant plusieurs jours.

*Ci-dessus : Porc vindaloo*

## PORC VINDALOO
(Shikar vindaloo)

Préparation : 20 minutes
Cuisson : 1 h 45
4 personnes

☆

1 kg de filet de porc
60 ml d'huile
2 oignons, coupés en morceaux fins
4 gousses d'ail, finement hachées
1 cuil. à soupe de gingembre frais coupé en petits morceaux
1 cuil. à soupe de garam masala
2 cuil. à café de graines de moutarde brune
4 cuil. à soupe de pâte de curry vindaloo (*voir* page 58)
1 cuil. à soupe de vinaigre blanc

**1** Dégraisser et parer le porc, puis le couper en dés.
**2** Faire chauffer un wok à feu moyen, mettre l'huile et l'étaler soigneusement. Ajouter la viande par petites fournées et faire revenir 5 à 7 minutes. Retirer du wok.
**3** Ajouter l'oignon, l'ail, le gingembre, le garam masala et les graines de moutarde dans le wok. Faire revenir 5 minutes, sans cesser de remuer, jusqu'à ce que les oignons soient ramollis. Ajouter la pâte de curry vindaloo et cuire 2 minutes.
**4** Remettre toute la viande dans le wok, ajouter 750 ml d'eau et porter à ébullition. Baisser le feu, couvrir et laisser mijoter 1 h 30, jusqu'à ce que la viande soit tendre. Incorporer le vinaigre 15 minutes avant de servir. Saler selon son goût et servir avec du riz et des poppadums (pains indiens aux lentilles).

## CURRY INDONÉSIEN DE POTIRON ET D'ÉPINARDS

Préparation : 20 minutes
Cuisson : 25 minutes
4 personnes

☆

PÂTE DE CURRY
3 noix de bancoule
1 cuil. à soupe de cacahuètes
2 échalotes rouges d'Asie
2 gousses d'ail
2 à 3 cuil. à café de sambal oelek
1/4 de cuil. à café de curcuma en poudre
1 cuil. à café de galanga frais râpé

2 cuil. à soupe d'huile
1 oignon, finement haché
600 g de potiron, coupé en cubes de 2 cm
250 ml de bouillon de légumes
350 g d'épinards, grossièrement ciselés
400 ml de crème de coco en boîte
1/4 de cuil. à café de sucre

CURRYS ET PLATS ASIATIQUES

1 Pour faire la pâte de curry, mettre tous les ingrédients dans un robot de cuisine ou un mixeur et broyer jusqu'à obtention d'une pâte fine.
2 Chauffer un wok à feu très vif, mettre l'huile et l'étaler soigneusement. Ajouter la pâte de curry et faire revenir 3 à 5 minutes, sans cesser de remuer, jusqu'à ce que les parfums s'exhalent. Ajouter l'oignon et cuire 5 minutes.
3 Ajouter le potiron et la moitié du bouillon. Couvrir et faire cuire 10 minutes, jusqu'à ce que le potiron soit presque cuit. Ajouter plus de bouillon, si nécessaire. Incorporer les épinards, la crème de coco et le sucre, et saler. Porter à ébullition sans cesser de remuer. Baisser le feu et laisser mijoter 3 à 5 minutes, jusqu'à ce que les épinards soient cuits et que la sauce ait légèrement épaissi.

## CURRY DE NOUILLES MEE

Préparation : 30 minutes + trempage : 20 minutes
Cuisson : 30 minutes
4 personnes

☆☆

2 gros piments rouges séchés
1 cuil. à café de pâte de crevettes
400 g de nouilles hokkien fraîches
1 oignon, coupé en morceaux fins
4 gousses d'ail, finement hachées
4 tiges de lemon-grass, partie blanche seule, émincées
1 cuil. à café de gingembre frais râpé
500 ml de crème de coco
60 g de curry malais en poudre
400 g de blancs de poulet, émincés
120 g de haricots verts, en morceaux de 5 cm
750 ml de bouillon de poule
10 dés de tofu, coupés en deux dans la diagonale
2 cuil. à soupe de nuoc mam
2 cuil. à café de sucre
180 g de germes de soja, équeutés
2 œufs durs, coupés en quatre
2 cuil. à soupe d'échalotes frites croustillantes
quartiers de citron vert, en garniture

1 Tremper les piments 20 minutes dans de l'eau bouillante. Égoutter et hacher. Envelopper la pâte de crevettes dans du papier aluminium et mettre au gril brûlant 1 à 2 minutes. Retirer la pâte du papier.
2 Dans une terrine, faire tremper les nouilles dans l'eau bouillante 2 minutes pour qu'elles se dissocient. Rincer à l'eau froide, égoutter et réserver ;

3 Broyer l'oignon, l'ail, le lemon-grass, le gingembre, la pâte de crevettes et les piments dans un robot jusqu'à obtention d'une pâte rugueuse. Ajouter un peu d'eau si nécessaire.
4 Porter à ébullition 250 ml de crème de coco dans un wok. Laisser mijoter 10 minutes, jusqu'à séparation de l'huile et de la crème. Incorporer la pâte aux crevettes et le curry en poudre. Cuire 5 minutes, jusqu'à ce que les parfums s'exhalent.
5 Ajouter le poulet et les haricots. Faire revenir 3 à 4 minutes, jusqu'à ce que le poulet soit presque cuit. Ajouter le bouillon, le tofu, le nuoc mam, le sucre et le reste de crème de coco. Couvrir, laisser mijoter à feu doux 10 minutes, jusqu'à ce que le poulet soit cuit.
6 Répartir les nouilles et les germes de soja dans quatre bols. Disposer le curry dessus. Garnir avec les œufs et les échalotes frites croustillantes. Servir avec les quartiers de citron vert.

*Ci-dessous :*
*Curry de nouilles mee*

# ACCOMPAGNEMENTS

Pour qu'un repas soit bon, il faut que les accompagnements et garnitures le soient aussi. Ces petits plats, comme le raita qui rafraîchit le palais ou le sambal oelek qui relève les mets, qui complètent un repas jouent un rôle essentiel.

Les accompagnements qui figurent sur cette page (à l'exception du raita) peuvent être préparés à l'avance et conservés en bocaux. Pour nettoyer les pots, préchauffez le four à 120 °C (th. 4). Lavez soigneusement les bocaux en verre et leur couvercle dans de l'eau savonneuse et chaude (ou de préférence dans un lave-vaisselle) et rincez-les bien à l'eau chaude. Mettez les bocaux dans le four 20 minutes, jusqu'à ce qu'ils soient bien secs. Ne pas sécher avec un torchon.

## RAITA AU CONCOMBRE

Dans un bol, bien mélanger 2 concombres libanais épluchés, épépinés et hachés avec 250 g de yaourt nature.

Frire à sec 1 cuillerée à café de cumin en poudre et 1 cuillerée à café de grains de moutarde dans une petite poêle, à feu moyen, 1 minute, jusqu'à ce que ce soit odorant et légèrement doré. Ajouter à la préparation au yaourt. Incorporer $1/2$ cuillerée à café de gingembre frais râpé, saler et poivrer (avec du poivre fraîchement moulu) selon son goût. Mélanger le tout. Garnir avec du paprika. Réfrigérer dans un récipient hermétique jusqu'à 3 jours. Servir frais. Pour 300 g. Servir avec des feuilletés de curry ou des samosas.

## CHUTNEY DOUX À LA MANGUE

Découper deux tranches sur les côtés de 3 grosses mangues vertes et enlever la pulpe à l'aide d'une grande cuillère. Découper la partie restant autour du noyau et émincer toute la chair en grosses lamelles. Saupoudrer de sel.

Mélanger $1/2$ cuillerée à café de garam masala et 375 g de sucre dans un bol. Verser dans une grande casserole avec 250 ml de vinaigre blanc. Porter à ébullition. Baisser le feu et laisser mijoter 5 minutes. Ajouter les lamelles de mangue, 2 petits piments rouges épépinés et finement hachés, 1 cuillerée à soupe de gingembre frais râpé et 95 g de dattes émincées. Laisser mijoter 1 heure, jusqu'à ce que la mangue soit tendre.

Remuer fréquemment pour éviter que le chutney n'attache, particulièrement en fin de cuisson. Verser immédiatement dans des bocaux tièdes et très propres. Refermer. Retourner 2 minutes les bocaux à l'envers, puis les remettre à l'endroit pour les laisser refroidir. Conserver jusqu'à 6 mois. Pour 675 g. Servir avec les currys.

### PÂTE DE PIMENT FORTE
(Sambal oelek)

Équeuter 200 g de petits piments rouges frais. Mettre des gants pour se protéger les mains et hacher grossièrement les piments. Les mettre dans une casserole avec 125 ml d'eau. Porter à ébullition. Baisser le feu, couvrir et laisser mijoter 15 minutes.

Verser le piment et le liquide de trempage dans un robot de cuisine ou un mixeur avec 1 cuillerée à café de sucre, 1 cuillerée à soupe de vinaigre, 1 cuillerée à café d'huile et 1 cuillerée à café de sel. Hacher finement le mélange et le verser immédiatement dans un bocal tiède et propre, et fermer hermétiquement. Laisser refroidir. Étiqueter et dater. Conserver au réfrigérateur jusqu'à 1 mois. Pour 225 g. Servir avec des fruits de mer.

### CONFITURE DE PIMENT

Faire tremper 5 minutes 3 cuillerées à soupe de crevettes séchées dans de l'eau chaude. Bien rincer, sécher et hacher grossièrement.

Faire chauffer 500 ml d'huile à feu moyen dans une petite casserole. Ajouter 220 g d'échalotes rouges d'Asie émincées, 110 g d'ail finement émincé. Faire revenir 10 minutes, sans cesser de remuer, jusqu'à ce que les échalotes et l'ail roussissent. Ajouter les crevettes hachées et 4 ou 5 longs piments rouges frais, épépinés et finement hachés. Faire cuire 5 minutes sans cesser de remuer. Retirer du feu. Égoutter et réserver l'huile.

Mixer, par à-coups, le mélange sauté dans un robot de cuisine et ajouter 60 ml de l'huile de cuisson jusqu'à obtention d'une pâte. Verser le mélange dans une casserole, à feu moyen, et quand la préparation commence à frémir, ajouter 90 g de sucre de palme râpé, 3 cuillerées à soupe de purée de tamarin et 2 cuillerées à soupe de nuoc mam. Laisser la préparation épaissir pendant 5 minutes en remuant fréquemment. Laisser refroidir avant de servir. Conserver dans un bocal propre au réfrigérateur jusqu'à 6 mois. Pour environ 675 g. Servir avec de la cuisine thaïe ou des entrées comme des rouleaux de printemps ou des sachets d'argent.

*Ci-dessus, de gauche à droite : Raita au concombre ; Chutney doux à la mangue ; Pâte de piment forte ; Confiture de piment*

## LA CUISINE SRI LANKAISE

L'art culinaire de cette petite île située au large de la pointe sud de l'Inde (autrefois nommée Ceylan) est extraordinairement varié, en raison des nombreuses influences qu'elle a connues : un long passé commercial, de nombreuses invasions et l'inventivité de la population autochtone elle-même. Alors que la cuisine est largement centrée sur le riz et les épices, les Portugais, les Néerlandais, et les Britanniques ont laissé en héritage leurs desserts, leurs pâtisseries ainsi que leurs confiseries qui sont très prisées dans les fêtes et les cérémonies.

Les currys du Sri Lanka sont classés par couleur et par type d'épices utilisées plutôt que par leur ingrédient principal. Les currys vont des flamboyants currys rouges aux currys blancs plus doux et aux currys « noirs ». Le curry noir est le plus typique des currys sri lankais. Il est fait à base d'épices grillées jusqu'à ce qu'elles prennent la couleur brune du café noir. Aussi, quand vous achetez de la poudre de curry destinée à une recette sri lankaise, cherchez le label « poudre de curry de Ceylan ».

## CURRY DE POISSON SRI LANKAIS À LA TOMATE

Préparation : 20 minutes + macération : 30 minutes
Cuisson : 20 minutes
6 personnes

☆☆

60 ml de jus de citron
60 ml de vinaigre de cocotier (*voir* Note)
2 cuil. à café de graines de cumin
1 cuil. à café de curcuma en poudre
1 cuil. à café de poivre de Cayenne
1 kg de filets de poisson blanc ferme (vivaneau ou julienne)
60 ml d'huile
1 gros oignon, finement haché
3 grosses gousses d'ail, hachées
2 cuil. à soupe de gingembre frais râpé
1 cuil. à café de graines de moutarde noire
1,2 kg de tomates concassées en boîte
3 cuil. à soupe de coriandre fraîche finement ciselée
2 petits piments verts, épépinés et finement hachés
2 cuil. à soupe de sucre de palme râpé

**1** Pour faire la marinade, bien mélanger le jus de citron, le vinaigre de cocotier, les graines de cumin, le curcuma en poudre, le poivre de Cayenne et 1 cuillerée à café de sel dans une jatte peu profonde et non métallique.
**2** Enlever délicatement, avec une pince fine, toute arête restant dans le poisson. Couper la chair en morceaux de 2,5 sur 10 cm et les mettre dans la marinade. Remuer doucement pour que les morceaux soient bien enrobés. Couvrir de film alimentaire et réfrigérer 30 minutes.
**3** Faire chauffer un wok antiadhésif à feu très vif, ajouter l'huile et l'étaler soigneusement. Baisser le feu, ajouter l'oignon, l'ail, le gingembre et les graines de moutarde et faire cuire 5 minutes à feu doux, en remuant fréquemment.
**4** Ajouter le poisson et la marinade, les tomates en dés, la coriandre, le piment et le sucre dans le wok. Couvrir et laisser mijoter 10 à 15 minutes, en remuant de temps en temps, jusqu'à ce que le poisson soit cuit et s'émiette lorsqu'on y pique une fourchette. Servir avec du riz basmati.
NOTE : le vinaigre de cocotier est préparé à base de sèves de différents palmiers.

*Ci-contre : Curry de poisson sri lankais à la tomate*

CURRYS ET PLATS ASIATIQUES

## CURRY DE BŒUF ET DE POTIRON THAÏ
(Gaeng nuer fug tong)

Préparation : 20 minutes
Cuisson : 1 h 30
6 personnes

☆☆

2 cuil. à soupe d'huile

750 g de viande à braiser (paleron ou macreuse), émincé en fines tranches

4 cuil. à soupe de pâte de curry musaman (*voir* page 59)

2 gousses d'ail, finement hachées

1 oignon, émincé dans la longueur

6 feuilles de curry, ciselées

750 ml de lait de coco

450 g de potiron ou potimarron, grossièrement coupé en cubes

2 cuil. à soupe de cacahuètes non salées, concassées

1 cuil. à soupe de sucre de palme

2 cuil. à soupe de purée de tamarin

2 cuil. à soupe de nuoc mam

feuilles de curry, en garniture

**1** Faire chauffer un wok antiadhésif à feu très vif. Mettre l'huile et l'étaler soigneusement. Ajouter la viande par fournées et faire revenir 5 minutes, jusqu'à ce qu'elle soit bien dorée. Retirer la viande du wok et réserver.

**2** Ajouter la pâte de curry, l'ail, l'oignon et les feuilles de curry dans le wok. Remuer pour bien mélanger. Remettre la viande dans le wok et faire revenir 2 minutes à feu moyen, sans cesser de remuer.

**3** Incorporer le lait de coco dans le wok. Baisser le feu et laisser mijoter 45 minutes. Ajouter les dés de potiron ou de potimarron et laisser mijoter encore 25 à 30 minutes, jusqu'à ce que la viande et les légumes soient tendres et que la sauce ait épaissi.

**4** Incorporer, en remuant bien, les cacahuètes, le sucre de palme, la purée de tamarin et le nuoc mam. Laisser mijoter 1 minute. Garnir avec les feuilles de curry et servir avec du riz.

NOTE : il est préférable d'utiliser un wok antiadhésif ou en inox car la purée de tamarin pourrait dégrader le revêtement d'un wok en acier au carbone.

*Ci-dessus : Curry de bœuf et de potiron thaï*

1 Broyer l'oignon, le sambal oelek, le gingembre, le lemon-grass, la coriandre, la cardamome et le concentré de tomates dans un robot de cuisine jusqu'à obtention d'une pâte lisse.

2 Faire chauffer un wok à feu moyen, mettre l'huile et l'étaler soigneusement. Ajouter la pâte, faire cuire 4 minutes à feu moyen, sans cesser de remuer, jusqu'à ce que les parfums s'exhalent.

3 Incorporer le nuoc mam, le lait de coco et 250 ml d'eau. Porter à ébullition et laisser bouillir 5 minutes. Baisser le feu et laisser mijoter 5 minutes, jusqu'à ce que la sauce ait légèrement réduit et épaissi.

4 Ajouter les boulettes de poisson et le jus de citron vert. Faire cuire 2 minutes. Ne pas faire trop cuire sinon les boulettes seront dures et caoutchouteuses. Incorporer la coriandre ciselée et garnir le plat de quelques feuilles.

NOTE : on trouve des boulettes de poissons au rayon surgelés des hypermarchés. Elles doivent être décongelées préalablement.

## POULET INDONÉSIEN AU LAIT DE COCO
(Opar ayam)

Préparation : 20 minutes + repos
Cuisson : 1 h 10
Pour 6 personnes

☆☆

### CURRY DE BOULETTES DE POISSON

Préparation : 20 minutes
Cuisson : 20 minutes
6 personnes

☆

1 gros oignon, haché
1 cuil. à café de sambal oelek
1 cuil. à soupe de gingembre frais haché
1 tige de lemon-grass, partie blanche seule, finement émincée
3 cuil. à soupe de racines de coriandre fraîche hachée
1/2 cuil. à café de cardamome en poudre
1 cuil. à soupe de concentré de tomates
1 cuil. à soupe d'huile
1 cuil. à soupe de nuoc mam
500 ml de lait de coco
24 boulettes de poisson (voir Note)
2 cuil. à café de jus de citron vert
3 cuil. à soupe de coriandre fraîche ciselée
coriandre fraîche, en garniture

*Ci-dessus : Curry de boulettes de poisson*

PÂTE DE CURRY

2 cuil. à café de graines de coriandre, grillées à sec et moulues
1/2 cuil. à café de graines de cumin, grillées à sec et moulues
1/2 cuil. à café de pâte de crevettes, grillée à sec
1 tige de lemon-grass, partie blanche seule, émincée
2 oignons rouges, hachés
3 gousses d'ail
1 cuil. à soupe de gingembre frais râpé
1 cuil. à soupe 1/2 de galanga frais, haché
2 cuil. à café de poivre blanc en poudre
1/4 de cuil. à café de noix muscade en poudre
1/4 de cuil. à café de clous de girofle en poudre

550 ml de crème de coco en boîte
1,5 kg de poulet, coupé en 8 à 10 morceaux
1,6 l de lait de coco
2 cuil. à soupe de purée de tamarin
1 cuil. à soupe de vinaigre blanc
1 bâton de cannelle

CURRYS ET PLATS ASIATIQUES

1 Pour la pâte de curry, broyer tous les ingrédients dans un mixeur jusqu'à obtenir une pâte épaisse.
2 Faire chauffer un grand wok antiadhésif à feu moyen, mettre la crème de coco et la pâte de curry. Faire cuire en remuant, 20 minutes, jusqu'à ce que le mélange devienne épais et huileux.
3 Ajouter le poulet, le reste des ingrédients et 1 cuillerée à café de sel. Faire mijoter doucement 50 minutes, jusqu'à ce que le poulet soit tendre. Servir avec le riz et la sauce.
NOTE : conserver le reste de sauce dans un récipient hermétique au réfrigérateur jusqu'à 5 jours et utiliser comme base de soupes ou de currys.

## CURRY DE CRABE

Préparation : 25 minutes
Cuisson : 20 minutes
6 personnes

☆☆

4 grandes crabes bleues ou crabes de vase crus
1 cuil. à soupe d'huile
1 gros oignon, finement haché
1 tige de lemon-grass, partie blanche seule, finement coupée
2 gousses d'ail, hachées
1 cuil. à café de sambal oelek
1 cuil. à café de cumin en poudre
1 cuil. à café de curcuma en poudre
1 cuil. à café de coriandre en poudre
270 ml de crème de coco
500 ml de bouillon de poulet
20 g de basilic thaï, en bouquet serré

1 Retirer le tablier et le haut de la carapace des crabes. Retirer les intestins et les branchies grises et duveteuses. Couper chaque crabe en quatre morceaux. Utiliser un casse-noix pour ouvrir les pinces. Le crabe sera ainsi plus facile à manger et les arômes du curry seront absorbés par sa chair.
2 Faire chauffer un wok à feu moyen. Mettre l'huile et l'étaler soigneusement. Ajouter l'oignon, l'ail, le lemon-grass et le sambal oelek. Cuire 2 à 3 minutes.
3 Ajouter le cumin, le curcuma, la coriandre et 1/2 cuillerée à café de sel. Faire revenir 2 minutes, jusqu'à ce que les parfums s'exhalent.
4 Incorporer la crème de coco et le bouillon. Porter à ébullition. Baisser le feu, ajouter les morceaux de crabe et faire cuire 10 minutes, en remuant de temps en temps, jusqu'à ce que le jus ait réduit et légèrement épaissi et que le crabe soit bien cuit. Incorporer le basilic. Servir avec du riz.

### CURRY DE CRABE

Retirer le tablier et le haut de la carapace des crabes.

Retirer les intestins et les branchies grises et duveteuses.

*Ci-contre : Curry de crabe*

## CURRY JAUNE DE POISSON

Préparation : 10 minutes
Cuisson : 15 minutes
4 personnes

☆

150 ml de bouillon de légumes
1 cuil. à soupe de pâte de curry jaune thaï (*voir* page 57)
1 cuil. à soupe de purée de tamarin
1 cuil. à café de sucre de palme râpé
1 cuil. à soupe 1/2 de nuoc mam
150 g de haricots verts, en morceaux de 4 cm de long
140 g de pousses de bambou, émincées
400 ml de crème de coco
400 g de filets de poisson blanc (julienne, vivaneau, etc.), coupés en cubes
1 cuil. à soupe de jus de citron vert
quartiers de citron vert, en garniture
feuilles de coriandre fraîche, en garniture

*Ci-dessous : Curry jaune de poisson*

1 Verser le bouillon dans un wok antiadhésif. Porter à ébullition. Ajouter la pâte de curry et faire cuire 3 à 4 minutes, en remuant, jusqu'à ce que les parfums s'exhalent. Incorporer la purée de tamarin, le sucre de palme et 1 cuillerée à soupe de nuoc mam. Ajouter les haricots et les pousses de bambou, et faire cuire à feu moyen, 3 à 5 minutes, jusqu'à ce que les haricots soient presque tendres.
2 Ajouter la crème de coco et porter à ébullition. Baisser le feu, ajouter le poisson et laisser mijoter 3 à 5 minutes jusqu'à ce que le poisson soit juste cuit. Incorporer le jus de citron vert et le reste de nuoc mam. Garnir avec les quartiers de citron vert et les feuilles de coriandre fraîche. Servir avec du riz.

## BŒUF AUX ÉPICES ASIATIQUE

Préparation : 15 minutes
Cuisson : 2 h 15
4 à 6 personnes

☆☆

125 ml d'huile
1,5 kg de paleron, coupé en cubes de 2,5 cm
2 gros oignons, hachés
5 gousses d'ail, finement émincées
1 morceau de 5 cm de gingembre frais, finement émincé
10 échalotes rouges d'Asie
2 tiges de lemon-grass, partie blanche seule, écrasées
1 litre de bouillon de bœuf
125 g de miso brun
1/2 cuil. à café de poudre de piment
4 anis étoilés
1 bâton de cannelle de 3 cm
1/2 cuil. à café de grains de poivre noir
1 cuil. à soupe de sucre de palme râpé

1 Faire chauffer un wok à feu vif, mettre 60 ml d'huile et l'étaler soigneusement. Baisser le feu et faire revenir la viande, en plusieurs fois, 5 à 10 minutes, jusqu'à ce qu'elle dore, en rajoutant 2 cuillerées à café d'huile à chaque fois. Retirer du wok et égoutter sur du papier absorbant.
2 Nettoyer le wok avec du papier absorbant. Le faire réchauffer, mettre le reste d'huile et l'étaler soigneusement. Faire revenir à feu moyen les oignons, l'ail, le gingembre, les échalotes et le lemon-grass, 5 minutes, jusqu'à ce que l'oignon soit tendre et juste doré. Retirer du wok.
3 Remettre la viande et tout le jus dans le wok. Ajouter le bouillon, le miso, la poudre de piment,

l'anis étoilé, la cannelle, le poivre et le sel. Baisser à feu doux, couvrir et laisser mijoter 1 h 15 à 1 h 30, jusqu'à ce que la viande soit tendre.
**4** Enlever le couvercle, remettre le mélange aux échalotes dans le wok. Faire cuire, à feu moyen-vif, encore 15 à 20 minutes, jusqu'à ce que la sauce ait commencé à épaissir. Jeter le lemon-grass, saler, poivrer et servir avec du riz vapeur au jasmin.

## CURRY DE CREVETTES À LA NOIX DE COCO

Préparation : 30 minutes
Cuisson : 20 minutes
4 personnes

☆

1 oignon, haché
2 gousses d'ail, hachées
1 tige de lemon-grass, partie blanche seule, finement émincée
1/2 cuil. à café de sambal oelek
2 cuil. à café de garam masala
4 feuilles de lime kafir fraîches, coupées en fines lanières
1 cuil. à soupe d'huile d'arachide
3 cuil. à soupe de brins de coriandre fraîche, ciselés
250 ml de bouillon de poulet
400 ml de lait de coco en boîte
1 kg de crevettes crues moyennes, décortiquées et déveinées
1 cuil. à soupe de nuoc mam
3 cuil. à soupe de feuilles de coriandre fraîche, en garniture

**1** Pour la pâte de curry, broyer l'oignon, l'ail, le lemon-grass, le sambal oelek, le garam masala, les feuilles de lime kafir, les brins de coriandre ciselés et 2 cuillerées à café d'eau dans un robot de cuisine jusqu'à obtention d'une pâte fine.
**2** Faire chauffer un wok à feu moyen. Mettre l'huile et l'étaler soigneusement. Ajouter la pâte de curry et faire revenir 2 à 3 minutes, jusqu'à ce que les parfums s'exhalent. Ajouter le bouillon et le lait de coco, en remuant, et porter à ébullition. Baisser le feu et laisser mijoter 10 minutes, ou jusqu'à ce que la sauce épaississe légèrement.
**3** Ajouter les crevettes et faire cuire 3 à 5 minutes, jusqu'à ce qu'elles soient cuites. Incorporer le nuoc mam. Parsemer de coriandre et servir avec du riz.
NOTE : on peut remplacer les crevettes par du filet de julienne ou d'escolier émincé. Cuire 3 à 5 minutes, jusqu'à ce que le poisson soit bien cuit.

*Ci-dessus : Curry de crevettes à la noix de coco*

## CURRY DOUX DE POULET À LA VIETNAMIENNE

Enlever la peau et le gras du poulet.

Couper chaque quartier de poulet en trois morceaux.

*Ci-dessus : Curry doux de poulet à la vietnamienne*

## CURRY DOUX DE POULET À LA VIETNAMIENNE

Préparation : 30 minutes
 + réfrigération : 12 heures
Cuisson : 1 h 10
6 personnes

☆☆

- 4 gros quartiers de poulet (pilon et haut de cuisse), sans peau et dégraissés, coupés en 3 morceaux
- 1 cuil. à soupe de poudre de curry
- 1 cuil. à café de sucre cristallisé
- 80 ml d'huile
- 500 g de patates douces, pelées, en cubes de 3 cm
- 1 gros oignon, coupé en fins morceaux
- 4 gousses d'ail, hachées
- 1 tige de lemon-grass, partie blanche seule, finement émincée
- 2 feuilles de laurier
- 1 grosse carotte, coupée en biais en morceaux de 1 cm
- 400 ml de lait de coco.

**1** Sécher le poulet avec du papier absorbant. Bien mélanger la poudre de curry, le sucre, 1/2 cuillerée à café de poivre noir et 2 cuillerées à café de sel dans un bol. Frotter le poulet avec la préparation de curry. Disposer le poulet sur un plat, couvrir d'un film alimentaire et laisser au réfrigérateur jusqu'au lendemain.
**2** Faire chauffer le wok à feu vif, mettre l'huile et l'étaler soigneusement. Ajouter la patate douce. Faire revenir à feu moyen 3 minutes. Retirer à l'aide d'une écumoire.
**3** Retirer toute l'huile du wok à l'exception de 2 cuillerées à soupe. Faire revenir l'oignon 5 minutes sans cesser de remuer. Ajouter l'ail, le lemon-grass et le laurier, et cuire encore 2 minutes.
**4** Ajouter le poulet et faire cuire à feu moyen 5 minutes en remuant pour qu'il soit bien enrobé de la préparation et qu'il commence à prendre couleur. Ajouter 250 ml d'eau. Couvrir et laisser mijoter à feu doux 20 minutes, en remuant une ou deux fois en cours de cuisson.
**5** Incorporer la carotte, la patate douce et le lait de coco. Laisser mijoter à découvert 30 minutes, en remuant de temps en temps, jusqu'à ce que le poulet soit cuit et tendre. Ne pas briser les cubes de patate douce. Servir avec du riz vapeur et des nouilles de riz sèches.

# CURRY DE FRUITS DE MER DE BALI

Préparation : 20 minutes
 + macération : 20 minutes
Cuisson : 20 minutes
6 personnes

☆

PÂTE DE CURRY

2 tomates

5 petits piments rouges frais, épépinés et hachés

5 gousses d'ail, hachées

2 tiges de lemon-grass, partie blanche seule, émincées

1 cuil. à soupe de graines de coriandre, grillées à sec et moulues

1 cuil. à café de crevettes en poudre, grillées à sec (*voir* Notes)

1 cuil. à soupe de poudre d'amandes

1/4 de cuil. à café de noix muscade en poudre

1 cuil. à café de curcuma en poudre

3 cuil. à soupe de purée de tamarin

1 cuil. à soupe de jus de citron vert

250 g d'espadon, coupé en cubes de 3 cm

400 g de crevettes crues moyennes

250 g de calmar

60 ml d'huile

2 oignons rouges, hachés

2 petits piments rouges frais, épépinés et émincés

125 ml de bouillon de poisson

basilic thaï frais en lanières, en garniture

**1** Pour faire la pâte de curry, pratiquer une légère incision en forme de croix sous chaque tomate. Les faire tremper 30 secondes dans l'eau bouillante, puis les plonger dans l'eau froide et les peler à partir de l'incision. Couper les tomates en deux et les épépiner à l'aide d'une petite cuillère. Couper grossièrement la chair et la broyer dans un mixeur ou un robot de cuisine avec les autres ingrédients de la pâte jusqu'à obtention d'une pâte épaisse.

**2** Verser le jus de citron vert dans une terrine. Saler et poivrer avec du poivre noir fraîchement moulu. Ajouter le poisson, bien l'imprégner et laisser mariner 20 minutes. Entre-temps, décortiquer et déveiner les crevettes en conservant la queue intacte. Découper les tubes de calmar en anneaux de 1 cm d'épaisseur.

**3** Faire chauffer un wok antiadhésif à feu vif. Mettre l'huile et l'étaler soigneusement. Ajouter l'oignon, le piment et la pâte de curry, et faire revenir à feu doux 10 minutes, en remuant de temps en temps, jusqu'à ce que les parfums s'exhalent.

**4** Incorporer l'espadon et les crevettes. Bien mélanger pour les enrober de la préparation de pâte de curry. Faire cuire 3 minutes, jusqu'à ce que les crevettes rosissent. Ajouter le calmar et laisser cuire encore 1 minute.

**5** Incorporer le bouillon et porter à ébullition. Baisser le feu et laisser mijoter 2 minutes, jusqu'à ce que les fruits de mer soient cuits et tendres. Saler et poivrer, selon son goût. Garnir avec le basilic frais.

NOTES : pour remplacer les crevettes en poudre, pilez des crevettes séchées dans un mortier ou un petit robot de cuisine jusqu'à obtention d'une poudre fine.

Utilisez un wok antiadhésif ou en inox pour cette recette car le tamarin réagit au métal des woks classiques. Il altère la couleur du plat et désagrège le revêtement du wok.

*Ci-dessous : Curry de fruits de mer de Bali*

## CURRY THAÏ DE CANARD À L'ANANAS

Préparation : 10 minutes
Cuisson : 15 minutes
4 à 6 personnes

☆

1 cuil. à soupe d'huile d'arachide

8 oignons verts, coupés en biais en tronçons de 3 cm

2 gousses d'ail, hachées

2 à 4 cuil. à soupe de pâte de curry rouge thaï
   (*voir* page 56)

750 g de canard grillé chinois, émincé

400 ml de lait de coco

450 g de morceaux d'ananas au sirop en boîte,
   égouttés

3 feuilles de lime kafir fraîches

3 cuil. à soupe de coriandre fraîche

2 cuil. à soupe de menthe fraîche, ciselée

*Ci-dessous : Curry thaï de canard à l'ananas*

1 Chauffer un wok jusqu'à ce qu'il soit brûlant. Mettre l'huile et l'étaler soigneusement. Ajouter l'oignon vert, l'ail et la pâte de curry. Faire revenir 1 minute, jusqu'à ce que les parfums s'exhalent.
2 Ajouter le canard, le lait de coco, l'ananas, les feuilles de lime kafir et la moitié de la coriandre et de la menthe. Porter à ébullition. Baisser le feu et laisser mijoter 10 minutes jusqu'à ce que le canard soit bien chaud et que la sauce ait légèrement épaissi. Incorporer le reste de la coriandre et de la menthe fraîches. Servir avec du riz au jasmin.

## CURRY DE POISSON THAÏ

Préparation : 30 minutes
   + refroidissement : 20 minutes
Cuisson : 20 minutes
4 personnes

☆

6 gros piments rouges séchés

4 échalotes rouges d'Asie, en fins morceaux

1 cuil. à soupe 1/2 de galanga frais, finement râpé

2 cuil. à café de curcuma frais finement haché

2 tiges de lemon-grass, partie blanche seule,
   en petits morceaux

1 cuil. à café de pâte de crevette

1 litre de bouillon de poulet de qualité

600 g de filets de poisson gras (coryphène,
   thazard, etc.), coupés en cubes de 3 cm

2 cuil. à soupe de purée de tamarin

2 cuil. à soupe de nuoc mam

2 cuil. à soupe de sucre de palme râpé

200 g de haricots kilomètre, en morceaux de 5 cm

2 tomates mûres, coupées en 6

400 g de liserons d'eau, hachés grossièrement

1 Laisser tremper les piments 20 minutes dans 250 ml d'eau bouillante. Égoutter et concasser. Pour la pâte de curry, broyer le piment émincé, les échalotes, le galanga, le curcuma, le lemon-grass et la pâte de crevettes dans un robot de cuisine ou un mixeur jusqu'à obtention d'une pâte fine. Ajouter un peu d'eau si nécessaire.
2 Porter le bouillon à ébullition dans un wok antiadhésif à feu vif. Incorporer la pâte de curry et porter à ébullition de nouveau. Baisser le feu et laisser mijoter 5 minutes. Ajouter le poisson, le tamarin, le nuoc mam, le sucre et les haricots. Mélanger et laisser mijoter 5 minutes, jusqu'à ce que le poisson soit cuit. Ajouter la tomate et les liserons d'eau. Laisser mijoter 2 minutes. Saler, poivrer et servir, pour un repas de fête, par exemple.

CURRYS ET PLATS ASIATIQUES

## CURRY VERT D'AUBERGINES ET DE PATATES DOUCES

Préparation : 15 minutes
Cuisson : 25 minutes
4 à 6 personnes

☆☆

1 cuil. à soupe d'huile

1 oignon, haché

1 à 2 cuil. à soupe de pâte de curry vert
 (*voir* Note)

1 aubergine, coupée en quartiers et émincées

375 ml de lait de coco

250 ml de bouillon de légumes

6 feuilles de lime kafir fraîches,
 un peu plus pour la garniture (facultatif)

1 patate douce, pelée, coupée en cubes

2 cuil. à café de sucre de palme râpé

2 cuil. à soupe de jus de citron vert

2 cuil. à café de zeste de citron vert

feuilles de coriandre fraîche, en garniture

1 Faire chauffer un grand wok. Ajouter l'oignon et la pâte de curry vert et faire revenir à feu moyen 3 minutes sans cesser de remuer. Ajouter l'aubergine et faire cuire encore 4 à 5 minutes, jusqu'à ce qu'elle soit ramollie. Incorporer le lait de coco et le bouillon de légumes et porter à ébullition. Baisser le feu et laisser mijoter 5 minutes. Ajouter les feuilles de lime kafir et la patate douce. Faire cuire 10 minutes, en remuant de temps en temps, jusqu'à ce que l'aubergine et la patate douce soient tendres.

2 Incorporer le sucre, le jus et le zeste de citron vert dans les légumes et remuer pour bien mélanger. Saler selon le goût. Garnir avec des feuilles de coriandre fraîches et, éventuellement, de feuilles de lime kafir supplémentaires. Servir avec du riz vapeur.

NOTE : pour en faire un plat complètement végétarien, vérifier que le curry vert acheté ne contient pas de pâte de crevettes. Sinon, faire la pâte de curry vert thaïe de la page 56.

### LASSI À LA NOIX DE COCO ET AU CITRON VERT

Broyez ensemble 400 ml de lait de coco, 185 g de yaourt nature, 60 ml de jus de citron vert, 60 g de sucre cristallisé et 8 à 10 glaçons dans un mixeur ou un robot de cuisine jusqu'à ce que le mélange soit homogène et les glaçons bien brisés. Versez le mélange dans de grands verres. Servez immédiatement, garnissez avec des tranches de citron vert frais. Pour 2 personnes.

NOTE : accompagne bien de nombreux repas au wok, particulièrement les plats indiens.

### FEUILLES DE LIME KAFIR

Les feuilles de lime kafir sont très utilisées dans la cuisine thaïe et d'Asie du Sud-Est. Elles donnent un parfum et une saveur forte uniques aux soupes et aux currys. Pour ciseler les feuilles fraîches, il faut en superposer deux ou trois, les rouler en un fagot serré puis couper de fines tranches et jeter la tige centrale. Les feuilles entières peuvent parfumer un plat mais, fermes et amères, elles ne se mangent pas, comme le jus et la chair qui sont également amers. On trouve des feuilles de lime kafir fraîches, surgelées ou séchées dans les magasins asiatiques. Cependant, le mot lime « makrut » est de plus en plus souvent usité à cause de la connotation raciste de « kafir » (c'est-à-dire cafre, nom péjoratif que l'on donnait autrefois aux populations d'Afrique).

*Ci-dessus : Curry vert d'aubergines et de patates douces*

## CREVETTES AUX ÉPICES
(Masala jheengari)

Préparation : 30 minutes + repos : 15 minutes
Cuisson : 55 minutes
4 à 6 personnes

☆

- 1 kg de crevettes crues moyennes, décortiquées et déveinées, en conservant la queue (réserver les carapaces et les têtes)
- 3/4 de cuil. à café de curcuma en poudre
- 60 ml d'huile
- 2 oignons, finement émincées
- 4 à 6 gousses d'ail, en petits morceaux
- 1 à 2 petits piments verts frais, épépinés et hachés
- 2 cuil. à café de cumin en poudre
- 2 cuil. à café de coriandre en poudre
- 1 cuil. à café de paprika
- 90 g de yaourt nature
- 80 ml de crème fraîche épaisse
- 4 cuil. à soupe de feuilles de coriandre fraîche, ciselées

**1** Mettre 1 litre d'eau dans une grande casserole et porter à ébullition. Ajouter les carapaces et les têtes de crevettes réservées. Baisser le feu et laisser mijoter 2 minutes. Écumer la surface pendant la cuisson à l'aide d'une écumoire. Filtrer le jus et jeter les carapaces et les têtes de crevettes. Remettre le jus dans la casserole. Il faut environ 750 ml de jus (allonger avec de l'eau si nécessaire). Porter de nouveau le jus à ébullition. Ajouter le curcuma et les crevettes, et faire cuire 1 minute, jusqu'à ce que les crevettes deviennent roses. Retirer les crevettes.
**2** Faire chauffer un wok à feu moyen, mettre l'huile et l'étaler soigneusement. Ajouter l'oignon, faire revenir 6 minutes, sans cesser de remuer, jusqu'à ce qu'il dore bien mais sans brûler. Incorporer l'ail et le piment, et faire cuire 2 minutes, en remuant de temps en temps. Ajouter le cumin, la coriandre et le paprika. Faire cuire 1 à 2 minutes, sans cesser de remuer, jusqu'à ce que les parfums s'exhalent.
**3** Ajouter progressivement le bouillon réservé et porter à ébullition. Laisser cuire 35 minutes, en remuant de temps en temps, jusqu'à ce que le mélange ait réduit de moitié et épaissi.
**4** Retirer du feu et incorporer le yaourt. Ajouter les crevettes et faire cuire 2 à 3 minutes à feu doux, jusqu'à ce que les crevettes soient bien chaudes et sans laisser bouillir. Incorporer la crème et les feuilles de coriandre. Couvrir et laisser reposer 15 minutes pour que les arômes infusent. Réchauffer doucement et servir avec du riz.
NOTE : ce curry est riche, il n'est pas utile de le préparer en très grande quantité. Servir lors d'un repas de fête, par exemple.

*Ci-dessus : Crevettes aux épices*

# BŒUF INDONÉSIEN BRAISÉ AU SOJA
(Semur daging)

Préparation : 20 minutes
  + macération : 15 minutes
Cuisson : 1 h 40
4 personnes

☆☆

800 g de paleron, paré et coupé en cubes de 2 cm
2 gousses d'ail, écrasées, et 4 gousses hachées
1 cuil. à soupe de gingembre frais râpé
4 échalotes rouges asiatiques, émincées
½ oignon, coupé en petits morceaux
1 cuil. à soupe de pulpe de tamarin, diluée dans 60 ml d'eau chaude
60 ml d'huile d'arachide
½ cuil. à café de cardamome en poudre
½ cuil. à café de cannelle en poudre
½ cuil. à café de noix muscade en poudre
2 clous de girofle
80 g de kecap manis
375 ml de bouillon de bœuf
2 pommes de terre, coupées en cubes de 2 cm
1 cuil. à soupe de jus de citron vert
quartiers de citron vert, en garniture

**1** Mettre le bœuf, l'ail écrasé et la moitié du gingembre dans un bol non métallique. Saler et poivrer avec du poivre noir fraîchement moulu. Mixer, couvrir d'un film alimentaire et mettre au réfrigérateur 15 minutes.
**2** Pour la pâte de curry, broyer les échalotes d'Asie, l'oignon, l'ail haché et le reste du gingembre dans un petit robot de cuisine jusqu'à obtention d'une pâte.
**3** Presser le tamarin dilué pour enlever les graines et réserver.
**4** Faire chauffer un wok antiadhésif à feu moyen-vif. Mettre l'huile et l'étaler soigneusement. Ajouter la pâte de curry et faire revenir 3 minutes, jusqu'à ce que les parfums s'exhalent. Ajouter le bœuf et faire sauter 3 minutes, jusqu'à ce qu'il dore et soit enrobé de pâte, en veillant à ce que celle-ci ne brûle pas.
**5** Rajouter un peu d'huile si nécessaire, puis la cardamome, la cannelle, la noix muscade, les clous de girofle et ½ cuillerée à café de poivre noir moulu. Faire cuire 1 à 2 minutes, jusqu'à ce que les parfums s'exhalent. Ajouter le kecap manis, le bouillon, le jus de tamarin et 375 ml d'eau. Couvrir et laisser mijoter à feu doux 1 heure. Ajouter la pomme de terre et laisser cuire, à découvert, 30 minutes, jusqu'à ce que la viande soit très tendre et la pomme de terre cuite. Retirer les clous de girofle. Incorporer le jus de citron vert. Servir avec du riz vapeur et des quartiers de citron vert.
NOTE : en Indonésie, ce plat est traditionnellement servi avec une salade de tomates et de concombres en rondelles et accompagné d'œufs à la coque et de sauce forte au piment.

*Ci-dessus : Bœuf indonésien braisé au soja*

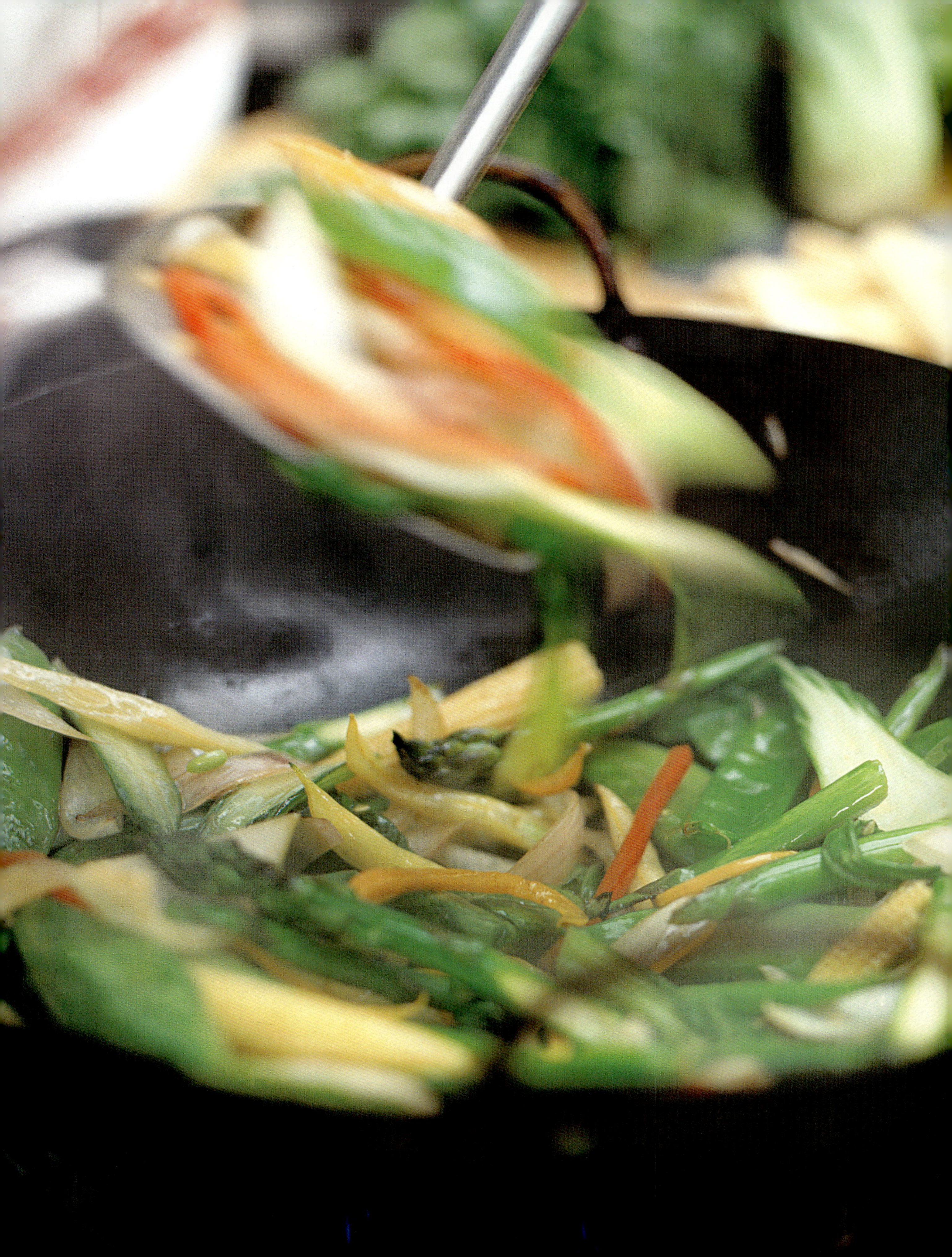

# SAUTÉS

Éclair de feu, volute de fumée, va-et-vient du wok et désordre de légumes. Action et suspense sont inséparables de toute aventure au royaume des sautés au wok. Attention ! Soyez vigilant, prêt à donner un agile coup de poignet pour transformer en sauté fumant et brûlant ces montagnes colorées d'aliments soigneusement découpés en lanières et en dés. Les sautés constituent la quintessence de l'expérience de la cuisine au wok. Ils sont sans conteste les plus amusants à préparer. La saveur intense d'un sauté préparé dans les règles de l'art, moelleux du plat agrémenté d'une légère saveur fumée, suffit à combler vos papilles. Mais pas de seconde chance, une fois que vous avez commencé votre voyage au pays des sautés, aucun retour en arrière n'est possible.

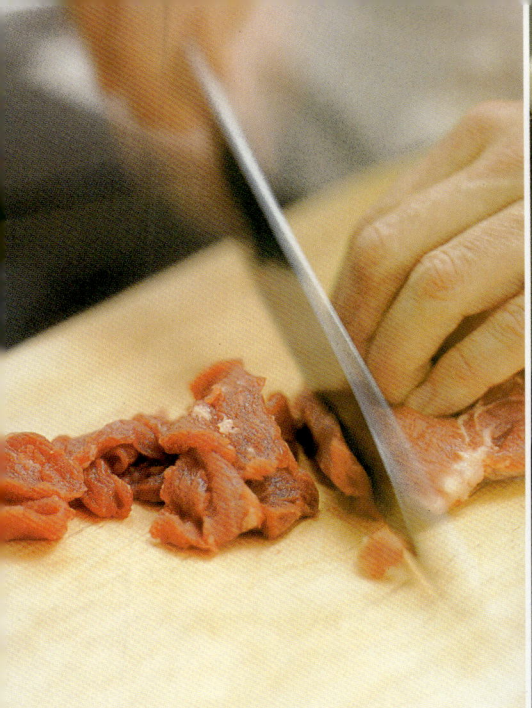

# L'ART DU SAUTÉ

Muni d'un wok brûlant, d'un filet d'huile et d' ingrédients frais, colorés, pré-émincés et prêts à l'emploi, vous avez en main tous les atouts pour réussir le sauté parfait.

### QUE SIGNIFIE FAIRE SAUTER ?

Faire sauter des aliments signifie cuire rapidement à feu très vif de petits morceaux de viande ou de légumes dans très peu d'huile. Ce type de cuisson exige de remuer constamment les aliments à l'aide d'un ustensile en forme de pelle. Il permet de préserver la saveur, la couleur, la texture et la valeur nutritionnelle des aliments.

Le mariage du wok et de la cuisine atteint la perfection avec les sautés. La large forme conique du wok maintient les aliments au centre, où la chaleur est la plus intense. Les aliments sont ainsi saisis et cuits en quelques minutes seulement et prennent une délicieuse saveur fumée.

Les Chinois appellent *wok hei*, ou « souffle du wok », le mouvement et le rythme associés à la cuisson des sautés. Notion floue pour les Occidentaux, cela signifie que l'aliment est à température idéale, parfaitement cuit et prêt à être consommé. Le souffle du wok diminue à mesure que les aliments refroidissent, il est donc préférable de déguster le plat brûlant à même le wok.

### UN ATOUT POUR LA SANTÉ

La cuisson au wok est considérée, à juste titre, comme une méthode de cuisson saine. La courte durée de cuisson préserve la plupart des nutriments de l'aliment, ainsi que sa couleur et ses vitamines.

À la longue, le wok devient antiadhésif : seule une très faible quantité d'huile devient nécessaire, et le peu d'huile utilisé n'a pas le temps d'être absorbé par les aliments constamment remués.

### PRÉPARATION DES SAUTÉS

La clé pour réussir un sauté est de ne pas s'arrêter une fois que vous avez commencé. Vous n'avez pas le temps d'interrompre la cuisson pour hacher un ingrédient ou apprêter une sauce. Préparez tous les aliments avant même d'avoir mis le wok à chauffer.

Les inconditionnels des sautés préparent en général tous les ingrédients dans de petits bols, qu'ils placent dans l'ordre dans lequel ils seront ajoutés au wok. Ainsi, les aliments que contient le wok ne brûlent pas et les ingrédients sont cuits de manière rapide et uniforme.

Coupez les ingrédients en petits morceaux de même taille pour obtenir une cuisson rapide et uniforme. Le plat sera ainsi plus appétissant et facile à manger, ce qui a son importance quand on utilise des baguettes.

Découpez les viandes rouges et les volailles perpendiculairement au sens des fibres, en fines lanières uniformes. La viande ainsi découpée cuit vite et uniformément, conserve son jus et reste tendre. Pour découper plus facilement la viande, mettez-la auparavant au congélateur pendant une demi-heure. Attention, ne recongelez jamais un produit qui a été décongelé. Vous pourriez être victime d'une intoxication alimentaire.

On coupe en général les légumes allongés (légumes feuilles, asperges et haricots verts par exemple) en biais, ce qui accroît la surface exposée et réduit le temps de cuisson. Si les légumes ont été passés sous l'eau, séchez-les parfaitement afin qu'ils ne cuisent pas à l'étouffée.

### LE BON CHOIX DE L'HUILE

Le choix de l'huile est important tant pour la méthode de cuisson que pour la saveur des sautés. L'huile doit posséder un point de combustion élevé étant donné l'intensité de la chaleur requise. Elle doit également compléter, et non atténuer, les saveurs principales. Les huiles d'arachide, de tournesol, de carthame, de colza et autres huiles végétales possèdent un point de fumée élevé, leur permettant de supporter les brutales hausses de température sans devenir amères. De par leur saveur relativement neutre, ces huiles conviennent bien pour les sautés, à la différence de l'huile d'olive par exemple, au goût très prononcé.

### LES DIFFÉRENTES ÉTAPES D'UN SAUTÉ

La première étape consiste à chauffer le wok à feu vif avant d'ajouter l'huile. Vous pouvez ainsi étaler l'huile, d'un mouvement circulaire, sur toute la surface du wok avant qu'elle ne brûle et n'altère la saveur des aliments.

En général, pour éviter qu'ils brûlent, on ajoute le gingembre ou l'ail tout de suite après l'huile, avant qu'elle commence à fumer.

Mettez d'abord les aliments les plus longs à cuire, et réservez les plus rapides (légumes feuilles, germes de soja ou pois mangetout par exemple) en dernier. On commence en général par la viande, que l'on dispose en une seule couche. Saisissez-la brièvement avant de la pousser du centre du wok vers les côtés, afin d'éviter qu'elle attache au fond et se délite quand vous la retournez.

Une fois la viande cuite, on la réserve généralement pendant la cuisson des autres ingrédients (légumes et nouilles par exemple). Là encore, repoussez les ingrédients du centre du wok vers les côtés.

Remettez ensuite la viande dans le wok pour la réchauffer et la mélanger aux autres ingrédients, en général en même temps que les condiments (sauce de soja ou nuoc mam).

Toutefois, pour les plats plus « humides » (qui ont plus de sauce), la méthode est légèrement différente : faites d'abord réduire les condiments (souvent avec du bouillon) jusqu'à consistance sirupeuse avant d'ajouter dans le wok la viande ou les légumes et de les napper de sauce.

L'ajout final d'épices permet d'unifier le plat, en mêlant toutes les saveurs. Il existe une autre raison importante d'ajouter les épices en fin de cuisson : si l'on ajoutait plus tôt des ingrédients salés, comme la sauce de soja, le sel pourrait absorber le liquide des autres ingrédients et leur donner une consistance pâteuse.

### ASTUCES ET CONSEILS

● Si vous cuisez de la viande préalablement marinée, veillez à bien l'égoutter avant la cuisson. Si l'envie vous prenait d'ajouter la marinade pour rehausser la saveur, attention, ne la mettez pas trop tôt, la viande cuirait dans son jus.

● Lorsque vous devez utiliser de grandes quantités de viande, de volaille ou de poisson, cuisez-les en plusieurs fois

### LES RÈGLES D'OR DU SAUTÉ

*Les aliments cuisant très vite, préparez tous les ingrédients avant de commencer la cuisson. La viande cuit mieux en lamelles découpées perpendiculairement au sens des fibres. Coupez les autres ingrédients de manière à obtenir la plus grande surface de contact.*

*Chauffez le wok vide sur la plaque chauffante avant d'ajouter l'huile et d'en enduire les côtés dans un mouvement circulaire. Ajoutez les aliments de celui qui cuit le plus longtemps à celui qui cuit le moins longtemps. Mettez en même temps des aliments de taille et de forme similaires. Remuez constamment les ingrédients à l'aide d'une spatule.*

*La viande est souvent cuite à part en plusieurs fois afin d'éviter une cuisson à l'étouffée.*

afin d'éviter que les aliments cuisent à l'étouffée. Généralement, la plupart des recettes le précisent. Lorsque vous augmentez les quantités de la recette pour un nombre de personnes plus important, n'oubliez pas de faire cuire la viande en plusieurs fois.

● Préparez à l'avance la sauce pour le sauté – cela vous évite tout souci pendant la cuisson.

● Pour maintenir le wok à la bonne température, vous devrez peut-être le réchauffer entre chaque fournée. Le wok doit être suffisamment chaud pour saisir la viande, enfermer son jus et lui éviter de cuire à l'étouffée, même avec la baisse de température qui accompagne l'ajout de la viande.

*Ci-dessus : Bœuf au piment*

## BŒUF AU PIMENT

Préparation : 10 minutes
 + macération : 20 minutes
Cuisson : 10 minutes
4 personnes

☆

60 ml de kecap manis
2 cuil. à café 1/2 de sambal oelek
2 gousses d'ail, hachées
1/2 cuil. à café de coriandre en poudre
1 cuil. à soupe de sucre de palme râpé
1 cuil. à café d'huile de sésame
400 g de filet de bœuf maigre, finement émincé perpendiculairement aux fibres
1 cuil. à soupe d'huile d'arachide
2 cuil. à soupe de cacahuètes grillées hachées
3 cuil. à soupe de feuilles de coriandre fraîche hachées

1 Mélanger dans un grand bol le kecap manis, le sambal oelek, l'ail, la coriandre, le sucre de palme, l'huile de sésame et 2 cuillerées à soupe d'eau. Ajouter la bœuf et bien mélanger. Couvrir de film alimentaire et laisser mariner 20 minutes au réfrigérateur.
2 Chauffer un wok à feu vif, ajouter l'huile d'arachide et l'étaler soigneusement. Ajouter la viande en plusieurs fois. Faire dorer chaque fournée 2 à 3 minutes.
3 Disposer le bœuf sur un plat de service, parsemer de cacahuètes hachées et de coriandre fraîche et servir accompagné de riz vapeur.

## BŒUF À L'AIL ET AU POIVRON ROUGE

Préparation : 5 minutes +
 macération : 15 minutes
Cuisson : 15 minutes
4 personnes

☆

1 cuil. à soupe d'alcool de riz
2 cuil. à café de sauce de soja claire
1 gousse d'ail, finement hachée
1/4 de cuil. à café de poivre blanc
2 cuil. à soupe d'huile
500 g de filet de bœuf maigre, finement émincé perpendiculairement aux fibres
1 petit poivron rouge, coupé en lanières de 4 cm

SAUCE À L'AIL
1 cuil. à café de maïzena
2 cuil. à café d'huile
4 gousses d'ail, finement hachées
4 oignons verts, finement hachés, blancs et verts séparés
200 ml de bouillon de volaille, brûlant
2 cuil. à café de sauce d'huître
2 cuil. à café de sauce au piment aillée
1/2 à 1 cuil. à café d'huile pimentée

1 Mélanger l'alcool de riz, la sauce de soja, l'ail, le poivre, 1 cuillerée à café de l'huile et 1/4 de cuillerée à café de sel dans un bol non métallique. Ajouter le bœuf, couvrir et mettre au moins 15 minutes au réfrigérateur.
2 Chauffer un wok à feu vif, ajouter 2 cuillerées à café d'huile et étaler soigneusement. Ajouter les lanières de poivron rouge et cuire 1 à 2 minutes, davantage si nécessaire. Retirer du wok.
3 Chauffer le reste d'huile dans le wok. Ajouter le bœuf en deux fois et faire revenir 2 à 3 minutes, davantage si nécessaire. Retirer du wok.

**4** Pour la sauce à l'ail : mélanger la maïzena avec 1 cuillerée à soupe d'eau et réserver. Ajouter l'huile dans le wok et réduire la flamme au minimum. Ajouter l'ail et le blanc des oignons. Cuire 30 secondes. Verser le bouillon et bien mélanger. Augmenter la flamme à feu vif, porter la sauce à ébullition et laisser réduire légèrement. Ajouter la sauce d'huître, la sauce au piment aillée et l'huile pimentée et bien mélanger le tout. Incorporer la pâte de maïzena. Cuire 1 à 2 minutes, jusqu'à épaississement de la sauce.
**5** Remettre le poivron et la viande dans le wok, bien mélanger pour les napper de sauce et les réchauffer. Garnir avec le vert des oignons hachés et servir immédiatement.

## BŒUF CHINOIS ET ASPERGES À LA SAUCE D'HUÎTRE

Préparation : 10 minutes
 + macération : 15 minutes
Cuisson : 10 minutes
4 personnes

☆

1 cuil. à soupe de sauce de soja claire
1/2 cuil. à café d'huile de sésame
1 cuil. à soupe d'alcool de riz
500 g de filet de bœuf maigre, finement émincé perpendiculairement aux fibres
2 cuil. à soupe 1/2 d'huile
200 g de fines asperges fraîches, coupées en biais en trois
3 gousses d'ail, hachées
2 cuil. à café de gingembre frais coupé en julienne
60 ml de bouillon de volaille
2 à 3 cuil. à soupe de sauce d'huître

**1** Mélanger la sauce de soja, l'huile de sésame et 2 cuillerées à café d'alcool de riz dans une grande jatte non métallique. Ajouter le bœuf. Couvrir de film alimentaire et laisser mariner au moins 15 minutes au réfrigérateur.
**2** Chauffer un wok à feu vif, ajouter 1 cuillerée à soupe d'huile et l'étaler soigneusement. Ajouter les asperges et faire revenir 1 à 2 minutes. Retirer du wok.
**3** Chauffer à feu vif une autre cuillerée à soupe d'huile dans le wok. Ajouter le bœuf en deux fois et faire revenir 1 à 2 minutes en plusieurs fournée, plus si nécessaire. Retirer la viande du wok et ajouter aux asperges.
**4** Mettre le reste d'huile dans le wok. Ajouter l'ail et le gingembre avant que l'huile soit trop chaude. Faire revenir 1 minute. Verser dans le wok le bouillon, la sauce d'huître et le reste d'alcool de riz. Porter à ébullition et laisser bouillir 1 à 2 minutes, jusqu'à légère réduction. Remettre le bœuf et les asperges dans le wok et faire réchauffer 1 minute. Bien mélanger la viande avec la sauce. Servir immédiatement avec du riz vapeur.

**PROTOCOLE CHINOIS**
Le protocole chinois veut que les deux mains soient au-dessus de la table pendant les repas, une main tenant le bol de riz et l'autre, les baguettes. Cette tradition remonte à un célèbre banquet du IIIe siècle qui dégénéra en massacre lorsque les soldats invités, qui avaient conservé leurs épées sous la table, se sont retournés contre les autres convives.

*Ci-contre : Bœuf chinois et asperges à la sauce d'huître*

*Ci-dessus : Bœuf au poivre à l'asiatique*

## BŒUF AU POIVRE À L'ASIATIQUE

Préparation : 10 minutes
+ macération : 2 heures
Cuisson : 15 minutes
4 personnes

☆

2 oignons, finement émincés
2 gousses d'ail, finement hachées
2 cuil. à café de gingembre frais finement haché
2 cuil. à soupe d'alcool de riz
1 cuil. à soupe de sauce de soja
1 cuil. à soupe de sauce d'huître
2 cuil. à café de sucre
1 cuil. à café d'huile de sésame
1 cuil. à soupe de grains de poivre du Séchouan pilés
1 cuil. à soupe de grains de poivre noir pilés
600 g de filet de bœuf maigre, finement émincé perpendiculairement aux fibres
2 oignons verts, coupés en morceaux de 2,5 cm
2 cuil. à soupe d'huile

1 Mélanger les oignons, l'ail, le gingembre, l'alcool de riz, la sauce de soja, la sauce d'huître, le sucre, l'huile de sésame et le poivre dans une jatte non métallique. Ajouter le bœuf. Couvrir, laisser mariner 2 heures minimum au réfrigérateur.

2 Égoutter le bœuf. Jeter l'excès de liquide, puis incorporer les oignons verts dans la jatte.
3 Chauffer un wok à feu vif, mettre la moitié de l'huile et bien l'étaler. Ajouter la moitié du bœuf et faire saisir 6 minutes. Répéter l'opération avec le reste de la viande. Servir avec du riz vapeur.

## BŒUF CHINOIS À LA SAUCE DE SOJA NOIR

Préparation : 15 minutes
Cuisson : 20 minutes
4 à 6 personnes

☆

2 cuil. à soupe de graines de soja noir rincées, égouttées et hachées
1 cuil. à soupe de sauce de soja épaisse
1 cuil. à soupe d'alcool de riz
1 gousse d'ail, finement hachée
1 cuil. à café de sucre
60 ml d'huile d'arachide
1 oignon, coupé en quartiers
500 g de filet de bœuf maigre, finement émincé perpendiculairement aux fibres
1/2 cuil. à café de gingembre frais finement haché
1 cuil. à café de maïzena avec 1 cuil. à soupe d'eau
1 cuil. à café d'huile de sésame

SAUTÉS

**1** Mettre les haricots de soja, la sauce de soja, l'alcool de riz et 60 ml d'eau dans un petit bol. Mélanger. Dans un autre bol, réduire l'ail et le sucre en pâte.
**2** Chauffer un wok à feu vif, ajouter 1 cuillerée à café d'huile et étaler soigneusement. Ajouter l'oignon et faire revenir 1 à 2 minutes. Retirer du wok. Ajouter 1 cuillerée à soupe d'huile d'arachide, en enduire le wok. Faire dorer la moitié du bœuf 5 à 6 minutes. Ajouter à l'oignon. Recommencer avec le reste de bœuf.
**3** Ajouter dans le wok le reste d'huile d'arachide avec la pâte d'ail et le gingembre. Faire revenir 30 secondes. Ajouter la préparation aux haricots, l'oignon et le bœuf. Porter à ébullition, réduire la flamme et laisser mijoter, à couvert, 2 minutes. Incorporer la maïzena sans cesser de remuer jusqu'à ébullition et épaississement de la sauce. Incorporer l'huile de sésame. Servir avec du riz vapeur.

## SALADE DE BŒUF THAÏE

Préparation : 20 minutes + réfrigération
Cuisson : 5 minutes
6 personnes

☆

2 cuil. à soupe d'huile d'arachide
500 g de filet de bœuf maigre, finement émincé perpendiculairement aux fibres
2 gousses d'ail, hachées
1 cuil. à soupe de sucre de palme râpé
3 cuil. à soupe de tiges et racines de coriandre fraîche finement hachées
80 ml de jus de citron vert
2 cuil. à soupe de nuoc mam
2 petits piments rouges frais, épépinés et finement émincés
2 échalotes rouges d'Asie, finement émincées
2 concombres, émincés en fins rubans
20 g de feuilles de menthe fraîches
90 g de germes de soja, équeutés
40 g de cacahuètes grillées, concassées

**1** Chauffer un wok à feu vif, ajouter 1 cuillerée à soupe d'huile et l'étaler soigneusement. Ajouter la moitié du bœuf et cuire à point 1 à 2 minutes. Retirer du wok et disposer sur un plat. Recommencer avec le reste d'huile et de bœuf.
**2** Mettre dans un bol l'ail, le sucre de palme, la coriandre, le jus de citron vert, le nuoc mam, 1/4 de cuillerée à café de poivre blanc et 1/4 de cuillerée à café de sel, mélanger jusqu'à dissolution totale du sucre. Ajouter les piments et les échalotes et bien mélanger.
**3** Verser la sauce sur le bœuf chaud, bien mélanger. Laisser refroidir à température ambiante.
**4** Dans une jatte, mélanger le concombre et les feuilles de menthe. Réserver au réfrigérateur.
**5** Disposer un lit de concombre et de menthe sur un plat, garnir du bœuf, des germes de soja et des cacahuètes.

### GERMES DE SOJA
Les germes de soja sont les jeunes pousses comestibles et croquantes des sojas et haricots mungo. Les pousses sont prêtes à consommer 5 à 6 jours après la germination. C'est une excellente source de vitamine C : les pousses vertes contiennent la vitamine C que l'on ne trouve pas dans les graines. Les Chinois consomment les germes de soja depuis 3 000 ans alors que le reste du monde n'a découvert leur secret que récemment. Ils sont appréciés pour leurs qualités nutritionnelles mais également pour leur croquant, notamment servis avec des aliments aux textures contrastées. Les meilleures pousses sont courtes, fermes, propres et exemptes de défauts. Dans l'idéal, il faut consommer les germes de soja le jour de leur achat, mais vous pouvez les conserver 2 à 3 jours au réfrigérateur dans de l'eau froide, en changeant l'eau chaque jour. Les pousses de haricots mungo ne doivent pas être consommées crues en raison de leur éventuelle haute teneur en salmonelles. Blanchissez-les avant de les manger. Mais pour qu'elles conservent leur croquant, ne prolongez pas trop la cuisson.

*Ci-contre : Salade de bœuf thaïe*

## ALCOOL DE RIZ

Le meilleur alcool de riz de Chine est le shao xing, shao hsing ou shaosing, produit depuis plus de 2 000 ans dans la province du Zhejiang au sud-est du pays. On l'obtient à partir d'un mélange de riz gluant, de millet, de levure et d'eau provenant d'une source locale. En Chine, on le connaît sous le nom de « fleur ciselée », d'après le motif qui ornait les urnes dans lesquelles il était stocké. Il porte également le nom d'« alcool de fille » selon une ancienne tradition qui veut que l'on en conserve à la naissance d'une fille, pour s'enivrer le jour de son mariage.

*Ci-dessus : Sauté de nouilles au bœuf thaï*

## SAUTÉ DE NOUILLES AU BŒUF THAÏ
(Phad si-iew)

Préparation : 20 minutes
Cuisson : 20 minutes
4 à 6 personnes

☆☆

- 500 g de feuilles de riz fraîches pour nouilles, coupées dans la longueur en lanières de 2 cm
- 2 cuil. à soupe d'huile d'arachide
- 2 œufs, légèrement battus
- 500 g de filet de bœuf maigre, finement émincé perpendiculairement aux fibres
- 60 ml de kecap manis
- 1 cuil. à soupe 1/2 de sauce de soja
- 1 cuil. à soupe 1/2 de nuoc mam
- 300 g de gai lan (brocolis chinois), morceaux de 5 cm
- 1/4 de cuil. à café de poivre blanc

1 Couvrir les nouilles d'eau bouillante et dissocier délicatement les lanières. Égoutter.
2 Chauffer un wok à feu vif, ajouter 1 cuillerée à soupe d'huile et l'étaler soigneusement. Ajouter les œufs, faire tourner le wok pour les étaler et cuire 1 à 2 minutes à feu moyen. Retirer du wok et émincer l'omelette.
3 Réchauffer le wok à feu vif, ajouter le reste d'huile et cuire le bœuf en plusieurs fournées 3 minutes, jusqu'à coloration. Retirer.
4 Réduire le feu au minimum, ajouter les nouilles et cuire 2 minutes. Mélanger le kecap manis, la sauce de soja et le nuoc mam. Ajouter dans le wok avec le gai lan et le poivre blanc. Faire revenir 2 minutes. Ajouter les œufs et le bœuf dans le wok et cuire 3 minutes.

## SAUTÉ DE BŒUF AUX TANGERINES

Préparation : 20 minutes + trempage : 20 minutes
Cuisson : 15 minutes
4 à 6 personnes

☆☆

- 10 g de zeste déshydraté de tangerine ou mandarine
- 750 g de filet de bœuf maigre, finement émincé perpendiculairement aux fibres
- 1 cuil. à soupe de maïzena
- 1 cuil. à café d'huile de sésame
- 3 cuil. à soupe de sauce de soja claire
- 80 ml de jus de tangerine ou d'orange
- 1 cuil. à soupe 1/2 d'alcool de riz
- 2 cuil. à café de sucre
- 100 ml d'huile d'arachide
- 1 oignon, finement émincé
- 3 gousses d'ail, finement hachées
- 1/2 cuil. à café de flocons de piment
- 1/2 cuil. à café de grains de poivre du Séchouan pilés
- 4 oignons verts, coupés en morceaux de 3 cm

1 Faire tremper le zeste 20 minutes dans l'eau chaude. Le retirer et l'émincer finement. Pendant ce temps, mettre le bœuf dans une jatte avec la maïzena, l'huile de sésame et 2 cuillerées à soupe de sauce de soja. Bien mélanger. Couvrir et laisser mariner 20 minutes au réfrigérateur.
2 Mélanger dans un petit bol le jus d'agrume, l'alcool de riz, le sucre et le reste de sauce de soja et réserver.
3 Chauffer un wok à feu vif, ajouter 60 ml d'huile d'arachide et l'étaler soigneusement. Ajouter le bœuf et faire revenir en plusieurs fois jusqu'à ce que la viande soit croustillante. Ajouter de l'huile si nécessaire. Retirer le bœuf du wok et égoutter sur du papier absorbant froissé.
4 Chauffer le reste d'huile dans le wok, ajouter les oignons et faire dorer 1 à 2 minutes. Ajouter l'ail, les flocons de piment, le poivre du Séchouan et le zeste de tangerine. Faire revenir 30 secondes.
5 Ajouter la préparation au jus d'agrume et bien mélanger. Laisser cuire à feu moyen 3 à 4 minutes, jusqu'à réduction légère et épaississement de la sauce. Remettre le bœuf dans le wok, mélanger pour bien l'enrober de sauce et réchauffer 1 à 2 minutes. Parsemer d'oignon vert. Servir avec du riz.

## SAUTÉ DE BŒUF RAPIDE

Préparation : 15 minutes
Cuisson : 15 minutes
4 personnes

☆

2 cuil. à soupe de sauce d'huître
1 gousse d'ail, hachée
1 cuil. à café de gingembre frais râpé
2 cuil. à soupe de sauce de soja claire
2 cuil. à soupe d'alcool de riz
1 cuil. à soupe de miel
1 cuil. à café d'huile de sésame
2 cuil. à café de maïzena
2 cuil. à soupe d'huile d'arachide
350 g de filet de bœuf maigre, finement émincé perpendiculairement aux fibres
1 gros oignon, coupé en fins quartiers
1 grosse carotte, finement émincée en biais
1 poivron rouge, coupé en fines lanières
100 g de pois mangetout, coupés en deux en biais
150 g de mini-épis de maïs, coupés en deux en biais
200 g de champignons de paille, égouttés

1 Pour faire la sauce du sauté, mélanger la sauce d'huître avec l'ail, le gingembre, la sauce de soja, l'alcool de riz, le miel, l'huile de sésame et 1 cuillerée à soupe d'eau dans un petit bol ou une jatte non métallique. Dans un autre bol, mélanger la maïzena avec 1 cuillerée à soupe d'eau jusqu'à obtention d'une pâte. Réserver les deux bols.
2 Chauffer un wok à feu vif, ajouter 1 cuillerée à soupe d'huile d'arachide et l'étaler soigneusement. Ajouter la viande en plusieurs fournées. Faire dorer 2 à 3 minutes. Retirer la viande du wok.
3 Chauffer le reste d'huile d'arachide dans le wok, ajouter l'oignon, la carotte et le poivron rouge et cuire en remuant, 2 à 3 minutes, jusqu'à ce que les légumes soient juste tendres. Ajouter les pois mangetout, le maïs et les champignons, cuire 1 minute. Remettre la viande dans le wok. Verser la sauce réservée dans le wok, la pâte de maïzena et cuire sans cesser de remuer 1 minute, jusqu'à épaississement de la sauce et obtention d'un mélange homogène. Saler et poivrer avec du poivre fraîchement moulu. Servir avec de fines nouilles aux œufs ou du riz vapeur.

*Ci-dessous : Sauté de bœuf rapide*

## SAUTÉ DE BŒUF AUX POIS MANGETOUT

Préparation : 10 minutes
Cuisson : 10 minutes
4 personnes

☆

2 cuil. à soupe de sauce de soja

1/2 cuil. à café de gingembre frais râpé

400 g de filet de bœuf maigre, finement émincé perpendiculairement aux fibres

2 cuil. à soupe d'huile d'arachide

200 g de pois mangetout, équeutés

1 petit poivron rouge, émincé

1 cuil. à café 1/2 de maïzena

125 ml de bouillon de bœuf

1 cuil. à café de sauce de soja, en plus

1/4 de cuil. à café d'huile de sésame

**1** Mélanger la sauce de soja et le gingembre dans une grande jatte non métallique. Ajouter le bœuf et bien mélanger.
**2** Chauffer un wok à feu vif, ajouter l'huile et l'étaler soigneusement. Ajouter le bœuf en deux fois et cuire 2 minutes, jusqu'à coloration. Remettre la totalité du bœuf dans le wok. Ajouter les pois mangetout et le poivron rouge. Faire revenir encore 2 minutes.
**3** Dissoudre la maïzena dans du bouillon. Ajouter au wok avec le reste de bouillon, la sauce de soja en plus et l'huile de sésame. Mélanger jusqu'à ébullition et épaississement de la sauce. Servir avec du riz vapeur.

*Ci-dessous : Sauté de bœuf aux pois mangetout*

## SAUTÉ DE NOUILLES AU BŒUF À LA CORÉENNE

Préparation : 20 minutes
 + macération : 15 minutes
Cuisson : 15 minutes
4 personnes

☆ ☆

60 ml d'huile

60 ml de sauce de soja claire

250 g de filet de bœuf maigre, finement émincé perpendiculairement aux fibres

150 g de nouilles de farine de patate douce

80 ml de bouillon de volaille

1 cuil. à soupe de sauce de soja épaisse

1 cuil. à soupe de vinaigre noir chinois

1 cuil. à soupe de maïzena

1 cuil. à café de sucre

1 cuil. à café d'huile de sésame

1 oignon, émincé

4 gousses d'ail, finement hachées

4 morceaux de 4 cm de gingembre frais, finement haché

2 petits piments rouges frais, épépinés et hachés

1 petite carotte, coupée en julienne

1 petit poivron rouge, coupé en julienne

200 g de brocolis, en fleurettes

115 g de mini-épis de maïs frais, coupés en deux dans la longueur

100 g de pois mangetout, coupé en julienne

300 g de pak-choi, coupé en lanières de 10 cm

150 g de germes de soja, équeutés

4 oignons verts, finement émincés

1 Mélanger 1 cuillerée à café d'huile et 1 cuillerée à soupe de sauce de soja claire dans une grande jatte non métallique. Ajouter le bœuf, couvrir et laisser mariner au moins 15 minutes au réfrigérateur.
2 Mettre les nouilles dans une grande jatte résistant à la chaleur, couvrir d'eau bouillante et laisser tremper 10 minutes, jusqu'à ce qu'elles soient tendres. Rincer et égoutter. Couper en deux à l'aide de ciseaux. Ajouter 1 cuillerée à café d'huile.
3 Pour faire la sauce du sauté, mélanger dans un bol le bouillon, la sauce de soja épaisse, le vinaigre noir, la maïzena, le sucre et le reste de sauce de soja claire et mélanger jusqu'à dissolution complète du sucre.
4 Chauffer un grand wok à feu vif, ajouter 1 cuillerée à soupe d'huile et étaler soigneusement. Faire revenir le bœuf 2 à 3 minutes, jusqu'à coloration. Retirer du wok.
5 Ajouter le reste d'huile, l'huile de sésame et l'oignon et cuire 2 minutes, jusqu'à ce que l'oignon soit tendre et légèrement coloré. Ajouter l'ail, le gingembre et les piments. Faire revenir 30 secondes avant d'ajouter la carotte, le poivron rouge, les brocolis, le maïs et les pois mangetout. Faire revenir 2 minutes, les légumes doivent rester croquants. Ajouter le pak-choi et les germes de soja. Faire revenir 1 minute.
6 Mettre les nouilles dans le wok, incorporer la sauce et rajouter le bœuf et la marinade. Mélanger 2 minutes, jusqu'à ce que les nouilles, la sauce, le bœuf et les légumes forment un mélange homogène. Garnir d'oignons verts et servir.

## SAUTÉ CHINOIS DE BŒUF AU GAI LON (BROCOLI CHINOIS)

Préparation : 10 minutes
Cuisson : 15 minutes
4 personnes

☆

1 kg de feuilles de riz fraîches pour nouilles
60 ml d'huile d'arachide
500 g de filet de bœuf maigre, finement émincé perpendiculairement aux fibres
1 oignon, coupé en quartiers
4 gousses d'ail, hachées
400 g de gai lon (brocolis chinois), coupé en morceaux de 3 cm
1 cuil. à soupe de sauce de soja
60 ml de kecap manis
1 petit piment rouge frais, haché
125 ml de bouillon de bœuf

1 Couper les nouilles dans le sens de la longueur en lanières de 2 cm de large. Couvrir d'eau bouillante et dissocier délicatement les lanières.
2 Chauffer un wok sur feu moyen, ajouter 2 cuillerées à soupe d'huile d'arachide et l'étaler soigneusement. Ajouter les nouilles et faire revenir 2 minutes. Retirer du wok.
3 Réchauffer le wok à feu vif, ajouter le reste d'huile et l'étaler soigneusement. Ajouter le bœuf en plusieurs fois et cuire 3 minutes jusqu'à coloration. Retirer du wok. Ajouter l'oignon et faire revenir 1 à 2 minutes. Ajouter l'ail et cuire 30 secondes.
4 Remettre la totalité du bœuf dans le wok. Ajouter le gai lon, la sauce de soja, le kecap manis, le piment et le bouillon de bœuf et cuire à feu moyen 2 à 3 minutes. Répartir les nouilles dans quatre assiettes et garnir de la préparation au bœuf. Servir immédiatement.
NOTE : les nouilles peuvent se casser pendant la cuisson. Cela n'a aucune incidence sur la saveur du plat.

*Ci-dessus : Sauté chinois de bœuf au gai lon*

## TERIYAKI

Traditionnellement, le teriyaki désigne tout aliment (en général du bœuf, du poulet ou du poisson) enduit d'une marinade sucrée spéciale en fin de cuisson au gril ou à la poêle. Au Japon, son pays d'origine, *teri* signifie glacé et *yaki* désigne la cuisson au gril ou à la poêle. En se répandant dans le monde, le teriyaki a pris une définition plus vague : il désigne davantage le trio d'ingrédients japonais qui le composent (mirin, saké et sauce de soja), que la méthode de cuisson (*voir* recette ci-contre). Vous pouvez aisément préparer la sauce teriyaki chez vous, mais elle existe également en magasin.

*Ci-dessus : Sauté de bœuf teriyaki et de haricots de soja*

## SAUTÉ DE BŒUF TERIYAKI ET DE HARICOTS DE SOJA

Préparation : 15 minutes
Cuisson : 20 minutes
4 personnes

☆

1 cuil. à soupe de mirin (vin de riz doux)
2 cuil. à soupe de saké
2 cuil. à soupe de sauce de soja japonaise
2 cuil. à café de sucre
400 g de haricots de soja surgelés (*voir* Note)
1 cuil. à soupe d'huile d'arachide
700 g de filet de bœuf maigre, finement émincé perpendiculairement aux fibres
6 oignons verts, finement émincés
2 gousses d'ail, hachées
2 cuil. à café de gingembre frais finement haché
50 g de germes de soja, équeutés
1 poivron rouge, finement émincé

**1** Pour faire la sauce du sauté, mélanger le mirin, le saké, la sauce de soja japonaise et le sucre dans un petit bol et réserver.
**2** Cuire 2 minutes les haricots de soja dans une casserole d'eau bouillante. Égoutter.
**3** Chauffer un grand wok à feu vif. Ajouter 2 cuillerées à café d'huile d'arachide et étaler soigneusement. Cuire le bœuf en plusieurs fournées 3 à 4 minutes, jusqu'à coloration. Retirer du wok. Ajouter les oignons et faire revenir 30 secondes, jusqu'à ce qu'ils aient fondu.
**4** Remettre le bœuf dans le wok, ajouter l'ail, le gingembre, les haricots, les germes de soja et le poivron et faire revenir 2 minutes. Ajouter la sauce réservée et réchauffer. Servir très chaud avec du riz vapeur.

NOTE : les haricots de soja se vendent en sachets dans les magasins asiatiques, dans leur gousse ou écossés. Dans cette recette, on utilise la variété déjà écossée.

# BŒUF AU LEMON-GRASS

Préparation : 15 minutes
  + macération : 10 minutes
Cuisson : 25 minutes
4 personnes

☆☆

3 gousses d'ail, finement hachées
1 cuil. à soupe de gingembre frais râpé
4 tiges de lemon-grass, partie blanche seule, finement hachées
2 cuil. à soupe 1/2 d'huile
600 g de filet de bœuf maigre, finement émincé perpendiculairement aux fibres
1 cuil. à soupe de jus de citron vert
1 à 2 cuil. à soupe de nuoc mam
2 cuil. à soupe de kecap manis
1 gros oignon rouge, coupé en petits quartiers
200 g de haricots verts, coupés en biais en morceaux de 5 cm de long

1 Mélanger l'ail, le gingembre, le lemon-grass et 2 cuillerées à café d'huile dans une grande jatte non métallique. Ajouter le bœuf et mélanger pour bien enrober les morceaux de la marinade. Couvrir de film alimentaire et laisser mariner au moins 10 minutes au réfrigérateur.

2 Pour faire la sauce du sauté, mélanger le jus de citron vert, le nuoc mam et le kecap manis dans un petit bol et réserver.

3 Chauffer un wok à feu vif, ajouter 1 cuillerée à soupe d'huile et l'étaler soigneusement. Faire revenir le bœuf en plusieurs fournées, 2 à 3 minutes, jusqu'à coloration. Retirer du wok.

4 Réchauffer le wok à feu vif et y faire chauffer le reste d'huile. Ajouter l'oignon et faire revenir 2 minutes. Ajouter les haricots et cuire 2 minutes. Remettre le bœuf dans le wok. Verser la sauce et réchauffer le tout. Servir avec du riz vapeur.

### LEMON-GRASS

Veillez à la fraîcheur du lemon-grass : le bout de la tige ne doit pas être trop sec et il doit conserver une saveur citronnée prononcée. Si vous avez du mal à trouver du lemon-grass frais, n'hésitez pas à faire quelques réserves lorsque vous en trouvez : il vous suffit alors de l'envelopper étroitement dans du film alimentaire et de le mettre au congélateur (son parfum supporte bien la congélation). Si vous n'en trouvez pas du tout, il est préférable de le remplacer par du jus ou du zeste de citron plutôt que d'utiliser du lemon-grass séché, qui est assez fade et peu parfumé.

*Ci-contre : Bœuf au lemon-grass*

## YAKISOBA

Préparation : 30 minutes
  + trempage : 20 minutes
Cuisson : 10 minutes
4 personnes

★ ☆

4 champignons shiitake séchés
600 g de nouilles hokkien
3 cuil. à café de gingembre frais finement haché
2 grosses gousses d'ail, finement hachées
300 g de filet de bœuf maigre, finement émincé perpendiculairement aux fibres
6 tranches de lard, découpées en morceaux de 3 cm
2 cuil. à soupe d'huile d'arachide
1/2 cuil. à café d'huile de sésame
6 oignons verts fins, coupés en morceaux de 3 cm
1 carotte, finement émincée en biais
1 petit poivron vert, finement émincé
220 g de pak-choi (chou chinois), émincé
gingembre en saumure et nori émincé, en accompagnement (facultatif)

### Sauce

60 ml de sauce de soja japonaise
2 cuil. à soupe de sauce Worcester
1 cuil. à soupe 1/2 de vinaigre de riz
1 cuil. à soupe de saké
1 cuil. à soupe de mirin (vin de riz doux)
1 cuil. à soupe de sauce tomate
1 cuil. à soupe de sauce d'huître
2 cuil. à café de sucre roux

1 Tremper 20 minutes les champignons dans l'eau bouillante, jusqu'à ce qu'ils ramollissent. Extraire toute l'eau en les pressant. Réserver 2 cuillerées à soupe du liquide de trempage. Jeter les pieds et émincer finement les chapeaux.
2 Mettre les nouilles dans une jatte résistant à la chaleur, couvrir d'eau bouillante et laisser tremper 1 minute. Égoutter et séparer.
3 Mélanger dans un petit bol la moitié du gingembre avec la moitié de l'ail. Ajouter le bœuf. Réserver.
4 Pour faire la sauce, mélanger tous les ingrédients dans un bol avec le jus des champignons réservé et le reste de gingembre et d'ail.
5 Chauffer un wok sur feu moyen ou vif, ajouter le lard et cuire 2 à 3 minutes, jusqu'à ce qu'il ramollisse et commence à se colorer. Verser dans une grande jatte. Mélanger les huiles d'arachide

### YAKISOBA

Quoi qu'en dise son nom, le yakisoba, sauté de nouilles japonaises, ne contient pas traditionnellement de nouilles soba. Ce plat est généralement préparé avec des nouilles de blé plus copieuses et campagnardes, les ramen. Cependant, vous pouvez utiliser ici des nouilles fraîches, de type hokkien et udon par exemple.

*Ci-contre : Yakisoba*

## SAUTÉS

et de sésame. Augmenter la flamme au maximum sous le wok, ajouter un peu du mélange d'huiles et saisir le bœuf 1 minute, jusqu'à ce qu'il commence à dorer sur toutes les faces. Ajouter au lard.

**6** Chauffer un peu plus du mélange d'huiles, ajouter les oignons, la carotte et le poivron. Cuire 1 minute. Ajouter le pak-choi et les champignons, et cuire 30 secondes : les légumes sont justes cuits mais toujours tendres. Ajouter au lard.

**7** Chauffer le reste d'huiles dans le wok, ajouter les nouilles et faire revenir 1 minute. Remettre dans le wok le lard, le bœuf et les légumes. Verser la sauce et faire réchauffer 2 à 3 minutes (la sauce doit avoir été pratiquement absorbée, mais le plat ne doit pas être sec). Répartir les nouilles dans quatre bols profonds et garnir éventuellement de gingembre en saumure et de nori émincé.

## SAUTÉ DE BŒUF AUX ÉPINARDS

Préparation : 20 minutes + macération : 2 heures
Cuisson : 15 minutes
4 personnes

☆

60 ml de sauce au piment douce
2 cuil. à soupe de sauce de soja
1 gousse d'ail, hachée
2 cuil. à café de gingembre frais râpé
1 cuil. à soupe de xérès sec
500 g de filet de bœuf maigre, finement émincé perpendiculairement aux fibres
2 cuil. à soupe d'huile
2 oignons, coupés en quartiers
500 g de feuilles d'épinards, ciselées

**1** Mélanger la sauce au piment douce, la sauce de soja, l'ail, le gingembre et le xérès dans une grande jatte non métallique. Ajouter le bœuf, bien mélanger jusqu'à ce que les morceaux soient enrobés de la marinade. Couvrir de film alimentaire et mettre au moins 2 heures au réfrigérateur, une nuit si possible.

**2** Retirer la viande de la marinade à l'aide de baguettes ou d'une écumoire. Chauffer un wok à feu vif, ajouter 1 cuillerée à soupe d'huile et l'étaler soigneusement. Ajouter la viande en plusieurs fournées et faire revenir à feu vif 2 à 3 minutes, jusqu'à coloration, en ajoutant de l'huile au besoin. Retirer du wok.

**3** Réchauffer le wok à feu vif, ajouter une autre cuillerée à soupe d'huile et faire revenir les oignons 3 à 4 minutes, jusqu'à ce qu'ils soient tendres et légèrement colorés. Remettre la totalité de la viande dans le wok et mélanger.

**4** Au moment de servir, faire juste fondre les feuilles d'épinards en les mélangeant au bœuf dans le wok. Servir immédiatement avec du riz au jasmin cuit à la vapeur.

ÉPINARDS
Originaire d'Iran, l'épinard est une plante à feuilles vertes et à fine tige. On utilise les jeunes feuilles dans des salades, et les autres sont cuites. Les épinards contiennent du fer et des vitamines A et C, mais également de l'acide oxalique, responsable de leur légère amertume, et qui inhibe la capacité de l'organisme à absorber le calcium et le fer. La réputation des épinards comme source de force de « Popeye » en est quelque peu diminuée.

*Ci-dessus : Sauté de bœuf aux épinards*

*Ci-dessus : Bœuf à la coriandre*

## BŒUF À LA CORIANDRE

Préparation : 15 minutes
 + macération : 1 à 2 heures
Cuisson : 15 minutes
4 personnes

☆

4 gousses d'ail, finement hachées

1 cuil. à soupe de gingembre frais finement haché

25 g de racines, tiges et feuilles de coriandre fraîche, hachées

60 ml d'huile, un peu plus pour la cuisson

500 g de filet de bœuf maigre, finement émincé perpendiculairement aux fibres

2 oignons rouges, finement émincés

1/2 poivron rouge, finement émincé

1/2 poivron vert, finement émincé

1 cuil. à soupe de jus de citron vert

25 g de feuilles de coriandre fraîche, hachée

1 Mélanger l'ail, le gingembre, la coriandre et l'huile dans une grande jatte non métallique. Ajouter le bœuf, couvrir et mettre 1 à 2 heures au réfrigérateur.

2 Chauffer un wok à feu vif, ajouter la viande en trois fois et cuire chaque fournée à feu vif 2 à 3 minutes, juste pour saisir la viande. Retirer toute la viande du wok et réserver au chaud.

3 Chauffer 1 cuillerée à soupe d'huile dans le wok, ajouter les oignons et faire légèrement fondre 3 à 4 minutes sur feu moyen à vif. Ajouter les poivrons rouge et vert, et cuire, sans cesser de remuer, 3 à 4 minutes, jusqu'à ce que les poivrons aient ramolli.

4 Remettre toute la viande dans le wok avec le jus de citron vert et les feuilles de coriandre. Bien mélanger. Retirer du feu, saler et poivrer. Servir immédiatement.

## SAUTÉ DE BŒUF AUX SHIITAKE

Préparation : 25 minutes + trempage : 20 minutes
Cuisson : 15 minutes
4 personnes

☆

6 champignons shiitake séchés

huile, pour la cuisson

4 gousses d'ail, finement hachées

1 piment rouge frais, finement haché

400 g de filet de bœuf maigre, finement émincé perpendiculairement aux fibres

2 oignons, très finement émincés

4 oignons verts, hachés

1/2 poivron rouge, finement émincé

125 ml de coulis de tomates

2 cuil. à café de sucre roux
2 tomates, coupées en dés
2 cuil. à café d'huile de sésame
2 cuil. à soupe de basilic frais ciselé

**1** Tremper 20 minutes les champignons séchés dans un bol d'eau bouillante résistant à la chaleur. Presser pour en extraire l'eau. Jeter les pieds et émincer finement les chapeaux.
**2** Dans une grande jatte non métallique, mélanger 2 cuillerées à soupe d'huile avec l'ail, le piment, 1 pincée de sel et du poivre noir fraîchement moulu. Ajouter le bœuf et bien mélanger.
**3** Chauffer un wok à feu vif, ajouter le bœuf en deux fois et cuire chaque fournée 30 secondes, jusqu'à coloration. Réchauffer le wok entre chaque fournée. Retirer la viande du wok.
**4** Réchauffer le wok à feu vif, ajouter 2 cuillerées à soupe d'huile et faire revenir les oignons, les oignons verts et le poivron 3 minutes, jusqu'à coloration. Ajouter les champignons, le coulis de tomates et le sucre. Porter à ébullition, réduire la flamme et laisser mijoter 3 minutes. Ajouter le bœuf, les tomates et l'huile, saler et poivrer. Porter à ébullition pour chauffer les tomates. Incorporer le basilic frais ciselé. Servir immédiatement.

## BŒUF AU PIMENT ET AUX PRUNES

Préparation : 15 minutes
Cuisson : 15 minutes
4 personnes

☆

2 cuil. à soupe d'huile
600 g de filet de bœuf maigre, finement émincé perpendiculairement aux fibres
1 gros oignon rouge, coupé en quartiers
1 poivron rouge, finement émincé
1 cuil. à soupe $1/2$ de sauce au piment aillée
125 ml de sauce aux prunes
1 cuil. à soupe de sauce de soja claire
2 cuil. à café de vinaigre de riz
1 généreuse pincée de poivre blanc fraîchement moulu
4 oignons verts, émincés en biais

**1** Chauffer un wok à feu vif, ajouter 1 cuillerée à soupe d'huile et l'étaler soigneusement. Faire revenir le bœuf en deux fois, 2 à 3 minutes, jusqu'à coloration. La viande doit être juste saisie. Retirer du wok.
**2** Chauffer le reste d'huile dans le wok, ajouter l'oignon et cuire 1 minute avant d'ajouter le poivron rouge. Cuire encore 2 à 3 minutes, jusqu'à ce que les légumes soient juste tendres. Ajouter la sauce au piment aillée et mélanger 1 minute. Remettre la viande dans le wok et ajouter la sauce aux prunes, la sauce de soja, le vinaigre, le poivre blanc et presque tous les oignons verts, en réservant une petite quantité pour la garniture.
**3** Bien mélanger le tout 1 minute, jusqu'à ce que la viande soit réchauffée. Garnir de l'oignon vert restant. Servir avec du riz vapeur ou des nouilles.

*Ci-dessous : Bœuf au piment et aux prunes*

## BŒUF AUX POUSSES DE BAMBOU À LA VIETNAMIENNE

Préparation : 10 minutes
Cuisson : 10 minutes
4 personnes

☆

60 ml d'huile

400 g de filet de bœuf maigre, finement émincé perpendiculairement aux fibres

225 g de pousses de bambou émincées en boîte, égouttées et rincées

3 gousses d'ail, hachées avec 1/4 de cuil. à café de sel

2 cuil. à soupe de nuoc mam

8 oignons verts, coupés en morceaux de 4 cm

40 g de graines de sésame, légèrement grillées

1 Chauffer un wok à feu vif, ajouter 2 cuillerées à café d'huile et étaler soigneusement. Cuire le bœuf en deux fois en faisant revenir 1 minute, jusqu'à ce qu'il commence à rosir. Retirer du wok et réserver.
2 Ajouter 1 cuillerée supplémentaire d'huile dans le wok si nécessaire, et faire revenir les pousses de bambou 3 minutes, jusqu'à ce qu'elles commencent à dorer. Ajouter l'ail, le nuoc mam et 1/4 de cuillerée à café de sel et faire revenir 2 à 3 minutes. Ajouter les oignons verts et faire revenir 1 minute de plus, jusqu'à ce qu'ils commencent à fondre. Remettre le bœuf dans le wok, remuer rapidement et réchauffer 1 minute. Retirer du feu, incorporer les graines de sésame et servir immédiatement avec du riz.

*Ci-dessus : Bœuf aux pousses de bambou à la vietnamienne*

## SAUTÉ DE BŒUF BULGOGI À LA CORÉENNE

Préparation : 10 minutes
  + macération : 2 heures
Cuisson : 10 minutes
4 personnes

☆

2 gousses d'ail, hachées

2 cuil. à café de gingembre frais râpé

3 oignons verts, finement hachés

80 ml de sauce de soja japonaise

2 cuil. à café de sucre

1 cuil. à soupe 1/2 de graines de sésame grillées et moulues

huile de sésame, pour assaisonner

600 g de filet de bœuf maigre, finement émincé perpendiculairement aux fibres

1 à 2 cuil. à soupe d'huile d'arachide ou autre

1 oignon vert, finement émincé en biais

1 Pour la marinade, mélanger dans une jatte non métallique l'ail, le gingembre, les oignons verts, la sauce de soja, le sucre, 1 cuillerée à soupe de graines de sésame en poudre et un filet d'huile de sésame. Ajouter les lanières de bœuf, assaisonner de poivre noir fraîchement moulu. Couvrir de film alimentaire et laisser mariner au moins 2 heures au réfrigérateur, une nuit si possible.
2 Chauffer un wok à feu vif, ajouter l'huile et l'étaler soigneusement. Retirer le bœuf de la marinade à l'aide d'une écumoire ou de baguettes et l'ajouter dans le wok en trois fois. Faire revenir chaque fournée 2 à 3 minutes, jusqu'à ce que la viande soit bien saisie. Pour servir, parsemer du reste de graines de sésame en poudre, de l'oignon vert et verser un mince filet d'huile de sésame pour assaisonner.

## SAUTÉ DE BŒUF À LA LAITUE FEUILLE DE CHÊNE

Préparation : 10 minutes
  + macération : 1 heure
Cuisson : 10 minutes
4 personnes

☆

1 cuil. à soupe 1/2 de nuoc mam
1 cuil. à soupe 1/2 de sauce de soja claire
1 cuil. à café 1/2 de sucre en poudre
6 gousses d'ail, hachées
3 oignons verts, partie blanche seule, finement hachés
60 ml d'huile
750 g de filet de bœuf maigre, coupé en dés de 2 cm
2 cuil. à café de vinaigre de riz
2 cuil. à café de jus de citron vert
1 cuil. à café de sauce de soja claire, pour la sauce
100 g de laitue feuille de chêne verte, lavée, parée et séchée

1 Dans une grande jatte non métallique, mélanger le nuoc mam, la sauce de soja, le sucre, l'ail, les oignons verts, 1 cuillerée à café d'huile, 3/4 de cuillerée à café de poivre noir fraîchement moulu et 1/2 cuillerée à café de sel. Ajouter le bœuf. Couvrir de film alimentaire et laisser mariner au moins 1 heure au réfrigérateur, ou une nuit si possible.
2 Pour la sauce, mélanger le vinaigre de riz, le jus de citron vert, la sauce de soja, 3 cuillerées à soupe d'huile et 2 cuillerées à café d'eau dans un petit bol non métallique.
3 Disposer les feuilles de salade sur un plat de service. Napper de sauce.
4 Chauffer un wok à feu vif, ajouter 1 cuillerée à soupe d'huile et l'étaler soigneusement. Ajouter la moitié du bœuf en une seule couche. Cuire 1 minute sans remuer, afin qu'une croûte brune se forme au fond du wok. Poêler brièvement le bœuf, ou secouer vigoureusement le wok par le manche, pour que tout le bœuf soit au contact de la chaleur, pendant 3 minutes jusqu'à ce qu'il soit cuit à point. Retirer le bœuf du wok et réserver au chaud. Recommencer avec le reste d'huile et de bœuf.
5 Disposer le bœuf sur les feuilles de salade et servir immédiatement avec du riz vapeur.

OIGNONS VERTS
Également appelés ciboules. Certains oignons verts sont des oignons qui ne sont pas arrivés à maturité, récoltés jeunes. D'autres sont une espèce qui ne forme jamais de bulbe. L'oignon vert est l'un des ingrédients les plus utilisés dans la cuisine chinoise, et ce depuis plusieurs siècles.

*Ci-contre : Sauté de bœuf à la laitue feuille de chêne*

## BŒUF GRÉSILLANT CHINOIS

Il s'agit là d'une vieille spécialité des restaurants chinois. On le sert généralement sur un plat en fonte chauffé, ce qui produit le « grésillement » qui lui donne son nom. Ces plats en fonte s'achètent dans les magasins spécialisés asiatiques. Pour l'utiliser, mettre 10 minutes dans un four préchauffé à 250 °C (th. 8) le plat en fonte (sans son support en bois). Le sortir du four et le poser sur son support en bois. Faites bien attention lorsque vous transvasez les aliments du wok au plat, ils grésillent et provoquent des éclaboussures.

*Page ci-contre, de haut en bas : Sauté de bœuf grésillant à la chinoise ; Lanières de bœuf épicées poêlées à sec*

## SAUTÉ DE BŒUF GRÉSILLANT À LA CHINOISE

Préparation : 15 minutes + macération : 1 heure
Cuisson : 15 minutes
4 à 6 personnes

☆☆

- 1 cuil. à soupe de sauce de soja claire
- 1 cuil. à soupe d'alcool de riz
- 1 cuil. à soupe 1/2 d'huile d'arachide
- 750 g de filet de bœuf maigre, finement émincé perpendiculairement aux fibres
- 1 gros oignon, coupé en quartiers
- 4 oignons verts, coupés en morceaux de 3 cm
- 1 poivron vert, coupé en petits dés
- 3 gousses d'ail, hachées
- 1 cuil. à soupe de gingembre frais coupé en julienne
- 1 cuil. à soupe 1/2 de graines de sésame légèrement grillées

### SAUCE
- 2 cuil. à soupe de sauce hoisin
- 2 cuil. à soupe de sauce tomate
- 2 cuil. à soupe de sauce de soja claire
- 2 cuil. à soupe d'alcool de riz
- 2 cuil. à café d'huile de sésame

**1** Dans une jatte non métallique, mélanger la sauce de soja, l'alcool de riz, 2 cuillerées à café d'huile d'arachide et 1/4 de cuillerée à café de poivre noir fraîchement moulu. Ajouter le bœuf, mélanger. Couvrir de film alimentaire et laisser mariner au moins 1 heure au réfrigérateur.
**2** Pour la sauce du sauté, mélanger tous les ingrédients dans un petit bol.
**3** Chauffer un wok à feu vif, ajouter le reste d'huile et l'étaler soigneusement. Faire revenir le bœuf en deux fois, 2 à 3 minutes, jusqu'à coloration. Retirer du wok.
**4** Ajouter les oignons dans le wok et faire revenir 2 à 3 minutes, jusqu'à coloration. Ajouter le poivron vert et cuire 1 minute. Ajouter l'ail et le gingembre et faire revenir encore 30 secondes. Remettre le bœuf dans le wok, verser la sauce, cuire sans cesser de remuer 2 minutes, jusqu'à ce que la sauce réduise légèrement et nappe le bœuf et les légumes. Transférer dans un saladier, parsemer de graines de sésame et servir.

## LANIÈRES DE BŒUF ÉPICÉES POÊLÉES À SEC

Préparation : 15 minutes + macération : 2 heures
Cuisson : 10 minutes
4 personnes

☆☆

- 1 cuil. à soupe de sauce de soja claire
- 1/2 cuil. à café d'huile de sésame
- 1 cuil. à soupe d'alcool de riz
- 400 g de filet de bœuf maigre, finement émincé perpendiculairement aux fibres, puis effilé
- 2 à 3 cuil. à soupe d'huile d'arachide
- 2 gousses d'ail, finement hachées
- 1 cuil. à café de gingembre frais râpé
- 3 oignons verts, finement hachés

### SAUCE
- 1 cuil. à soupe 1/2 de sauce aux haricots brune
- 1 cuil. à soupe de pâte de soja pimentée
- 1/2 cuil. à café de sucre en poudre
- 1/2 cuil. à café d'huile pimentée
- 1/4 de cuil. à café de gros sel

**1** Mélanger la sauce de soja, l'huile de sésame, 2 cuillerées à café d'alcool de riz et 1/2 cuillerée à café de sel dans une grande jatte non métallique. Ajouter le bœuf. Couvrir de film alimentaire et laisser mariner au moins 2 heures au réfrigérateur.
**2** Pour la sauce du sauté, mélanger tous les ingrédients dans un petit bol ou dans un bocal non métallique.
**3** Chauffer un wok à feu vif, ajouter 1 cuillerée à soupe d'huile d'arachide et l'étaler soigneusement. Ajouter le bœuf en deux fois. Défaire les morceaux avec les mains à mesure que vous ajoutez le bœuf dans le wok. Faire revenir chaque fournée 1 minute, jusqu'à coloration. Retirer. Disposer sur du papier absorbant froissé et extraire tout jus de la viande.
**4** Nettoyer et sécher le wok. Le réchauffer à feu vif, ajouter le reste d'huile et l'étaler soigneusement. Ajouter l'ail et le gingembre et faire revenir 30 secondes. Remettre le bœuf dans le wok et cuire 2 minutes, jusqu'à ce qu'il soit bien sec. Ajouter le reste d'alcool de riz et faire revenir 30 secondes, jusqu'à absorption totale de l'alcool. Ajouter la sauce aux haricots et mélanger jusqu'à ce que le bœuf en soit bien enduit. Retirer du feu, ajouter les oignons verts et servir.

SAUTÉS

121

## SAUTÉ DE BŒUF AUX HARICOTS KILOMÈTRE ET AU BASILIC

Préparation : 10 minutes + macération : 2 heures
Cuisson : 10 minutes
4 personnes

☆

3 piments oiseaux frais, épépinés et finement hachés
3 gousses d'ail, hachées
2 cuil. à soupe de nuoc mam
1 cuil. à café de sucre de palme râpé
2 cuil. à soupe d'huile d'arachide
400 g de filet de bœuf maigre, finement émincé perpendiculairement aux fibres
150 g de haricots kilomètre, coupés en tronçons de 3 cm
30 g de basilic thaïlandais frais
piment oiseau frais, finement émincé, pour garnir

1 Dans une grande jatte non métallique, mélanger les piments, l'ail, le nuoc mam, le sucre de palme et 1 cuillerée à soupe d'huile. Ajouter le bœuf, bien mélanger. Couvrir de film alimentaire et laisser mariner 2 heures au réfrigérateur.
2 Chauffer un wok, ajouter 2 cuillerées à café d'huile et l'étaler soigneusement. Faire revenir à feu vif le bœuf en deux fois, 2 à 3 minutes, jusqu'à ce qu'il commence à prendre couleur. Retirer du wok et réserver.
3 Chauffer le reste d'huile dans le wok. Ajouter les haricots et 60 ml d'eau et cuire 3 à 4 minutes, à feu vif en remuant régulièrement jusqu'à ce qu'ils soient tendres. Remettre le bœuf dans le wok avec le basilic. Réchauffer 1 à 2 minutes. Garnir de piment et servir.

## SAUTÉ DE BŒUF ET DE PÂTE DE SOJA PIMENTÉE

Préparation : 20 minutes
Cuisson : 15 minutes
4 à 6 personnes

☆

2 cuil. à soupe de sauce de soja claire
1 cuil. à soupe d'alcool de riz
1 cuil. à soupe de sauce d'huître
1 cuil. à soupe de pâte de soja pimentée
2 cuil. à café de sauce aux haricots brune
1 à 2 cuil. à soupe d'huile d'arachide
600 g de filet de bœuf maigre, finement émincé perpendiculairement aux fibres
1 oignon, coupé en quartiers fins
2 gousses d'ail, hachées
1 piment rouge frais
120 g de haricots verts, équeutés et coupés en deux s'ils sont longs

*Ci-contre : Sauté de bœuf aux haricots kilomètre et au basilic*

SAUTÉS

1 Pour faire la sauce, mélanger dans un bol non métallique la sauce de soja, l'alcool de riz, la sauce d'huître, la pâte de soja pimentée et la sauce aux haricots brune. Réserver.
2 Chauffer à feu vif un wok avec couvercle, ajouter 1 cuillerée à soupe d'huile et l'étaler soigneusement. Faire revenir le bœuf à feu vif, en plusieurs fois, 2 minutes, jusqu'à coloration. Retirer du wok.
3 Réchauffer le wok, ajouter l'oignon et faire revenir 3 à 5 minutes, jusqu'à coloration. Ajouter l'ail et le piment et cuire 1 minute. Incorporer les haricots, verser la sauce, couvrir et cuire 3 minutes.
4 Enlever le couvercle, remettre le bœuf dans le wok et faire cuire 1 à 2 minutes, pour bien napper et réchauffer les ingrédients. Servir avec du riz vapeur.

## SAUTÉ DE BŒUF AU GINGEMBRE

Préparation : 20 minutes + macération : 15 minutes
Cuisson : 15 minutes
4 personnes

☆

1 gousse d'ail, hachée
1 cuil. à café de gingembre frais râpé
60 ml de kecap manis
60 ml d'alcool de riz
1 cuil. à café de sucre
1 pincée de poudre de cinq-épices
500 g de filet de bœuf maigre, finement émincé perpendiculairement aux fibres
1 cuil. à café de maïzena
60 ml d'huile d'arachide
1 oignon rouge, coupé en quartiers fins
1 cuil. à soupe de gingembre frais coupé en julienne
400 g de gai lon (brocolis chinois), coupé en tronçons de 6 cm

1 Dans une grande jatte non métallique, mélanger l'ail, le gingembre râpé, le kecap manis, l'alcool de riz, le sucre et la poudre de cinq-épices. Ajouter le bœuf et mélanger. Couvrir de film alimentaire et laisser mariner au moins 15 minutes au réfrigérateur.
2 Mélanger la maïzena avec 1 cuillerée à soupe d'eau jusqu'à obtention d'une pâte.
3 Chauffer un wok à feu vif, ajouter 1 cuillerée à soupe d'huile et l'étaler soigneusement. Retirer la moitié de la viande de la marinade à l'aide d'une écumoire, ajouter dans le wok et faire revenir 2 à 3 minutes, jusqu'à ce que la viande soit dorée et juste cuite. Retirer du wok. Recommencer en ajoutant de l'huile et le reste de viande. Réserver la marinade.
4 Ajouter le reste d'huile dans le wok, faire fondre l'oignon 2 à 3 minutes, ajouter le gingembre coupé en julienne et cuire 1 minute. Incorporer le gai lon et cuire 2 à 3 minutes, jusqu'à ce qu'il soit tendre.
5 Remettre le bœuf dans le wok, avec la marinade réservée et le jus de viande. Ajouter la pâte de maïzena et bien mélanger. Poursuivre la cuisson 1 à 2 minutes, jusqu'à ce que la sauce épaississe légèrement et que la viande soit chaude. Servir avec du riz vapeur ou des nouilles.

*Ci-dessus : Sauté de bœuf au gingembre*

## SATAY ET ÉVENTAIRES DE MARCHÉ

Les satay désignent de petites brochettes de morceaux de bœuf, de porc ou de poulet marinés dans du lait de coco et des épices, rapidement grillées au charbon de bois et servies avec une sauce épicée aux cacahuètes. Les satay sont l'une des spécialités des vendeurs ambulants qui s'installent près des marchés et des restaurants populaires et cherchent à attirer les passants. Il arrive que des serveurs leur passent commande pour les clients du restaurant et incluent les satay préparés par les vendeurs ambulants dans la facture du restaurant. En Malaisie, en Thaïlande et en Indonésie, toute une sous-culture culinaire gravite autour des vendeurs ambulants. Dans ces pays, certains touristes pensent que les produits vendus par ces vendeurs ambulants sont de moins bonne qualité que ceux des restaurants. Mais souvent, c'est le contraire et d'importantes foules se pressent autour des lieux les plus populaires.

*Ci-dessus : Agneau au satay*

## AGNEAU AU SATAY

Préparation : 10 minutes
Cuisson : 15 minutes
4 personnes

☆

60 ml d'huile d'arachide
750 g de filet d'agneau, finement émincé perpendiculairement aux fibres
2 cuil. à café de cumin en poudre
1 cuil. à café de curcuma en poudre
1 poivron rouge, émincé
60 ml de sauce au piment douce
60 g de beurre de cacahuète avec des éclats de cacahuètes
250 ml de lait de coco
2 cuil. à café de sucre roux
1 à 2 cuil. à soupe de jus de citron
4 cuil. à soupe de feuilles de coriandre fraîche hachées
40 g de cacahuètes non salées grillées, hachées, en garniture

1 Chauffer un wok à feu vif, ajouter 1 cuillerée à soupe d'huile et l'étaler soigneusement. Ajouter la moitié de l'agneau et faire dorer 3 minutes. Retirer. Recommencer avec le reste d'agneau.
2 Réchauffer le wok, ajouter le reste d'huile et le cumin, le curcuma et le poivron, et faire revenir 2 minutes, jusqu'à ce que le poivron soit tendre.
3 Remettre l'agneau dans le wok. Incorporer la sauce au piment, le beurre de cacahuètes, le lait de coco et le sucre. Porter à ébullition, réduire la flamme et laisser mijoter 5 minutes, jusqu'à ce que la viande soit tendre et que la sauce ait légèrement épaissi. Retirer du feu et ajouter le jus de citron. Incorporer la coriandre et parsemer de cacahuètes. Servir.

## AGNEAU EN FEUILLES DE LAITUE

Préparation : 15 minutes
 + macération : 10 minutes
Cuisson : 10 minutes
4 personnes

☆

2 cuil. à café de sauce de soja claire
2 cuil. à café d'alcool de riz
300 g d'agneau maigre, haché
8 petites feuilles de laitue romaine
2 cuil. à soupe d'huile
2 gousses d'ail, hachées
2 échalotes rouges d'Asie, finement hachées
1 piment oiseau frais, finement haché
120 g de châtaignes d'eau, coupées en petits dés
5 mini-épis de maïs frais, coupés en dés fins
1 cuil. à soupe de sauce d'huître

SAUTÉS

1 cuil. à soupe de kecap manis
2 à 3 cuil. à soupe de bouillon de volaille
1 pincée de poivre blanc
90 g de germes de soja, équeutés
2 cuil. à soupe de menthe fraîche finement ciselée
1 cuil. à soupe de coriandre fraîche hachée
échalotes frites croustillantes, en garniture

**1** Mélanger la sauce de soja claire et 1 cuillerée à café d'alcool de riz dans une grande jatte non métallique. Ajouter l'agneau, mélanger et laisser mariner au moins 10 minutes.
**2** Entre-temps, laver et sécher les feuilles de romaines. Les disposer sur un plat de service.
**3** Chauffer un wok à feu vif, ajouter 1 cuillerée à soupe d'huile et l'étaler soigneusement. Une fois l'huile très chaude, ajouter l'ail, les échalotes et le piment et faire revenir 30 secondes. Ajouter les châtaignes d'eau et le maïs et faire sauter 1 minute. Retirer du wok.
**4** Nettoyer et sécher le wok. Le réchauffer à feu vif, ajouter le reste d'huile et l'étaler soigneusement. Lorsque l'huile fume, ajouter l'agneau, mélanger vivement pour dissocier les morceaux et faire revenir 4 à 5 minutes, jusqu'à ce qu'il soit bien cuit. Ajouter la sauce d'huîtres, le kecap manis, le bouillon et le reste d'alcool de riz. Poivrer et bien mélanger. Remettre la préparation aux châtaignes dans le wok avec les germes de soja et bien mélanger. Retirer du feu et ajouter la menthe.
**5** Verser des parts égales de la préparation à l'agneau sur chaque feuille de romaine, garnir de coriandre et d'échalotes frites. Servir.

## SAUTÉ D'AGNEAU À LA MENTHE

Préparation : 10 minutes
Cuisson : 15 minutes
4 personnes

☆

60 ml de jus de citron vert
2 cuil. à soupe de sauce au piment douce
2 cuil. à soupe de nuoc mam
2 cuil. à soupe d'huile
750 g de filet d'agneau, finement émincé perpendiculairement aux fibres
2 gousses d'ail, finement hachées
1 petit oignon rouge, coupé en quartiers
1 piment oiseau frais, finement haché
10 g de menthe fraîche

**1** Pour faire la sauce, mélanger le jus de citron vert, la sauce au piment et le nuoc mam dans un bol non métallique.
**2** Chauffer un wok à feu vif, ajouter 1 cuillerée à soupe d'huile et l'étaler soigneusement. Ajouter l'agneau en plusieurs fois et cuire 2 minutes jusqu'à coloration. Retirer du wok.
**3** Chauffer le reste d'huile dans le wok. Ajouter l'ail et l'oignon et faire revenir 1 minute, puis ajouter le piment et cuire 30 secondes. Remettre l'agneau dans le wok, verser la sauce et cuire 2 minutes à feu vif. Incorporer la menthe et servir avec du riz au jasmin cuit à la vapeur.

*Ci-contre : Sauté d'agneau à la menthe*

## SALADE D'AGNEAU CHAUDE

Préparation : 15 minutes + réfrigération : 3 heures
Cuisson : 15 minutes
4 à 6 personnes

☆☆

2 cuil. à soupe de pâte de curry rouge thaïlandaise (*voir* page 56)
3 cuil. à soupe de coriandre fraîche hachée
1 cuil. à soupe de gingembre frais, finement râpé
3 à 4 cuil. à soupe d'huile d'arachide
750 g de filet d'agneau, émincé perpendiculairement aux fibres
200 g de pois mangetout
600 g de nouilles de riz fraîches épaisses
1 poivron rouge, finement émincé
1 concombre, finement émincé
6 oignons verts, finement émincés

### SAUCE À LA MENTHE

1 cuil. à soupe 1/2 d'huile d'arachide
60 ml de jus de citron vert
2 cuil. à soupe de sucre roux
3 cuil. à café de nuoc mam
3 cuil. à café de sauce de soja
4 cuil. à soupe de menthe fraîche hachée
1 gousse d'ail, hachée

**1** Mélanger la pâte de curry, la coriandre, le gingembre et 2 cuillerées à soupe d'huile dans une jatte non métallique. Ajouter l'agneau et mélanger pour bien l'enrober. Couvrir de film alimentaire et laisser mariner 2 à 3 heures au réfrigérateur.
**2** Cuire les pois mangetout à la vapeur ou à l'eau. Lorsqu'ils sont tendres, les rafraîchir sous l'eau froide. Égoutter.
**3** Couvrir les nouilles d'eau bouillante. Égoutter immédiatement et, avec les doigts, dissocier délicatement les nouilles.
**4** Pour faire la sauce à la menthe, mettre tous les ingrédients dans un récipient muni d'un couvercle et agiter vigoureusement pour bien mélanger.
**5** Chauffer un wok à feu vif, ajouter 1 cuillerée à soupe d'huile et l'étaler soigneusement. Ajouter la moitié de l'agneau et faire sauter 5 minutes, jusqu'à ce qu'il soit tendre. Répéter l'opération, en ajoutant de l'huile si nécessaire.
**6** Disposer l'agneau, les pois mangetout, les nouilles, le poivron, le concombre et les oignons verts dans un grand plat, napper de sauce et mélanger.

*Ci-dessous : Salade d'agneau chaude*

## SAUTÉ D'AGNEAU AUX POIREAUX

Préparation : 10 minutes + macération : 1 heure
Cuisson : 10 minutes
4 personnes

☆

2 gousses d'ail, hachées
2 cuil. à café 1/2 de sauce de soja épaisse
2 cuil. à café d'alcool de riz
2 cuil. à café d'huile de sésame
1 cuil. à café 1/2 de vinaigre de riz
1 cuil. à café 1/2 de maïzena
1 cuil. à café 1/2 de sucre
350 g de filet d'agneau, émincé perpendiculairement aux fibres
4 petits poireaux jeunes
60 ml d'huile d'arachide
1 cuil. à soupe de gingembre frais finement haché
1 cuil. à soupe d'alcool de riz

SAUTÉS

1 Mélanger l'ail, la sauce de soja, l'alcool de riz, l'huile de sésame, le vinaigre de riz, la maïzena, le sucre et 1/4 de cuillerée à café de sel dans une grande jatte non métallique. Ajouter l'agneau et mélanger. Couvrir de film alimentaire et laisser mariner au moins 1 heure au réfrigérateur.
2 Couper les poireaux en deux dans la longueur, puis en tronçons de 2 cm. Les laver, en veillant à ne pas trop les abîmer. Bien égoutter.
3 Chauffer un wok à feu vif, ajouter 1 cuillerée à soupe 1/2 d'huile d'arachide et l'étaler soigneusement. Ajouter les poireaux et 1/4 de cuillerée à café de sel. Faire revenir 1 à 2 minutes, jusqu'à ce que les poireaux soient tendres mais croquants. Les retirer du wok. Nettoyer le récipient à l'aide de papier absorbant.
4 Chauffer le reste d'huile dans le wok à feu vif, ajouter le gingembre et cuire 30 secondes. Ajouter l'agneau et la marinade, en les étalant en couche fine et cuire sans remuer, 1 minute. Remuer l'agneau et cuire 30 secondes. Verser dans le wok l'alcool de riz et ajouter les poireaux. Remuer jusqu'à ce que les ingrédients soient bien chauds. Servir immédiatement avec des nouilles ou du riz.

## AGNEAU AUX NOUILLES ET À LA SAUCE AIGRE

Préparation : 25 minutes
Cuisson : 15 minutes
4 à 6 personnes

☆

450 g de nouilles hokkien
125 ml de bouillon de volaille
15 g de sucre de palme, râpé
1 cuil. à soupe de jus de citron vert
2 cuil. à soupe d'huile
375 g de filet d'agneau, émincé perpendiculairement aux fibres
75 g d'échalotes rouges d'Asie, émincées
3 gousses d'ail, hachées
2 cuil. à café de gingembre frais finement haché
1 petit piment rouge frais, égrainé et finement haché
1 cuil. à soupe 1/2 de pâte de curry rouge thaïlandaise (*voir* page 56)
125 g de pois mangetout, coupés en deux en biais
1 petite carotte, coupée en julienne
petites feuilles de basilic entières, en garniture

1 Couvrir les nouilles d'eau bouillante et laisser tremper 1 minute. Bien égoutter.
2 Pour faire la sauce, mélanger le bouillon, le sucre de palme et le jus de citron vert dans un bol ou bocal et mélanger jusqu'à dissolution du sucre. Réserver.
3 Chauffer un wok à feu vif, ajouter 1 cuillerée à soupe d'huile et l'étaler soigneusement. Faire revenir l'agneau en plusieurs fois 2 à 3 minutes à feu vif, jusqu'à coloration. Retirer du wok.
4 Chauffer le reste d'huile dans le wok, ajouter les échalotes, l'ail, le gingembre et le piment et cuire 1 à 2 minutes. Incorporer la pâte de curry et cuire 1 minute. Ajouter les pois mangetout et la carotte avant de remettre l'agneau dans le wok. Cuire 1 à 2 minutes, en remuant fréquemment, jusqu'à obtention d'un mélange homogène.
5 Verser la sauce, mélanger et cuire 2 à 3 minutes. Ajouter les nouilles et cuire 1 minute jusqu'à ce qu'elles soient chaudes. Répartir dans des bols de service et garnir de basilic.

*Ci-dessus : Agneau aux nouilles et à la sauce aigre*

*Ci-dessus : Vermicelle transparent à l'agneau et aux cacahuètes*

## VERMICELLE TRANSPARENT À L'AGNEAU ET AUX CACAHUÈTES

Préparation : 20 minutes + trempage : 20 minutes + macération : 1 heure
Cuisson : 15 minutes
4 personnes

☆

6 champignons shiitake séchés
100 g de vermicelle transparent
60 ml de sauce de soja
2 cuil. à café de sucre
1 cuil. à soupe 1/2 d'huile de sésame
5 gousses d'ail, finement hachées
300 g de filet d'agneau, éminçé perpendiculaire aux fibres
60 ml d'huile d'arachide
2 petits piments rouges frais, finement hachés
1 grosse carotte, coupée en julienne
2 petites courgettes, coupées en julienne
175 g de petites feuilles d'épinard
5 oignons verts, finement émincés en biais
50 g de cacahuètes non salées, hachées
3 cuil. à soupe de coriandre fraîche hachée
poivre blanc, fraîchement moulu

**1** Tremper 20 minutes les champignons dans l'eau bouillante, jusqu'à ce qu'ils ramollissent. Les presser pour en extraire le jus. Jeter les pieds et émincer finement les chapeaux. Pendant que les champignons trempent, faire ramollir 3 à 4 minutes le vermicelle dans de l'eau bouillante. Égoutter puis le découper en tronçons de 8 cm à l'aide de ciseaux de cuisine.
**2** Dans une jatte non métallique, mélanger la sauce de soja, le sucre, 1 cuillerée à soupe d'huile de sésame et la moitié de l'ail. Ajouter l'agneau et bien mélanger. Couvrir et laisser mariner 1 heure au réfrigérateur.
**3** Chauffer un wok à feu vif, ajouter 1 cuillerée à soupe d'huile d'arachide et 1 cuillerée à café d'huile de sésame et l'étaler soigneusement. Poêler l'agneau en deux fois (en ajoutant 1 cuillerée à café d'huile de sésame et 1 cuillerée à soupe d'huile d'arachide entre chaque fournée) pendant environ 2 minutes, jusqu'à coloration. Retirer du wok.
**4** Nettoyer et sécher le wok avant de le remettre à feu vif. Ajouter le reste d'huile d'arachide et l'étaler soigneusement. Faire revenir 30 secondes les piments et le reste d'ail. Ajouter la carotte et les courgettes et faire revenir 2 minutes. Ajouter les épinards, les oignons verts et les champignons et faire revenir 1 minute. Remettre l'agneau et son jus dans le wok et faire revenir 1 à 2 minutes. Ajouter le vermicelle avec la moitié des cacahuètes écrasées et de la coriandre, assaisonner de poivre blanc et bien mélanger. Garnir du reste de cacahuètes et de coriandre fraîche.

## SAUTÉ D'AGNEAU À LA SAUCE D'HUÎTRE

Préparation : 10 minutes
Cuisson : 10 minutes
4 personnes

☆

1 cuil. à soupe d'huile
750 g de filet d'agneau, éminçé perpendiculairement aux fibres
4 gousses d'ail, finement hachées
2 petits piments rouges frais, finement émincés
80 ml de sauce d'huître
2 cuil. à soupe 1/2 de nuoc mam
1 cuil. à café 1/2 de sucre

## SAUTÉS

25 g de menthe fraîche, hachée
3 cuil. à soupe de feuilles de menthe fraîche entières

**1** Chauffer un wok à feu vif, ajouter l'huile et l'étaler soigneusement. Ajouter l'agneau et l'ail en plusieurs fois et cuire 1 à 2 minutes, jusqu'à ce que l'agneau soit pratiquement cuit. Remettre tout l'agneau dans le wok. Incorporer les piments, la sauce d'huître, le nuoc mam, le sucre et les feuilles de menthe hachées et cuire 1 à 2 minutes.
**2** Retirer du feu. Incorporer les feuilles de menthe entières et servir immédiatement avec du riz.

## AGNEAU AUX OIGNONS VERTS

Préparation : 10 minutes + macération : 10 minutes
Cuisson : 10 minutes
4 personnes

☆

1 cuil. à soupe d'alcool de riz
60 ml de sauce de soja
1/2 cuil. à café de poivre blanc
600 g de filet d'agneau maigre, émincé perpendiculairement des fibres
1 cuil. à soupe de vinaigre noir chinois
1 cuil. à café d'huile de sésame
2 cuil. à soupe d'huile
750 g de pak-choi, coupé en lanières de 10 cm
3 gousses d'ail, hachées
6 oignons verts, coupés en tronçons de 10 cm

**1** Mélanger l'alcool de riz, 1 cuillerée à soupe de sauce de soja, le poivre blanc et 1/2 cuillerée à café de sel dans une grande jatte non métallique. Ajouter l'agneau et mélanger. Couvrir de film alimentaire et laisser mariner au moins 10 minutes au réfrigérateur.
**2** Pour faire la sauce, mélanger le vinaigre noir, l'huile de sésame et 1 cuillerée à soupe de sauce soja dans un bol non métallique. Réserver.
**3** Chauffer un wok à feu vif, ajouter 2 cuillerées à café d'huile et l'étaler soigneusement. Ajouter le pak-choi, mélanger délicatement et ajouter 1 gousse d'ail écrasée et le reste de la sauce de soja. Cuire 3 minutes. Le chou doit rester croquant. Retirer les légumes du wok et réserver au chaud.
**4** Laver et sécher le wok à l'aide de papier absorbant, puis remettre à chauffer à feu vif. Ajouter 1 cuillerée à soupe d'huile et l'étaler soigneusement. Ajouter l'agneau en deux fois et faire revenir 1 à 2 minutes à feu vif, jusqu'à coloration. Retirer du wok.
**5** Ajouter une petite quantité d'huile dans le wok si nécessaire. Ajouter les oignons verts et l'ail restant et faire revenir 1 à 2 minutes. Ajouter la sauce et mélanger 1 minute. Remettre l'agneau dans le wok, poursuivre la cuisson 1 minute jusqu'à ce que les ingrédients soient bien mélangés et chauds. Servir immédiatement avec les légumes verts.

L'AGNEAU EN CHINE
Contrairement aux vaches et aux porcs qui sont natifs de Chine, l'agneau a été introduit au cours des invasions mongoles. Dans le Nord de la Chine, l'agneau est en grande partie la viande de la survie. Il apparaît donc dans de très nombreuses spécialités régionales. Beijing est considérée comme la capitale de l'agneau en Chine. Toutes les rues de la ville embaument de l'odeur particulière d'un agneau en train de cuire. En revanche, dans le sud, l'agneau est très rare et l'on dit que les Cantonais, qui n'apprécient guère le goût ou l'odeur de l'agneau, sont capables de repérer les « mangeurs d'agneau » à leur odeur.

*Ci-contre : Agneau aux oignons verts*

## AGNEAU À L'AIL, AUX CHAMPIGNONS ET AUX NOUILLES

Préparation : 30 minutes
Cuisson : 20 minutes
4 personnes

☆☆

8 échalotes rouges d'Asie, finement émincées
4 gousses d'ail, finement hachées
1 cuil. à soupe 1/2 d'huile, un peu plus pour cuire
1 cuil. à café de sucre roux
1 cuil. à café de poivre noir fraîchement moulu
350 g de filet d'agneau, émincé perpendiculairement aux fibres
300 g de nouilles aux œufs fraîches
200 g de champignons de Paris, émincés
150 g de petites pleurotes
2 cuil. à soupe de sauce teriyaki
75 g de ciboulette chinoise, grossièrement hachée

1 Dans une grande jatte non métallique, mélanger les échalotes, l'ail, l'huile, le sucre, 1 cuillerée à café de sel et le poivre noir. Ajouter l'agneau et mélanger pour bien l'enrober des condiments.
2 Cuire les nouilles 1 minute dans l'eau bouillante, jusqu'à ce qu'elles se dissocient. Égoutter et rincer.
3 Chauffer un wok à feu vif, ajouter 1 cuillerée à soupe d'huile et l'étaler soigneusement. Cuire l'agneau en trois fois, sans cesser de remuer jusqu'à coloration. La viande doit être saisie. Réchauffer le wok entre chaque fournée, en ajoutant de l'huile si nécessaire. Retirer la viande du wok.
4 Mettre les champignons de Paris dans le wok avec 2 cuillerées à café d'eau. Cuire 1 minute. Ajouter les pleurotes et la sauce teriyaki, mélanger. Couvrir et laisser cuire 10 secondes à la vapeur.
5 Remettre dans le wok la totalité de l'agneau avec son jus, ainsi que les nouilles et la ciboulette. Bien mélanger pour chauffer tous les ingrédients. Servir immédiatement.

*Ci-dessous : Agneau à l'ail, aux champignons et aux nouilles*

## AGNEAU AU SOJA PIMENTÉ

Préparation : 15 minutes + macération : 30 minutes
Cuisson : 15 minutes
4 personnes

☆☆

2 gousses d'ail, hachées
2 cuil. à café de gingembre frais finement râpé
2 cuil. à soupe de pâte de soja pimentée
600 g de filet d'agneau, émincé perpendiculairement aux fibres
80 ml de bouillon de volaille
1 cuil. à soupe de sauce de soja
1 cuil. à café de sucre
1 cuil. à café de maïzena
40 g de cacahuètes non salées et non grillées
3 cuil. à café d'huile
1 petit oignon, finement émincé
3 oignons verts, finement émincés en biais

1 Mélanger l'ail, le gingembre et la pâte de soja pimentée dans une grande jatte non métallique. Ajouter l'agneau et mélanger. Couvrir de film alimentaire et laisser mariner 30 minutes au réfrigérateur.
2 Pour faire la sauce, mélanger le bouillon, la sauce de soja, le sucre et la maïzena dans un bol non métallique. Réserver.
3 Dans un mortier, concasser les cacahuètes. Chauffer une petite poêle à feu moyen. Ajouter 1 cuillerée à café d'huile et faire dorer les cacahuètes. Égoutter sur du papier absorbant froissé.

SAUTÉS

**4** Chauffer un wok à feu vif, ajouter 1 cuillerée à café d'huile et l'étaler soigneusement. Faire revenir l'agneau en plusieurs fois, 3 minutes, jusqu'à coloration. Retirer du wok et réserver. Ajouter le reste d'huile et faire revenir l'oignon 2 minutes. Remettre l'agneau dans le wok. Verser la sauce et ajouter les oignons verts. Mélanger 3 minutes, jusqu'à ce que la sauce ait bouilli et soit suffisamment épaisse pour napper l'agneau. Saler, poivrer et servir immédiatement parsemé de cacahuètes pilées.

## SAUTÉ D'AGNEAU ET D'AUBERGINES AUX ÉPICES

Préparation : 15 minutes
Cuisson : 20 minutes
4 personnes

☆

2 cuil. à soupe d'huile
1 oignon, finement haché
500 g d'aubergines, épluchées et coupées en julienne
600 g de filet d'agneau, finement émincé perpendiculairement aux fibres
2 gousses d'ail, finement hachées
1 petit piment rouge, épépiné et finement haché
1 cuil. à soupe de cumin en poudre
1 cuil. à soupe de coriandre en poudre
2 cuil. à café de curcuma en poudre
1 cuil. à café de cannelle en poudre
250 ml de crème de coco
1 cuil. à soupe de menthe fraîche hachée
2 cuil. à soupe de persil frais haché
quartiers de citron, pour servir

**1** Chauffer un wok à feu vif, ajouter 2 cuillerées à café d'huile et l'étaler soigneusement. Faire fondre l'oignon jusqu'à ce qu'il soit doré. Retirer du wok.
**2** Chauffer 1 cuillerée à soupe d'huile dans le wok et cuire l'aubergine en deux fois à feu vif, jusqu'à ce qu'elle soit dorée et cuite. Égoutter sur du papier absorbant froissé.
**3** Réchauffer le wok et ajouter 2 cuillerées à café d'huile. Faire revenir l'agneau à feu vif en deux fois, 2 minutes environ, jusqu'à qu'il soit doré et juste cuit.
**4** Remettre la totalité de l'agneau dans le wok avec l'oignon et l'aubergine. Ajouter l'ail, le piment et les épices et faire revenir 1 minute. Incorporer la crème de coco et porter à ébullition.
**5** Incorporer la menthe et le persil, ajouter du sel et du poivre noir. Servir accompagné de quartiers de citron.

AUBERGINE
Membre de la famille des solanacées, l'aubergine est apparentée aux tomates et aux pommes de terre. Bien que considérée comme un légume, l'aubergine est en général classée avec les fruits. Lorsque vous achetez des aubergines, choisissez des légumes à peau lisse, fermes et plus lourds qu'ils ne le paraissent.

*Ci-dessus : Sauté d'agneau et d'aubergines aux épices*

*Ci-dessus : Agneau à la mongolienne*

## AGNEAU À LA MONGOLIENNE

Préparation : 25 minutes
 + réfrigération : 12 heures
Cuisson : 15 minutes
4 à 6 personnes

☆☆

2 gousses d'ail, hachées

2 cuil. à café de gingembre frais râpé

60 ml d'alcool de riz

60 ml de sauce de soja

3 cuil. à soupe 1/2 de sauce hoisin

1 cuil. à café d'huile de sésame

1 kg de filet d'agneau, finement émincé perpendiculairement aux fibres

80 ml d'huile d'arachide

6 oignons verts, coupés en tronçons de 3 cm

2 cuil. à café de sauce au piment

**1** Mélanger dans une jatte non métallique l'ail, le gingembre, l'alcool de riz, la sauce de soja, 2 cuillerées à soupe de sauce hoisin et l'huile de sésame. Ajouter l'agneau et remuer jusqu'à ce qu'il soit bien enduit de condiments. Couvrir de film alimentaire et laisser mariner une nuit au réfrigérateur, en remuant de temps en temps.

**2** Chauffer un wok à feu vif, ajouter 1 cuillerée à soupe d'huile d'arachide et l'étaler soigneusement. Ajouter les oignons et faire revenir 1 minute, jusqu'à légère coloration. Retirer les oignons et laisser l'huile dans le wok.

**3** Retirer l'agneau de la marinade à l'aide de baguettes, en réservant la marinade. Ajouter la viande en quatre fournées et faire revenir 1 à 2 minutes, jusqu'à coloration. Elle doit rester rose au cœur. Entre chaque fournée, ajouter de l'huile et attendre que le wok soit très chaud. Remettre dans le wok la totalité de la viande, son jus et les oignons verts et faire revenir 1 minute, jusqu'à ce que la viande soit cuite à cœur.

**4** Retirer la viande et les oignons du wok à l'aide d'une écumoire et les mettre dans un saladier, en laissant le liquide dans le wok. Ajouter la marinade réservée, la sauce au piment et le hoisin en plus, laisser bouillir 3 à 4 minutes, jusqu'à épaississement de la sauce et obtention d'une consistance légèrement sirupeuse. Verser la sauce sur l'agneau, mélanger et servir avec du riz vapeur.

## SAUTÉ D'AGNEAU AU CUMIN

Préparation : 15 minutes + macération : 10 minutes
Cuisson : 10 minutes
4 personnes

☆

1 cuil. à soupe de sauce de soja épaisse

1 cuil. à soupe d'alcool de riz

1 cuil. à soupe de sauce de soja claire

500 g de filet d'agneau maigre, finement émincé perpendiculairement aux fibres

80 ml de bouillon de volaille ou de légumes

2 cuil. à café de vinaigre noir chinois

2 cuil. à café de sauce au piment aillée

2 cuil. à soupe d'huile

1 oignon rouge, coupé en petits quartiers

1 cuil. à café de graines de cumin légèrement écrasées

1 gousse d'ail, hachée

1 cuil. à café de gingembre frais finement haché

75 g de ciboulette chinoise, parée et coupée en deux

1 Mélanger dans une grande jatte non métallique la sauce de soja épaisse, l'alcool de riz et 2 cuillerées à café de sauce de soja claire. Ajouter l'agneau et bien mélanger. Couvrir de film alimentaire et laisser mariner au moins 10 minutes au réfrigérateur.
2 Pour faire la sauce, mélanger dans un petit bol non métallique le bouillon, le vinaigre noir, la sauce au piment aillée et le reste de sauce de soja claire.
3 Chauffer un wok à feu vif, ajouter 1 cuillerée à soupe d'huile et l'étaler soigneusement. Ajouter l'agneau en deux fois et cuire 1 à 2 minutes jusqu'à coloration. Réserver.
4 Chauffer le reste d'huile dans le wok, ajouter les quartiers d'oignon et cuire 2 minutes. Ajouter le cumin, l'ail, le gingembre et la ciboulette chinoise et faire revenir 30 secondes. Verser la sauce et porter à ébullition, la sauce doit avoir légèrement épaissi et s'être mélangée aux autres ingrédients. Remettre l'agneau dans le wok, le mélanger vivement pour le napper de sauce. Servir avec du riz cuit à la vapeur et des légumes asiatiques.

## SALADE DE NOUILLES AU THÉ VERT, À L'AGNEAU ET À LA TOMATE

Préparation : 20 minutes + macération : 2 heures
Cuisson : 20 minutes
4 personnes

☆

- 1 cuil. à café de moutarde forte
- 2 cuil. à soupe d'huile
- 60 ml de vinaigre balsamique
- 400 g de filet d'agneau, finement émincé perpendiculairement aux fibres
- 250 g de nouilles chasoba (voir Note)
- 60 ml de sauce de soja claire
- 2 cuil. à soupe de mirin (vin de riz doux)
- 1 à 2 cuil. à café d'huile de sésame
- 1/2 cuil. à café de sucre
- 2 concombres, coupés en deux dans la longueur et finement émincés en biais
- 2 grosses tomates, coupées en dés de 1 cm
- 15 g de feuilles de coriandre fraîches
- 2 oignons verts, finement émincés en biais
- 1 cuil. à soupe de graines de sésame grillées

1 Mélanger la moutarde, 1 cuillerée à soupe d'huile, 1 cuillerée à soupe de vinaigre et 1/2 cuillerée à café de poivre dans une grande jatte non métallique. Ajouter l'agneau et mélanger. Couvrir et réserver 2 heures au réfrigérateur.
2 Ajouter les nouilles dans une grande casserole d'eau bouillante et remuer pour les dissocier. Ajouter 250 ml d'eau froide et ramener à ébullition. Recommencer cette opération trois fois de suite. Égoutter et rincer sous l'eau froide. Réserver dans une jatte.
3 Mélanger la sauce de soja, le mirin, l'huile de sésame, le sucre, le vinaigre balsamique restant et 1/2 cuillerée à café de sel, mélanger jusqu'à dissolution du sucre. Incorporer la moitié de la sauce aux nouilles.
4 Mettre le concombre, la tomate et 1/2 cuillerée à café de sel dans une jatte, mélanger. Mélanger aux nouilles avec la coriandre et les oignons verts.
5 Chauffer un wok à feu vif, ajouter le reste d'huile et l'étaler soigneusement. Égoutter l'agneau et, à l'aide de baguettes ou d'une écumoire, l'ajouter au wok en deux fois. Cuire chaque fournée 2 à 3 minutes, jusqu'à ce que l'agneau soit saisi et cuit à votre goût. Répartir la salade de nouilles dans quatre assiettes et garnir de l'agneau. Verser autant de sauce que désiré. Parsemer de graines de sésame et servir.
NOTE : les nouilles chasoba sont des nouilles soba auxquelles on a ajouté du thé vert en poudre.

*Ci-dessous : Salade de nouilles au thé vert, à l'agneau et à la tomate*

## PHAD THAI

Préparation : 30 minutes + trempage : 20 minutes
Cuisson : 10 minutes
4 à 6 personnes

☆☆

250 g de nouilles de farine de riz
1 petit piment rouge frais, haché
2 gousses d'ail, hachées
2 oignons verts, émincés
1 cuil. à soupe de purée de tamarin, mélangée à 1 cuil. à soupe d'eau
1 cuil. à soupe 1/2 de sucre
2 cuil. à soupe de nuoc mam
2 cuil. à soupe de jus de citron vert
2 cuil. à soupe d'huile
2 œufs, battus
150 g de filet de porc, finement émincé
100 g de cubes de tofu, coupées en julienne
8 grosses crevettes crues, décortiquées, déveinées, en conservant la queue
90 g de germes de soja, équeutés
40 g de cacahuètes grillées, hachées
3 cuil. à soupe de feuilles de coriandre fraîche
1 citron vert, coupé en quartiers

**1** Plonger les nouilles dans de l'eau bouillante 15 à 20 minutes, ou jusqu'à ce qu'elles soient tendres. Égoutter.
**2** Piler le piment, l'ail et les oignons verts dans un mortier. Incorporer progressivement la purée de tamarin, le sucre, le nuoc mam et le jus de citron vert.
**3** Chauffer un wok à feu vif, ajouter 1 cuillerée à soupe d'huile et l'étaler soigneusement. Ajouter les œufs, les étaler soigneusement et laisser prendre 1 à 2 minutes. Retirer et émincer.
**4** Chauffer le reste d'huile, incorporer la préparation au piment et faire revenir 30 secondes. Ajouter le porc et poêler 2 minutes, jusqu'à ce qu'il soit tendre. Ajouter les crevettes et faire revenir encore 1 minute.
**5** Incorporer les nouilles, les œufs, le tofu et la moitié des germes de soja. Mélanger pour chauffer tous les ingrédients.
**6** Servir immédiatement, garni de cacahuètes, de coriandre, de citron vert et du reste de germes de soja.
NOTE : utilisez un wok antiadhésif ou en acier inoxydable pour réaliser cette recette. Dans un wok classique, la purée de tamarin réagit avec le métal et colore le plat.

*Ci-dessous : Phad thai*

## PORC LAQUÉ AU GAI LON
(BROCOLIS CHINOIS)

Préparation : 10 minutes
Cuisson : 10 minutes
4 personnes

☆

60 ml de bouillon de volaille ou de légumes
60 ml de sauce d'huître
1 cuil. à soupe de kecap manis
1,6 kg de gai lon (brocolis chinois), coupé en tronçons de 5 cm
1 cuil. à soupe d'huile d'arachide
1 morceau de 2 cm de gingembre frais, coupé en julienne
2 gousses d'ail, hachées
500 g de porc laqué, finement émincé

SAUTÉS

SAN CHOY BAU

Utiliser des ciseaux pour découper joliment les feuilles de salade.

1 Pour faire la sauce, mélanger dans un petit bol le bouillon, la sauce d'huître et le kecap manis.
2 Mettre le gai lon dans un panier au-dessus d'une casserole ou d'un wok d'eau bouillonnante et cuire 5 minutes. Il doit être tendre et croquant à la fois.
3 Chauffer un wok à feu vif, ajouter l'huile et l'étaler soigneusement. Ajouter le gingembre et l'ail et faire revenir 30 secondes. Ajouter le gai lon et le porc et mélanger. Verser la sauce et réchauffer le tout. Servir avec du riz ou des nouilles.

## SAN CHOY BAU

Préparation : 25 minutes
Cuisson : 10 minutes
12 petits ou 4 gros San choy bau

☆☆

60 ml de sauce d'huître
2 cuil. à café de sauce de soja
60 ml de xérès
1 cuil. à café de sucre
1 cuil. à soupe 1/2 d'huile
1/4 de cuil. à café d'huile de sésame
3 gousses d'ail, hachées
3 cuil. à café de gingembre frais râpé
6 oignons verts, émincés en biais
500 g de hachis de porc
100 g de pousses de bambou, finement hachées
100 g de châtaignes d'eau, égouttées et finement hachées
1 cuil. à soupe de pignons, grillés
12 petites feuilles de salade (iceberg, par exemple), parées, ou 4 grandes feuilles
sauce d'huître, en accompagnement (facultatif)

1 Pour faire la sauce, mélanger les sauces d'huître et de soja, le xérès et le sucre dans un petit bol et mélanger jusqu'à dissolution du sucre.
2 Chauffer un wok à feu vif, ajouter les deux types d'huile et les étaler soigneusement. Ajouter l'ail, le gingembre et la moitié des oignons verts et faire revenir 1 minute. Ajouter le hachis et cuire 3 à 4 minutes, en dissociant les morceaux, jusqu'à ce que le hachis soit juste cuit.
3 Ajouter les pousses de bambou, les châtaignes d'eau et les oignons verts restant. Verser la sauce. Cuire 2 à 3 minutes ou jusqu'à ce que la sauce épaississe légèrement. Incorporer les pignons.
4 Répartir sur les coupelles de salade pour en faire 12 petites portions ou 4 grosses. Verser éventuellement un filet de sauce d'huître, et servir immédiatement.

Ci-dessus : San choy bau

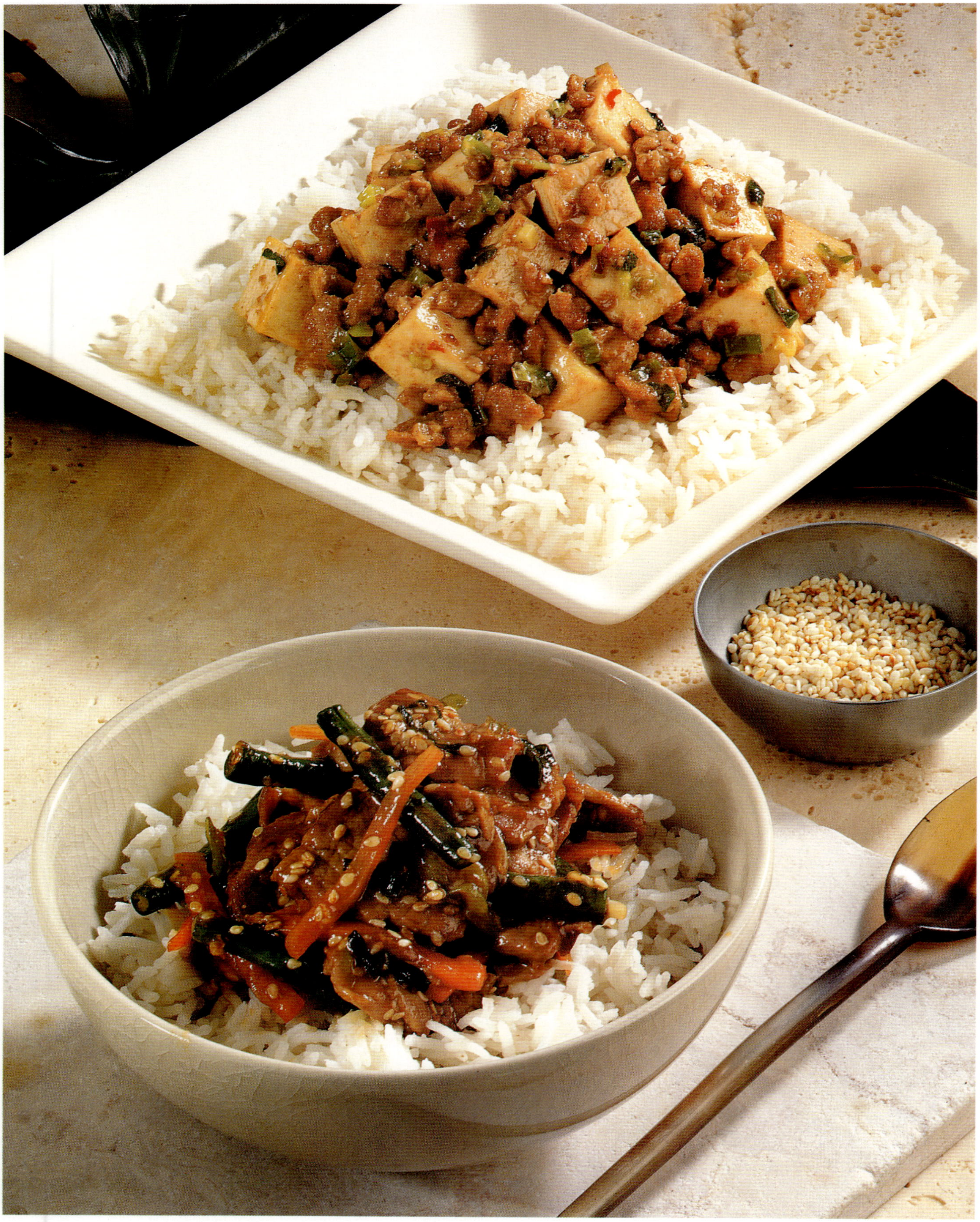

## MA POR TOFU

Préparation : 15 minutes + macération : 10 minutes
Cuisson : 15 minutes
4 personnes

☆

3 cuil. à café de maïzena

4 cuil. à café de sauce d'huître

1 gousse d'ail, finement hachée

1 cuil. à soupe de sauce de soja

250 g de porc, haché

1 cuil. à soupe d'huile

3 cuil. à café de pâte de soja

3 cuil. à café de pâte de soja pimentée

750 g de tofu ferme, égoutté et coupé en dés

2 oignons verts, émincés

1 cuil. à café 1/2 de sucre

1 Mélanger dans une grande jatte la maïzena, 1 cuillerée à café de sauce d'huître, l'ail et 2 cuillerées à café de sauce soja. Ajouter le porc et laisser mariner 10 minutes.
2 Chauffer un wok à feu vif, ajouter l'huile et l'étaler soigneusement. Ajouter le porc et poêler 5 minutes, jusqu'à coloration. Ajouter les pâtes de soja et le tofu et cuire 2 minutes. Ajouter le reste des sauces, les oignons verts et le sucre et mélanger 3 à 5 minutes pour que le tout soit bien chaud.

## PORC AU SÉSAME

Préparation : 10 minutes
Cuisson : 20 minutes
4 personnes

☆

2 cuil. à soupe de sauce hoisin

2 cuil. à soupe de sauce teriyaki

2 cuil. à café de maïzena

60 ml d'huile d'arachide

600 g de filet de porc, émincé perpendiculairement aux fibres

2 cuil. à café d'huile de sésame

8 oignons verts, émincés en biais

2 gousses d'ail, hachées

2 cuil. à café de gingembre frais finement râpé

2 carottes, coupées en julienne

200 g de haricots kilomètre, émincés

2 cuil. à soupe de graines de sésame grillées

1 Pour la sauce, mélanger dans un petit bol les sauces hoisin et teriyaki, la maïzena et 1 cuillerée à soupe d'eau. Réserver.
2 Chauffer un wok, ajouter 1 cuillerée à soupe d'huile d'arachide et l'étaler. Ajouter la moitié du porc et poêler 3 minutes, jusqu'à coloration. Retirer. Procéder de même avec l'autre moitié de porc.
3 Chauffer dans le wok l'huile d'arachide restante et l'huile de sésame. Ajouter les oignons verts, l'ail et le gingembre et faire revenir 1 minute.
4 Ajouter les carottes et les haricots, poêler 3 minutes jusqu'à ce qu'ils soient cuits. Ajouter le porc et la sauce et mélanger jusqu'à ce que la sauce épaississe. La viande doit être tendre et les légumes cuits à point. Ajouter les graines de sésame. Servir avec du riz.

## HACHIS DE PORC CAMBODGIEN AUX AUBERGINES

Préparation : 10 minutes + macération : 30 minutes
Cuisson : 50 minutes
4 personnes

☆

1 grosse aubergine, piquée

2 gousses d'ail, hachées

1 piment rouge, épépiné et finement haché

1 cuil. à soupe de sauce de soja claire

2 cuil. à café de nuoc mam

1/2 cuil. à café de poudre de piment

250 g de porc, haché

1 cuil. à soupe d'huile

125 ml de bouillon de volaille

1 cuil. à soupe de jus de citron vert

2 cuil. à café de sucre

250 g de chair de crevettes crues, finement hachée

oignons verts, finement émincés, en garniture

1 Préchauffer le four à 220 °C (th. 7). Mettre l'aubergine sur une plaque et cuire 35 à 40 minutes, jusqu'à ce qu'elle soit tendre. Laisser refroidir, éplucher et couper dans la longueur des bandes de 1 cm.
2 Mélanger dans une jatte l'ail, le piment, la sauce de soja, le nuoc mam et la poudre de piment. Ajouter le porc et mélanger. Couvrir et réserver au réfrigérateur 30 minutes.
3 Chauffer un wok à feu vif, ajouter l'huile et l'étaler. Ajouter le porc et poêler 3 minutes, jusqu'à ce qu'il soit cuit. Ajouter le bouillon, le jus de citron vert, le sucre et l'aubergine et laisser mijoter 5 minutes. Ajouter les crevettes et cuire 5 minutes. Verser dans un plat et décorer d'oignons verts.

MA POR TOFU
Ce célèbre plat séchouanais tient son nom de la femme qui l'a inventé. Épouse d'un restaurateur, elle présentait un visage très marqué et pustuleux. Ma Por signifie « femme au visage pustuleux ». En dépit de cette malheureuse association, le ma por tofu est un excellent plat principal dans un banquet à la chinoise.

*Page ci-contre, de haut en bas : Ma por tofu ; Porc au sésame*

*Ci-dessus : Sauté de porc au potiron et aux noix de cajou*

### SAUTÉ DE PORC AU POTIRON ET AUX NOIX DE CAJOU

Préparation : 20 minutes
Cuisson : 20 minutes
4 personnes

☆

2 à 3 cuil. à soupe d'huile
80 g d'huile de noix de cajou
750 g de filet de porc, finement émincé perpendiculairement aux fibres
500 g de potiron, coupé en dés
1 cuil. à soupe de gingembre frais râpé
80 ml de bouillon de volaille
60 ml de xérès sec
1 cuil. à soupe 1/2 de sauce de soja
1/2 cuil. à café de maïzena
500 g de pak-choi, haché
1 à 2 cuil. à soupe de feuilles de coriandre fraîche

**1** Chauffer un wok à feu vif, ajouter 1 cuillerée à soupe d'huile et l'étaler soigneusement. Faire revenir les noix de cajou 1 à 2 minutes, jusqu'à coloration. Égoutter.
**2** Réchauffer le wok, ajouter un peu d'huile et l'étaler soigneusement. Faire revenir le porc en plusieurs fois, 5 minutes, jusqu'à coloration. Retirer.
**3** Ajouter 1 cuillerée à soupe d'huile et faire revenir 3 minutes le potiron et le gingembre, jusqu'à légère coloration. Ajouter le bouillon, le xérès et la sauce de soja, laisser mijoter 3 minutes, jusqu'à ce que le potiron soit tendre.
**4** Mélanger la maïzena avec 1 cuillerée à café d'eau. Ajouter et remuer jusqu'à ébullition et épaississement. Remettre le porc et les noix de cajou dans le wok. Ajouter le pak-choi et la coriandre. Mélanger, le pak-choi doit avoir fondu. Servir.

### PORC THAÏLANDAIS AUX HARICOTS KILOMÈTRE

Préparation : 25 minutes
Cuisson : 15 minutes
4 personnes

☆

1 cuil. à soupe 1/2 de nuoc mam
1 cuil. à soupe 1/2 de sauce d'huître
1 cuil. à café de sucre
2 à 3 cuil. à soupe d'huile d'arachide
450 g de filet de porc, finement émincé perpendiculairement aux fibres
1 oignon rouge, émincé en fins quartiers
1 gousse d'ail, finement hachée
1 à 2 cuil. à soupe de confiture de piment
300 g de haricots kilomètre, en tronçons de 4 cm
3 cuil. à soupe de basilic thaïlandais frais
2 cuil. à soupe de feuilles de coriandre hachée
1 petit piment rouge frais, finement émincé

1 Mélanger le nuoc mam, la sauce d'huître, le sucre et 2 cuillerées à soupe d'eau dans un petit bol.
2 Chauffer un wok à feu vif, ajouter 1 cuillerée à soupe d'huile et l'étaler soigneusement. Ajouter le porc en deux fois et faire revenir jusqu'à ce que la viande soit cuite au cœur. Ajouter de l'huile si nécessaire. Retirer du wok.
3 Ajouter le reste d'huile dans le wok, puis l'oignon et cuire 2 à 3 minutes, jusqu'à ce qu'il commence à fondre. Ajouter l'ail, la confiture de piment et les haricots kilomètre et faire revenir 3 minutes, puis remettre dans le wok le porc et son jus. Incorporer la sauce et faire revenir 1 à 2 minutes, jusqu'à ce que la viande soit chaude. Incorporer le basilic et la coriandre. Servir immédiatement, garni de piment et accompagné de riz vapeur.

## NOUILLES SHANGHAI AU PORC

Préparation : 25 minutes + macération : 30 minutes
Cuisson : 20 minutes
4 personnes

☆☆

1/2 cuil. à café d'huile de sésame

60 ml de sauce de soja

2 cuil. à soupe de sauce d'huître

250 g de filet de porc, coupé en julienne

2 cuil. à soupe de crevettes déshydratées

8 champignons shiitake séchés

1 cuil. à café de sucre

250 ml de bouillon de volaille

300 g de nouilles Shanghai

2 cuil. à soupe d'huile d'arachide

1 gousse d'ail, finement émincée

2 cuil. à café de gingembre frais râpé

1 branche de céleri, coupée en julienne

1 poireau, partie blanche seule, coupé en julienne

150 g de pak-choi (chou chinois), émincé

50 g de pousses de bambou, coupées en julienne

8 oignons verts, finement émincés

1 Mélanger dans une jatte non métallique l'huile de sésame et 1 cuillerée à soupe de sauce de soja et de sauce d'huître. Ajouter le porc et mélanger avec la marinade. Couvrir, laisser mariner 30 minutes au réfrigérateur.
2 Entre-temps, mettre les crevettes déshydratées dans une jatte, couvrir d'eau bouillante et laisser tremper 20 minutes. Égoutter et hacher finement. Simultanément, faire tremper les champignons shiitake 20 minutes dans de l'eau chaude. Égoutter, jeter les pieds et émincer finement les chapeaux.
3 Pour faire la sauce, mélanger le sucre, le bouillon, les sauces de soja et d'huître restante et 1 cuillerée à café de sel dans un bol non métallique. Réserver.
4 Cuire les nouilles dans une casserole d'eau bouillante pendant 4 à 5 minutes, elles doivent être tendres. Égoutter et rafraîchir sous l'eau froide. Mélanger avec 1 cuillerée à café d'huile d'arachide.
5 Chauffer un wok à feu vif, ajouter 1 cuillerée à soupe d'huile d'arachide et l'étaler soigneusement. Ajouter le porc et poêler 1 à 2 minutes, jusqu'à ce qu'il ne soit plus rose. Verser dans un plat. Chauffer le reste d'huile d'arachide, ajouter l'ail, le gingembre, le céleri, le poireau et le pak-choi et faire revenir 1 minute, jusqu'à ce qu'ils aient fondu. Ajouter les pousses de bambou, les oignons verts, les champignons et les crevettes et faire revenir 1 minute. Ajouter les nouilles et la sauce et mélanger 3 à 5 minutes, jusqu'à ce que les nouilles aient absorbé la sauce. Remettre le porc dans le wok avec son jus, mélanger 1 à 2 minutes, jusqu'à ce que les ingrédients soient bien mélangés et chauds. Servir immédiatement.

*Ci-dessous : Nouilles Shanghai au porc*

# SALADE DE NOUILLES THAÏLANDAISE AU PORC
(Yum woon sen)

Préparation : 20 minutes
Cuisson : 35 minutes
4 à 6 personnes

☆

**BOUILLON**
250 ml de bouillon de volaille
3 racines de coriandre
2 feuilles de lime kafir fraîches
3 morceaux de gingembre frais de 3 cm, émincés

30 g de champignons noirs frais
100 g de vermicelle de riz
1 petit piment rouge frais, épépiné et finement émincé
2 échalotes rouges d'Asie, finement émincées
2 oignons verts, finement émincés
2 gousses d'ail, hachées
1 cuil. à soupe d'huile
250 g de porc, haché
2 cuil. à soupe 1/2 de jus de citron vert
2 cuil. à soupe 1/2 de nuoc mam
1 cuil. à soupe 1/2 de sucre de palme râpé
1/4 de cuil. à café de poivre blanc
15 g de feuilles de coriandre fraîches, hachées
feuilles de chêne, déchirées
quartiers de lime, pour décorer
piment rouge frais, coupé en julienne, pour décorer
feuilles de coriandre fraîches, pour décorer (facultatif)

**1** Pour faire le bouillon, mettre dans un wok le bouillon de volaille, les racines de coriandre, les feuilles de lime kafir, le gingembre et 250 ml d'eau. Laisser mijoter 25 minutes, jusqu'à ce qu'il n'y ait plus que 185 ml de liquide. Filtrer.
**2** Jeter les pieds durs des champignons, puis émincer finement les chapeaux. Plonger les nouilles dans de l'eau bouillante 3 à 4 minutes, jusqu'à ce qu'elles soient tendres. Égoutter puis couper en tronçons de 3 cm. Mélanger les nouilles, les champignons, le piment, les échalotes, les oignons verts et l'ail.
**3** Chauffer un wok sec à feu vif, ajouter l'huile et l'étaler soigneusement. Ajouter le porc et sauter, en dissociant les morceaux, 1 à 2 minutes, jusqu'à ce qu'il change de couleur et soit cuit. Ajouter le bouillon et porter le mélange à ébullition à feu vif. Laisser bouillir 1 minute, égoutter, et ajouter le porc à la préparation aux nouilles.
**4** Mélanger le jus de citron vert, le nuoc mam, le sucre de palme et le poivre blanc, sans cesser de remuer jusqu'à dissolution du sucre. Ajouter à la préparation au porc avec la coriandre et bien mélanger. Saler.
**5** Disposer les feuilles de salade sur un plat de service, y verser la préparation au porc et aux nouilles et garnir de quartiers de lime, de piment et, éventuellement, de feuilles de coriandre fraîche.

---

**YUM WOON SEN**
Qui signifie littéralement assemblé ou mélangé. Les yums sont une sorte de salade thaïlandaise composée de viande ou de poisson à peine cuit. Caractéristique essentielle de la cuisine thaïlandaise, les yums, assaisonnés de jus de citron vert, de nuoc mam, de sucre et de piment, illustrent combien le palais des Thaïlandais est sensible à la fraîcheur des aliments et à l'équilibre entre les saveurs aigres, salées, sucrées et épicées.

*Ci-contre : Salade de nouilles thaïlandaise au porc*

# SAUTÉ DE PORC ET DE NOUILLES HOKKIEN

Préparation : 15 minutes + macération : 10 minutes
Cuisson : 15 minutes
4 personnes

☆

80 ml de sauce de soja
60 ml de mirin (vin de riz doux)
2 cuil. à café de gingembre frais râpé
2 gousses d'ail, hachées
1 cuil. à soupe 1/2 de sucre roux
350 g de filet de porc, finement émincé perpendiculairement aux fibres
500 g de nouilles hokkien
2 cuil. à soupe d'huile d'arachide
1 oignon, coupé en fins quartiers
1 poivron rouge, coupé en fines lanières
2 carottes, finement émincées en biais
4 oignons verts, finement émincés en biais
200 g de champignons shiitake frais, émincés

**1** Mélanger la sauce de soja, le mirin, le gingembre, l'ail et le sucre dans une grande jatte non métallique. Ajouter le porc et mélanger. Couvrir de film alimentaire et laisser mariner au moins 10 minutes au réfrigérateur.
**2** Pendant ce temps, mettre les nouilles dans une jatte résistant à la chaleur, couvrir d'eau bouillante et laisser tremper 1 minute pour les dissocier et les ramollir. Bien égoutter et rincer à l'eau froide.
**3** Chauffer un grand wok à feu vif, ajouter 1 cuillerée à soupe d'huile et étaler soigneusement. Retirer le porc de la marinade à l'aide de baguettes ou d'une écumoire, en réservant la marinade. Faire revenir le porc en plusieurs fois 3 minutes, jusqu'à coloration. Retirer du wok.
**4** Réchauffer le wok à feu vif, ajouter le reste d'huile et l'étaler soigneusement. Ajouter l'oignon, le poivron et les carottes et poêler 2 à 3 minutes, jusqu'à ce qu'ils soient juste tendres. Ajouter les oignons verts et les champignons shiitake et faire revenir 2 minutes. Remettre le porc dans le wok avec les nouilles et la marinade réservée. Bien mélanger pour que les ingrédients soient chauds et servir.

## SAUCE AU PIMENT FRIT
(Sambal bajak)

Faire tremper 10 minutes 25 g de pulpe de tamarin dans 60 ml d'eau chaude. Presser, filtrer et réserver le jus. Mettre dans un robot de cuisine 3 à 4 petits piments rouges frais, 100 g d'échalotes rouges d'Asie, 2 gousses d'ail, 7 noix de bancoule et 1/2 cuillerée à café de galanga frais râpé et mixer jusqu'à obtention d'une pâte. Chauffer 80 ml d'huile dans un wok ou une poêle à frire. Ajouter la pâte et cuire 5 minutes, jusqu'à ce que l'huile commence à surnager. Ajouter le jus de tamarin, 2 cuillerées à café de kecap manis, 1 cuillerée à soupe de sucre et du sel, et laisser mijoter à feu doux, en remuant souvent, pendant 5 à 10 minutes, jusqu'à ce que l'huile surnage à nouveau. Verser dans un bocal chaud et fermer. Laisser refroidir. Se conserve au réfrigérateur pendant 5 jours. Pour 225 g.
NOTE : le sambal est servi en accompagnement en Asie du Sud-Est.

*Ci-dessus : Sauté de porc et de nouilles hokkien*

## PORC MU SHU

*Mélanger la farine et l'eau pour former une pâte.*

*Une fois la pâte divisée en quatre, rouler chaque morceau en boudin.*

*Aplatir chaque boudin du plat de la main.*

*Abaisser la pâte aussi finement que possible.*

*Page ci-contre : Porc mu shu*

# PORC MU SHU

Préparation : 30 minutes + macération : 3 heures + réfrigération : 30 minutes
Cuisson : 20 minutes
4 personnes

☆ ☆ ☆

2 gousses d'ail, hachées
1 cuil. à café de gingembre frais finement râpé
2 cuil. à soupe 1/2 de sauce de soja claire
1 cuil. à soupe 1/2 d'alcool de riz
2 cuil. à soupe de sauce hoisin
2 cuil. à café 1/2 de maïzena
500 g de filet de porc, coupé en julienne
20 g de champignons noirs séchés
20 g de fleur de lis séchée (*voir* Notes)
2 cuil. à soupe de bouillon de volaille
3 œufs
2 cuil. à soupe d'huile
1/2 cuil. à café d'huile de sésame
150 g de pak-choi (chou chinois), finement émincé
40 g de pousses de bambou, coupées en julienne
5 oignons verts, finement émincés en biais
poivre blanc
morceaux d'oignons verts, en garniture (facultatif)

### CRÊPES
300 g de farine
200 ml d'eau, bouillante
1/2 cuil. à café d'huile
farine, pour saupoudrer

**1** Mélanger dans une grande jatte non métallique l'ail, le gingembre, 1 cuillerée à soupe de sauce de soja, 1 cuillerée à soupe d'alcool de riz, 1 cuillerée à soupe de sauce hoisin et 1 cuillerée à café de maïzena. Ajouter le porc, bien mélanger. Couvrir de film alimentaire et laisser mariner 3 heures au réfrigérateur.

**2** Pour faire la pâte à crêpe, tamiser la farine dans une grande jatte et creuser un puits au centre. Verser doucement l'eau bouillante, en remuant à l'aide d'une cuillère en bois, puis ajouter l'huile. Mélanger jusqu'à obtention d'une pâte. Mettre la pâte sur un plan de travail légèrement fariné et pétrir 5 minutes, jusqu'à ce qu'elle soit homogène et élastique. Attention, elle est chaude. Mettre la pâte dans un bol, couvrir de film alimentaire et mettre 30 minutes au réfrigérateur.

**3** Dans l'intervalle, faire tremper 20 minutes dans deux bols séparés les champignons noirs et les fleurs de lis, en les recouvrant d'eau bouillante. Égoutter, ébouter les fleurs de lis, couper les champignons noirs en julienne et les fleurs de lys en morceaux de 1 cm.

**4** Mélanger dans un petit bocal le bouillon de volaille avec le reste de sauce de soja, d'alcool de riz, de sauce hoisin et de maïzena. Fouetter à l'aide d'une fourchette pour dissoudre la maïzena et former une pâte.

**5** Fouetter légèrement les œufs à l'aide d'une fourchette. Chauffer un wok à feu vif, ajouter 1 cuillerée à café d'huile et 1/4 de cuillerée à café d'huile de sésame puis ajouter les œufs. Mélanger 30 secondes environ, jusqu'à ce que les œufs soient brouillés. Retirer du wok.

**6** Chauffer le même wok à feu vif, ajouter 2 cuillerées à café d'huile et le reste d'huile de sésame et l'étaler soigneusement. Faire revenir le porc en plusieurs fois, 2 minutes, jusqu'à coloration.

**7** Ajouter le reste d'huile dans le wok, puis le pak-choi, les pousses de bambou, les oignons verts, les champignons noirs et les fleurs de lis et faire revenir 3 minutes, jusqu'à ce que le chou commence à fondre. Remettre le porc dans le wok, ajouter la sauce, porter à ébullition et cuire jusqu'à ce que la sauce commence à épaissir. Incorporer les œufs brouillés et ajouter du poivre blanc. Retirer le wok du feu. Réserver au chaud.

**8** Pour faire les crêpes, fariner légèrement un plan de travail, diviser la pâte en quatre morceaux égaux et former un long boudin avec chaque morceau. Couper chaque boudin en quatre. Aplatir chaque morceau du plat de la main et abaisser aussi finement que possible pour obtenir une crêpe de 15 cm de diamètre environ. La pâte est élastique et il est possible d'en faire une crêpe tellement mince que l'on peut presque voir au travers.

**9** Chauffer une poêle à frire à feu moyen. Cuire les crêpes à sec 30 secondes de chaque côté, jusqu'à ce que des taches brunes apparaissent. Empiler les crêpes cuites sur une assiette, couvrir d'une feuille de papier aluminium pendant la cuisson des autres crêpes. Envelopper la farce dans les crêpes, garnir éventuellement de morceaux d'oignons verts et servir.

NOTES : il s'agit ici des boutons non ouverts des lis tigrés. Fréquemment utilisés dans la cuisine chinoise, on les trempe avant de les employer. Vous les trouverez dans des épiceries asiatiques. Si vous manquez de temps, vous pouvez acheter les crêpes toutes faites dans des supermarchés asiatiques, conservez-les au congélateur jusqu'au moment de servir.

SAUTÉS

## PROTOCOLE THAÏLANDAIS

Contrairement à ce que de nombreux Occidentaux pensent, les Thaïlandais ne mangent pas avec des baguettes (à l'exception des plats de nouilles chinoises). Si, lors d'un voyage en Thaïlande, vous demandez des baguettes dans un restaurant thaïlandais, on vous regardera avec une expression étonnée. En fait, les Thaïlandais préfèrent manger dans une assiette plutôt que dans un bol, comme le font les Chinois et les Japonais. Il est plus difficile d'attraper du riz avec des baguettes dans une assiette. À l'origine, la nourriture thaïlandaise se mangeait avec les doigts, mais aujourd'hui les principaux ustensiles sont la fourchette et la cuillère. Les couteaux sont confinés aux cuisines : les aliments sont coupés en morceaux de la taille d'une bouchée avant de quitter la cuisine, il est donc inutile d'avoir un couteau à table. En général, un repas thaïlandais se compose de plusieurs plats disposés au centre de la table ; chaque convive y pioche. On se sert de la fourchette pour mettre l'aliment dans la cuillère ou pour prendre une portion d'un plat commun. Il est de bon ton de ne pas laisser la fourchette toucher la bouche.

*Ci-dessus : Sauté thaïlandais de porc et de champignons au poivre*

### SAUTÉ THAÏLANDAIS DE PORC ET DE CHAMPIGNONS AU POIVRE
(Paht heht)

Préparation : 20 minutes + trempage : 20 minutes
Cuisson : 5 minutes
4 personnes

☆☆

15 g de champignons noirs séchés
1 cuil. à soupe d'huile d'arachide
350 g de filet de porc, finement émincé perpendiculairement aux fibres
4 gousses d'ail, finement émincées
3 échalotes rouges d'Asie, finement émincées
1 carotte, finement émincée en biais
6 oignons verts, coupés en tronçons de 2,5 cm
2 cuil. à soupe de nuoc mam
2 cuil. à soupe de sauce d'huître
1 cuil. à café de poivre blanc fraîchement moulu

**1** Tremper 20 minutes les champignons séchés dans un bol d'eau bouillante. Rincer et émincer.
**2** Chauffer un wok à feu moyen et y étaler l'huile. Ajouter le porc, l'ail et les échalotes et faire revenir 30 secondes. Ajouter la carotte et les oignons verts et poêler 2 à 3 minutes, jusqu'à ce que le porc soit cuit.
**3** Ajouter le nuoc mam, la sauce d'huître et le poivre et faire revenir 1 minute. Servir chaud avec du riz.

### SAUTÉ JAPONAIS DE PORC ET DE CHOU

Préparation : 15 minutes
Cuisson : 10 minutes
4 personnes

☆

1/4 de cuil. à café de dashi
1 cuil. à soupe 1/2 d'huile
500 g de filet de porc, très finement émincé perpendiculairement aux fibres
4 oignons verts, coupés en tronçons de 3 cm
225 g de pak-choi (chou chinois), émincé
60 ml de sauce de soja
2 cuil. à café de mirin (vin de riz doux)
3 cuil. à café de gingembre frais très finement râpé
2 gousses d'ail, hachées
1 à 2 cuil. à café de sucre
graines de sésame noires, pour décorer (facultatif)

**1** Dissoudre le dashi dans 125 ml d'eau très chaude.
**2** Chauffer un wok à feu vif, ajouter 1 cuillerée à soupe d'huile et l'étaler soigneusement. Faire revenir le porc en trois fois, 1 minute, ou jusqu'à ce qu'il change de couleur. Le retirer du wok.
**3** Ajouter le reste d'huile dans le wok, ajouter les oignons verts et le pak-choi et faire revenir 1 minute, jusqu'à ce qu'ils aient légèrement fondu.

Réserver avec le porc.

**4** Ajouter dans le wok la sauce de soja, le mirin, le bouillon de dashi, le gingembre, l'ail et le sucre, préalablement mélangés. Porter à ébullition et cuire 1 minute. Remettre le porc et les légumes dans le wok et cuire 2 à 3 minutes, jusqu'à ce qu'ils soient bien mélangés et que le porc soit cuit au cœur tout en restant tendre. Servir immédiatement avec du riz. Garnir éventuellement de graines de sésame noires ou d'oignons verts finement émincés.

## SAUTÉ THAÏLANDAIS AU PORC ET AU GINGEMBRE
(Mao paht king)

Préparation : 20 minutes
Cuisson : 10 minutes
4 personnes

☆

2 à 3 cuil. à soupe d'huile d'arachide
1 gousse d'ail, hachée
400 g de filet de porc, finement émincé perpendiculairement aux fibres
2 cuil. à soupe de gingembre frais, coupé en julienne, un peu plus pour décorer
3 échalotes rouges d'Asie, finement émincées
1 petit poivron rouge, coupé en julienne
4 oignons verts, coupés en tronçons de 4 cm
100 g de pois mangetout, coupés en deux en biais
2 cuil. à soupe de sauce de soja
2 cuil. à soupe de nuoc mam
2 cuil. à soupe de sucre de palme râpé
2 cuil. à soupe de jus de citron vert
2 cuil. à soupe de feuilles de coriandre fraîche hachées

**1** Chauffer un wok à feu vif. Ajouter 1 cuillerée à soupe d'huile et étaler soigneusement. Ajouter l'ail et cuire 30 secondes. Cuire le porc en plusieurs fois. Faire dorer chaque fournée 1 à 2 minutes. Retirer du wok.
**2** Chauffer le reste d'huile dans le wok. Ajouter le gingembre et les échalotes et faire revenir 1 minute, jusqu'à ce que les échalotes soient tendres. Ajouter le poivron, les oignons verts et les pois mangetout. Faire revenir 1 minute, puis remettre le porc dans le wok.
**3** Mélanger la sauce de soja, le nuoc mam, le sucre de palme et le jus de citron. Ajouter au wok. Incorporer la coriandre et mélanger 1 minute jusqu'à ce que le porc soit bien chaud. Garnir de gingembre et servir accompagné de riz.

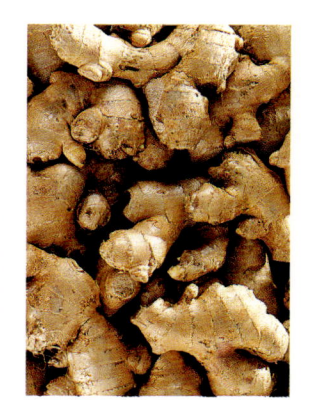

*Ci-contre : Sauté thaïlandais au porc et au gingembre*

*Ci-dessus : Sauté de porc aux cinq épices*

## SAUTÉ DE PORC AUX CINQ ÉPICES

Préparation : 20 minutes
Cuisson : 20 minutes
4 personnes

☆☆

375 g de nouilles aux œufs fines fraîches
1 cuil. à soupe d'huile de sésame
3 cuil. à café de gingembre frais râpé
1 cuil. à café 1/2 de poudre de cinq-épices
2 cuil. à café de farine de riz
500 g de filet de porc, finement émincé perpendiculairement aux fibres
2 cuil. à soupe d'huile
2 gousses d'ail, hachées
1 poivron rouge, finement émincé
300 g de pak-choï (chou chinois), haché
6 oignons verts, émincés en biais
2 cuil. à soupe d'alcool de riz
2 cuil. à soupe de sauce hoisin
1 cuil. à soupe de sauce de soja

**1** Cuire les nouilles 1 minute dans l'eau bouillante. Égoutter, rincer et remettre dans la casserole. Incorporer la moitié de l'huile de sésame.
**2** Mettre le gingembre, la poudre de cinq-épices et la farine de riz dans une jatte. Saler, poivrer et bien mélanger. Ajouter le porc et mélanger.
**3** Chauffer un wok à feu vif, ajouter la moitié de l'huile et l'étaler soigneusement. Ajouter le porc en plusieurs fois et poêler 5 minutes, jusqu'à ce qu'il soit tendre. Retirer du wok. Ajouter le reste d'huile, l'ail, le poivron, le pak-choï et les oignons verts et faire fondre 3 minutes.
**4** Remettre le porc dans le wok, incorporer l'alcool de riz, la sauce hoisin, la sauce de soja et le reste d'huile de sésame. Laisser mijoter 2 minutes. Ajouter les nouilles et réchauffer doucement avant de servir.

## SAUTÉ DE PORC AU DAIKON

Préparation : 10 minutes + macération : 1 heure
Cuisson : 10 minutes
4 personnes

☆

1/4 de cuil. à café d'huile de sésame
1 cuil. à café de maïzena
5 cuil. à café de sucre
1 cuil. à soupe 1/2 de sauce de soja claire
1 cuil. à soupe 1/2 d'alcool de riz
500 g de filet de porc, coupé en julienne
2 cuil. à soupe d'huile d'arachide
1 gousse d'ail, hachée
1 cuil. à soupe de gingembre frais finement émincé
2 oignons verts, finement hachés
1 cuil. à café de pâte de piment
150 g de daikon en saumure, égoutté et rincé
1 cuil. à café de vinaigre de riz

**1** Mélanger dans une grande jatte non métallique l'huile de sésame, la maïzena, 3 cuillerées à café de sucre et 1 cuillerée à soupe de sauce de soja et d'alcool de riz. Ajouter le porc, mélanger. Couvrir de film alimentaire et laisser mariner au moins 1 heure au réfrigérateur.
**2** Chauffer un wok à feu vif, ajouter l'huile d'arachide et l'étaler soigneusement. Une fois l'huile chaude, ajouter la moitié des lanières de porc et faire revenir 2 minutes. Retirer la viande à l'aide d'une écumoire et égoutter sur du papier absorbant. Recommencer avec le reste de porc.
**3** Réchauffer le wok à feu vif et ajouter l'ail, le gingembre, les oignons verts et la pâte de piment.

Cuire 30 secondes. Ajouter les daikons en saumure dans le wok et cuire 1 minute. Remettre le porc dans le wok. Cuire 2 minutes, sans cesser de remuer. Mélanger le vinaigre avec le reste de sauce de soja, d'alcool de riz et de sucre dans un petit bol et ajouter au wok. Mélanger et servir avec du riz vapeur.

## SAUTÉ DE PORC LAQUÉ AUX BROCOLIS

Préparation : 25 minutes
Cuisson : 10 minutes
4 à 6 personnes

☆

1 cuil. à soupe d'huile
1 gros oignon, finement émincé
2 carottes, coupées en julienne
200 g de brocolis, en fleurettes
6 oignons verts, émincés en biais
1 cuil. à soupe de gingembre frais finement haché
3 gousses d'ail, finement hachées
400 g de porc laqué, finement émincé
2 cuil. à soupe de sauce de soja
2 cuil. à soupe de mirin (vin de riz doux)
180 g de germes de soja, équeutés

**1** Chauffer un wok à feu vif, ajouter l'huile et étaler soigneusement. Réduire la flamme au minimum, ajouter l'oignon et faire fondre 3 à 4 minutes.
**2** Ajouter les carottes, les brocolis, les oignons verts, le gingembre et l'ail, et faire revenir 4 à 5 minutes, sans cesser de remuer pour bien mélanger.
**3** Augmenter la flamme au maximum et ajouter le porc. Cuire sans cesser de remuer jusqu'à ce que le porc soit mélangé aux légumes et qu'il soit bien chaud.
**4** Verser la sauce de soja et le mirin, remuer jusqu'à ce que tous les ingrédients en soient bien nappés. Le wok doit être suffisamment chaud pour que la sauce réduise légèrement jusqu'à obtention d'une sorte de glacé. Incorporer les germes de soja, ajouter du sel et du poivre noir fraîchement moulu. Servir immédiatement avec des nouilles de riz.

*Ci-dessous : Sauté de porc laqué aux brocolis*

## ASPERGES

Au moment d'acheter des asperges, choisissez des légumes fermes, aux turions vert brillant et aux pointes serrées. Vérifiez que les pointes ne sont ni fendues ni desséchées. Les asperges ne se conservent pas longtemps. Dans l'idéal, il faut les cuire le jour même de leur achat. Si ce n'est pas possible, conservez-les au réfrigérateur, enveloppées dans du film alimentaire ou placez la botte dans un récipient d'eau et couvrez d'un sac plastique. Vous les conserverez ainsi 3 à 4 jours.

*Ci-dessus : Sauté de porc, d'asperges et de mini-épis de maïs*

## SAUTÉ DE PORC, D'ASPERGES ET DE MINI-ÉPIS DE MAÏS

Préparation : 15 minutes + macération : 10 minutes
Cuisson : 10 minutes
4 personnes

☆

- 1 gousse d'ail, hachée
- 1 cuil. à café de gingembre frais râpé
- 2 cuil. à soupe de sauce de soja
- 1/4 de cuil. à café de poivre blanc
- 1 cuil. à soupe d'alcool de riz
- 600 g de filet de porc, finement émincé perpendiculairement aux fibres
- 1 cuil. à soupe d'huile d'arachide
- 1 cuil. à café d'huile de sésame
- 6 champignons shiitake frais, finement émincés
- 150 g de mini-épis de maïs
- 100 g d'asperges fraîches, coupées en biais en tronçons de 4 cm
- 2 cuil. à soupe de sauce d'huître

**1** Mélanger dans une jatte non métallique l'ail, le gingembre, la sauce de soja, le poivre et l'alcool. Ajouter le porc et bien mélanger. Laisser mariner au moins 10 minutes.
**2** Chauffer un wok à feu vif, ajouter la moitié des huiles et les étaler soigneusement. Réserver la marinade et faire revenir la moitié du porc 2 minutes, jusqu'à ce que le porc change de couleur. Retirer du wok. Réchauffer le wok et recommencer avec les huiles et le porc restants.
**3** Ajouter les champignons, le maïs et les asperges dans le wok et faire revenir 2 minutes. Remettre le porc et son jus dans le wok, incorporer la sauce d'huître et la marinade réservée. Cuire sans cesser de remuer, 2 minutes, jusqu'à ce que le tout soit chaud.

## SAUTÉ DE PORC À LA SAUCE AUX HARICOTS JAUNE ET AUX LISERONS D'EAU

Préparation : 10 minutes
Cuisson : 10 minutes
4 personnes

☆

- 600 g de liserons d'eau (kangkong)
- 2 cuil. à soupe d'huile d'arachide
- 4 gousses d'ail, finement hachées
- 2 piments oiseaux frais, finement hachés
- 2 cuil. à café de gingembre frais finement râpé
- 500 g de filet de porc, émincé perpendiculairement aux fibres
- 2 cuil. à soupe de sauce aux haricots jaune
- 2 cuil. à soupe de sauce d'huître
- 1/2 cuil. à café de sucre

1 Retirer les tiges des liserons d'eau et hacher les feuilles en tronçons de 4 cm. Rincer plusieurs fois. Égoutter et réserver.
2 Chauffer un wok à feu vif, ajouter l'huile et l'étaler soigneusement. Faire revenir l'ail 30 secondes. Ajouter les piments, le gingembre, le porc et la sauce aux haricots jaune et faire revenir 4 minutes. Ajouter les liserons d'eau, la sauce d'huître et le sucre et poursuivre la cuisson encore 4 minutes. Servir avec du riz vapeur.

## PORC À LA SAUCE AUX PRUNES ET AU CHOY SUM

Préparation : 10 minutes
Cuisson : 25 minutes
4 personnes

☆

600 g de choy sum (chou chinois à fleur), coupé en tronçons de 6 cm
60 ml de sauce aux prunes
2 cuil. à soupe d'alcool de riz
1 cuil. à soupe 1/2 de sauce de soja
1 cuil. à café d'huile de sésame
125 ml d'huile d'arachide
1 gros oignon, émincé
3 gousses d'ail, finement hachées
2 cuil. à café de gingembre frais finement haché
500 g de filet de porc, finement émincé perpendiculairement aux fibres
2 cuil. à soupe de maïzena, salée et poivrée

1 Porter une grande casserole d'eau légèrement salée à ébullition. Ajouter le choy sum et blanchir 2 à 3 minutes, jusqu'à ce que les tiges soient tendres mais encore croquantes. Plonger dans de l'eau glacée. Égoutter.
2 Pour faire la sauce, mélanger la sauce aux prunes, l'alcool de riz, la sauce de soja et l'huile de sésame dans un petit bol non métallique. Réserver.
3 Chauffer un wok à feu vif, ajouter 1 cuillerée à soupe d'huile d'arachide et l'étaler soigneusement. Ajouter l'oignon, l'ail et le gingembre et faire revenir 3 minutes à feu moyen. Retirer du wok.
4 Mettre le porc dans la maïzena salée et poivrée et remuer pour bien l'enrober. Secouer pour enlever l'excédent. Réchauffer le wok à feu vif, ajouter le reste d'huile d'arachide et l'étaler soigneusement. Ajouter le porc en plusieurs fois et cuire 3 minutes, jusqu'à ce qu'il soit doré des deux côtés. Retirer du wok.
5 Retirer l'huile du wok et remettre la viande et son jus. Verser la sauce dans le wok. Cuire à feu vif 2 à 3 minutes, puis ajouter le choy sum et la préparation aux oignons. Cuire, sans cesser de remuer encore 2 minutes. Servir immédiatement avec du riz.

SAUCE AUX PRUNES
Bien que la fleur de prune soit l'emblème floral national de la Chine, et qu'une variété de prune chinoise soit indigène du nord du pays, la sauce aux prunes si appréciée des Occidentaux vient de Hong Kong. La sauce aux prunes est une sauce sucrée brillante confectionnée à partir d'une variété de prune, petite et d'un rouge foncé. On mélange les prunes avec du sucre, du sel, de l'eau, du vinaigre et de l'amidon. La saveur et la couleur changent selon les marques. Essayez-en plusieurs et choisissez celle que vous préférez. La sauce aux prunes sert généralement de condiment, notamment dans le canard laqué et les crêpes, mais également dans les sautés. Elle se marie très bien avec la saveur du porc et de l'agneau. Une fois ouverte, la sauce se conserve jusqu'à 3 mois au réfrigérateur.

*Ci-contre : Porc à la sauce aux prunes et au choy sum*

## CRÊPES VIETNAMIENNES AU PORC, AUX CREVETTES ET AU VERMICELLE

Préparation : 45 minutes + repos : 4 heures
Cuisson : 35 minutes
6 personnes

☆

265 g de farine de riz
1 cuil. à café de levure chimique
1 cuil. à café 1/2 de sucre
1/2 cuil. à café de curcuma en poudre
250 ml de lait de coco
3 cuil. à café d'huile d'arachide
rondelles de citron, pour décorer

### Sauce

1 cuil. à soupe de nuoc mam
2 cuil. à soupe de jus de citron vert
1 cuil. à soupe de sucre en poudre
1 petit piment rouge, finement émincé

### Salade

1 carotte, grossièrement râpée
120 g de laitue iceberg, coupée en lanières
1 concombre, coupé en julienne
100 g de germes de soja, équeutés
20 g de menthe fraîche
30 g de feuilles de coriandre fraîche

### Garniture

75 g de vermicelle transparent, coupé
1 cuil. à soupe d'huile d'arachide
1 gros oignon, finement émincé
6 gousses d'ail, hachées
300 g de filet de porc maigre, finement haché
150 g de crevettes fraîches moyennes, décortiquées, déveinées et hachées
1 petit poivron rouge, finement émincé
75 g de champignons de Paris, finement émincés
1 cuil. à soupe de sauce de soja claire
1/4 de cuil. à café de poivre blanc moulu
4 oignons verts, finement émincés

1 Pour faire la pâte à crêpes, mettre la farine de riz, la levure chimique, le sucre, le curcuma, le lait de coco, 1/2 cuillerée à café de sel et 250 ml d'eau dans un robot de cuisine. Mixer jusqu'à obtention d'une pâte homogène. Couvrir et réserver au chaud 2 à 4 heures.
2 Mélanger les ingrédients de la sauce dans un bol.
3 Pour la salade, mélanger tous les ingrédients dans un saladier.

### L'INFLUENCE FRANÇAISE SUR LA CUISINE VIETNAMIENNE

La cuisine vietnamienne a bénéficié de nombreuses influences, chinoises, indiennes ou portugaises. Il semble cependant que l'influence française ait été la plus importante. La France a effectivement contrôlé la région pendant une centaine d'années, à partir du milieu du XIXe siècle. Les modes de préparation furent autant influencés que la cuisine elle-même, en particulier dans le Sud du pays. Il est donc classique de se voir servir du pain français avec le curry. On retrouve également des desserts d'influence française, comme la brioche, dans les pâtisseries de nombreuses villes vietnamiennes.

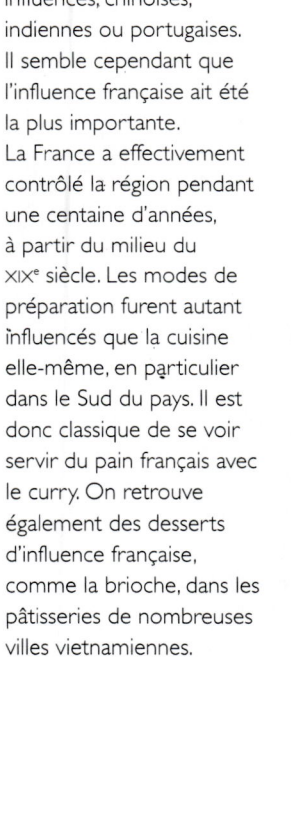

*Ci-contre : Crêpes vietnamiennes au porc, aux crevettes et au vermicelle*

4 Pour la garniture, plonger le vermicelle dans l'eau bouillante 3 à 4 minutes, jusqu'à ce qu'il ramollisse. Rincer et égoutter. Faire chauffer un wok à feu vif, y verser l'huile et l'étaler soigneusement. Ajouter l'oignon et faire revenir 2 minutes. Ajouter l'ail et faire revenir encore 30 secondes. Ajouter le porc et faire revenir 2 minutes, jusqu'à ce qu'il dore. Incorporer les crevettes, le poivron rouge et les champignons et laisser cuire jusqu'à ce que les crevettes rosissent. Incorporer le vermicelle, la sauce de soja, le poivre blanc et les oignons verts.

5 Pour les crêpes, battre la pâte à l'aide d'un fouet jusqu'à ce qu'elle soit homogène. Faire chauffer 1/2 cuillerée à café d'huile dans une poêle antiadhésive de 30 cm. Verser 80 ml de la pâte et l'étaler soigneusement. Faire cuire à feu moyen 1 à 2 minutes, jusqu'à ce que la crêpe soit dorée et croustillante. Retourner la crêpe et la laisser cuire encore 1 à 2 minutes, jusqu'à ce qu'elle soit dorée et croustillante. Répéter l'opération avec le reste de la pâte.

6 Au moment de servir, placer une portion de la garniture sur une moitié de crêpe et recouvrir avec l'autre moitié. Faire de même avec les autres crêpes et le reste de la garniture, pour obtenir 6 parts. Servir avec la sauce, la salade et les rondelles de citron.

NOTE : la première crêpe est généralement ratée. La quantité de pâte prévue en tient compte.

## FOURMIS GRIMPANT AUX ARBRES

Préparation : 15 minutes + macération : 15 minutes
 + trempage : 5 minutes
Cuisson : 15 minutes
4 personnes

☆

1 cuil. à café de maïzena

1 cuil. à soupe 1/2 de sauce de soja claire

2 cuil. à soupe d'alcool de riz

1 cuil. à café d'huile de sésame

200 g de porc, haché

150 g de vermicelle transparent

2 cuil. à soupe d'huile

4 oignons verts, finement émincés

1 gousse d'ail, hachée

1 cuil. à soupe de gingembre frais finement émincé

2 cuil. à café de sauce de soja pimentée

185 ml de bouillon de volaille

1/2 cuil. à café de sucre

2 oignons verts, partie verte seule, émincés, un peu plus pour la garniture

1 Mélanger la maïzena, 1 cuillerée à soupe de sauce de soja, 1 cuillerée à soupe d'alcool de riz et 1/2 cuillerée à café d'huile de sésame dans une jatte non métallique. Ajouter le porc. Mélanger les ingrédients et enlever les grumeaux à l'aide d'une fourchette ou avec les doigts. Couvrir de film alimentaire et laisser mariner au réfrigérateur 10 à 15 minutes.

2 Pendant ce temps, mettre le vermicelle dans une jatte résistante à la chaleur. Recouvrir d'eau bouillante et laisser tremper 3 à 4 minutes. Rincer et égoutter soigneusement.

3 Faire chauffer un wok à feu vif, verser l'huile et l'étaler soigneusement. Faire revenir les oignons verts, l'ail, le gingembre et la sauce de soja pimentée pendant 10 secondes. Ajouter la préparation au porc et laisser cuire 2 minutes. Mélanger pour enlever les grumeaux. Incorporer le bouillon, le sucre, 1/2 cuillerée à café de sel et le reste de la sauce de soja, de l'alcool de riz et de l'huile de sésame.

4 Verser le vermicelle dans le wok et bien remuer. Porter à ébullition. Réduire le feu et laisser mijoter 7 à 8 minutes, jusqu'à absorption presque complète du liquide, en remuant de temps en temps. Garnir d'oignons verts et servir.

NOTE : ce plat tient son nom du porc (les fourmis) qui semble grimper sur le vermicelle (les arbres).

*Ci-dessus : Fourmis grimpant aux arbres*

## NOUILLES AU PORC À LA SAUCE AUX HARICOTS BRUNE

Préparation : 10 minutes
Cuisson : 15 minutes
4 à 6 personnes

☆☆

60 ml de sauce aux haricots brune
2 cuil. à soupe de sauce hoisin
185 ml de bouillon de volaille
1/2 cuil. à café de sucre
2 cuil. à soupe d'huile d'arachide
3 gousses d'ail, finement émincées
6 oignons verts, émincés, parties vertes et blanches séparées
650 g de porc, haché
500 g de nouilles de Shanghai fraîches
1 concombre, coupé en deux dans la longueur, épépiné et coupé en fines rondelles en biais
30 g de feuilles de coriandre fraîche
90 g de germes de soja, équeutés
1 cuil. à soupe de jus de citron vert

**1** Mélanger la sauce aux haricots, la sauce hoisin, le bouillon et le sucre. Le tout doit être homogène.
**2** Faire chauffer un wok à feu vif, verser l'huile et l'étaler soigneusement. Ajouter l'ail et les oignons verts (partie blanche). Saisir 10 à 20 secondes. Ajouter le porc et faire sautés à feu vif 2 à 3 minutes, jusqu'à ce que le tout soit doré. Ajouter la préparation précédente, réduire le feu et laisser mijoter 8 minutes.
**3** Faire cuire les nouilles dans de l'eau bouillante 4 à 5 minutes, jusqu'à ce qu'elle soient tendres. Égoutter et rincer. Répartir dans des bols avec le sauté. Mélanger concombre, coriandre, germes de soja, jus de citron vert et oignons verts. Garnir les bols.

## FILET DE PORC À LA SAUCE DE SOJA NOIR

Préparation : 10 minutes + macération : 1 heure
Cuisson : 15 minutes
4 personnes

☆

2 gousses d'ail, hachées
2 cuil. à café de gingembre frais finement râpé
2 cuil. à café d'huile
600 g de filet de porc, émincé perpendiculairement aux fibres
2 à 3 cuil. à soupe de graines de soja noir, rincées
60 ml de bouillon de volaille
1 cuil. à soupe 1/2 de sauce de soja
1 cuil. à café 1/2 de maïzena
1 cuil. à café de sucre
1/4 de cuil. à café d'huile de sésame
1 petit oignon, finement émincé
3 oignons verts, coupés en fines rondelles en biais

*Ci-dessus : Nouilles au porc à la sauce aux haricots brune*

1 Mélanger l'ail, le gingembre et 2 cuillerées à café d'huile dans une jatte non métallique. Ajouter le porc, couvrir et laisser mariner 1 heure au réfrigérateur.
2 Mettre les graines de soja dans un bol. Ajouter le bouillon, la sauce de soja, la maïzena et le sucre. Bien mélanger et réduire les graines de soja en purée à l'aide d'une fourchette.
3 Faire chauffer un wok à feu vif. Verser 1 cuillerée à soupe d'huile et l'huile de sésame, et bien les étaler. Faire revenir la viande en plusieurs fois, 3 minutes, jusqu'à ce qu'elle soit bien dorée. La retirer du wok.
4 Verser le reste d'huile dans le wok et faire revenir l'oignon 2 minutes. Remettre le porc dans le wok et ajouter la sauce de soja noire et les oignons verts. Porter à ébullition sans cesser de remuer 3 minutes, jusqu'à ce que la sauce épaississe et enrobe la viande. Saler et poivrer. Convient bien aux banquets.

## SAUTÉ DE PORC ET DE POTIRON AU CARAMEL

Préparation : 15 minutes
Cuisson : 20 minutes
4 personnes

☆

500 g de filet de porc, émincé perpendiculairement aux fibres
2 gousses d'ail, hachées
2 à 3 cuil. à soupe d'huile d'arachide
300 g de potiron, découpé en tranches de 2 cm sur 4 cm, et de 5 mm d'épaisseur
60 g de sucre roux
60 ml de nuoc mam
60 ml de vinaigre de riz
2 cuil. à soupe de coriandre fraîche ciselée

1 Mettre le porc dans une jatte. Ajouter l'ail et 2 cuillerées à café d'huile d'arachide. Saler et poivrer généreusement avec du poivre fraîchement moulu.
2 Faire chauffer un wok à feu vif, verser 1 cuillerée à soupe d'huile et l'étaler soigneusement. Faire revenir le porc, en deux fois, pendant 1 minute, jusqu'à ce que la viande change de couleur. Disposer la viande dans un plat.
3 Verser le reste d'huile dans le wok et faire cuire le potiron environ 4 minutes, jusqu'à ce qu'il soit tout juste tendre. Retirer la préparation du feu et la disposer sur le plat avec le porc.
4 Verser le sucre, le nuoc mam, le vinaigre de riz et 125 ml d'eau dans le wok sans cesser de remuer. Porter à ébullition et laisser bouillir environ 10 minutes, jusqu'à ce que le mélange soit sirupeux. Remettre le porc et le potiron dans le wok. Réchauffer 1 minute sans cesser de remuer, jusqu'à ce que la préparation soit enrobée de sirop et chaude. Incorporer la coriandre. Servir immédiatement, éventuellement accompagné de riz et de légumes asiatiques cuits à la vapeur.

*Ci-dessous : Sauté de porc et de potiron au caramel*

## NOUILLES SAUTÉES À L'INDONÉSIENNE
(Bahmi goreng)

Préparation : 25 minutes
Cuisson : 20 minutes
4 personnes

☆☆

400 g de nouilles aux œufs larges fraîches de 5 mm de largeur
2 tomates
2 cuil. à soupe d'huile d'arachide
4 échalotes rouges, finement émincées
2 gousses d'ail, hachées
1 petit piment rouge frais, coupé en rondelles
100 g de filet de porc, émincé perpendiculairement aux fibres
300 g de blancs de poulet, finement émincé
200 g de petites crevettes fraîches, décortiquées et déveinées, en conservant la queue
2 feuilles de pak-choi, coupées en lanières
2 carottes, coupées en deux dans la longueur puis en fines rondelles
100 g de haricots kilomètre, coupés en tronçons de 3 cm
60 ml de kecap manis
1 cuil. à soupe de sauce de soja claire
4 oignons verts, coupés en rondelles en biais
1 cuil. à soupe d'oignons frits croustillants
brins de persil plat frais, pour décorer

**1** Faire cuire les nouilles dans de l'eau bouillante 1 minute, jusqu'à ce qu'elles soient tendres. Égoutter et rincer sous l'eau froide.
**2** Inciser la base des tomates. Les plonger dans de l'eau bouillante 30 secondes puis les mettre dans l'eau froide. Les peler en partant de l'incision et les couper en deux dans la largeur. Retirer les graines à l'aide d'une cuillère à café et émincer la pulpe.
**3** Faire chauffer un wok à feu vif, verser l'huile d'arachide et bien l'étaler. Ajouter les échalotes rouges et faire revenir 1 minute. Incorporer l'ail, le piment et le porc. Faire sauter le tout 2 minutes. Ajouter le poulet et faire cuire encore 2 minutes. Ajouter les crevettes et faire cuire 2 minutes, jusqu'à ce qu'elles soient roses et bien cuites
**4** Ajouter le pak-choi, les carottes et les haricots et laisser cuire 3 minutes. Ajouter la préparation de nouilles et faire réchauffer 4 minutes.
**5** Ajouter le kecap manis, la sauce de soja, les oignons verts et les tomates et remuer 2 minutes. Saler et poivrer. Garnir avec les oignons frits et le persil et servir immédiatement.

*Ci-dessous : Nouilles sautées à l'indonésienne*

## SAUTÉ DE POULET AU POIVRE

Préparation : 10 minutes
Cuisson : 10 minutes
4 personnes

☆

2 cuil. à soupe de sauce d'huître
1 cuil. à café de sauce de soja
1 cuil. à café de sucre
1 cuil. à soupe d'huile
2 blancs de poulet, coupés en lamelles
2 cuil. à café 1/2 de grains de poivre aux aromates
1 oignon, coupé en rondelles
1 piment rouge, coupé en lamelles

1 Pour faire la sauce, mettre la sauce d'huître, la sauce de soja et le sucre dans un bol non métallique. Mélanger jusqu'à ce que le sucre soit dissous.
2 Faire chauffer un wok à feu vif, verser l'huile et l'étaler soigneusement. Ajouter les lamelles de poulet et faire revenir 2 à 3 minutes, jusqu'à ce que le poulet dore.
3 Ajouter les grains de poivre et faire cuire jusqu'à ce que le poulet soit parfumé. Ajouter l'oignon et le piment rouge et faire cuire 2 minutes, jusqu'à ce qu'ils ramollissent légèrement. Réduire le feu et ajouter la sauce. Bien mélanger jusqu'à que toute la préparation soit bien enrobée. Servir chaud, avec du riz vapeur ou des nouilles chinoises.

## POULET TERIYAKI AUX NOUILLES JAPONAISES

Préparation : 20 minutes + macération : 30 minutes
Cuisson : 20 minutes
4 personnes

☆

1 gousse d'ail, hachée
1 cuil. à café 1/2 de gingembre frais râpé
80 ml de sauce de soja claire
1 cuil. à soupe de saké
60 ml de mirin (vin de riz doux)
450 g de blancs de poulet, coupé en cubes de 2 cm
400 g de nouilles udon fraîches
2 cuil. à soupe d'huile d'arachide
1 cuil. à café d'huile de sésame
1 oignon, coupé en fines rondelles
2 cuil. à café de sucre
6 oignons verts, coupés en fines rondelles en biais
1 cuil. à soupe de graines de sésame grillées
2 cuil. à café de graines de sésame noir grillées

1 Mélanger l'ail, le gingembre, la sauce de soja, le saké et le mirin dans une jatte non métallique. Ajouter le poulet et mélanger pour qu'il soit bien enrobé. Recouvrir le récipient de film alimentaire. Laisser mariner la préparation 30 minutes au réfrigérateur.
2 Pendant ce temps, faire cuire les nouilles 1 à 2 minutes dans de l'eau bouillante, jusqu'à ce qu'elles soient tendres. Bien les égoutter
3 Égoutter le poulet et réserver la marinade. Mélanger l'huile d'arachide et l'huile de sésame. Faire chauffer un wok à feu vif, verser la moitié de l'huile et l'étaler soigneusement. Faire revenir le poulet en plusieurs fois 2 à 3 minutes, jusqu'à ce qu'il soit bien doré. Retirer la préparation du feu. Faire chauffer à feu moyen le reste d'huile dans le wok. Ajouter les oignons et les faire revenir 3 à 4 minutes, jusqu'à ce qu'ils ramollissent.
4 Pendant ce temps, verser la marinade réservée et le sucre dans une petite casserole. Porter à ébullition. Réduire le feu et laisser mijoter 2 minutes, jusqu'à ce que le mélange devienne sirupeux, en remuant de temps en temps. Retirer la casserole du feu et réserver au chaud.
5 Remettre le poulet dans le wok, avec les oignons verts et les nouilles udon et bien mélanger. Faire revenir 2 minutes et ajouter la marinade réservée. Faire réchauffer la préparation en remuant soigneusement.
6 Disposer les nouilles dans quatre bols. Parsemer de graines de sésames grillées et servir immédiatement.

*Ci-dessous : Poulet teriyaki aux nouilles japonaises*

## POULET AUX AMANDES

Figurant au menu de tous les quartiers chinois du monde, le poulet aux amandes est très peu connu en Chine. Les Chinois utilisent rarement les « véritables » amandes. Ils utilisent un fruit qui s'y apparente, connu sous le nom d'« amande chinoise », qui a un goût plus prononcé. Même s'il s'agit d'une variété proche de l'amande, ce fruit est en fait le noyau d'abricots cultivés spécialement pour leur contenu. Les amandes chinoises que l'on trouve sur les marchés ont été mondées, mais il est tout de même conseillé de les faire griller pendant 20 minutes dans un four à température moyenne (200 °C) avant de les consommer.

*Ci-dessus : Poulet à l'orange et au gingembre*

## POULET À L'ORANGE ET AU GINGEMBRE

Préparation : 15 minutes
Cuisson : 20 minutes
4 personnes

☆

60 ml d'huile
10 cuisses de poulet, coupées en petits morceaux
3 cuil. à café de gingembre frais râpé
1 cuil. à café de zeste d'orange râpé
125 ml de bouillon de volaille
2 cuil. à café de miel
550 g de pak-choi, effeuillé et coupé en deux
graines de sésame, grillées, pour décorer

**1** Faire chauffer un wok à feu vif, verser l'huile et bien l'étaler. Ajouter le poulet et le faire revenir en plusieurs fois 3 à 4 minutes, jusqu'à ce qu'il soit doré.
**2** Remettre les morceaux de poulet dans le wok. Ajouter le gingembre et le zeste d'orange et faire revenir 20 secondes, jusqu'à ce que la viande soit parfumée. Mouiller avec le bouillon et le miel et mélanger. Augmenter le feu et laisser cuire 3 à 4 minutes, jusqu'à ce que la sauce épaississe légèrement. Ajouter le pak-choi et laisser cuire jusqu'à ce qu'il se dessèche légèrement. Saler et poivrer. Parsemer de graines de sésame grillées et servir avec du riz vapeur.

## POULET AUX AMANDES ET AUX ASPERGES

Préparation : 15 minutes
Cuisson : 15 minutes
4 à 6 personnes

☆

2 cuil. à café de maïzena
80 ml de bouillon de volaille
1/4 de cuil. à café d'huile de sésame
2 cuil. à soupe de sauce d'huître
1 cuil. à soupe de sauce de soja
3 gousses d'ail, hachées
1 cuil. à café de gingembre frais finement émincé
1 pincée de poivre blanc moulu
2 cuil. à soupe 1/2 d'huile d'arachide
50 g d'amandes mondées
2 oignons verts, coupés en tronçons de 3 cm
500 g de cuisses de poulet, coupées en lamelles de 3 cm sur 2 cm
1 petite carotte, finement émincée
150 g de fines asperges fraîches, parées et coupées en tronçons de 3 cm
60 g de pousses de bambou, émincées

**1** Pour faire la sauce, mettre la maïzena et le bouillon de poulet dans une jatte et mélanger jusqu'à obtention d'une pâte. Incorporer l'huile de sésame, la sauce d'huître, la sauce de soja, l'ail, le gingembre et le poivre blanc. Réserver.

**2** Faire chauffer un wok à feu vif, verser 2 cuillerées à café d'huile de sésame et l'étaler soigneusement. Ajouter les amandes et faire revenir 1 à 2 minutes, jusqu'à ce qu'elles soient bien dorées. Ne pas les laisser brûler. Retirer du wok et égoutter sur du papier absorbant.

**3** Faire chauffer une autre cuillerée à café d'huile de sésame dans le wok et l'étaler soigneusement. Ajouter les oignons verts et les faire suer 30 secondes. Retirer du wok.

**4** Faire chauffer à feu vif une autre cuillerée à café d'huile de sésame dans le wok. Faire revenir le poulet en 2 fournées pendant 3 minutes, jusqu'à ce qu'il soit juste cuit. Réserver avec les oignons verts.

**5** Verser le reste d'huile de sésame dans le wok et ajouter la carotte. Faire sauter 1 à 2 minutes, jusqu'à ce que la carotte commence à dorer. Ajouter les asperges et les pousses de bambou, et faire sauter encore 1 minute. Retirer tous les légumes du wok et les réserver avec le poulet et les oignons verts.

**6** Remuer un peu la sauce et la verser dans le wok. Mélanger jusqu'à ce que la préparation épaississe. Remettre le poulet et les légumes dans le wok et réchauffer quelques minutes, sans cesser de remuer, jusqu'à ce que la préparation soit enrobée et chaude. Disposer le mélange dans un plat de service et parsemer d'amandes. Servir immédiatement, avec du riz vapeur.

## POULET SAUTÉ AUX GERMES DE POIS MANGETOUT

Préparation : 15 minutes
Cuisson : 15 minutes
4 personnes

☆

2 cuil. à soupe d'huile
1 oignon, finement émincé
3 feuilles de lime kafir, coupées en lanières
3 blancs de poulet, coupés en cubes de 2 cm
1 poivron rouge, émincé
60 ml de jus de citron vert
100 ml de sauce de soja
100 g de germes de pois mangetout
2 cuil. à soupe de feuilles de coriandre fraîche hachées

**1** Faire chauffer un wok à feu moyen, verser l'huile et bien l'étaler. Ajouter l'oignon et les feuilles de lime kafir et faire revenir 3 à 5 minutes, jusqu'à ce que l'oignon ramollisse. Ajouter le poulet et cuire 4 minutes. Ajouter le poivron et cuire 2 à 3 minutes.

**2** Incorporer le jus de citron et la sauce de soja. Faire revenir 1 à 2 minutes, jusqu'à ce que la sauce réduise légèrement. Ajouter les germes de pois et la coriandre sans cesser de remuer. Cuire jusqu'à ce que les germes commencent à se dessécher légèrement. Servir avec du riz parfumé. Garnir éventuellement de coriandre.

### GERMES DE POIS MANGETOUT

Les germes de pois mangetout sont les germes du pois mangetout, qui est lui-même entièrement comestible, comme l'indique son nom. Les germes de pois mangetout se marient bien avec la salade et ajoutent une touche fraîche et parfumée aux sautés. Les pousses représentent généralement les pointes des légumes en pleine croissance, c'est pourquoi on en retire les fleurs, pour permettre aux pointes de se multiplier. On évite ainsi l'apparition de cosses.

*Ci-contre : Poulet sauté aux germes de pois mangetout*

LE GRAND LIVRE DU WOK

## CANARD SAUTÉ À LA SAUCE AUX PRUNES ET AU GINGEMBRE

Préparation : 10 minutes + macération : 3 heures
Cuisson : 10 minutes
4 à 6 personnes

☆

1 cuil. à soupe de sauce hoisin
1/2 cuil. à café d'huile de sésame
1 cuil. à café de gingembre en poudre
1 cuil. à café de poudre de cinq-épices
2 gousses d'ail, hachées
3 cuil. à café de sauce de soja
4 filets de canard de 185 g chacun, désossés, sans peau, parés et coupés en lamelles perpendiculairement aux fibres
60 ml de bouillon de volaille
60 ml de sauce aux prunes
2 cuil. à café de jus d'orange
1/2 cuil. à café de maïzena
2 cuil. à café d'huile
1 cuil. à soupe de gingembre frais coupé en julienne
5 oignons verts, coupés en fines rondelles en biais

**1** Mélanger la sauce hoisin, l'huile de sésame, le gingembre en poudre, la poudre de cinq-épices, l'ail et 2 cuillerées à café de la sauce de soja dans une jatte non métallique. Ajouter le canard, couvrir de film alimentaire et laisser mariner 3 heures au réfrigérateur.
**2** Pour faire la sauce, mélanger le bouillon, la sauce aux prunes, le jus d'orange et la maïzena dans une jatte. Battre à l'aide d'une fourchette.
**3** Faire chauffer un wok à feu vif, verser 1 cuillerée à café d'huile et l'étaler soigneusement. Faire revenir le canard en plusieurs fournées pendant 30 secondes, jusqu'à ce qu'il dore. Ne pas le laisser cuire trop longtemps pour éviter qu'il durcisse. Retirer le canard du wok.
**4** Faire chauffer le reste d'huile dans le wok, ajouter le gingembre frais et la plus grande partie des oignons verts. Faire revenir 1 minute, jusqu'à ce que le tout ramollisse et que les parfums s'exhalent. Verser la sauce et laisser mijoter 1 minute, en remuant, jusqu'à ce que la sauce épaississe. Remettre le canard dans le wok et mélanger soigneusement. Saler et poivrer généreusement. Garnir avec le reste d'oignons verts et servir immédiatement.

## POULET KUNG PAO

Préparation : 15 minutes + macération : 30 minutes
Cuisson : 15 minutes
4 personnes

☆

1 blanc d'œuf
2 cuil. à café de maïzena
1/2 cuil. à café d'huile de sésame
2 cuil. à café d'alcool de riz
1 cuil. à soupe 1/2 de sauce de soja
600 g de blancs de poulet, coupé en cubes de 2 cm
60 ml de bouillon de volaille
2 cuil. à café de vinaigre noir chinois
1 cuil. à café de sucre roux
2 cuil. à café d'huile
3 longs piments rouges séchés, coupés en deux dans la longueur
3 gousses d'ail, finement émincées
2 cuil. à café de gingembre frais finement râpé
2 oignons verts, coupés en fines rondelles en biais
50 g de cacahuètes non salées, épluchées et grossièrement concassées

**1** À l'aide d'un fouet, battre le blanc d'œuf, la maïzena, l'huile de sésame, l'alcool de riz et 2 cuillerées à café de sauce de soja dans une jatte non métallique. Ajouter le poulet et l'enrober de marinade. Couvrir de film alimentaire et laisser mariner 30 minutes au réfrigérateur.
**2** Pour faire la sauce, mélanger le bouillon, le vinaigre, le sucre et le reste de la sauce de soja dans un bol.
**3** Faire chauffer un wok à feu vif, verser 1 cuillerée à soupe de l'huile et l'étaler soigneusement. Faire revenir le poulet 3 minutes en plusieurs fournées, jusqu'à ce qu'il dore. Retirer le poulet du wok.
**4** Faire chauffer le reste d'huile dans le wok. Ajouter les piments et saisir 15 secondes, jusqu'à ce qu'ils changent de couleur. Ajouter l'ail, le gingembre, les oignons verts et les cacahuètes et faire revenir le tout 1 minute. Remettre le poulet dans le wok, avec la sauce. Réchauffer 3 minutes, jusqu'à ce que le poulet soit chaud et que la sauce épaississe légèrement. Servir immédiatement.
NOTE : on raconte que ce plat a été créé pour un noble important, appelé Kung Pao (ou Gong Bao), officiant dans la province chinoise du Séchouan. Il se distingue par les arômes de ses longs piments séchés, très appréciés dans la cuisine du Séchouan, et par le croquant de ses cacahuètes. On peut également le préparer avec de la viande rouge ou des crevettes.

*Page ci-contre, de haut en bas : Canard sauté à la sauce aux prunes et au gingembre ; Poulet kung pao*

## BASILIC

Même si le basilic est souvent associé à la Méditerranée, il occupe une place importante dans la cuisine du Sud-Est asiatique, ce qui n'est guère surprenant étant donné ses origines indiennes. Les feuilles se dessèchent rapidement, c'est pourquoi il est conseillé de les consommer le plus tôt possible après leur achat. Sachez que toutes les variétés de basilic frais peuvent convenir. Le basilic doit être ciselé et non émincé, et ne s'ajoute aux plats chauds qu'au tout dernier moment, afin de conserver tout leur arôme.

*Ci-dessus : Poulet au basilic thaïlandais*

## POULET AU BASILIC THAÏLANDAIS
(Gai paht bai graprao)

Préparation : 15 minutes
Cuisson : 15 minutes
4 personnes

☆

60 ml d'huile d'arachide
500 g de blancs de poulet, coupés en fines lamelles
1 gousse d'ail, hachée
4 oignons verts, finement émincés
150 g de haricots kilomètre, équeutés et coupés en tronçons de 5 cm
2 petit piments rouges frais, finement émincés
35 g de basilic thaïlandais frais, un peu plus pour garnir
2 cuil. à café de menthe fraîche émincée
1 cuil. à café de nuoc mam
1 cuil. à café de sauce d'huître
2 cuil. à café de jus de citron vert
1 cuil. à soupe de sucre de palme râpé

1 Faire chauffer un wok à feu vif, verser 1 cuillerée à soupe d'huile et l'étaler soigneusement. Faire revenir le poulet 3 à 5 minutes en plusieurs fournées, jusqu'à ce qu'il soit légèrement doré et presque cuit. Rajouter de l'huile si nécessaire. Retirer le poulet du wok.
2 Faire chauffer le reste d'huile. Ajouter l'ail, les oignons, les haricots et les piments. Faire sauter 1 minute, jusqu'à ce que les oignons fondent. Remettre le poulet dans le wok.
3 Incorporer le basilic et la menthe. Mélanger le nuoc mam, la sauce d'huître, le jus de citron, le sucre de palme et 2 cuillerées à soupe d'eau et verser le mélange dans le wok. Laisser cuire 1 minute. Garnir avec de basilic et servir avec du riz parfumé.

## POULET SAUTÉ AUX ASPERGES

Préparation : 15 minutes
Cuisson : 10 minutes
4 personnes

☆

2 cuil. à soupe d'huile
1 gousse d'ail, hachée
1 morceau de gingembre frais de 10 cm, finement émincé
3 blancs de poulet, coupés en lamelles
4 oignons verts, émincés
200 g d'asperges fraîches, coupées en rondelles de 1 cm en biais
2 cuil. à soupe de sauce de soja
40 g d'amandes, concassées et grillées

1 Faire chauffer un wok à feu vif, verser l'huile et l'étaler soigneusement. Ajouter l'ail, le gingembre

et le poulet. Faire sauter 1 à 2 minutes, jusqu'à ce que le poulet change de couleur.

**2** Ajouter les oignons verts et les asperges. Faire sauter encore 2 minutes, jusqu'à ce que les oignons verts fondent.

**3** Ajouter la sauce de soja et 60 ml d'eau. Couvrir et laisser mijoter 2 minutes, jusqu'à ce que le poulet soit tendre et les légumes légèrement croustillants. Parsemer d'amandes et servir avec du riz vapeur ou des nouilles hokkien.

## POULET CHOW MEIN

Préparation : 15 minutes + repos : 1 heure
Cuisson : 40 minutes
4 personnes

☆☆

250 g de nouilles aux œufs fines fraîches

2 cuil. à café d'huile de sésame

125 ml d'huile d'arachide

1 cuil. à soupe d'alcool de riz

1 cuil. à soupe 1/2 de sauce de soja claire

3 cuil. à café de maïzena

400 g de blancs de poulet, coupé en fines lamelles

1 gousse d'ail, hachée

1 cuil. à soupe de gingembre frais finement émincé

100 g de pois mangetout, équeutés

250 g de chou chinois, coupé en lanières

4 oignons verts, coupés en tronçons de 2 cm

100 ml de bouillon de volaille

1 cuil. à soupe 1/2 de sauce d'huître

100 g de germes de soja, équeutés

1 petit piment rouge frais, épépiné et émincé, en garniture (facultatif)

**1** Faire cuire les nouilles dans de l'eau bouillante 1 minute, jusqu'à ce qu'elles soient tendres. Bien égoutter. Ajouter l'huile de sésame et 1 cuillerée à soupe d'huile d'arachide et bien mélanger. Étaler les nouilles en une fine couche sur une plaque à pâtisserie. Réserver 1 heure dans un endroit sec.

**2** Pendant ce temps, mélanger l'alcool de riz, 1 cuillerée à soupe de sauce de soja et 1 cuillerée à café de maïzena dans une jatte non métallique. Ajouter le poulet et bien mélanger le tout. Couvrir de film alimentaire et laisser mariner 10 minutes.

**3** Faire chauffer à feu vif 1 cuillerée à soupe d'huile d'arachide dans une poêle antiadhésive. Ajouter le quart des nouilles et leur donner la forme de galettes. Réduire à feu moyen et faire revenir 4 minutes de chaque côté, jusqu'à ce que les nouilles soient croustillantes et bien dorées. Égoutter sur du papier absorbant et réserver au chaud. Faire de même avec 3 cuillerées à soupe d'huile et le reste des nouilles pour faire 4 galettes de nouilles en tout.

**4** Faire chauffer un wok à feu vif, verser le reste d'huile d'arachide et l'étaler soigneusement. Faire revenir l'ail et le gingembre 30 secondes. Ajouter le poulet et le faire sauter 3 à 4 minutes, jusqu'à ce qu'il soit tendre et bien doré. Ajouter les pois mangetout, les lanières de chou et les oignons verts. Faire cuire 2 minutes, jusqu'à ce que le chou commence à se dessécher. Incorporer le bouillon de volaille, la sauce d'huître et les germes de soja. Porter à ébullition.

**5** Délayer le reste de la maïzena dans 1 à 2 cuillerées à café d'eau froide. Incorporer au wok avec le reste de la sauce de soja et laisser cuire 1 à 2 minutes, jusqu'à ce que la sauce épaississe.

**6** Au moment de servir, disposer une galette de nouilles sur chaque assiette. Disposer le poulet et la préparation de légume par-dessus à l'aide d'une cuillère. Servir immédiatement et garnir éventuellement de piment.

*Ci-dessous : Poulet chow mein*

## CANARD CHINOIS RÔTI AUX NOUILLES DE RIZ

Retirer la peau et le gras du canard avec les doigts.

Séparer délicatement la chair des os avec les doigts.

*Ci-dessus : Canard chinois rôti aux nouilles de riz*

## CANARD CHINOIS RÔTI AUX NOUILLES DE RIZ

Préparation : 25 minutes
Cuisson : 15 minutes
4 personnes

☆☆

1,5 kg de canard chinois rôti (*voir* Note)
500 g de nouilles de riz plates fraîches de 1 cm de large
3 cuil. à soupe 1/2 d'huile d'arachide
3 petites aubergines fines, coupées en rondelles de 1 cm
1 cuil. à soupe de gingembre frais finement émincé
2 petits piments rouges frais, finement émincés
4 oignons verts, coupés en fines rondelles
3 cuil. à soupe de basilic frais, ciselé
60 ml de sauce barbecue chinoise

1 Retirer la peau croustillante et la viande du canard. Jeter la carcasse et le gras. Couper la viande et la peau en petits morceaux et mettre le tout dans une jatte. On doit obtenir 350 g de viande.
2 Mettre les nouilles dans une jatte résistant à la chaleur. Y verser de l'eau bouillante et laisser tremper quelques instants. Dissocier délicatement les nouilles. Rincer à l'eau froide et bien égoutter.
3 Faire chauffer un wok à feu vif, y verser 2 cuillerées à soupe 1/2 d'huile d'arachide et étaler soigneusement. Ajouter les aubergines et faire sauter 3 à 4 minutes, jusqu'à ce qu'elles ramollissent. Les mettre dans un récipient.
4 Faire chauffer le reste d'huile dans le wok, à feu vif. Faire revenir le gingembre, les piments et les oignons verts 30 secondes, sans cesser de remuer. Remettre les aubergines dans le wok, avec le canard, le basilic et la sauce barbecue. Remuer délicatement 1 à 2 minutes, jusqu'à ce que le tout soit bien réchauffé. Ajouter les nouilles et faire sauter 1 à 2 minutes. Prendre soin de ne pas casser les nouilles. Servir immédiatement.

NOTE : le canard chinois rôti est un canard à la peau croustillante, sombre et brillante, que l'on peut trouver préparé dans les épiceries ou les restaurants asiatiques. Certains Chinois achètent le canard chinois rôti uniquement s'il a fait beau les 12 heures qui ont précédé leur achat. On raconte que le temps humide empêche la peau de devenir croustillante.

## POULET AU SATAY

Préparation : 10 minutes
Cuisson : 20 minutes
4 personnes

☆

- 1 cuil. à soupe 1/2 d'huile d'arachide
- 6 oignons verts, coupés en tronçons de 3 cm
- 800 g de blancs de poulet, coupés en fines lamelles en biais
- 1 à 1 cuil. à soupe 1/2 de pâte de curry rouge thaïlandais (*voir* page 56)
- 90 g de beurre de cacahuète avec des éclats de cacahuètes
- 270 ml de lait de coco
- 2 cuil. à café de sucre roux
- 1 cuil. à soupe 1/2 de jus de citron vert

**1** Faire chauffer un wok à feu vif, y verser 1 cuillerée à café d'huile d'arachide et l'étaler soigneusement. Ajouter les oignons verts et saisir 30 secondes, jusqu'à ce qu'ils ramollissent légèrement. Les retirer du wok.
**2** Rajouter un peu d'huile d'arachide dans le wok. Faire sauter le poulet 1 minute, jusqu'à ce que la viande change tout juste de couleur. Retirer le poulet.
**3** Rajouter un peu d'huile dans le wok. Verser la pâte de curry et faire frire 1 minute, jusqu'à obtention d'une sauce parfumée. Ajouter le beurre de cacahuète, le lait de coco, le sucre et 250 ml d'eau. Mélanger. Porter à ébullition et laisser bouillir 3 à 4 minutes, jusqu'à ce que la préparation épaississe et que l'huile se détache. Réduire le feu si la sauce bouillonne trop. Remettre le poulet et les oignons verts dans le wok. Bien mélanger et laisser cuire 2 minutes, jusqu'à ce que le tout soit bien réchauffé. Incorporer le jus de citron vert. Saler et poivrer. Servir immédiatement.

### RIZ VAPEUR

Rincer 300 g de riz parfumé dans une passoire, jusqu'à ce que l'eau qui s'écoule soit devenue claire. Mettre dans une grande casserole avec 440 ml d'eau. Porter à ébullition et laisser bouillir 1 minute. Couvrir, réduire le feu au minimum et laisser mijoter pendant 10 minutes. Retirer du feu et réserver, à couvert, pendant 10 minutes. Aérer le riz à l'aide d'une fourchette avant de servir. Servir avec des plats sautés, des currys et des plats cuits à la vapeur. Pour 4 personnes.

---

### PÂTE DE CURRY THAÏLANDAIS

Les pâtes de curry toutes faites peuvent se trouver dans les épiceries asiatiques ou les rayons spécialisés des hypermarchés. La couleur spécifique de la pâte de curry rouge est due à sa grande quantité de piments rouges déshydratés. Par opposition, la couleur de la pâte de curry vert provient des piments verts frais qui sont utilisés pour sa préparation. La force, l'arôme et le taux d'épices de ces pâtes varient selon les marques. Il est donc conseillé d'en essayer plusieurs avant de faire un choix. Elles sont par ailleurs facile à préparer soi-même (*voir* page 56) et bien meilleures dans ce cas. La préparation demande du temps, mais offre beaucoup de satisfaction. De nombreux adeptes du curry préfèrent utiliser un mortier et un pilon, qui pour eux donnent de meilleurs résultats que les robots de cuisine.

*Ci-contre :* Poulet au satay

## POULET THAÏLANDAIS À LA CONFITURE DE PIMENT ET AUX NOIX DE CAJOU
(Gai fam prik pao)

Préparation : 20 minutes
    + trempage : 20 minutes
Cuisson : 35 minutes
4 personnes

☆ ☆

**CONFITURE DE PIMENT**

10 longs piments rouges séchés
80 ml d'huile d'arachide
1 poivron rouge, émincé
50 g d'ail, pelé et grossièrement émincé
200 g d'échalotes rouges d'Asie, émincées
100 g de sucre de palme, râpé
2 cuil. à soupe de purée de tamarin

1 cuil. à soupe d'huile d'arachide
6 oignons verts, coupés en tronçons de 3 cm
500 g de blancs de poulet, coupés en lamelles
50 g de noix de cajou non salées, grillées
1 cuil. à soupe de nuoc mam
15 g de basilic thaïlandais frais

**1** Pour la confiture de piment, faire tremper les piments dans une jatte résistant à la chaleur avec de l'eau bouillante, pendant 20 minutes. Égoutter, épépiner les piments, et en émincer grossièrement la chair.
**2** Mettre la chair des piments dans un robot de cuisine. Ajouter l'huile, le poivron rouge, l'ail et l'échalote. Mixer le tout jusqu'à obtention d'une pâte homogène.
**3** Faire chauffer un wok antiadhésif à feu moyen, et ajouter la préparation de piment. Laisser cuire 15 minutes, en remuant de temps en temps. Ajouter le sucre et le tamarin. Laisser mijoter encore 10 minutes, jusqu'à ce que le mélange s'assombrisse et prenne la consistance d'une confiture. Retirer la confiture de piment du wok.
**4** Laver et sécher le wok. Le faire chauffer à feu vif. Verser l'huile et l'étaler soigneusement. Faire sauter les oignons verts 1 minute. Ajouter le poulet. Le faire sauter 3 à 5 minutes, jusqu'à ce qu'il soit tendre et bien doré. Incorporer les noix de cajou, le nuoc mam et 60 g de la confiture de piment. Faire sauter encore 2 minutes et incorporer le basilic. Servir immédiatement.
NOTES : il est important d'utiliser un wok antiadhésif, car la purée de tamarin présente dans la confiture de piment pourrait altérer la couche protectrice des woks en acier.
Vous pouvez conserver pendant un mois le reste de la confiture de piment dans un pot en verre, au réfrigérateur.

*Ci-dessous : Poulet thaïlandais à la confiture de piment et aux noix de cajou*

## SAUTÉ DE POULET LAQUÉ À LA SAUCE HOISIN

Préparation : 15 minutes
    + macération : 15 minutes
Cuisson : 15 minutes
4 personnes

☆

½ cuil. à café d'huile de sésame
1 blanc d'œuf
1 cuil. à soupe de maïzena
700 g de blancs de poulet, coupés en cube de 1,5 cm

## SAUTÉS

- 2 cuil. à soupe d'huile d'arachide
- 2 gousses d'ail, émincées
- 1 cuil. à soupe de gingembre frais coupé en julienne
- 1 cuil. à soupe de sauce aux haricots brune
- 1 cuil. à soupe de sauce hoisin
- 1 cuil. à soupe d'alcool de riz
- 1 cuil. à café de sauce de soja claire
- 4 oignons verts, coupés en tronçons de 2 cm en biais

**1** Mélanger l'huile de sésame, le blanc d'œuf et la maïzena dans une jatte non métallique. Ajouter le poulet et mélanger. Couvrir de film alimentaire et laisser mariner au moins 15 minutes au réfrigérateur.
**2** Faire chauffer un wok à feu vif, y verser l'huile d'arachide et l'étaler soigneusement. Faire sauter le poulet en 3 fournées pendant 4 minutes, jusqu'à ce qu'il soit bien cuit. Retirer le poulet du wok.
**3** Refaire chauffer le wok à feu vif. Rajouter un peu d'huile si nécessaire et ajouter l'ail et le gingembre. Faire sauter 1 minute. Remettre le poulet dans le wok. Ajouter la sauce aux haricots brune et la sauce hoisin. Faire revenir 1 minute sans cesser de remuer. Ajouter l'alcool de riz, la sauce de soja et les oignons verts. Laisser cuire 1 minute, jusqu'à ce que la sauce épaississe, brille et enrobe le poulet. Servir avec du riz vapeur.

## POULET SAUTÉ AU PIMENT DOUX

Préparation : 10 minutes
Cuisson : 10 minutes
4 à 6 personnes

☆

- 375 g de nouilles hokkien
- 4 escalopes de poulet, coupées en petits morceaux
- 1 à 2 cuil. à soupe de sauce au piment douce
- 2 cuil. à café de nuoc mam
- 1 cuil. à soupe d'huile
- 100 g de mini-épis de maïs, coupés en deux dans la longueur
- 150 g de pois mangetout, éboutés
- 1 cuil. à soupe de jus de citron vert

**1** Mettre les nouilles dans une terrine avec de l'eau bouillante. Couvrir d'eau bouillante 1 minute et dissocier délicatement les nouilles. Égoutter et rincer.
**2** Mélanger le poulet, la sauce au piment douce et le nuoc mam dans une jatte.
**3** Faire chauffer un wok à feu vif, verser l'huile et l'étaler soigneusement. Faire sauter le poulet 3 à 5 minutes, jusqu'à ce qu'il soit bien cuit. Ajouter les épis de maïs et les pois. Faire sauter 2 minutes. Incorporer les nouilles et le jus de citron vert. Servir immédiatement.

*Ci-dessus : Poulet sauté au piment doux*

LE GRAND LIVRE DU WOK

*Ci-dessus : Poulet sauté aux graines de sésame et aux poireaux*

## POULET SAUTÉ AUX GRAINES DE SÉSAME ET AUX POIREAUX

Préparation : 15 minutes
Cuisson : 20 minutes
4 à 6 personnes

☆

2 cuil. à soupe de graines de sésame
1 cuil. à soupe d'huile
2 cuil. à café d'huile de sésame
800 g de filets de poulet, coupés en lamelles
1 poireau, coupé en julienne
2 gousses d'ail, hachées
2 cuil. à soupe de sauce de soja
1 cuil. à soupe de mirin
1 cuil. à café de sucre

**1** Faire chauffer un wok à feu vif. Ajouter les graines de sésames et les laisser griller, jusqu'à ce qu'elles soient bien dorées. Retirer du wok.
**2** Refaire chauffer le wok à feu vif, y verser les huiles et bien les étaler sur toute la surface. Faire sauter les lamelles de poulet en trois fournées, 3 à 5 minutes. Refaire chauffer le wok chaque fois. Cuire sans cesser de remuer, jusqu'à ce que les lamelles soient tout juste cuites. Remettre tout le poulet dans le wok.
**3** Ajouter le poireau coupé en julienne et l'ail. Faire revenir 1 à 2 minutes, jusqu'à ce que le poireau soit ramolli et bien doré. Vérifier que le poulet est bien cuit. Si ce n'est pas le cas, réduire le feu, couvrir et laisser cuire 2 minutes.
**4** Ajouter la sauce de soja, le mirin, le sucre et les graines de sésame grillées. Bien mélanger pour lier le tout. Saler, poivrer et servir immédiatement.

## YAKIUDON AU POULET

Préparation : 15 minutes
  + trempage : 20 minutes
Cuisson : 15 minutes
4 personnes

☆

5 champignons shiitake séchés
1 gousse d'ail, hachée
2 cuil. à café de gingembre frais râpé
125 ml de sauce de soja japonaise
2 cuil. à soupe de vinaigre de riz
2 cuil. à soupe de sucre
1 cuil. à soupe de jus de citron
500 g de nouilles udon fraîches
2 cuil. à soupe d'huile
500 g de blancs de poulet, coupés en fines lamelles
1 gousse d'ail, finement émincée
1 petit poivron rouge, coupé en fines rondelles
150 g de chou, coupé en lanières
4 oignons verts, coupés en fines rondelles
1 cuil. à soupe d'huile de sésame
poivre blanc, pour assaisonner
2 cuil. à soupe de gingembre en saumure, rincé et coupé en lanières

**1** Faire tremper les champignons dans l'eau bouillante 20 minutes, jusqu'à ce qu'ils ramollissent. Les égoutter et réserver 60 ml du jus. Retirer les pieds durs et couper les chapeaux en lamelles.
**2** Mélanger l'ail haché, le gingembre, la sauce de soja, le vinaigre, le sucre, le jus de citron et le jus de champignon réservé dans une jatte.
**3** Faire cuire les nouilles dans l'eau bouillante 1 à 2 minutes, jusqu'à ce qu'elles soient tendres. Égoutter.
**4** Faire chauffer un wok à feu vif, verser la moitié

de l'huile et l'étaler soigneusement. Faire sauter le poulet 5 minutes, jusqu'à ce qu'il roussisse.
**5** Faire chauffer le reste d'huile dans le wok. Ajouter l'ail émincé, les champignons, le poivron et le chou. Faire sauter 2 à 3 minutes, jusqu'à ce que le tout ramollisse. Ajouter les nouilles et faire sauter 1 minute. Remettre le poulet dans le wok et ajouter les oignons verts, l'huile de sésame et la préparation à la sauce de soja. Mélanger jusqu'à ce que tout soit lié et réchauffé. Assaisonner avec le poivre blanc et parsemer de gingembre en saumure.

## POULET AU MIEL

Préparation : 15 minutes
Cuisson : 25 minutes
4 personnes

☆

500 g de blancs de poulet, coupés en cubes
1 blanc d'œuf, légèrement battu
40 g de maïzena
80 ml d'huile
2 oignons, coupés en fines lamelles
1 poivron vert, coupé en cubes
2 carottes, coupées en julienne
100 g de pois mangetout, coupés en deux
90 g de miel
2 cuil. à soupe d'amandes grillées (*voir* Note)

**1** Tremper le poulet dans le blanc d'œuf et saupoudrer légèrement de maïzena. Remuer pour enlever l'excédent de maïzena.
**2** Faire chauffer un wok à feu vif, y verser 1 cuillerée à soupe 1/2 d'huile et l'étaler soigneusement. Faire sauter 4 à 5 minutes le poulet, en deux fournées, jusqu'à ce qu'il soit bien doré et tout juste cuit. Retirer le poulet du wok et l'égoutter sur du papier absorbant.
**3** Refaire chauffer le wok à feu vif. Ajouter 1 cuillerée à soupe d'huile et faire sauter les oignons 3 à 4 minutes, jusqu'à ce qu'ils ramollissent légèrement. Ajouter le poivron vert et les carottes. Faire revenir 3 à 4 minutes sans cesser de remuer, jusqu'à ce que le tout s'attendrisse. Incorporer les pois mangetout et laisser cuire 2 minutes.
**4** veillez à ce que le wok soit toujours très chaud. Verser le miel et mélanger, jusqu'à ce que les légumes soient bien enrobés. Remettre le poulet dans le wok. Bien remuer, jusqu'à ce que le poulet soit bien réchauffé et enrobé de miel. Retirer le wok du feu et assaisonner avec du sel et du poivre noir fraîchement moulu. Parsemer d'amandes grillées et servir immédiatement. Accompagner de riz blanc cuit à la vapeur.
NOTE : si vous ne trouvez pas d'amandes grillées dans le commerce, sachez que vous pouvez griller vous-même les amandes épluchées. Il vous suffit de les faire revenir sans matière grasse dans une poêle à frire ou un wok à feu moyen, pendant 2 à 3 minutes. Remuez de temps en temps pour éviter qu'elles ne brûlent.

**MIEL**
Le miel est utilisé en assaisonnement depuis très longtemps par les Chinois, qui s'en seraient servi dès le IIe siècle avant Jésus-Christ. Le miel est resté pendant des siècles le principal édulcorant de la cuisine chinoise, la fabrication du sucre n'ayant été introduite en Chine qu'au milieu du IXe siècle. Le miel est réputé en Chine pour ses vertus médicinales. On l'utilise pour guérir des affections allant de l'insomnie à la constipation, en passant par les maux d'estomac et les problèmes cardiaques.

*Ci-contre : Poulet au miel*

## POULET AUX NOIX ET AUX CHAMPIGNONS DE PAILLE

Préparation : 20 minutes
Cuisson : 15 minutes
4 personnes

☆

375 g de blancs ou filets de poulet, coupés en fines lamelles
1/2 cuil. à café de poudre de cinq-épices
2 cuil. à café de maïzena
2 cuil. à soupe de sauce de soja
2 cuil. à soupe de sauce d'huître
2 cuil. à café de sucre roux
1 cuil. à café d'huile de sésame
huile, pour la cuisson
75 g de noix
6 oignons verts, coupés en rondelles
150 g de haricots kilomètre ou de haricots verts, émincés
425 g de champignons de paille en boîte, rincés
227 g de pousses de bambou en boîte, égouttées et rincées

*Ci-dessous : Poulet aux noix et aux champignons de paille*

1 Sécher les lamelles de poulet à l'aide de papier absorbant. Saupoudrer avec la poudre de cinq-épices. Mélanger la maïzena et la sauce de soja dans une jatte, jusqu'à obtention d'une pâte lisse. Ajouter 125 ml d'eau, la sauce d'huître, le sucre roux et l'huile de sésame.
2 Faire chauffer un wok à feu vif, y verser 1 cuillerée à soupe d'huile et l'étaler soigneusement. Faire sauter les noix 30 secondes, jusqu'à ce qu'elles roussissent légèrement. Égoutter sur du papier absorbant.
3 Refaire chauffer le wok et y verser 1 cuillerée à soupe d'huile. Faire sauter 2 à 3 minutes le poulet, en plusieurs fournées, jusqu'à ce qu'il soit tout juste cuit. Retirer le poulet du wok.
4 Mettre les oignons verts, les haricots kilomètre, les champignons de paille et les pousses de bambou dans le wok. Faire sauter 2 minutes et retirer du wok. Verser la préparation de sauce de soja dans le wok. Réchauffer 1 minute, jusqu'à ce que la sauce se soit légèrement épaissie. Remettre le poulet et les légumes dans le wok. Remuer pour enrober le tout avec la sauce. Saler et poivrer généreusement. Saupoudrer avec les noix et servir immédiatement.

## POULET SAUTÉ AU LEMON-GRASS

Préparation : 15 minutes
Cuisson : 15 minutes
4 personnes

☆

1 cuil. à soupe de nuoc mam
3 cuil. à café de sucre de palme râpé
1 cuil. à soupe d'huile d'arachide
2 cuil. à café d'huile de sésame
800 g de blancs de poulet, coupés en lamelles
2 cuil. à café de lemon-grass, partie blanche seule, finement émincées
1 cuil. à soupe 1/2 de gingembre frais coupé en julienne
2 gousses d'ail, finement émincées
2 cuil. à soupe de feuilles de coriandre fraîche
2 citrons verts, coupés en rondelles

1 Mélanger le nuoc mam et le sucre de palme dans un bol, jusqu'à ce que le sucre fonde complètement.
2 Faire chauffer un grand wok à feu vif, y verser la moitié des huiles mélangées et l'étaler. Faire sauter 4 minutes le poulet, en plusieurs fournées, en rajoutant de l'huile à chaque fois. Retirer du wok.
3 Mettre le lemon-grass, le gingembre et l'ail dans le wok. Faire sauter 1 à 2 minutes. Remettre tout

le poulet dans le wok et faire sauter encore 2 minutes. Incorporer le mélange de nuoc mam et de sucre de palme. Parsemer avec les feuilles de coriandre et servir immédiatement, avec des nouilles ou du riz et les rondelles de citron vert.

## SALADE CHAUDE DE POULET AU CURRY

Préparation : 15 minutes + macération : 12 heures
Cuisson : 10 minutes
4 à 6 personnes

☆☆

3 cuil. à soupe de pâte de curry indien doux (voir Note)
60 ml de lait de coco
750 g de blancs de poulet, coupés en lamelles
150 g de haricots verts, coupés en deux
2 cuil. à soupe d'huile d'arachide
30 g d'amandes émincées, grillées
1 poivron rouge, coupé en rondelles
240 g de roquette
100 g de nouilles aux œufs frites

SAUCE AU CITRON
80 ml d'huile d'olive
2 cuil. à soupe de jus de citron
2 gousses d'ail, hachées
1 cuil. à café de sucre roux

1 Mélanger la pâte de curry et le lait de coco dans une jatte. Ajouter le poulet et mélanger pour bien l'enrober. Couvrir de film alimentaire et laisser mariner une nuit au réfrigérateur.
2 Faire cuire les haricots 30 secondes dans une casserole d'eau bouillante, jusqu'à ce qu'ils soient juste tendres. Passer sous l'eau pour refroidir et égoutter.
3 Faire chauffer un wok à feu vif, y verser la moitié de l'huile et l'étaler soigneusement. Faire sauter le poulet 5 minutes, en deux fournées, en rajoutant le reste d'huile entre les deux fournées. Retirer du wok.
4 Pour la sauce au citron, mettre les ingrédients dans un récipient hermétique. Bien secouer.
5 Mettre le poulet, les haricots, les amandes, le poivron, la roquette et l'assaisonnement dans un saladier. Mélanger le tout. Incorporer les nouilles et servir.
NOTE : vous pouvez utiliser n'importe quelle recette de pâte de curry parmi celles des pages 58 et 59. Vous pouvez également utiliser de la pâte toute prête.

### SAUCE SATAY

Mixer 160 g de cacahuètes grillées non salées dans un robot de cuisine. Faire chauffer 2 cuillerées à soupe d'huile dans un wok. Ajouter un oignon émincé et faire revenir 5 minutes à feu moyen, jusqu'à ce que l'oignon ramollisse. Ajouter 2 gousses d'ail hachées, 2 cuillerées à café de gingembre finement émincé, $1/2$ cuillerée à café de poudre de piment et 1 cuillerée à café de cumin moulu. Faire cuire 2 minutes, sans cesser de remuer. Ajouter 410 ml de lait de coco, 45 g de sucre roux et les cacahuètes. Réduire le feu et laisser cuire 5 minutes, pour que la sauce épaississe. Ajouter 1 cuillerée à soupe de jus de citron. Saler et poivrer.
NOTES : si vous voulez obtenir une sauce plus lisse, mixez 30 secondes les ingrédients de la sauce dans un robot de cuisine.
La sauce satay se marie avec toutes les viandes, mais on la sert le plus souvent avec le poulet. Vous pouvez aussi la servir en sauce cocktail, ou l'ajouter à vos plats sautés et vos salades de poulet asiatiques.

*Ci-dessus : Salade chaude de poulet au curry*

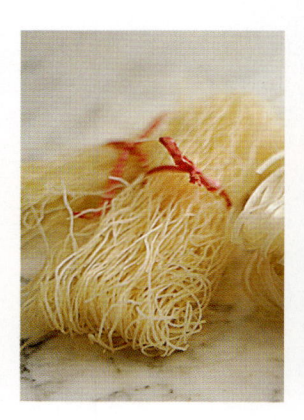

## NOUILLES DE SINGAPOUR

Plus connues sous le nom de « beehoon frit » dans le pays qui lui a donné leur nom, les nouilles de Singapour sont toujours préparées à base de vermicelle de riz séché, ou « beehoon ». Le goût des nouilles de Singapour reflète la diversité culturelle du pays : les épices séchées ou la poudre de curry montrent l'influence qu'a eu la cuisine indienne sur ce plat principalement chinois.

*Ci-dessus : Nouilles de Singapour*

## NOUILLES DE SINGAPOUR

Préparation : 30 minutes + macération : 30 minutes
Cuisson : 10 minutes
4 à 6 personnes

☆

2 gousses d'ail, hachées
2 cuil. à café de gingembre frais râpé
60 ml de sauce d'huître
60 ml de sauce de soja
250 g de blancs de poulet, coupés en fines lamelles
400 g de vermicelle de riz
2 cuil. à soupe d'huile
2 branches de céleri, coupées en julienne
1 grande carotte, coupée en julienne
3 oignons verts, coupés en rondelles en biais
1 cuil. à soupe 1/2 de poudre de curry asiatique
1/2 cuil. à café d'huile de sésame
65 g de germes de soja, équeutés

**1** Mélanger l'ail, le gingembre, 1 cuillerée à soupe de sauce d'huître et 2 cuillerées à café de sauce de soja dans une grande jatte non métallique. Ajouter le poulet et bien mélanger. Couvrir de film alimentaire et laisser mariner 30 minutes au frais.
**2** Faire tremper les nouilles dans l'eau bouillante 6 à 7 minutes, jusqu'à ce qu'elles ramollissent. Égoutter.
**3** Faire chauffer un wok à feu vif, y verser l'huile et l'étaler soigneusement. Faire sauter le poulet afin qu'il roussisse. Ajouter le céleri, la carotte et la moitié des oignons verts. Faire sauter 2 à 3 minutes, jusqu'à ce que le tout ramollisse. Ajouter la poudre de curry et faire sauter 2 minutes, jusqu'à obtention d'une sauce parfumée.
**4** Incorporer les nouilles et le reste des ingrédients. Mélanger. Servir immédiatement.

## COUPES DE SALADE AU POULET

Préparation : 15 minutes + trempage : 20 minutes
Cuisson : 10 minutes
4 personnes

☆ ☆

4 champignons shiitake séchés
8 feuilles de laitue iceberg
1 cuil. à soupe d'huile d'arachide
2 gousses d'ail, hachées
2 cuil. à café de gingembre frais râpé
6 oignons verts, coupés en fines rondelles
400 g de poulet, haché
1/2 poivron rouge, coupé en dés
50 g de germes de soja, équeutés
70 g de châtaignes d'eau, coupées en dés
2 cuil. à soupe 1/2 de sauce d'huître, un peu plus pour accompagner
4 cuil. à soupe de feuilles de coriandre fraîche

1 Laisser tremper 20 minutes les champignons dans une jatte d'eau bouillante. Bien égoutter les champignons. Retirer les pieds et couper les chapeaux en fines lamelles.
2 Superposer 2 feuilles de salade afin d'obtenir une coupe résistante. Faire de même avec les autres feuilles pour former 3 autres coupes. Découper proprement les bords à l'aide de ciseaux de cuisine et réserver au réfrigérateur.
3 Faire chauffer un wok à feu vif, y verser l'huile et l'étaler soigneusement. Ajouter l'ail, le gingembre, et les oignons verts. Faire sauter 30 secondes. Ajouter le poulet haché et laisser cuire 2 à 3 minutes, jusqu'à ce qu'il soit bien cuit. Retirer les grumeaux avec le dos d'une cuillère. Ajouter les champignons, le poivron rouge, les germes de soja et les châtaignes d'eau. Faire sauter 1 minute. Incorporer la sauce d'huître et laisser cuire 1 à 2 minutes sans cesser de remuer, jusqu'à ce que la sauce ait légèrement réduit. Incorporer la coriandre fraîche et disposer la préparation en plusieurs parts égales dans les coupes de salade. Arroser éventuellement de sauce d'huître et servir immédiatement.

2 Faire chauffer un wok à feu vif, y verser le reste d'huile et l'étaler soigneusement. Faire sauter le poulet 3 à 5 minutes, en plusieurs fournées, jusqu'à ce qu'il roussisse. Retirer du wok.
3 Mettre les oignons verts et les pois mangetout dans le wok et faire sauter 2 minutes. Remettre tout le poulet et la sauce dans le wok. Faire sauter 2 à 3 minutes, jusqu'à ce que le poulet soit bien réchauffé et que le tout soit bien lié. Assaisonner avec du sel et du poivre noir fraîchement moulu. Servir sur un lit de riz parfumé cuit à la vapeur.
NOTES : vous pouvez agrémenter ce plat de rondelles de citron vert. Elles le rendront encore plus appétissant et pourront être pressées pour lui donner plus de goût.
Vous pouvez aussi bien utiliser une pâte de curry que vous préparerez vous-même (voir page 56) qu'une pâte prête à l'emploi. Si vous choisissez une pâte prête à l'emploi, certaines marques seront peut-être trop fortes pour vous. Dans ce cas, essayez plusieurs marques jusqu'à ce que vous trouviez celle qui vous convient le mieux.

*Ci-dessous : Sauté de poulet aux pois mangetout*

## SAUTÉ DE POULET AUX POIS MANGETOUT

Préparation : 15 minutes
Cuisson : 15 minutes
4 personnes

☆

1 cuil. à soupe de pâte de curry rouge (voir Note)

3 cuil. à soupe d'huile

2 cuil. à soupe de nuoc mam

2 cuil. à soupe de jus de citron vert

3 cuil. à soupe de feuilles de coriandre fraîches émincées

1 cuil. à soupe de gingembre frais râpé

1 cuil. à café de sucre en poudre

1 cuil. à café d'huile de sésame

750 g de blancs de poulet, coupés en lamelles

10 oignons verts, coupés en tronçons de 2 cm de long

100 g de pois mangetout, éboutés

1 Battre à l'aide d'un fouet la pâte de curry rouge, 2 cuillerées à soupe d'huile, le nuoc mam, le jus de citron vert, la coriandre, le gingembre, le sucre et l'huile de sésame dans une jatte non métallique. Ajouter les lamelles de poulet et mélanger jusqu'à ce qu'elles soient bien enrobées de sauce.

## JUS DE CITRON

Ajouter à une marinade un ingrédient acide, tel que le jus de citron, ne sert pas uniquement à rehausser son goût. Le jus de citron attendrit également la viande marinée et aide à en détruire les nerfs. Les citrons verts sont utilisés pour les mêmes raisons sous les tropiques, d'où ils sont originaires.

*Ci-contre : Poulet sauté au citron et au gingembre*

## POULET SAUTÉ AU CITRON ET AU GINGEMBRE

Préparation : 25 minutes + macération : 20 minutes
Cuisson : 15 minutes
4 personnes

☆

1 cuil. à café de zeste de citron râpé

80 ml de jus de citron

1 petit piment rouge frais, finement émincé

1 gousse d'ail, hachée

1 cuil. à soupe de gingembre frais râpé

2 cuil. à soupe de feuilles de coriandre fraîche ciselées

700 g de blancs de poulet, coupés en lamelles

1 cuil. à soupe de graines de sésame

2 cuil. à soupe d'huile

150 g de pois mangetout, coupés dans la longueur

150 g de mini-épis de maïs, coupés en quartiers

2 cuil. à soupe de sauce de soja

200 g de germes de soja, équeutés

1 Mélanger le zeste et le jus de citron, le piment, l'ail, le gingembre et la coriandre dans une jatte non métallique. Ajouter le poulet et mélanger. Couvrir de film alimentaire et laisser mariner 20 minutes au réfrigérateur.

2 Faire chauffer un wok à feu vif. Ajouter les graines de sésame et faire sauter 30 secondes, jusqu'à ce qu'elles roussissent légèrement. Retirer du wok.

3 Faire chauffer 1 cuillerée à soupe d'huile dans le wok et bien l'étaler. Égoutter le poulet et le faire sauter 5 minutes, jusqu'à ce qu'il roussisse légèrement. Retirer du wok.

4 Faire chauffer le reste d'huile. Ajouter les pois mangetout, les épis de maïs et la sauce de soja. Faire sauter 2 minutes. Remettre le poulet dans le wok, avec les germes de soja. Faire sauter 1 minute. Parsemer de graines de sésame et servir avec du riz ou des nouilles.

## POULET À LA CORIANDRE ET AU CITRON VERT

Préparation : 10 minutes
Cuisson : 15 minutes
4 personnes

☆

170 ml de crème de coco

125 ml de bouillon de volaille

1 cuil. à soupe 1/2 de jus de citron vert

2 cuil. à café de gingembre frais râpé

4 escalopes de poulet

farine, pour saupoudrer

2 cuil. à soupe d'huile

2 cuil. à soupe de feuilles de coriandre fraîche ciselées, un peu plus, pour décorer

1 À l'aide d'un fouet, battre la crème de coco, le bouillon, le jus de citron vert et le gingembre dans une jatte. Couper le poulet en travers de la fibre, en lamelles de 1 cm et l'enrober de farine.
2 Faire chauffer un wok à feu vif, y verser l'huile et l'étaler soigneusement. Faire frire le poulet en plusieurs fournées, à feu moyen, 4 à 5 minutes, jusqu'à ce qu'il soit bien doré. Retirer du wok. Ajouter la préparation à base de crème de coco et porter à ébullition. Faire revenir 4 à 5 minutes, jusqu'à ce que la sauce ait réduit de moitié et légèrement épaissi.
3 Remettre les lamelles de poulet dans le wok. Ajouter la coriandre et laisser mijoter 1 minute pour bien réchauffer le poulet. Garnir de feuilles de coriandre. Servir avec du riz vapeur.

## POULET SAUTÉ AU POIVRE DU SÉCHOUAN

Préparation : 25 minutes +
  macération : 2 heures
Cuisson : 20 minutes
4 personnes

☆☆

3 cuil. à café de grains de poivre du Séchouan

2 cuil. à soupe de sauce de soja

1 gousse d'ail, hachée

1 cuil. à café de gingembre frais râpé

3 cuil. à café de maïzena

500 g de blancs de poulet, coupés en lamelles fines

100 g de nouilles aux œufs fines

huile, pour la cuisson

1 oignon, coupé en rondelles

1 poivron jaune, coupé en fines lamelles

1 poivron rouge, coupé en fines lamelles

100 g de pois mangetout

60 ml de bouillon de volaille

1 Faire chauffer un wok à feu vif et faire sauter les grains de poivre du Séchouan 30 secondes. Les retirer du wok et les écraser dans un mortier à l'aide d'un pilon, dans un moulin à épices ou à l'aide d'un robot de cuisine.
2 Mélanger la sauce de soja, l'ail, le gingembre, la maïzena et le poivre du Séchouan dans une jatte non métallique. Ajouter le poulet et mélanger pour l'enrober de marinade. Couvrir de film alimentaire et laisser mariner 2 heures au réfrigérateur.
3 Faire bouillir une grande casserole d'eau. Ajouter les nouilles aux œufs et laisser cuire 3 minutes, arroser d'un peu d'huile. Mélanger pour faire pénétrer l'huile et éviter que les nouilles ne collent entre elles.
4 Faire chauffer le wok à feu vif, y verser 1 cuillerée à soupe d'huile et l'étaler soigneusement. Faire sauter le poulet à feu moyen à vif, par portions, pendant 5 minutes, jusqu'à ce qu'il soit bien doré et bien cuit. Rajouter de l'huile si nécessaire. Retirer du wok.
5 Refaire chauffer le wok. Ajouter 1 cuillerée à soupe d'huile et faire sauter l'oignon, les poivrons et les pois mangetout, 2 à 3 minutes à feu vif, jusqu'à ce que les légumes soient tendres. Ajouter le bouillon de volaille et porter à ébullition.
6 Remettre le poulet et les nouilles dans le wok. Faire sauter à feu vif, jusqu'à ce que le tout soit lié. Servir immédiatement.

*Ci-dessus : Poulet sauté au poivre du Séchouan*

*Ci-dessus : Poulet sauté au basilic thaïlandais et aux noix de cajou*

1 Mettre le poulet dans une jatte avec le lemon-grass, les piments, l'ail, le gingembre et les racines de coriandre. Bien mélanger.
2 Faire chauffer un wok à feu moyen, y verser 1 cuillerée à café d'huile et l'étaler soigneusement. Ajouter les noix de cajou et faire revenir 1 minute, jusqu'à ce qu'elles soient légèrement dorées. Retirer du wok et égoutter sur du papier absorbant.
3 Faire chauffer le reste d'huile dans le wok. Faire sauter le poulet à feu moyen 4 à 5 minutes, en plusieurs fournées, jusqu'à ce qu'il roussisse. Remettre tout le poulet dans le wok.
4 Incorporer le jus de citron vert, le nuoc mam, le sucre de palme et le basilic. Faire revenir 30 à 60 secondes, jusqu'à ce que le basilic commence tout juste à se dessécher. Mélanger la maïzena et 1 cuillerée à soupe d'eau. L'ajouter au wok et mélanger jusqu'à ce que la préparation épaississe légèrement. Ajouter les noix de cajou et servir avec du riz vapeur.

## SAUTÉ DE POULET AU BASILIC THAÏLANDAIS ET AUX NOIX DE CAJOU

Préparation : 15 minutes
Cuisson : 15 minutes
4 personnes

☆

750 g de blancs de poulet, coupés en lamelles
2 tiges de lemon-grass, partie blanche seule, finement émincées
3 petits piments rouges frais, épépinés et émincés
4 gousses d'ail, hachées
1 cuil. à soupe de gingembre frais finement émincé
2 racines de coriandre fraîche, finement émincées
2 cuil. à soupe d'huile
100 g de noix de cajou
1 cuil. à soupe 1/2 de jus de citron vert
2 cuil. à soupe de nuoc mam
1 cuil. à soupe 1/2 de sucre de palme râpé
60 g de basilic thaïlandais frais
2 cuil. à café de maïzena

## POULET À LA CORIANDRE ET AU CARAMEL

Préparation : 20 minutes
 + réfrigération : 12 heures
Cuisson : 20 minutes
4 à 6 personnes

☆☆

6 gousses d'ail, hachées
2 cuil. à soupe de gingembre frais râpé
2 cuil. à café de curcuma moulu
60 ml d'alcool de riz
2 cuil. à soupe de sauce de soja
2 jaunes d'œufs, battus
1 cuil. à café de poivre blanc moulu
1 kg de blancs de poulet, coupés en cubes de 2 cm
60 g de farine
125 ml d'huile
95 g de sucre roux
4 cuil. à soupe de coriandre fraîche, émincée
60 ml de vinaigre de riz

1 Mélanger 2 gousses d'ail, le gingembre, le curcuma, l'alcool de riz, la sauce de soja, les jaunes d'œufs, le poivre blanc et 1 cuillerée à café de sel dans une jatte non métallique. Ajouter le poulet et mélanger pour l'enrober de marinade. Couvrir de film alimentaire et laisser mariner une nuit au réfrigérateur.
2 Égoutter le poulet et le couvrir de farine.
3 Faire chauffer un wok à feu vif, y verser 1 cuillerée à soupe d'huile et bien l'étaler. Faire sauter 4 minutes

SAUTÉS

le poulet, en trois fournées à feu moyen, jusqu'à ce qu'il soit bien doré. Rajouter de l'huile entre chaque fournée, si nécessaire. Retirer le poulet du wok.
**4** Chauffer le wok à feu moyen. Ajouter le reste d'huile, le sucre roux et 4 gousses d'ail. Mélanger et faire revenir 1 à 2 minutes, pour que le sucre se caramélise et se liquéfie.
**5** Remettre le poulet dans le wok et ajouter la coriandre et le vinaigre. Remuer pendant 4 minutes, afin que le poulet soit bien cuit et bien enrobé de sauce. Servir avec du riz vapeur parfumé.

## SAUTÉ DE POULET AU GINGEMBRE ET AUX NOUILLES HOKKIEN

Préparation : 20 minutes + macération : 10 minutes
Cuisson : 10 minutes
4 personnes

☆

2 cuil. à soupe 1/2 de gingembre frais coupé en julienne
60 ml de mirin (vin de riz doux)
2 cuil. à soupe de sauce de soja
600 g de filets ou escalopes de poulet, coupés en fines lamelles en biais
500 g de nouilles hokkien
2 cuil. à soupe d'huile
180 g de mini-épis de maïs frais, coupés en deux
150 g de pleurotes frais, coupées en deux
350 g de choy sum, ébouté et coupé en tronçons de 6 cm
2 cuil. à soupe de sauce d'huître

**1** Mélanger le gingembre, le mirin et la sauce de soja dans une jatte non métallique. Ajouter le poulet et mélanger jusqu'à ce qu'il soit bien enrobé de marinade. Couvrir de film alimentaire et laisser mariner 10 minutes.
**2** Faire tremper les nouilles dans une jatte résistant à la chaleur rempli d'eau bouillante pendant 1 minute. Dissocier délicatement les nouilles, les égoutter et les passer sous l'eau froide.
**3** Faire chauffer un wok à feu vif, y verser 1 cuillerée à soupe d'huile et l'étaler soigneusement. Retirer le poulet de la marinade à l'aide d'une écumoire. Le mettre dans le wok en deux fournées et réserver la marinade. Faire chauffer le poulet à feu très vif pendant 2 minutes, jusqu'à ce qu'il roussisse et soit tout juste cuit. Retirer le poulet du wok.
**4** Faire chauffer le reste d'huile dans le wok et l'étaler soigneusement. Ajouter les épis de maïs et les champignons. Faire sauter 1 à 2 minutes, jusqu'à ce que les légumes ramollissent légèrement. Ajouter le reste de marinade et porter à ébullition. Ajouter le poulet, le choy sum et les nouilles. Incorporer la sauce d'huître et faire revenir le tout 1 à 2 minutes sans cesser de remuer, jusqu'à ce que le choy sum commence à se dessécher et que les nouilles soient bien réchauffées. Servir immédiatement.

*Ci-dessous : Sauté de poulet au gingembre et aux nouilles hokkien*

# POULET DU GÉNÉRAL TSO

Préparation : 10 minutes + macération : 1 heure
+ trempage : 20 minutes
Cuisson : 10 minutes
4 à 6 personnes

☆

2 cuil. à soupe d'alcool de riz
2 cuil. à soupe de maïzena
80 ml de sauce de soja épaisse
3 cuil. à café d'huile de sésame
900 g de blancs de poulet, coupés en cubes de 3 cm
2 zestes de citron vert séchés, de 2 cm sur 3 cm
125 ml d'huile d'arachide
1 1/2 à 2 cuil. à café de flocons de piment
2 cuil. à soupe de gingembre frais émincé
120 g d'oignons verts, coupés en rondelles
2 cuil. à café de sucre
oignons verts, coupés en fines rondelles, pour décorer

**1** Mélanger l'alcool de riz, la maïzena, 2 cuillerées à soupe de la sauce de soja épaisse et 2 cuillerées à café d'huile de sésame dans une jatte non métallique. Y plonger le poulet, mélanger et laisser mariner 1 heure au réfrigérateur.

**2** Pendant ce temps, faire tremper le zeste de citron vert dans l'eau chaude pendant 20 minutes. Le retirer de l'eau et l'émincer finement, pour obtenir 1/2 cuillerée à café de zeste haché.

**3** Faire chauffer l'huile dans le wok, à feu vif. Sortir le poulet de la marinade à l'aide d'une écumoire et l'égoutter. Le faire sauter 2 minutes, en plusieurs fournées, jusqu'à ce qu'il roussisse et soit tout juste cuit. Retirer le poulet de l'huile à l'aide d'une écumoire et le laisser égoutter dans une passoire.

**4** Laisser l'équivalent de 1 cuillerée à soupe d'huile dans le wok. Refaire chauffer le wok à feu vif et ajouter les flocons de piment et le gingembre. Faire sauter 10 secondes, et remettre le poulet dans le wok. Ajouter les oignons verts, le sucre, le zeste de citron vert, le reste de la sauce de soja, l'huile de sésame et 1/2 cuillerée à café de sel. Faire sauter 2 à 3 minutes, jusqu'à ce que le tout soit lié et chaud. Garnir avec les oignons verts et servir avec du riz.

NOTE : ce plat tient son nom d'un général chinois du XIX$^e$ siècle, originaire de la province de Yunnan.

*Ci-contre : Poulet du Général Tso*

## SALADE DE POULET HACHÉ THAÏLANDAISE
(Larb gai)

Préparation : 25 minutes
Cuisson : 20 minutes
6 personnes

☆

1 cuil. à soupe de riz parfumé

2 cuil. à café d'huile

400 g de poulet, haché

2 cuil. à soupe de nuoc mam

1 tige de lemon-grass, partie blanche seule, émincée

80 ml de bouillon de volaille

60 ml de jus de citron vert

4 oignons verts, coupés en fines rondelles en biais

4 échalotes rouges d'Asie, coupées en rondelles

25 g de feuilles de coriandre fraîche, finement émincées

25 g de menthe fraîche, coupée en lanières

200 g de feuilles de laitue, coupées en lanières

40 g de cacahuètes grillées non salées, hachées

1 petit piment rouge frais, coupé en rondelles

rondelles de citron vert, pour décorer

**1** Faire chauffer une poêle à feu doux. Y verser le riz et le faire sauter 3 minutes, jusqu'à ce qu'il soit légèrement doré. Transférer le riz dans un mortier et le réduire en poudre fine à l'aide d'un pilon.
**2** Faire chauffer un wok à feu moyen. Verser l'huile et l'étaler soigneusement. Ajouter le poulet haché et le faire revenir 4 minutes, jusqu'à ce qu'il change de couleur. Éliminer les grumeaux avec le dos d'une cuillère en bois. Ajouter le nuoc mam, le lemon-grass et le bouillon. Faire revenir encore 10 minutes. Retirer le wok du feu et laisser refroidir.
**3** Incorporer le jus de citron vert, les oignons verts, les échalotes, la coriandre, la menthe et le riz moulu. Bien mélanger.
**4** Avant de servir, disposer les feuilles de laitue sur un plat de service. Recouvrir avec la préparation de poulet et saupoudrer avec les cacahuètes et le piment. Servir avec les rondelles de citron vert.

### LARB
Très apprécié dans le nord et le nord-est de la Thaïlande, le larb, ou salade assaisonnée, fut créé dans le Laos voisin. Les arômes forts du piment et du citron vert, mariés aux herbes fraîches et aux ingrédients de la salade, reflètent l'attrait pour la fraîcheur et les ingrédients crus qui caractérisent la cuisine du Laos. En fait, un bon nombre de larbs du Laos sont préparés à base de poisson ou de viande crus, tels que le bœuf ou le bison. Le Laos ayant toujours été un pays relativement isolé, historiquement et géographiquement, ses plats sont élaborés à base de produits régionaux.

*Ci-dessus : Salade de poulet haché thaïlandaise*

# RIZ FRIT

Pour préparer du riz frit, vous aurez besoin de riz cuit froid. Vous pouvez utiliser un reste de riz ou faire cuire du riz une journée à l'avance et le mettre au frais. Pour calculer la quantité de riz cru dont vous aurez besoin, divisez la quantité de riz cuit pas trois. Par exemple, 150 g de riz cuit équivaut à 50 g de riz cru.

### RIZ FRIT VÉGÉTARIEN THAÏLANDAIS
(Khao pad)

Faire chauffer un wok à feu vif, verser 2 cuillerées à soupe d'huile et bien l'étaler. Y mettre 3 rondelles d'échalotes rouges d'Asie, 1 gousse d'ail finement émincée et 1 petit piment rouge frais, coupé en rondelles. Faire sauter 2 minutes, jusqu'à ce que l'échalote commence à roussir. Ajouter 100 g de haricots kilomètre en rondelles, 1 petit poivron rouge (en tronçons de 5 cm) et 90 g de champignons de Paris coupés en deux. Faire sauter 3 minutes, jusqu'à ce que ce soit bien cuit. Ajouter 555 g de riz parfumé cuit froid et laisser réchauffer. Dissoudre 1 cuillerée à café de sucre de palme dans 60 ml de sauce de soja claire et verser sur le riz. Ajouter 3 cuillerées à soupe de basilic thaïlandais frais coupé en lanières et 1 cuillerée à soupe de coriandre fraîche ciselée.
Pour 4 personnes.

### RIZ FRIT INDONÉSIEN
(Nasi goreng)

Laisser tremper 150 g de haricots kilomètre finement émincés dans l'eau bouillante pendant 3 minutes. Égoutter, rincer et réserver. Mixer 3 gousses d'ail, 1 oignon, et 1 piment oiseau frais dans un robot, jusqu'à obtention d'une pâte épaisse. Faire chauffer 2 cuillerées à soupe d'huile dans un wok. Bien l'étaler et faire chauffer la pâte 1 minute, jusqu'à ce qu'elle soit parfumée. Ajouter 200 g de petites crevettes décortiquées et déveinées et 250 g de blancs de poulet en lamelles. Faire frire 3 minutes, jusqu'à ce que les crevettes rosissent. Ajouter les haricots et 2 cuillerées à soupe d'eau. Saler et poivrer. Ajouter 740 g de riz long cuit et froid, 4 oignons verts émincés, 1 cuillerée à soupe de kecap manis et 1 à 2 cuillerées à soupe de sauce de soja claire. Cuire sans cesser de

remuer pour que le tout soit chaud.
Pour 4 à 6 personnes.
NOTE : le nasi goreng est souvent recouvert de lamelles d'omelette et de biscuits à la crevette (krupuk udang, en indonésien et en malais).

### RIZ FRIT AU BŒUF ET À L'ANANAS

Faire chauffer un wok à feu vif, ajouter 1 cuillerée à soupe d'huile d'arachide et quelques gouttes d'huile de sésame, et bien les étaler. Ajouter 2 cuillerées à café de gingembre frais émincé, 1 petit piment rouge frais coupé en fines rondelles et 2 gousses d'ail hachées. Faire sauter quelques secondes. Ajouter 250 g de bœuf haché et faire sauter 4 à 5 minutes, en retirant les grumeaux. Ajouter 80 g de petits pois surgelés cuits et 4 oignons verts émincés. Faire sauter 1 minute, jusqu'à ce que les oignons verts ramollissent. Ajouter 740 g de riz long cuit et froid, 60 g de pousses de bambou coupées en dés et 175 g d'ananas égouttés et hachés. Faire sauter 2 à 3 minutes, pour que le riz soit bien chaud. Ajouter 1 cuillerée à soupe 1/2 de sauce de soja, 1 cuillerée à soupe 1/2 de nuoc mam et 1 cuillerée à soupe de vinaigre de riz. Faire sauter 1 minute, pour que le tout soit bien lié. Incorporer 2 cuillerées à soupe de feuilles de coriandre fraîche ciselée et servir.
Pour 4 à 6 personnes.

### RIZ FRIT CHINOIS

Faire tremper 2 cuillerées à soupe de crevettes déshydratées dans l'eau bouillante 20 minutes. Égoutter et émincer finement. Faire chauffer un wok à feu vif, y verser 1 cuillerée à soupe d'huile et l'étaler soigneusement. Ajouter 3 œufs légèrement battus et mélanger pour obtenir des œufs brouillés. Quand ils sont presque cuits, couper les œufs en fines lamelles et les retirer. Faire chauffer 1 cuillerée à soupe d'huile dans le wok. Ajouter 250 g de porc sauté chinois coupé en petits morceaux et faire sauter 1 minute, jusqu'à ce qu'il soit bien chaud. Ajouter 50 g de champignons de paille égouttés, rincés et débités en dés, et les crevettes. Faire sauter 1 à 2 minutes. Ajouter 1 cuillerée à soupe d'huile. Verser 740 g de riz long cuit et froid et faire revenir 2 minutes sans cesser de remuer, jusqu'à ce que le tout soit chaud. Chauffer le wok à feu moyen. Ajouter 2 cuillerées à soupe de sauce de soja claire, 3 oignons verts finement émincés et 2 cuillerées à soupe 1/2 de ciboulette chinoise émincée. Faire sauter jusqu'à ce que le tout soit bien mélangé et le riz enrobé de sauce. Assaisonner avec du poivre blanc et un filet d'huile de sésame. Recouvrir avec les lamelles d'omelette et servir.
Pour 4 personnes.

*Ci-dessus, de gauche à droite : Riz frit végétarien thaïlandais ; Riz frit indonésien ; Riz frit au bœuf et à l'ananas ; Riz frit chinois*

CREVETTES AU PIMENT

Décortiquer et déveiner les crevettes, en conservant la queue.

## CREVETTES AU PIMENT DOUX

Préparation : 20 minutes
Cuisson : 10 minutes
4 personnes

☆☆

80 ml de sauce au piment douce aillée
2 cuil. à soupe de sauce tomate
2 cuil. à soupe d'alcool de riz
1 cuil. à soupe de vinaigre noir chinois
1 cuil. à soupe de sauce de soja
1 cuil. à soupe de sucre roux
1 cuil. à café de maïzena délayée dans 125 ml d'eau
2 cuil. à soupe d'huile d'arachide
1 morceau de gingembre frais de 3 cm, coupé en julienne
2 gousses d'ail, finement émincées
5 oignons verts, coupés en tronçons de 3 cm
1 kg de crevettes moyennes crues, décortiquées et déveinées, en conservant la queue
oignon vert, finement émincé, en garniture

Ci-dessus : Crevettes au piment doux

1 Pour faire la sauce, mélanger la sauce à l'ail et au piment, la sauce tomate, l'alcool de riz, le vinaigre, la sauce de soja, le sucre et la pâte de maïzena dans un bol.
2 Faire chauffer un wok à feu vif, y verser l'huile et l'étaler soigneusement. Ajouter le gingembre, l'ail et les oignons verts. Faire sauter 1 minute. Ajouter les crevettes et faire revenir 2 minutes, jusqu'à ce qu'elles rosissent et commencent à se recroqueviller. Retirer du wok.
3 Verser la sauce dans le wok et faire revenir 1 à 2 minutes sans cesser de remuer, jusqu'à ce qu'elle s'épaississe légèrement. Remettre les crevettes dans le wok et faire revenir 1 à 2 minutes, jusqu'à ce que le tout soit bien cuit. Garnir avec l'oignon vert émincé. Servir avec du riz ou des nouilles aux œufs fines.

### RIZ AU TAMARIN

Mettre 400 g de riz parfumé, 250 g de crème de coco et 3 cuillerées à soupe de purée de tamarin dans une grande casserole. Verser de l'eau pour couvrir le riz de 2,5 cm. Porter à ébullition, à feu vif. Réduire à feu moyen, couvrir partiellement et laisser le riz absorber l'eau. Retirer du feu et couvrir hermétiquement. Laisser reposer 5 minutes et incorporer 80 ml de jus de citron vert. Servir avec des plats sautés.
Pour 6 personnes.

## SAUTÉ DE CALMAR À LA CORIANDRE, AU POIVRE ET AU VERMICELLE TRANSPARENT

Préparation : 30 minutes + trempage : 5 minutes
Cuisson : 10 minutes
4 personnes

☆☆

- 200 g de vermicelle transparent
- 2 gousses d'ail, émincées
- 2 grands piments rouges frais, épépinés et émincés
- 25 g de tiges et racines de coriandre fraîche, lavées
- 1 cuil. à café de grains de poivre noir grillés à sec et hachés
- 2 cuil. à soupe d'huile d'arachide
- 300 g de filets de calmar, lavés, incisés et coupés en tranches de 3 cm
- 100 g d'asperges fraîches, tiges finement émincées, bouts entiers
- 100 g de pois mangetout, éboutés
- 2 cuil. à soupe de nuoc mam
- 120 g de cacahuètes non salées grillées, grossièrement hachées
- 1 cuil. à soupe de kecap manis
- 15 g de feuilles de coriandre fraîche
- 1 citron vert, coupé en quatre

**1** Mettre le vermicelle dans une jatte résistant à la chaleur. Couvrir d'eau bouillante et laisser tremper 3 à 4 minutes, pour que le vermicelle ramollisse. Égoutter, rincer à l'eau froide et égoutter à nouveau. Couper pour obtenir des vermicelles de 15 cm.
**2** Mettre l'ail, les piments, la coriandre, les grains de poivre et 1/2 cuillerée à café de sel dans un robot de cuisine. Mixer jusqu'à obtention d'une pâte épaisse. Ajouter de l'eau, si nécessaire.
**3** Faire chauffer l'huile d'arachide dans un wok, à feu vif. Ajouter la pâte et faire revenir 3 minutes, jusqu'à ce qu'elle soit parfumée. La pousser vers le bord du wok. Ajouter le calmar et le faire sauter pas plus de 1 minute, jusqu'à ce qu'il se recourbe. L'enrober avec la sauce et retirer du wok.
**4** Mettre l'asperge, les pois mangetout et 2 cuillerées à soupe d'eau dans le wok. Faire sauter 3 minutes, jusqu'à ce que les légumes soient tendres. Ajouter le calmar et le vermicelle. Bien mélanger. Incorporer le nuoc mam, le kecap manis et presque toutes les cacahuètes. Répartir dans les bols et saupoudrer avec le reste de cacahuètes et la coriandre. Servir avec du citron vert.

*Ci-contre : Sauté de calmar à la coriandre, au poivre et au vermicelle transparent*

# POISSON AIGRE-DOUX ET NOUILLES HOKKIEN

Préparation : 20 minutes
Cuisson : 20 minutes
4 personnes

☆☆

- 425 g de nouilles hokkien
- 1 cuil. à soupe d'huile d'arachide, plus la friture
- 1 gousse d'ail, hachée
- 2 cuil. à café de gingembre frais râpé
- 1 oignon, coupé en fines rondelles
- 1 carotte, coupée en deux dans la longueur et finement émincée
- 1/2 poivron rouge, coupé en fines lamelles
- 1/2 poivron vert, coupé en fines lamelles
- 1 branche de céleri, finement émincée
- 60 g de farine
- 45 g de farine de riz
- 1 cuil. à café de sucre en poudre
- 1/2 cuil. à café de poivre blanc, moulu
- 500 g de filets de poisson maigre fermes, coupés en cubes de 3 cm
- 1 œuf, battu avec 1 cuil. à soupe d'eau
- 2 oignons verts, émincés en biais

### Sauce

- 60 ml de vinaigre de riz
- 1 cuil. à soupe de maïzena
- 60 ml de sauce tomate
- 2 cuil. à soupe de sucre
- 2 cuil. à café de sauce de soja claire
- 1 cuil. à soupe de cerise séchée
- 60 ml de jus d'ananas
- 2 cuil. à soupe de bouillon de légumes

**1** Mettre les nouilles dans une jatte résistant à la chaleur. Recouvrir d'eau bouillante et laisser tremper 1 minute. Dissocier les nouilles et les égoutter.
**2** Pour la sauce, mélanger le vinaigre et la maïzena dans un bol. Incorporer le reste des ingrédients et 185 ml d'eau. Bien mélanger.
**3** Faire chauffer un wok à feu moyen, y verser l'huile et l'étaler soigneusement. Saisir l'ail et le gingembre 30 secondes. Ajouter l'oignon, la carotte, les poivrons rouge et vert et le céleri. Faire sauter 3 à 4 minutes. Verser la sauce dans le wok, et faire cuire 1 à 2 minutes à feu vif, jusqu'à ce que la sauce épaississe. Retirer le wok du feu.
**4** Mélanger les farines, le sucre et le poivre blanc dans une jatte. Tremper le poisson dans l'œuf et le mélange de farine (ne laisser qu'une fine couche). Remplir d'huile un wok, jusqu'au tiers. Faire chauffer à 180 °C, un dé de pain doit y dorer en 15 secondes. Faire frire le poisson 3 minutes, en plusieurs fournées, jusqu'à ce qu'il soit cuit et doré. Égoutter sur du papier absorbant et réserver au chaud.
**5** Remettre le wok contenant la sauce à feu moyen. Ajouter les nouilles et mélanger 3 à 4 minutes, pour que tout soit bien chaud. Incorporer délicatement le poisson. Parsemer d'oignons verts et servir.

*Ci-dessous : Poisson aigre-doux et nouilles hokkien*

## CREVETTES AU LEMON-GRASS THAÏLANDAISES
(Takrai goong)

Préparation : 25 minutes
Cuisson : 10 minutes
4 personnes

☆

6 tiges de lemon-grass, partie blanche seule, émincées
2 cuil. à café de galanga frais, grossièrement émincé
1 racine de coriandre fraîche
2 gousses d'ail
2 cuil. à soupe d'huile
4 échalotes rouges d'Asie, coupés en rondelles
1 kg de crevettes moyennes crues, décortiquées et déveinées, en conservant la queue
3 feuilles de lime kafir fraîches, coupées en lanières
2 cuil. à soupe de nuoc mam
3 cuil. à café de jus de citron vert
2 cuil. à soupe de sucre de palme râpé
2 oignons verts, en tronçons de 3 cm de long
feuilles de coriandre fraîche, en garniture (facultatif)

**1** Mettre le lemon-grass, le galanga, la coriandre et l'ail dans un robot. Mixer pour obtenir une pâte. Ajouter 1 cuillerée à café d'huile, si nécessaire.
**2** Faire chauffer un wok à feu moyen, y verser l'huile et bien l'étaler. Ajouter les échalotes et les faire sauter 2 minutes, pour qu'elles ramollissent. Ajouter la pâte et faire sauter 2 minutes, pour que le tout soit parfumé.
**3** Ajouter les crevettes et faire revenir 3 minutes, pour qu'elles rosissent. Ajouter les feuilles de lime kafir, le nuoc mam, le jus de citron vert, le sucre de palme et les oignons verts. Faire sauter encore 1 minute. Garnir de feuilles de coriandre. Servir avec du riz.

## NOIX DE SAINT-JACQUES À LA SAUCE DE SOJA NOIR

Préparation : 15 minutes
Cuisson : 10 minutes
4 à 6 personnes

☆

600 g de noix de Saint-Jacques
2 cuil. à soupe de maïzena
80 ml d'huile d'arachide
3 oignons verts, coupés en tronçons de 3 cm
1 cuil. à café de gingembre frais, finement émincé
2 gousses d'ail, hachées
2 cuil. à soupe d'alcool de riz
55 g de soja noir, rincé et grossièrement émincé
1 cuil. à soupe de vinaigre de riz
1 cuil. à soupe de sauce de soja
1 cuil. à café de sucre roux
1/2 cuil. à café d'huile de sésame

**1** Retirer les veines, les membranes et les muscles blancs durs des noix de Saint-Jacques. Les enrober d'une fine couche de maïzena.
**2** Faire chauffer un wok à feu vif, y verser 1 cuillerée à café d'huile d'arachide et bien l'étaler. Ajouter les oignons verts et faire sauter 30 secondes. Retirer.
**3** Mettre 1 cuillerée à soupe d'huile dans le wok. Faire sauter les noix en trois fournées 1 à 2 minutes, pour qu'elles soient bien dorées et saisies (elles ne doivent plus rendre de liquide). Retirer du wok.
**4** Verser le reste d'huile dans le wok, bien l'étaler. Ajouter le gingembre, l'ail, l'alcool de riz, le soja noir, le vinaigre, la sauce de soja et le sucre. Faire sauter 1 minute, pour que la sauce épaississe légèrement.
**5** Remettre les noix dans le wok. Faire sauter 1 minute, jusqu'à ce qu'elles soient bien chaudes et que la sauce s'épaississe encore. Incorporer les oignons verts et l'huile de sésame. Servir avec du riz vapeur.

*Ci-dessus : Crevettes au lemon-grass thaïlandaises*

# CRABE AU POIVRE DE SINGAPOUR

Soulever le tablier, la petite partie plate située sous le crabe, et retirer la carapace dure du dessus.

Retirer les organes internes et enlever les branchies grises spongieuses.

Couper le crabe en quatre à l'aide d'un grand couteau tranchant.

## CRABE AU POIVRE DE SINGAPOUR

Préparation : 15 minutes + congélation : 1 heure
Cuisson : 20 minutes
4 personnes

☆☆

2 kg de crabes bleus ou d'étrilles
2 cuil. à soupe de sauce de soja épaisse
2 cuil. à soupe de sauce d'huître
1 cuil. à soupe de sucre de palme râpé
1 à 2 cuil. à soupe d'huile d'arachide
150 g de beurre
2 cuil. à soupe d'ail, finement émincé
1 cuil. à soupe de gingembre frais finement émincé
1 petit piment rouge frais, épépiné, finement émincé
1 cuil. à soupe 1/2 de poivre noir moulu
1 oignon vert, partie verte seule, finement émincé en biais

1 Bien laver les crabes à l'aide d'une brosse dure. Soulever le tablier et retirer la carapace de chaque crabe (elle devrait partir facilement, en un seul morceau). Retirer l'intestin et les branchies grises duveteuses. À l'aide d'un couteau tranchant, couper les crabes dans la longueur, en leur milieu, pour obtenir chaque fois 2 moitiés avec les pattes. Couper chaque moitié en deux, dans la largeur. Casser la partie épaisse des pattes à l'aide d'une pince à crabe ou du dos d'un couteau, pour permettre aux arômes d'imprégner la chair et faciliter l'ouverture des pattes lors du repas.
2 Pour faire la sauce, mélanger la sauce de soja, la sauce d'huître et le sucre de palme dans un bol. Réserver.
3 Faire chauffer un wok à feu vif, y verser 1 cuillerée à soupe de l'huile et l'étaler soigneusement. Déposer les morceaux de crabes en plusieurs fournées et les faire sauter 4 minutes à feu vif, jusqu'à ce que la carapace prenne une couleur orange clair uniforme. Rajouter un peu d'huile, si nécessaire. Retirer du wok.
4 Chauffer le wok à feu moyen ou vif. Ajouter le beurre, l'ail, le gingembre, le piment et le poivre. Faire sauter 30 secondes, jusqu'à ce que les parfums s'exhalent. Ajouter la sauce et laisser mijoter 1 minute de plus, jusqu'à ce que la préparation soit bien glacée.
5 Remettre le crabe dans le wok et couvrir. Faire revenir 4 minutes, en remuant quatre fois, jusqu'à ce que le crabe soit cuit. Saupoudrer d'oignon vert et servir immédiatement, avec du riz. Disposer des bols d'eau chaude contenant des rondelles de citron sur la table, pour se rincer les doigts.

NOTE : ce plat très riche est idéal pour les grands repas. À Singapour, le crabe est servi avec des lingettes (des serviettes en papier feront très bien l'affaire).

*Ci-dessus : Crabe au poivre de Singapour*

SAUTÉS

## CALMAR AU SEL ET AU POIVRE

Préparation : 15 minutes + macération : 20 minutes
Cuisson : 10 minutes
4 personnes

☆

500 g de filets de calmar, coupés en deux
80 ml d'huile
4 gousses d'ail, finement émincées
½ cuil. à café de sucre
2 cuil. à café de sel
1 cuil. à café de poivre noir moulu
2 cuil. à soupe de jus de citron vert
rondelles de citron vert, en garniture

**1** Rincer le calmar à l'eau froide et éponger avec du papier absorbant. Inciser en biais la partie interne du calmar, en lignes régulières. Ne pas transpercer la chair. Couper en morceaux de 3 cm sur 5 cm. Mélanger l'huile, l'ail, le sucre et la moitié du sel et du poivre. Ajouter le calmar, l'enrober avec la préparation, couvrir et réserver 20 minutes au réfrigérateur.
**2** Faire chauffer un wok à feu vif. Faire sauter le calmar 1 à 2 minutes en plusieurs fournées pour qu'il commence à blanchir et à se recourber. Retirer.
**3** Remettre le calmar dans le wok. Ajouter le jus de citron et le reste de sel et de poivre. Bien chauffer le tout. Servir avec des rondelles de citron.

## POISSON SAUTÉ AU GINGEMBRE

Préparation : 20 minutes
Cuisson : 15 minutes
4 personnes

☆

1 cuil. à soupe d'huile d'arachide
1 petit oignon, finement émincé
3 cuil. à café de coriandre, moulue
600 g de filets de poisson maigre (perche, par exemple), sans arête, coupé en petits dés
1 cuil. à soupe de gingembre frais coupé en julienne
1 cuil. à café de piment vert frais épépiné et finement émincé
2 cuil. à soupe de jus de citron vert
2 cuil. à soupe de feuilles de coriandre fraîche

**1** Faire chauffer un wok à feu vif, y verser l'huile et l'étaler soigneusement. Faire sauter l'oignon 4 minutes, jusqu'à ce qu'il soit bien doré et ramolli. Ajouter la coriandre moulue et faire revenir 1 à 2 minutes, jusqu'à ce que le tout soit parfumé.
**2** Ajouter le poisson, le gingembre et le piment. Faire sauter 5 à 7 minutes, jusqu'à ce que le poisson soit bien cuit, en faisant attention de ne pas l'émietter. Incorporer le jus de citron vert, saler, poivrer. Garnir avec les feuilles de coriandre et servir avec du riz vapeur.

### CALMAR AU SEL ET AU POIVRE

Inciser en biais la partie interne du calmar, en formant des lignes régulières et couper en morceaux.

*Ci-contre : Poisson sauté au gingembre*

## CRESSON DE FONTAINE

Le cresson de fontaine est une plante aquatique, de la famille du cresson, qui est cultivée à l'état sauvage. Originaire d'Eurasie, le cresson de fontaine pousse aujourd'hui dans les mares d'eau douce et les cours d'eau du monde entier. Ses feuilles vert foncé ont un léger goût poivré de moutarde forte et sont utilisées dans les salades, les sandwiches et les garnitures. On peut aussi les cuire dans les soupes ou les sauces, même si la cuisson leur enlève certaines de leurs qualités. Optez pour des feuilles vert foncé, non jaunies, que vous consommerez rapidement après achat. Conservez-les au réfrigérateur, en ayant pris soin de les couvrir avec un sac plastique, après avoir plongé les tiges dans un bol d'eau. Les recettes indiquent souvent quand il faut couper les tiges et n'utiliser que les feuilles. Les Occidentaux préfèrent manger le cresson de fontaine cru, alors que les Asiatiques préfèrent le faire cuire brièvement avant de le consommer.

*Ci-contre : Salade de crevettes à l'ail et au gingembre*

## SALADE DE CREVETTES À L'AIL ET AU GINGEMBRE

Préparation : 35 minutes
Cuisson : 15 minutes
4 personnes

☆☆

2 cuil. à café de maïzena
60 ml de bouillon de légumes
2 cuil. à soupe de sauce de soja
2 cuil. à café de sucre roux
huile, pour la cuisson
5 gousses d'ail, finement émincées
1 cuil. à soupe de gingembre frais râpé
1 oignon, coupé en rondelles
500 g de crevettes crues, décortiquées et déveinées, en conservant la queue
1 carotte, coupée en julienne
2 branches de céleri, coupées en julienne
100 g de pois mangetout, coupés en rondelles
100 g de haricots verts, coupés en petits tronçons
500 g de cresson de fontaine
40 g de cacahuètes grillées, grossièrement hachées

**1** Mélanger la maïzena et un peu de bouillon dans un bol, jusqu'à obtention d'une pâte. Incorporer la sauce de soja, le sucre et le reste de bouillon.
**2** Faire chauffer un wok à feu vif, y verser 1 cuillerée à soupe d'huile et l'étaler soigneusement. Faire sauter l'ail, le gingembre, l'oignon et les crevettes 5 minutes à feu vif, jusqu'à ce que les crevettes rosissent et soient bien cuites. Retirer du wok.
**3** Refaire chauffer le wok et y verser 1 cuillerée à soupe d'huile. Faire sauter la carotte, le céleri, les pois mangetout et les haricots 3 à 4 minutes à feu vif. Verser la sauce et mélanger jusqu'à ce qu'elle s'épaississe et commence à bouillir.
**4** Remettre les crevettes dans le wok et faire sauter 1 à 2 minutes, jusqu'à ce qu'elles soient bien chaudes. Servir sur un lit de cresson de fontaine et saupoudrer avec les éclats de cacahuètes.

## CHAMPIGNONS NOIRS AUX CREVETTES ET AUX LÉGUMES

Préparation : 25 minutes
 + trempage : 20 minutes
Cuisson : 8 minutes
4 personnes

☆

20 g de champignons noirs séchés
2 cuil. à café de maïzena
60 ml de mirin (vin de riz doux)
1 cuil. à soupe de vinaigre de riz
1 cuil. à soupe de sauce de soja
1 ou 2 gousses d'ail, hachées

1 à 2 petits piments rouges frais, épépinés et finement émincés

2 cuil. à café de gingembre frais râpé

1 cuil. à soupe d'huile

500 g de crevettes crues, décortiquées, déveinées et coupées en deux

1/2 poivron, coupé en julienne

1 branche de céleri, coupée en julienne

1 carotte, coupée en julienne

4 oignons verts, coupés en petits morceaux, puis en lamelles

230 g de châtaignes d'eau en boîte, égouttées

**1** Mettre les champignons noirs dans un bol d'eau bouillante et couvrir pendant 20 minutes, jusqu'à ce qu'ils aient doublé de volume et ramolli. Égoutter, éponger et couper grossièrement.
**2** Mélanger la maïzena à 60 ml d'eau dans un bol, jusqu'à obtention d'une pâte homogène. Ajouter le mirin, le vinaigre, la sauce de soja, le piment, l'ail et le gingembre.
**3** Faire chauffer un wok à feu vif, y verser l'huile et l'étaler soigneusement. Faire sauter rapidement les crevettes, jusqu'à ce qu'elles commencent à changer de couleur. Ajouter le poivron, le céleri, la carotte, les oignons verts, les châtaignes d'eau et les champignons. Faire sauter 2 à 3 minutes à feu moyen, jusqu'à ce que le tout soit tendre. Retirer du wok.
**4** Verser la sauce dans le wok et mélanger jusqu'à ce qu'elle bout et épaississe. Incorporer les crevettes et les légumes. Servir immédiatement.

## PETITS POULPES SAUTÉS

Préparation : 30 minutes + macération : 12 heures
Cuisson : 10 minutes
4 personnes

☆☆

500 g de petits poulpes

3 cuil. à soupe de coriandre fraîche ciselée

4 gousses d'ail, finement émincées

2 piments rouges frais, épépinées et émincés

3 cuil. à café de gingembre frais râpé

2 tiges de lemon-grass, partie blanche seule, émincées

1 cuil. à soupe d'huile

2 cuil. à soupe de jus de citron vert

huile, pour la cuisson

550 g de pak-choi, feuilles séparées

400 g de choy sum, feuilles séparées

**1** Pour préparer les petits poulpes, retirer la tête, les yeux et évider la tête en l'incisant. Tenir fermement le corps et retirer le bec avec l'index. Bien nettoyer les poulpes sous l'eau froide et les éponger avec du papier absorbant. Couper les têtes en 2 ou 3 morceaux.
**2** Mélanger la coriandre, 2 gousses d'ail, le piment, 2 cuillerées à café de gingembre, le lemon-grass, l'huile et le jus de citron vert dans une jatte non métallique. Ajouter les poulpes, couvrir de film alimentaire et réserver de 2 heures à une nuit au réfrigérateur.
**3** Faire chauffer un wok à feu vif, y verser 1 cuillerée à soupe d'huile et l'étaler soigneusement. Faire sauter les légumes avec 1 cuillerée à soupe d'eau. Les disposer sur un plat de service.
**4** Refaire chauffer le wok et y verser 1 cuillerée à soupe d'huile. Faire sauter 30 secondes l'ail et le gingembre restants, jusqu'à ce que les parfums s'exhalent. Ajouter les poulpes et les faire sauter 7 à 8 minutes à feu vif, jusqu'à ce qu'ils soient cuits. Servir sur le lit de légumes.

*Ci-dessus : Petits poulpes sautés*

**CREVETTES AU CARAMEL À LA VIETNAMIENNE**

Porter le sirop à ébullition en remuant doucement la casserole jusqu'à ce que le liquide prenne une jolie couleur rousse (ne pas mélanger).

## CREVETTES AU CARAMEL À LA VIETNAMIENNE

Préparation : 20 minutes
Cuisson : 10 minutes
4 à 6 personnes

☆☆

45 g de sucre de palme râpé

1,5 kg de crevettes moyennes crues, décortiquées et déveinées

3 oignons verts, parties blanche et verte séparées, finement émincé

1 cuil. à soupe d'huile

2 cuil. à soupe de nuoc mam

1 cuil. à soupe de vinaigre de riz

1 cuil. à soupe de sucre de palme râpé, en plus

2 gousses d'ail, finement émincées

grosse pincée de poivre blanc

1 cuil. à soupe de feuilles de coriandre fraîche, finement émincées (facultatif)

1 Faire chauffer à feu vif le sucre de palme et 1 cuillerée à soupe d'eau dans une petite casserole. Remuer jusqu'à ce que le sucre fonde. Porter à ébullition, en remuant doucement la casserole de temps en temps (sans mélanger), 3 à 4 minutes, jusqu'à ce que le liquide roussisse et commence à sentir le caramel. Incorporer progressivement 60 ml d'eau à l'aide d'une louche, jusqu'à obtention d'une fine sauce au caramel. Retirer du feu.

2 Mélanger les crevettes et la partie blanche des oignons verts dans une jatte.

3 Faire chauffer un wok à feu vif, verser l'huile et l'étaler soigneusement. Faire revenir les crevettes 1 minute, jusqu'à ce qu'elles rosissent. Ajouter la sauce au caramel, le nuoc mam, le vinaigre de riz, le sucre de palme supplémentaire, l'ail, la partie verte des oignons verts et le poivre. Faire sauter 2 minutes, jusqu'à ce que les crevettes se recourbent et soient bien glacées. Incorporer éventuellement la coriandre. Servir pour un repas de fête, par exemple.

## CREVETTES SAUTÉES DU SÉCHOUAN

Préparation : 20 minutes
Cuisson : 15 minutes
4 personnes

☆

500 g de nouille hokkien

2 cuil. à soupe d'huile

2 gousses d'ail, émincées

1 oignon, coupé en fines rondelles

1 cuil. à soupe de grains de poivre du Séchouan concassés

1 tige de lemon-grass, partie blanche seule, émincée

300 g de haricots verts, émincés

750 g de grosses crevettes crues, décortiquées, déveinées et coupées en deux dans la longueur

*Ci-dessus : Crevettes au caramel à la vietnamienne*

## SAUTÉS

2 cuil. à soupe de nuoc mam

80 ml de sauce d'huître

125 ml de bouillon de volaille

**1** Mettre les nouilles dans une terrine d'eau bouillante. Couvrir et laisser reposer 1 minute. Dissocier les nouilles et égoutter.
**2** Faire chauffer un wok à feu vif, verser 1 cuillerée à soupe d'huile et l'étaler soigneusement. Ajouter l'ail, l'oignon, le poivre et le lemon-grass. Faire sauter 2 minutes. Ajouter les haricots et faire sauter 2 à 3 minutes, jusqu'à ce qu'ils soient cuits. Retirer du wok.
**3** Refaire chauffer le wok, verser le reste d'huile et l'étaler soigneusement. Ajouter les crevettes et faire sauter 3 à 4 minutes, jusqu'à ce qu'elles soient juste cuites. Ajouter la préparation de haricots et les nouilles. Faire sauter 3 minutes, jusqu'à ce que les nouilles soient bien chaudes. Ajouter la sauce et le bouillon et porter à ébullition. Mélanger et servir.

## NOUILLES DE BLÉ ET POISSON AU SOJA NOIR

Préparation : 10 minutes
Cuisson : 15 minutes
4 personnes

☆

270 g de nouilles de blé fraîches

200 g de gai lon (brocoli chinois), coupés en tronçons de 5 cm

550 g de filets de vivaneau ou de cabillaud, sans peau, coupés en morceaux de 4 cm

2 cuil. à soupe de sauce de soja claire

1 cuil. à soupe 1/2 d'alcool de riz

1 cuil. à café de sucre

1/2 cuil. à café d'huile de sésame

2 cuil. à café de maïzena

1 cuil. à soupe d'huile

5 gousses d'ail, hachées

2 cuil. à café de gingembre frais, finement émincé

2 oignons verts, finement émincés

2 petits piments rouges frais, finement émincés

2 cuil. à soupe de graines de soja noir, rincé et grossièrement concassés

150 ml de bouillon de poisson

oignons verts, émincés, en garniture

**1** Faire cuire les nouilles de blé dans une grande casserole d'eau bouillante pendant 2 minutes, jusqu'à ce qu'elles soient tendres. Égoutter. Mettre le gai lon dans un cuiseur vapeur et laisser cuire 3 à 4 minutes, jusqu'à ce qu'ils soient légèrement desséchés. Retirer du feu et réserver au chaud.
**2** Mettre le poisson dans une terrine. Mélanger le nuoc mam, l'alcool de riz, le sucre, l'huile de sésame et la maïzena. Verser sur le poisson et remuer pour bien l'enrober.
**3** Faire chauffer un wok à feu vif, verser l'huile et l'étaler soigneusement. Ajouter l'ail, le gingembre, les oignons verts, les piments et le soja noir. Faire sauter 1 minute. Ajouter le poisson et la marinade et faire revenir encore 2 minutes. Retirer le poisson du wok à l'aide d'une écumoire et réserver au chaud.
**4** Verser le bouillon dans le wok, réduire à feu doux et laisser mijoter 5 minutes, jusqu'à ce que la sauce ait légèrement épaissi. Remettre le poisson dans le wok, couvrir et laisser encore mijoter à feu doux 2 à 3 minutes, jusqu'à ce qu'il soit juste cuit.
**5** Au moment de servir, répartir les nouilles dans les assiettes. Disposer le gai lon, le poisson et la sauce de soja noir dessus. Garnir avec des oignons verts émincés.

*Ci-dessous : Nouilles de blé et poisson au soja noir*

# CALMARS AU SAMBAL INDONÉSIEN

Préparation : 20 minutes + trempage : 10 minutes
Cuisson : 15 minutes
6 personnes

☆☆

1 kg de blancs de calmar, nettoyés
1 cuil. à soupe de vinaigre blanc
1 cuil. à soupe de pulpe de tamarin
4 échalotes rouges d'Asie, finement émincées
8 petits piments rouges frais, épépinés pour la moitié, émincés
6 gousses d'ail
1 tige de lemon-grass, partie blanche seule, émincée
2 cuil. à café de gingembre frais râpé
1/2 cuil. à café de pâte de crevettes
2 cuil. à soupe 1/2 d'huile d'arachide
1/2 cuil. à café de cumin moulu
1 cuil. à soupe 1/2 de sucre roux

**1** Couper chaque blanc de calmar en deux dans la longueur et les étaler, face interne au-dessus. Pratiquer des incisions en quadrillage à intervalles réguliers, sans transpercer le calmar. Couper les blancs en carrés de 5 cm. Les mettre dans une terrine avec le vinaigre et 1 litre d'eau. Laisser tremper 10 minutes. Rincer, égoutter et réserver.

**2** Mettre le tamarin dans un bol et le couvrir de 80 ml d'eau bouillante. Laisser tremper 5 minutes en écrasant la pulpe pendant qu'elle ramollit. Filtrer le liquide, réserver et jeter le reste.

**3** Mettre les échalotes, les piments, l'ail, le lemon-grass, le gingembre, la pâte de crevettes et 1 cuillerée à café d'huile dans un robot de cuisine (utiliser éventuellement un mortier et un pilon) et mixer jusqu'à obtention d'une pâte homogène. Incorporer le cumin.

**4** Faire chauffer un wok antiadhésif à feu vif, verser 1 cuillerée à soupe d'huile et l'étaler soigneusement. Ajouter la pâte et faire revenir 5 minutes, jusqu'à ce qu'elle soit bien parfumée et luisante, et que le liquide se soit évaporé. Retirer du wok.

**5** Refaire chauffer le wok à feu vif, attendre qu'il soit bien chaud, verser le reste d'huile et l'étaler soigneusement. Ajouter les morceaux de calmar, par petites fournées, et faire revenir 1 à 2 minutes jusqu'à ce qu'ils soient cuits. Retirer du wok.

**6** Chauffer le wok à feu moyen. Ajouter la pâte épicée, l'eau au tamarin filtrée et le sucre. Faire sauter 2 minutes, jusqu'à ce que les ingrédients de la sauce soient bien mélangés. Remettre le calmar dans le wok et faire sauter 1 minute, jusqu'à ce que le calmar soit bien enrobé de sauce et chaud. Servir avec du riz vapeur.

NOTE : il est conseillé d'utiliser un wok antiadhésif ou en acier inoxydable pour préparer cette recette. La purée de tamarin pourrait en effet, au contact du métal, altérer la couleur du plat et dégrader un wok traditionnel.

---

**SAMBAL**
Le sambal goreng, sauce sautée au piment, est très courant dans la cuisine indonésienne. Sa couleur rouge caractéristique est due à la grande quantité de piments utilisée pour préparer cette pâte épicée qui relève à merveille le goût des plats.

*Ci-contre : Calmar au sambal indonésien*

## SAUTÉS

### CRABE AU PIMENT

Préparation : 20 minutes
Cuisson : 15 minutes
4 personnes

☆☆

1 kg de crabes bleus ou d'étrilles crus

2 cuil. à soupe d'huile d'arachide

2 gousses d'ail, finement émincées

2 cuil. à café de gingembre frais finement émincé

2 piments rouges frais, épépinés et émincés (*voir* Notes)

2 cuil. à soupe de sauce hoisin

125 ml de sauce tomate

60 ml de sauce au piment douce

1 cuil. à soupe de nuoc mam

1/2 cuil. à soupe d'huile de sésame

4 oignons verts, coupés en rondelles

brins de coriandre fraîche, en garniture

**1** Soulever le tablier des crabes et détacher la partie supérieure de la carapace. Retirer l'intestin et les branchies grises et duveteuses. Couper chaque crabe en quatre. Casser les pinces à l'aide d'un casse-noix, pour permettre aux arômes d'imprégner la chair et faciliter l'ouverture des pinces lors du repas.

**2** Faire chauffer un wok à feu vif, verser l'huile et l'étaler soigneusement. Ajouter l'ail, le gingembre et les piments. Faire sauter 1 à 2 minutes.

**3** Ajouter les morceaux de crabe. Faire sauter environ 6 minutes, jusqu'à ce qu'ils deviennent orangés. Incorporer la sauce hoisin, la sauce tomate, la sauce au piment douce, le nuoc mam, l'huile de sésame et 60 ml d'eau. Porter à ébullition, réduire le feu, couvrir et laisser mijoter 6 minutes, jusqu'à ce que la carapace des crabes devienne orange clair et que la chair blanchisse et se détache facilement.

**4** Parsemer d'oignons verts et disposer sur un plat de service. Garnir de brins de coriandre et accompagner de riz vapeur.

NOTES : le goût relevé des piments est donné par les graines et la peau. Ne les enlevez donc pas si vous souhaitez une sauce très relevée. Il est conseillé de porter des gants lors de la préparation pour se protéger les mains des agents épicés du piment. Pour cette recette, vous pouvez utiliser la variété de crabe de votre choix, ou encore le remplacer par des crevettes.

---

CRABE AU PIMENT

Détacher la partie supérieure de la carapace.

Retirer l'intestin et les branchies et couper chaque crabe en quatre.

Casser les pinces à l'aide d'un casse-noix, pour faciliter l'ouverture des pinces lors du repas.

*Ci-dessus : Crabe au piment*

*Ci-dessus : Calmar au poivre vert*

### CALMAR AU POIVRE VERT
(Pla muek kratiem prik Thai)

Préparation : 10 minutes + macération : 30 minutes
Cuisson : 5 minutes
4 personnes

☆☆

- 600 g de blancs de calmar, nettoyés, lavés et séchés
- 2 cuil. à café de racine de coriandre fraîche émincée
- 3 gousses d'ail, hachées
- 80 ml d'huile
- 25 g de grains de poivre vert thaïlandais, avec leur pédoncule, en saumure, ou 25 g de grains de poivre vert frais, légèrement concassés
- 2 cuil. à soupe de sauce de soja aux champignons thaïlandaise
- 1/2 cuil. à café de sucre de palme râpé
- 20 g de basilic thaïlandais frais
- grains de poivre vert, en garniture

**1** Couper les blancs de calmar en deux dans le sens de la longueur. Laver et retirer les piquants. Inciser de biais la partie interne du calmar, en formant des lignes régulières. Couper en carrés de 4 cm.
**2** Mettre la racine de coriandre, 1 gousse d'ail et 1 cuillerée à soupe d'huile dans un robot de cuisine. Mixer jusqu'à obtention d'une pâte homogène. Mélanger la pâte obtenue aux morceaux de calmar, couvrir et laisser mariner 30 minutes au réfrigérateur.
**3** Faire chauffer un wok à feu vif, verser le reste d'huile et l'étaler soigneusement. Ajouter les morceaux de calmar et le reste d'ail. Faire sauter 1 minute. Ajouter les grains de poivre et faire sauter encore 2 minutes, jusqu'à ce que le calmar soit juste cuit (il a tendance à durcir lorsqu'il est trop cuit). Ajouter la sauce de soja et le sucre de palme, et mélanger jusqu'à ce que le sucre soit dissous. Garnir avec le basilic thaïlandais et les grains de poivre. Servir immédiatement.

### PANCIT CANTON

Préparation : 30 minutes
Cuisson : 20 minutes
4 personnes

☆

- 1 cuil. à soupe 1/2 d'huile d'arachide
- 1 gros oignon, finement émincé
- 2 gousses d'ail, finement émincées
- 1 morceau de gingembre frais de 2 cm, coupés en lanières
- 500 g de grosses crevettes crues, décortiquées et déveinées
- 180 g de pak-choi (chou chinois), finement ciselé
- 1 carotte, coupée en julienne
- 200 g de porc chinois cuit au barbecue, coupé en lamelles de 5 mm d'épaisseur
- 3 cuil. à café d'alcool de riz
- 2 cuil. à café de sucre
- 150 g de pois mangetout, équeutés
- 330 ml de bouillon de volaille
- 1 cuil. à soupe de sauce de soja claire
- 225 g de nouilles pancit canton
- 1 citron, coupé en rondelles

**1** Faire chauffer un wok à feu vif, verser l'huile et l'étaler soigneusement. Saisir l'oignon 2 minutes et ajouter l'ail et le gingembre. Faire revenir encore 2 minutes. Ajouter les crevettes et laisser cuire 1 minute. Incorporer le pak-choi, la carotte,

SAUTÉS

le porc, l'alcool de riz et le sucre. Faire revenir 3 à 4 minutes, jusqu'à ce que le porc soit bien chaud et que les légumes ramollissent. Ajouter les pois mangetout et faire revenir 1 minute, jusqu'à ce qu'ils soient tendres. Retirer la préparation du wok.
2 Mettre le bouillon et la sauce de soja dans le wok et porter à ébullition. Ajouter les nouilles et laisser cuire 3 à 4 minutes en remuant, jusqu'à ce que les nouilles ramollissent et soient presque cuites.
3 Remettre la sauce dans le wok et mélanger avec les nouilles 1 minute, jusqu'à ce que le tout soit bien lié. Répartir dans 4 assiettes chaudes et garnir avec les rondelles de citron.

## SAUTÉ DE POISSON AU CONCOMBRE

Préparation : 20 minutes
Cuisson : 20 minutes
4 personnes

☆☆

60 g de farine
60 g de maïzena
½ cuil. à café de poudre de cinq-épices
750 g de filets de poisson maigre sans arête, comme de la lingue, détaillés en cubes de 3 cm
2 blancs d'œuf, légèrement battus
huile, pour la friture
1 cuil. à soupe d'huile
1 oignon, coupé en rondelles
1 concombre, coupé en deux, épépiné et coupé en biais en rondelles
1 cuil. à café de maïzena supplémentaire
¾ de cuil. à café d'huile de sésame
1 cuil. à soupe de sauce de soja
80 ml de vinaigre de riz
1 cuil. à soupe ½ de sucre roux
3 cuil. à café de nuoc mam

1 Mélanger la farine, la maïzena et la poudre de cinq-épices dans un bol. Assaisonner avec du sel et du poivre noir fraîchement moulu. Tremper le poisson dans le blanc d'œuf battu, l'égoutter et l'enduire avec la pâte de farine (une fine couche).
2 Remplir au tiers une grande casserole d'huile et faire chauffer à 180 °C (un dé de pain plongé doit y roussir en 15 secondes). Faire frire 6 minutes le poisson, par fournée, jusqu'à ce qu'il soit bien doré. Égoutter sur du papier absorbant.
3 Faire chauffer un wok à feu vif, verser 1 cuillerée à soupe d'huile et l'étaler soigneusement. Faire sauter l'oignon 1 minute. Ajouter le concombre et faire sauter 30 secondes.
4 Délayer la maïzena dans 2 cuillerées à soupe d'eau. Ajouter au wok, avec l'huile de sésame, la sauce de soja, le vinaigre, le sucre et le nuoc mam. Faire sauter 3 minutes, jusqu'à ce que la préparation épaississe et commence à bouillir. Ajouter le poisson et bien mélanger pour l'enrober de sauce et le réchauffer. Servir chaud.

### CONCOMBRE
Le concombre fait partie des plus vieux légumes cultivés de la planète et compte selon certains parmi les légumes les plus rafraîchissants. Il en existe plus de 100 variétés, dont une qualifiée de « digeste ». On peut le consommer cru, en salade, cuit dans une soupe, ou mélangé avec du yaourt comme le raita pour servir d'accompagnement aux currys. Dans la cuisine cantonaise, le concombre est considéré comme un aliment du « yin », aux vertus rafraîchissantes et apaisantes. La division des aliments est basée sur le concept taoïste des équilibres opposés, représentés par le yin (fraîcheur, eau, féminin) et le yang (chaleur, feu, masculin). Pour créer un certain équilibre dans leurs plats, les chefs cantonais mélangent le yin du concombre au yang d'ingrédients tels que le poulet.

*Ci-contre : Sauté de poisson au concombre*

## OMELETTE AUX CREVETTES
(Kai yak sai)

Préparation : 25 minutes
Cuisson : 15 minutes
8 omelettes

☆☆

500 g de crevettes crues
1 cuil. à soupe 1/2 d'huile
4 œufs, légèrement battus
2 cuil. à soupe de nuoc mam
8 oignons verts, émincés
6 racines de coriandre fraîche, émincées
2 gousses d'ail, émincées
1 petit piment rouge frais, épépiné et émincé, en garniture
2 cuil. à café de jus de citron vert
2 cuil. à café de sucre de palme râpé
3 cuil. à soupe de feuilles de coriandre fraîche
brins de coriandre fraîche, en garniture
sauce au piment douce, en accompagnement

*Ci-dessous : Omelette aux crevettes*

**1** Décortiquer et déveiner les crevettes. Émincer la chair.
**2** Faire chauffer un wok à feu vif, verser 2 cuillerées à café d'huile et l'étaler soigneusement. Mélanger les œufs à la moitié du nuoc mam. Mettre 2 cuillerées à soupe du mélange dans le wok et le tourner pour en tapisser le fond d'un cercle de 16 cm de diamètre. Laisser cuire 1 minute et détacher délicatement. Faire de même avec le reste du mélange aux œufs afin d'obtenir 8 omelettes.
**3** Faire chauffer le reste d'huile dans le wok. Ajouter les crevettes, les oignons verts, la racine de coriandre, l'ail et le piment. Faire sauter 3 à 4 minutes, jusqu'à ce que les crevettes soient cuites. Incorporer le jus de citron vert, le sucre de palme, la coriandre et le reste du nuoc mam.
**4** Répartir la préparation à la crevette dans les omelettes et replier l'omelette pour obtenir des petits chaussons. Entailler le dessus et garnir avec la coriandre. Servir avec de la sauce au piment douce.

## SAUTÉ DE FRUITS DE MER AU BASILIC THAÏLANDAIS

Préparation : 35 minutes
Cuisson : 15 minutes
4 à 6 personnes

☆☆

1 cuil. à soupe 1/2 de nuoc mam
1 cuil. à soupe 1/2 de jus de citron vert
1 cuil. à soupe de sauce de soja claire
2 cuil. à café de sucre de palme râpé
220 g de blancs de calmar, nettoyés
2 cuil. à soupe d'huile d'arachide
1 petite carotte, coupée en biais en fines rondelles
1 petit poivron rouge, coupé en fines lanières
4 oignons verts, coupés en tronçons de 5 cm
2 gousses d'ail, finement émincées
1 grand piment vert frais, épépiné et finement émincé
350 g de crevettes moyennes crues, décortiquées et déveinées, en conservant la queue
250 g de filets de poisson maigre (comme du vivaneau ou de la lingue), coupés en dés de 3 cm
150 g de noix de Saint-Jacques, sans laitance
25 g de basilic thaïlandais frais, en garniture
1 piment rouge frais, émincé (facultatif)

**1** Mélanger le nuoc mam, le jus de citron vert, la sauce de soja et le sucre dans un bol, jusqu'à ce que le sucre soit dissous.

**2** Couper les blancs de calmar en deux dans le sens de la longueur et les ouvrir. Étaler les blancs sur un plan de travail, face interne vers le haut. Inciser en biais la partie interne du calmar, en formant un quadrillage régulier. Couper en carrés de 4 cm.
**3** Faire chauffer un wok à feu vif, verser 1 cuillerée à soupe d'huile et l'étaler soigneusement. Ajouter la carotte et le poivron et faire sauter 2 à 3 minutes, jusqu'à ce que le tout soit tendre. Retirer du wok.
**4** Refaire chauffer le wok à feu vif, verser un peu d'huile et l'étaler soigneusement. Ajouter les oignons verts, l'ail et le piment vert émincé. Faire sauter 1 minute, jusqu'à ce que les parfums s'exhalent. Ajouter les crevettes et faire sauter 2 minutes, jusqu'à ce qu'elles rosissent. Ajouter les dés de poisson et laisser cuire 2 à 3 minutes, jusqu'à ce qu'ils commencent à dorer. Incorporer les morceaux de calmar et les noix de Saint-Jacques et laisser cuire 2 à 3 minutes, jusqu'à ce que les morceaux de calmar se rétractent et que les noix de Saint-Jacques soient presque cuites.
**5** Remettre les légumes dans le wok, avec la préparation au nuoc mam. Bien mélanger et parsemer de basilic. Mélanger délicatement, sans émietter les morceaux de poisson. Garnir éventuellement avec des feuilles de basilic et un peu de piment. Servir avec du riz vapeur.

## CALMAR PIMENTÉ AUX NOUILLES HOKKIEN

Préparation : 25 minutes
Cuisson : 20 minutes
4 personnes

☆☆

500 g de nouilles hokkien
750 g de petits blancs de calmar, nettoyés
2 cuil. à soupe de jus de citron vert
6 échalotes rouges d'Asie
4 gousses d'ail
2 petits piments rouges frais, émincés
2 racines de coriandre fraîche
2 tiges de lemon-grass, partie blanche seule, émincée
1 cuil. à soupe de gingembre frais, émincé
2 cuil. à soupe de concentré de tomates
80 ml d'huile d'arachide
300 g de petit pak-choi, émincé
2 cuil. à soupe 1/2 de sucre de palme râpé
1 cuil. à soupe de nuoc mam
3 cuil. à soupe de feuilles de coriandre fraîche
piment rouge frais, émincé en garniture

**1** Laisser tremper 1 minute les nouilles dans l'eau bouillante. Les dissocier délicatement et égoutter.
**2** Couper les blancs de calmar en deux dans le sens de la longueur. Inciser la partie interne, en formant un quadrillage régulier et sans transpercer la chair. Couper en triangles de 5 cm. Mettre dans une terrine avec le jus de citron vert et réfrigérer.
**3** Mixer les échalotes, l'ail, les piments, les racines de coriandre, le lemon-grass, le gingembre et le concentré de tomates dans un robot de cuisine, jusqu'à obtention d'une pâte homogène.
**4** Égoutter le calmar. Faire chauffer un wok à feu vif, verser 2 cuillerées à soupe d'huile et l'étaler soigneusement. Faire revenir 2 à 3 minutes le calmar à feu moyen, par fournées, jusqu'à ce qu'il soit tendre. Retirer du wok. Faire revenir 2 minutes le pak-choi, jusqu'à ce qu'il soit légèrement desséché. Retirer du wok et ajouter au calmar.
**5** Faire chauffer le reste d'huile dans le wok. Ajouter la pâte pimentée et faire revenir 5 minutes à feu moyen, en remuant. Remettre le calmar et le pak-choi dans le wok. Ajouter les nouilles et mélanger. Incorporer le sucre de palme et le nuoc mam et faire revenir 1 minute. Incorporer la coriandre. Garnir de piment rouge et servir.

*Ci-dessous : Calmar pimenté aux nouilles hokkien*

1 Mélanger la sauce d'huître, la sauce de soja, l'huile de sésame et le sucre dans un bol, jusqu'à ce que le sucre soit dissous.
2 Faire chauffer un wok à feu moyen, verser l'huile et l'étaler soigneusement. Ajouter l'ail et le gingembre. Faire sauter 30 secondes, jusqu'à ce que les parfums s'exhalent. Ajouter les pois et faire revenir 1 minute. Ajouter les noix de Saint-Jacques et les oignons verts. Faire fondre les oignons verts 1 minute. Incorporer la sauce et faire cuire 1 minute, en remuant. Servir avec du riz.

## CURRY VERT DE CREVETTES AUX NOUILLES SAUTÉES

Préparation : 20 minutes
Cuisson : 15 minutes
4 personnes

☆

400 g de nouilles hokkien

2 cuil. à café de sucre de palme râpé

1 cuil. à soupe de nuoc mam

2 cuil. à café de jus de citron vert

1 cuil. à soupe d'huile d'arachide

1 oignon, coupé en fines rondelles

1 cuil. à soupe 1/2 de pâte de curry vert de bonne qualité (voir page 56)

150 g de mini-épis de maïs, coupés en deux

125 g de haricots kilomètre, en tronçons de 4 cm

250 ml de lait de coco

125 ml de bouillon de volaille

800 g de grosses crevettes roses crues, décortiquées et déveinées, en conservant la queue

25 g de feuilles de coriandre fraîche, émincées

1 Mettre les nouilles dans une terrine résistant à la chaleur et recouvrir d'eau bouillante. Laisser tremper 1 minute, jusqu'à ce que les nouilles soient tendres et se dissocient. Bien égoutter.
2 Mélanger le sucre de palme, le nuoc mam et le jus de citron vert dans un bol.
3 Faire chauffer un wok à feu vif, verser l'huile. Faire fondre l'oignon 1 à 2 minutes. Ajouter la pâte de curry et faire cuire 1 minute. Ajouter les épis de maïs, les haricots kilomètre, le lait de coco et le bouillon. Laisser mijoter 3 à 4 minutes. Ajouter les crevettes et faire revenir 3 à 4 minutes, jusqu'à ce qu'elles soient roses et cuites. Incorporer la sauce au nuoc mam. Ajouter les nouilles et la coriandre émincée et mélanger jusqu'à ce que les nouilles soient chaudes. Servir.

## NOIX DE SAINT-JACQUES AUX POIS MANGETOUT

Préparation : 20 minutes
Cuisson : 5 minutes
4 personnes

☆

2 cuil. à soupe 1/2 de sauce d'huître

2 cuil. à café de sauce de soja

1/2 cuil. à café d'huile de sésame

2 cuil. à café de sucre

2 cuil. à soupe d'huile

2 grosses gousses d'ail, hachées

3 cuil. à café de gingembre frais, finement émincé

300 g de pois mangetout

500 g de noix de Saint-Jacques, parées

2 oignons verts, coupés dans la longueur en tronçons de 2 cm

*Ci-dessus : Noix de Saint-Jacques aux pois mangetout*

## CREVETTES SAN CHOY BAU

Préparation : 20 minutes
Cuisson : 5 minutes
4 à 6 personnes

☆

1 laitue iceberg
2 cuil. à soupe de sauce de soja
2 cuil. à soupe de sauce d'huître
2 cuil. à soupe de jus de citron vert
1 kg de crevettes moyennes crues (*voir* Note)
1 cuil. à soupe d'huile
1 cuil. à café d'huile de sésame
2 oignons verts, finement émincés
2 gousses d'ail, hachées
1 morceau de gingembre frais de 2 cm, râpé
120 g de châtaignes d'eau, égouttées et émincées
1 cuil. à soupe de piment rouge émincé
185 g de riz cuit, froid
90 g de germes de soja, équeutés
25 g de feuilles de coriandre fraîche, émincées
60 ml de sauce hoisin

1 Laver la laitue et l'effeuiller. Bien égoutter et sécher sur du papier absorbant.

2 Mélanger la sauce de soja, la sauce d'huître et le jus de citron vert dans un bol. Réserver.

3 Décortiquer et déveiner les crevettes. Si elles sont grosses, les couper en petits morceaux.

4 Faire chauffer un wok à feu vif, verser les deux huiles et étaler soigneusement. Ajouter les oignons verts, l'ail et le gingembre et faire revenir 30 secondes. Ajouter la chair des crevettes, les châtaignes d'eau et le piment. Assaisonner avec du sel et du poivre noir fraîchement moulu. Faire sauter 2 minutes. Ajouter le riz, les germes de soja et la coriandre. Remuer jusqu'à ce que le mélange soit bien homogène.

5 Incorporer la sauce et mélanger rapidement. Retirer le wok du feu. Disposer la préparation dans un plat de service. Mettre les feuilles de laitue sèches dans les assiettes. Remplir soi-même les coupes de laitue avec la préparation ou laisser les invités s'en charger. Arroser d'un filet de sauce hoisin.

NOTE : pour gagner du temps, vous pouvez acheter les crevettes déjà décortiquées. Il ne vous en faudra alors que 500 g (la moitié de leur poids provenant de leur carapace).

### CHÂTAIGNES D'EAU

Même si leur peau marron foncé et leur forme rappellent celles des châtaignes traditionnelles, ces châtaignes ne font pas partie de la famille des fruits à écale. La seconde partie de leur nom est plus explicite : ce sont en fait les tubercules comestibles d'une plante aquatique, qui s'apparentent à ceux du riz non décortiqué. Mais contrairement au riz, on ne les récolte que quand la plante est sèche. Les châtaignes d'eau peuvent s'utiliser dans les plats sautés, les farces, les boulettes et les ragoûts. Elles apportent aux plats un croustillant et un contraste de texture qui est très apprécié dans la cuisine chinoise.

*Ci-contre : Crevettes San Choy Bau*

*Ci-dessus : Crevettes à la sauce aux haricots aillée*

## CREVETTES À LA SAUCE AUX HARICOTS AILLÉE

Préparation : 20 minutes +
   macération : 10 minutes
Cuisson : 10 minutes
4 personnes

☆

1 kg de crevettes moyennes crues, décortiquées et déveinées, en conservant la queue
2 blancs d'œuf
2 cuil. à soupe de maïzena
2 cuil. à soupe de vinaigre de riz
huile, pour la friture, plus 1 cuil. à soupe
125 g de vermicelle transparent, coupé en petits morceaux
4 gousses d'ail, finement émincées
1 cuil. à café de gingembre frais finement émincé
2 cuil. à café de sauce hoisin
1 cuil. à soupe de sauce aux haricots
1 cuil. à soupe de sauce d'huître
6 oignons verts, coupés en biais en tronçons de 3 cm
15 g de feuilles de coriandre
rondelles de citron, en garniture

**1** Mettre les crevettes dans une terrine non métallique. Mixer les blancs d'œuf, la maïzena et 1 cuillerée à soupe de vinaigre de riz dans un robot de cuisine, jusqu'à obtention d'une pâte homogène. Verser sur les crevettes et assaisonner avec une cuillerée à café de sel et de poivre. Mélanger. Laisser mariner 10 minutes et bien égoutter.

**2** Faire chauffer un wok à feu vif, verser l'huile. Faire chauffer à 190 °C (un dé de pain doit y dorer en 10 secondes). Ajouter le vermicelle et faire revenir 10 secondes, jusqu'à ce qu'il ait gonflé. Égoutter sur du papier absorbant.

**3** Ne laisser que 60 ml d'huile dans le wok. Ajouter les crevettes égouttées et faire revenir 2 à 3 minutes, jusqu'à ce qu'elles changent de couleur. Égoutter sur du papier absorbant. Ne laisser qu'une cuillerée à soupe d'huile dans le wok.

**4** Refaire chauffer le wok à feu moyen. Ajouter l'ail et le gingembre et faire sauter 30 secondes. Ajouter la sauce hoisin, la sauce aux haricots, la sauce d'huître et le reste du vinaigre. Bien mélanger 1 minute. Ajouter les crevettes et bien mélanger pour les enrober de sauce. Ajouter les oignons verts et faire fondre 1 à 2 minutes. Disposer les crevettes sur un lit de vermicelle croustillant. Garnir avec la coriandre et servir accompagné de rondelles de citron.

## ESPADON AU PAK-CHOI

Préparation : 20 minutes
Cuisson : 10 minutes
4 personnes

☆

500 g de steak d'espadon, coupé en petits morceaux
2 cuil. à soupe de poivre noir grossièrement moulu
2 cuil. à soupe de sauce hoisin
2 cuil. à soupe d'alcool de riz
1 cuil. à soupe de sauce d'huître
1 cuil. à soupe de sauce de soja
huile, pour la cuisson
3 gousses d'ail, finement émincées
1 oignon, émincé
1 kg de petit pak-choi, effeuillé
100 g de champignons shiitake frais, émincés
1 cuil. à soupe de graines de sésame, grillées
1 cuil. à café d'huile de sésame

**1** Rouler l'espadon dans le poivre noir, jusqu'à ce qu'il soit bien enrobé d'une fine couche.

## SAUTÉS

**2** Mélanger la sauce hoisin, l'alcool de riz, la sauce d'huître et la sauce de soja dans un bol.
**3** Faire chauffer un wok à feu vif, verser 2 cuillerées à soupe d'huile. Faire sauter 1 à 2 minutes l'espadon, par fournées. Ne pas laisser le poisson cuire trop longtemps car il pourrait se déliter. Retirer du wok.
**4** Refaire chauffer le wok. Verser 1 cuillerée à soupe d'huile et faire dorer l'ail 30 secondes, jusqu'à ce qu'il soit croustillant. Ajouter l'oignon et faire dorer 1 à 2 minutes. Ajouter le pak-choi et les champignons. Faire revenir rapidement, jusqu'à ce que les feuilles se dessèchent. Verser la sauce dans le wok et remuer pour bien mélanger.
**5** Remettre l'espadon dans le wok et mélanger le tout. Parsemer des graines de sésame et arroser d'un filet d'huile de sésame. Servir.

### CREVETTES À LA SAUCE AU TAMARIN ÉPICÉE

Préparation : 15 minutes
Cuisson : 25 minutes
4 personnes

☆

80 g de noix de cajou crues
2 gousses d'ail, finement émincées
1 cuil. à soupe 1/2 de nuoc mam
1 cuil. à soupe de sambal oelek
1 cuil. à soupe d'huile d'arachide
1 kg de crevettes moyennes crues, décortiquées et déveinées, en conservant la queue
2 cuil. à café de purée de tamarin
1 cuil. à soupe 1/2 de sucre de palme râpé
350 g de choy sum, coupé en tronçons de 10 cm

**1** Préchauffer le four à 180 °C (th. 6). Étaler les noix de cajou sur une plaque à pâtisserie et faire cuire 5 à 8 minutes, jusqu'à ce qu'elles soient dorées, en veillant à ce qu'elles ne brûlent pas.
**2** Mixer l'ail, le nuoc mam, le sambal oelek et les noix de cajou grillées dans un robot, jusqu'à obtention d'une pâte épaisse. Ajouter 2 à 3 cuillerées à soupe d'eau si nécessaire, pour bien lier.
**3** Faire chauffer un wok antiadhésif à feu vif, verser l'huile et l'étaler soigneusement. Ajouter les crevettes et faire sauter 1 à 2 minutes, jusqu'à ce qu'elles commencent à rosir. Retirer du wok. Mettre la pâte de noix de cajou dans le wok et faire sauter 1 minute, jusqu'à ce qu'elle commence à roussir. Ajouter le tamarin, le sucre et environ 80 ml d'eau. Porter à ébullition sans cesser de remuer. Remettre les crevettes dans le wok et mélanger pour bien les enrober de sauce. Faire revenir 2 à 3 minutes, jusqu'à ce qu'elles soient bien cuites.
**4** Mettre le choy sum dans un panier à étuver en bambou, chemisé de papier. Faire cuire à la vapeur 3 minutes sur un wok d'eau frémissante, jusqu'à ce qu'il soit tendre. Servir avec les crevettes et du riz.

### CREVETTES

Les crevettes sont des crustacés que l'on trouve un peu partout dans le monde, aussi bien en eau douce qu'en eau salée, et qui peuvent vivre à des températures variées. Leur taille varie de 2,5 à 30 cm. Elles sont dotées de deux longues antennes et de cinq paires de pattes. Leur chair translucide peut être rose, jaune, grise, brune, rouge, rouge foncé ou encore verte, selon les espèces. Elles deviennent opaques et rosissent à la cuisson. Il est conseillé de ne pas les laisser cuire trop longtemps, car leur chair pourrait durcir et devenir caoutchouteuse. Le temps de cuisson idéal pour faire sauter des crevettes de taille moyenne est de 2 à 3 minutes.

*Ci-contre : Crevettes à la sauce au tamarin épicée*

## LE SÉCHOUAN

Située à l'extrême ouest de la Chine, la région du Séchouan est réputée pour sa cuisine épicée. Il y a plus de 2000 ans, des marchands bouddhistes et autres missionnaires y firent venir des épices indiennes, faisant découvrir aux habitants de la région des techniques de cuisson particulières. Ils leur léguèrent ainsi un ensemble de plats végétariens tous plus imaginatifs les uns que les autres. Le gingembre, l'ail, les grains de poivre du Séchouan, les longs piments rouges séchés, le vinaigre, les oignons verts et la sauce de fèves noires sont tous des ingrédients importants, tout comme le sont l'huile rouge et les multiples pâtes de soja épicées.

*Ci-dessus : Crevettes et nouilles sautées du Séchouan*

## CREVETTES ET NOUILLES SAUTÉES DU SÉCHOUAN

Préparation : 20 minutes
Cuisson : 10 minutes
4 personnes

☆

600 g de fines nouilles de riz fraîches
80 ml d'huile d'arachide
20 crevettes moyennes crues, décortiquées et déveinées, en conservant la queue
1 cuil. à soupe d'alcool de riz
1 morceau de gingembre frais de 2 cm, coupé en julienne
2 gousses d'ail, hachées
1 à 2 petits piments rouges frais, épépinés et finement émincés
2 cuil. à soupe de pâte de soja pimentée
4 oignons verts, coupés en biais en fines rondelles
15 g de feuilles de coriandre fraîche

1 Faire tremper les nouilles dans l'eau bouillante pour les dissocier. Égoutter et passer sous l'eau froide.
2 Faire chauffer un wok à feu vif, verser l'huile et l'étaler soigneusement. Faire revenir les crevettes 1 minute, sans cesser de remuer. Ajouter l'alcool de riz, le gingembre, l'ail et le piment. Faire revenir 1 minute. Incorporer délicatement les nouilles. Bien mélanger le tout. Ajouter la pâte de soja pimentée et les oignons verts. Mélanger à feu vif encore 1 minute. Parsemer de coriandre et servir.

## CALMAR AU PIMENT DOUX

Préparation : 20 minutes
Cuisson : 10 minutes
4 personnes

☆

750 g de blancs de calmar nettoyés
1 cuil. à soupe d'huile d'arachide
1 cuil. à soupe de gingembre frais finement râpé
2 gousses d'ail, hachées
8 oignons verts, émincés
2 cuil. à soupe de sauce au piment douce
2 cuil. à soupe de sauce barbecue chinoise
1 cuil. à soupe de sauce de soja
550 g de pak-choi, coupé en morceaux de 3 cm
1 cuil. à soupe de feuilles de coriandre fraîche, émincées

1 Ouvrir les blancs de calmar en deux dans la longueur. Inciser en biais la partie interne en formant un quadrillage régulier sans transpercer la chair. Couper en morceaux de 2 x 9 cm.
2 Faire chauffer un wok à feu vif, verser l'huile et l'étaler soigneusement. Ajouter le gingembre, l'ail,

les oignons verts et le calmar. Faire sauter 3 minutes, jusqu'à ce que le mélange dore.
**3** Ajouter les sauces au piment, barbecue et de soja, et 2 cuillerées à soupe d'eau. Faire sauter 2 minutes, jusqu'à ce que le calmar soit juste tendre. Ajouter le pak-choi et la coriandre. Faire sauter 1 minute, jusqu'à ce que le mélange soit tendre.

## CRÊPES CHINOISES AUX CREVETTES

Préparation : 20 minutes + macération : 10 minutes
Cuisson : 15 minutes
24 crêpes

☆☆

80 ml d'alcool de riz
2 cuil. à soupe de sauce de soja
2 cuil. à café d'huile de sésame
24 crevettes moyennes crues, décortiquées et déveinées
2 cuil. à soupe d'huile
4 gousses d'ail, finement émincées
1 morceau de gingembre frais de 1 cm sur 4, coupé en julienne
120 à 160 ml de sauce aux prunes
2 cuil. à café de sauce au piment
2 oignons verts, finement émincés
24 crêpes chinoises (voir Note)
1 petit concombre libanais, épluché, épépiné et coupé en lanières de 5 cm
12 brins de ciboulette chinoise, en tronçons de 5 cm

**1** Mélanger l'alcool de riz, la sauce de soja et l'huile de sésame dans une jatte non métallique. Ajouter les crevettes et laisser mariner 10 minutes.
**2** Faire chauffer un wok à feu vif, verser l'huile et l'étaler soigneusement. Ajouter l'ail et le gingembre et faire sauter 1 à 2 minutes. Retirer les crevettes de la marinade à l'aide d'une écumoire. Les ajouter au wok et réserver la marinade. Faire sauter les crevettes 2 minutes, jusqu'à ce qu'elles rosissent. Ajouter la sauce aux prunes, la sauce au piment et la marinade réservée.
**3** Faire sauter 2 à 3 minutes, jusqu'à ce que les crevettes soient cuites et légèrement glacées. Retirer le wok du feu et incorporer les oignons verts.
**4** Faire chauffer les crêpes dans une poêle antiadhésive pendant 1 minute, à feu moyen, jusqu'à ce qu'elles soient chaudes.
**5** Mettre une crevette, quelques lanières de concombre et quelques morceaux de ciboulette chinoise dans chaque crêpe. Napper de sauce à l'aide d'une cuillère et refermer la crêpe.
NOTE : vous trouverez les crêpes chinoises au rayon surgelé des épiceries asiatiques.

*Ci-contre : Crêpes chinoises aux crevettes*

## SAUCE DE SOJA

Utilisée dans la cuisine chinoise depuis plus de 3 000 ans, la sauce de soja, dans toutes ses variantes, ajoute une dimension au goût et à la consistance des recettes qu'elle agrémente. Il en existe deux sortes, celle dite « claire » et celle dite « épaisse », toutes deux sont appréciées pour la diversité de leurs goûts. Contrairement aux idées reçues, c'est la sauce de soja claire qui est la plus salée des deux. Celle-ci s'utilise surtout pour accompagner volailles et fruits de mer, sa couleur et sa saveur légères convenant mieux aux viandes blanches, plus délicates. Elle est plus employée que la sauce de soja épaisse, qui a un goût plus doux, moins salé. On l'utilise souvent pour donner plus de couleur et de goût à un plat. En Asie du Sud-Est, on utilise une sauce de soja particulière, le « kecap manis », plus sucré encore que la sauce de soja épaisse.

*Ci-contre : Salade de vermicelle de riz aux crevettes*

## SALADE DE VERMICELLE DE RIZ AUX CREVETTES

Préparation : 15 minutes
 + trempage : 10 minutes
Cuisson : 15 minutes
4 personnes

☆☆

### ASSAISONNEMENT

2 cuil. à soupe de sauce de soja épaisse
1 cuil. à soupe de nuoc mam
2 cuil. à soupe de jus de citron vert
1 cuil. à café de zeste de citron vert râpé
1 cuil. à café de sucre en poudre
1 piment rouge frais, épépiné et finement haché
2 cuil. à café de gingembre frais finement haché

150 g de vermicelle de riz sec
100 g de pois mangetout, équeutés et coupés en deux
60 ml d'huile d'arachide
100 g de noix de cajou crues, hachées
24 crevettes crues, décortiquées et déveinées, en conservant la queue
10 g de menthe fraîche, hachée
15 g de feuilles de coriandre fraîche, hachées

**1** Pour la sauce, mélanger les ingrédients dans un bol.
**2** Faire tremper le vermicelle 6 à 7 minutes dans l'eau bouillante. Égoutter et réserver.
**3** Blanchir les haricots 10 minutes à l'eau bouillante salée. Les égoutter puis les plonger dans l'eau froide.
**4** Verser l'huile dans un wok préchauffé à feu vif et l'étaler soigneusement. Faire dorer les noix de cajou 2 à 3 minutes. Les retirer à l'aide d'une écumoire et laisser égoutter sur du papier absorbant. Faire rosir les crevettes 2 à 3 minutes à feu vif dans le wok, sans cesser de remuer. Les disposer dans un plat creux, napper de sauce et mélanger. Laisser refroidir.
**5** Ajouter les nouilles, les pois mangetout, la menthe, la coriandre et les noix de cajou, bien mélanger et servir immédiatement.

## SALADE DE CREVETTES AU LIME KAFIR

Préparation : 20 minutes
Cuisson : 8 minutes
4 personnes

☆

3 cuil. à café de sucre roux
2 cuil. à café de sauce de soja
2 cuil. à soupe de mirin (vin de riz doux)
2 cuil. à soupe de jus de citron vert
1 cuil. à soupe d'huile

SAUTÉS

- 750 g de gros crevettes crues, décortiquées, déveinées et coupées en deux dans la longueur
- 4 oignons verts, coupés en tronçons de 3 cm
- 2 gousses d'ail, émincées
- 1 petit piment rouge frais, épépiné et finement haché
- 2 feuilles de lime kafir, finement ciselées
- 3 cuil. à café de gingembre frais râpé
- 70 g de mesclun

**1** Dans un bol, mélanger le sucre, la sauce de soja, le mirin et le jus de citron.
**2** Verser l'huile dans un wok préchauffé à feu vif et l'étaler soigneusement. Faire revenir les crevettes 3 minutes. Elles doivent être presque cuites.
**3** Ajouter les oignons verts, l'ail, le piment, les feuilles de lime kafir et le gingembre. Faire revenir le tout 1 à 2 minutes jusqu'à ce que les parfums s'exhalent. Verser la sauce dans le wok et porter à ébullition. Servir sur un lit de mesclun.

## NOIX DE SAINT-JACQUES À LA PÂTE DE SOJA PIMENTÉE

Préparation : 20 minutes
Cuisson : 15 minutes
4 personnes

☆

- 500 g de nouilles hokkien
- 60 ml d'huile d'arachide
- 20 noix de Saint-Jacques, parées
- 1 gros oignon, coupé en fines tranches
- 3 gousses d'ail, hachées
- 1 cuil. à soupe de gingembre frais râpé
- 1 cuil. à soupe de pâte de soja pimentée
- 150 g de choy sum, coupé en tronçons de 5 cm
- 60 ml de bouillon de volaille
- 2 cuil. à soupe de sauce de soja claire
- 2 cuil. à soupe de kecap manis
- 15 g de feuilles de coriandre fraîche
- 90 g de germes de soja, lavés
- 1 gros piment rouge frais, épépiné et émincé
- 1 cuil. à café d'huile de sésame
- 1 cuil. à soupe d'alcool de riz

**1** Mettre les nouilles dans une jatte résistant à la chaleur, verser de l'eau bouillante par-dessus et laisser tremper 1 minute pour les dissocier. Égoutter, rincer puis égoutter à nouveau.
**2** Verser 2 cuillerées à soupe d'huile d'arachide dans un wok préchauffé à feu vif et l'étaler soigneusement. Mettre les noix de Saint-Jacques, en plusieurs fournées, et les saisir 20 secondes de chaque côté. Retirer puis essuyer le fond du wok. Verser le reste d'huile d'arachide et l'étaler soigneusement. Faire fondre l'oignon 1 à 2 minutes. Ajouter l'ail et le gingembre et faire revenir 30 secondes. Incorporer la pâte de soja pimentée et faire revenir 1 minute jusqu'à ce que les parfums s'exhalent.
**3** Ajouter le choy sum et les nouilles, le bouillon, la sauce de soja et le kecap manis. Faire revenir le mélange 4 minutes jusqu'à ce que le choy sum ait ramolli et les nouilles absorbé le jus. Remettre les noix de Saint-Jacques dans le wok, ajouter la coriandre, les germes de soja, le piment, l'huile de sésame et l'alcool de riz, en remuant doucement pour mélanger le tout.

*Ci-dessus : Noix de Saint-Jacques à la pâte de soja pimentée*

## DASHI

Le dashi est un bouillon d'origine japonaise au goût prononcé, à base de poisson et d'algues. On peut ajouter d'autres ingrédients au dashi (« bouillon » en japonais), mais les grands cuisiniers gardent leur recette secrète. Le dashi remplace les bouillons de volaille, de viande ou de poisson, très utilisés dans les autres cuisines du monde. Employé surtout dans la cuisine japonaise, le dashi s'obtient en faisant tremper des algues konbu (variété de varech) dans l'eau chaude, auxquelles on ajoute ensuite de la bonite séchée émiettée. On trouve du dashi prêt à l'emploi vendu sous forme de poudre, liquide ou en granules.

*Ci-contre, de haut en bas :*
*Nouilles aux quatre champignons ;*
*Pak-choi braisé*

## NOUILLES AUX QUATRE CHAMPIGNONS

Préparation : 30 minutes + trempage : 20 minutes
Cuisson : 15 minutes
4 à 6 personnes

☆

25 g de champignons shiitake séchés
500 g de nouilles hokkien fines, dissociées
1 cuil. à soupe d'huile
½ cuil. à café d'huile de sésame
1 cuil. à soupe de gingembre frais finement haché
4 gousses d'ail, hachées
100 g de champignons shiitake frais, extrémité des pieds coupés, émincés
150 g de pleurotes, émincées
150 g de champignons shimeji, extrémité des pieds coupés, dissociés
1 cuil. à café ½ de dashi, dissous dans 185 ml d'eau
60 ml de sauce de soja
60 ml de mirin (vin de riz doux)
25 g de beurre
2 cuil. à soupe de jus de citron
100 g de champignons enoki, extrémité des pieds coupés, séparés
1 cuil. à soupe de ciboulette fraîche hachée

**1** Faire tremper les champignons séchés 20 minutes dans 375 ml d'eau bouillante, pour les ramollir. Égoutter et réserver le liquide. Jeter les pieds durs et émincer les chapeaux. Plonger les nouilles 1 minute dans l'eau bouillante et remuer pour les dissocier, puis égoutter et rincer.
**2** Verser l'huile et l'huile de sésame dans un wok préchauffé à feu vif et les étaler soigneusement. Faire revenir le gingembre, l'ail, les shiitake frais, les pleurotes, les shimeji 1 à 2 minutes jusqu'à ce que les champignons aient ramolli. Retirer du wok et réserver.
**3** Mélanger le dashi avec la sauce de soja, le mirin, ¼ de cuillerée à café de poivre blanc et 195 ml du liquide réservé, verser dans le wok et faire cuire 3 minutes. Incorporer le beurre, le jus de citron et 1 cuillerée de sel et faire cuire 1 minute jusqu'à ce que le mélange épaississe. Remettre les champignons dans le wok, laisser cuire 2 minutes puis incorporer les champignons enoki et les shiitake.
**4** Ajouter les nouilles et faire réchauffer 3 minutes en remuant. Parsemer de ciboulette et servir immédiatement.

## PAK-CHOI BRAISÉ

Préparation : 10 minutes
Cuisson : 5 minutes
4 personnes (en entrée)

☆

2 cuil. à soupe d'huile d'arachide
1 gousse d'ail, hachée
1 cuil. à soupe de gingembre frais coupé en julienne
500 g de pak-choi, coupé en morceaux de 8 cm
1 cuil. à café de sucre
1 cuil. à café d'huile de sésame
1 cuil. à soupe de sauce d'huître

**1** Verser l'huile dans un wok préchauffé à feu vif et l'étaler soigneusement. Faire revenir l'ail et le gingembre 1 à 2 minutes, puis ajouter le pak-choi et faire revenir encore 1 minute. Ajouter le sucre, une pincée de sel et de poivre et 60 ml d'eau. Porter à ébullition puis baisser le feu et laisser mijoter 3 minutes à couvert, jusqu'à ce que les côtes du pak-choi soient juste tendres mais encore croquantes.
**2** Incorporer l'huile de sésame et la sauce d'huître et servir immédiatement.

## TOFU MARINÉ

Préparation : 10 minutes + macération : 12 heures
Cuisson : 15 minutes
4 personnes (en entrée)

☆☆

125 ml d'huile d'arachide
2 gousses d'ail, hachées
1 cuil. à café de gingembre frais râpé
2 tiges de lemon-grass, partie blanche seule, finement émincée
1 petit piment rouge frais, finement haché
2 cuil. à soupe de nuoc mam
2 cuil. à soupe de jus de citron vert
1 cuil. à soupe de sucre brun
500 g de cubes de tofu, coupés en deux en biais

**1** Mélanger tous les ingrédients dans un plat creux non métallique. Remuer le tofu dans la marinade pour bien l'en enrober puis le recouvrir de film alimentaire et mettre au frais pendant 12 heures ou toute une nuit.
**2** Faire chauffer un wok huilé à feu vif et faire revenir le tofu en plusieurs fois, 1 à 2 minutes pour le faire dorer. Servir chaud.

SAUTÉS

*Ci-dessus : Nouilles végétariennes bouddhistes*

## NOUILLES VÉGÉTARIENNES BOUDDHISTES

Préparation : 25 minutes + trempage : 20 minutes
Cuisson : 15 minutes
4 personnes

☆☆

15 g de champignons shiitake séchés
400 g de nouilles de blé aux œufs fraîches et plates
2 ou 3 cuil. à soupe d'huile d'arachide ou de tournesol
1 petite carotte, coupée en julienne
150 g de mini-épis de maïs frais, coupés en quatre dans la longueur
225 g de pousses de bambou en boîte, égouttées et coupées en julienne
150 g de pois mangetout, émincés
1/2 petit poivron rouge, coupé en julienne
1 petit poivron vert, coupé en julienne
90 g de germes de soja, équeutés
40 g de pak-choi (chou chinois), coupé en lanières fines
1 cuil. à soupe de gingembre frais coupé en julienne
2 cuil. à soupe de sauce d'huître végétarienne
1 cuil. à soupe de sauce de soja aux champignons
1 cuil. à soupe de sauce de soja claire
1 cuil. à soupe d'alcool de riz
1 cuil. à café d'huile de sésame
poivre blanc moulu à son goût
feuilles de coriandre fraîche, en garniture

**1** Plonger les champignons dans l'eau bouillante et laisser tremper 20 minutes. Égoutter. Jeter les pieds durs et émincer finement les chapeaux.
**2** Pendant ce temps, faire cuire les nouilles 1 minute dans une grande casserole d'eau bouillante, en remuant pour les dissocier. Égoutter. Rincer à l'eau froide et égoutter à nouveau.
**3** Verser 1 cuillerée à soupe d'huile d'arachide dans un wok préchauffé à feu vif et l'étaler soigneusement. Faire revenir la carotte et le maïs 1 ou 2 minutes, puis ajouter les pousses de bambou et faire revenir encore 1 ou 2 minutes jusqu'à ce que les légumes soient cuits mais croquants. Les retirer du wok et réserver.
**4** Réchauffer le wok (ajouter 2 cuillerées d'huile d'arachide si nécessaire) puis ajouter les pois mangetout et les poivrons rouge et vert. Faire revenir le tout 1 ou 2 minutes jusqu'à ce que les légumes soient cuits mais croquants. Ajouter le mélange obtenu au précédent. Faire chauffer à nouveau le wok (ajouter 2 cuillerées d'huile d'arachide si nécessaire) puis faire revenir les germes de soja, le pak-choi et les champignons 30 secondes pour les ramollir. Ajouter le gingembre et faire revenir 1 ou 2 minutes. Retirer le mélange du wok et l'ajouter aux autres légumes.
**5** Faire chauffer le reste d'huile dans le wok et faire revenir très rapidement les nouilles 1 ou 2 minutes pour bien les réchauffer, en prenant garde de ne pas les casser. Incorporer la sauce d'huître, les sauces de soja et l'alcool de riz et remuer soigneusement. Remettre tous les légumes dans le wok et remuer doucement pendant 1 à 2 minutes pour bien les mélanger aux nouilles. Arroser d'huile de sésame, poivrer et garnir avec les feuilles de coriandre.
NOTE : cette recette ne contient ni ail, ni oignon, ni oignon vert ni piment car, selon la tradition, les Chinois végétariens n'en mangent pas.

## TOFU SAUTÉ AU PAK-CHOI

Préparation : 20 minutes + macération : 10 minutes
Cuisson : 10 minutes
4 personnes

☆

600 g de tofu ferme, coupé en dés

1 cuil. à soupe de gingembre frais finement haché

2 cuil. à soupe de sauce de soja

2 cuil. à soupe d'huile d'arachide

1 oignon rouge, finement émincé

4 gousses d'ail, hachées

500 g de petits pak-choi, coupés dans la longueur

2 cuil. à café d'huile de sésame

2 cuil. à soupe de kecap manis

60 ml de sauce au piment douce

1 cuil. à soupe de graines de sésame grillées

**1** Mettre le tofu et le gingembre dans une jatte. Verser la sauce de soja par-dessus et laisser reposer 10 minutes. Égoutter.
**2** Verser la moitié de l'huile dans un wok préchauffé à feu vif et l'étaler soigneusement. Faire revenir l'oignon 3 minutes pour le ramollir. Ajouter le tofu et l'ail et faire revenir le tout 3 minutes. Retirer le mélange du wok.
**3** Bien réchauffer le wok, verser le reste d'huile puis faire revenir le pak-choi 2 minutes pour le ramollir. Remettre le mélange précédent dans le wok et réchauffer sans cesser de remuer.
**4** Ajouter l'huile de sésame, le kecap manis et la sauce au piment. Parsemer de graines de sésame et servir.

## AMANDES GRILLÉES AU TAMARI ET HARICOTS VERTS ÉPICÉS

Préparation : 10 minutes
Cuisson : 5 minutes
4 à 6 personnes

☆

2 cuil. à soupe d'huile de sésame

1 long piment rouge frais, épépiné et finement haché

un morceau de gingembre frais de 2 cm, râpé

2 gousses d'ail, hachées

375 g de haricots verts, coupés en tronçons de 5 cm

125 ml de sauce hoisin

1 cuil. à soupe de sucre roux

2 cuil. à soupe de mirin

250 g d'amandes grillées au tamari, hachées grossièrement (*voir* Note)

**1** Verser l'huile dans un wok préchauffé à feu vif et l'étaler soigneusement. Faire dorer le piment, le gingembre et l'ail 1 minute. Ajouter les haricots, la sauce hoisin et le sucre. Faire revenir 2 minutes, ajouter le mirin et laisser cuire 1 minute jusqu'à ce que les haricots soient cuits mais croquants.
**2** Retirer le wok du feu et incorporer les amandes juste avant de servir le tout sur un lit de riz.
NOTE : les amandes grillées au tamari s'achètent dans les magasins d'alimentation diététique. Le tamari est une sauce de soja japonaise épaisse à base de soja et de riz, infusée naturellement.

*Ci-dessous : Amandes grillées au tamari et haricots verts épicés*

## PAK-CHOI

Aujourd'hui cultivé toute l'année, le pak-choi (chou chinois) est à l'origine plutôt un légume d'hiver, qui se cuisine de mille façons. Excellente source d'acide folique, de vitamine A et de potassium, il est très utilisé dans les poêlées chinoises, les plats braisés, les soupes, les ragoûts et même dans certaines salades. Choisissez-le bien compact, à feuilles bien vertes au bout, ferme au toucher et sans signes de flétrissement. Pour préparer le pak-choi, coupez la racine et coupez-le en deux dans la longueur, en retirant et en jetant la partie centrale.

*Ci-dessus : Légumes sautés*

## LÉGUMES SAUTÉS
(Pad pak ruam)

Préparation : 20 minutes
Cuisson : 5 minutes
6 personnes

☆

2 cuil. à soupe de sauce de soja
1 cuil. à café de nuoc mam
1 cuil. à soupe de sauce d'huître
60 ml de bouillon
1/2 cuil. à café de sucre de palme râpé
2 cuil. à soupe d'huile
4 oignons verts, coupés en tronçons de 3 cm
3 gousses d'ail, hachées
1 piment rouge frais, épépiné et émincé
75 g de champignons de Paris, coupés en quatre
100 g de pak-choi (chou chinois), grossièrement ciselé
150 g de pois mangetout
150 g de chou-fleur, en fleurettes
150 g de brocoli, en fleurettes
feuilles de coriandre fraîche, ciselées, en garniture

1 Dans un bol, mélanger les sauces de soja et d'huître, le nuoc mam, le bouillon et le sucre de palme.
2 Verser l'huile d'arachide dans un wok préchauffé à feu vif et l'étaler soigneusement. Faire revenir l'oignon vert, l'ail et le piment pendant 20 secondes. Ajouter les champignons et le pak-choi et faire revenir 1 minute. Incorporer la sauce et le reste des légumes. Laisser cuire 2 minutes pour les attendrir. Garnir avec de la coriandre.

## AUBERGINE À LA PÂTE DE SOJA PIMENTÉE

Préparation : 20 minutes
Cuisson : 15 minutes
4 à 6 personnes

☆

125 ml de bouillon de légumes
60 ml d'alcool de riz
2 cuil. à soupe de vinaigre de riz
1 cuil. à soupe de concentré de tomates
2 cuil. à café de sucre brun
2 cuil. à soupe de sauce de soja
60 ml d'huile d'arachide
800 g d'aubergines, coupées en dés de 2 cm
4 oignons verts, émincés
3 gousses d'ail, hachées
1 cuil. à soupe de gingembre frais finement haché
1 cuil. à soupe de pâte de soja pimentée
1 cuil. à café de maïzena délayée dans 1 cuil. à soupe d'eau de façon à obtenir une pâte

1 Dans une jatte, mélanger le bouillon, l'alcool de riz, le vinaigre de riz, le concentré de tomates, le sucre et la sauce de soja.
2 Verser la moitié de l'huile dans un wok préchauffé à feu vif et l'étaler soigneusement. Faire dorer les dés d'aubergine 3 minutes, en plusieurs fois. Les retirer du wok.
3 Faire chauffer le reste d'huile dans le wok. Faire revenir l'oignon vert, l'ail, le gingembre et la pâte de soja 30 secondes. Verser la sauce par-dessus et faire revenir le tout 1 minute. Ajouter la pâte de maïzena et porter à ébullition. Remettre les dés d'aubergine dans le wok et faire revenir 2 à 3 minutes pour bien réchauffer.

## SAUTÉ DE PATATES DOUCES AUX ÉPINARDS ET AUX CHÂTAIGNES D'EAU

Préparation : 15 minutes
Cuisson : 20 minutes
4 personnes

☆

500 g de patates douces, épluchées et coupées en dés de 1,5 cm
1 cuil. à soupe d'huile
2 gousses d'ail, hachées
2 cuil. à café de sambal oelek
225 g de châtaignes d'eau en boîte, émincées
2 cuil. à café de sucre de palme râpé
400 g d'épinards, côtes rigides ôtées
2 cuil. à soupe de sauce de soja
2 cuil. à soupe de bouillon de légumes

1 Faire cuire les patates douces 15 minutes à l'eau bouillante pour les attendrir. Bien égoutter.
2 Verser l'huile dans un wok préchauffé à feu vif et l'étaler soigneusement. Faire revenir l'ail et le sambal oelek 1 minute pour diffuser les arômes. Ajouter les patates douces et les châtaignes d'eau et faire revenir 2 minutes à feu assez vif. Ajouter le sucre de palme et faire cuire encore 2 minutes à feu moyen jusqu'à dissolution du sucre. Ajouter les épinards, la sauce de soja et le bouillon et cuire en remuant, jusqu'à ce que les épinards soient juste flétris. Accompagner de riz vapeur.

## CACAHUÈTES SAUTÉES AU PIMENT

Étaler 2 cuillerées à soupe d'huile d'arachide et quelques gouttes d'huile de sésame dans un wok préchauffé à feu vif. Ajoutez 240 g de cacahuètes crues et faites dorer 3 ou 4 minutes. Ajoutez 1 petit piment rouge frais haché très fin, 2 gousses d'ail hachées et 1 cuillerée 1/2 de sel et faites revenir le tout 1 ou 2 minutes, en évitant de trop griller les cacahuètes. Parsemez d'une cuillerée à café 1/2 de sucre en poudre et remuez bien. Retirez la préparation du wok et laissez refroidir avant de servir en-cas. Pour environ 300 g de préparation.

*Ci-contre : Sauté de patates douces aux épinards et aux châtaignes d'eau*

**TEMPEH**

Le tempeh est un aliment protéique végétal obtenu en mélangeant des graines de soja cuites décortiquées et légèrement cassées avec un ferment naturel, et en laissant fermenter le mélange. Les graines de soja se lient en une pâte ferme. La différence avec le tofu est que les graines de soja sont toujours discernables dans le tempeh, ce qui lui donne un délicieux petit goût de noisette. Le tempeh se mange cuit, sauté ou frit, en ragoût ou en salade. Il est vendu en blocs sous conditionnement plastique, généralement mariné dans des épices. Gardez-le au frais dans son emballage pour éviter qu'il ne moisisse. Le tempeh est spécialement apprécié en Indonésie car c'est un substitut de viande bon marché.

*Ci-dessus : Aubergines au tempeh*

## AUBERGINES AU TEMPEH
(Makua pad tempeh)

Préparation : 20 minutes
 + trempage : 20 minutes
Cuisson : 10 minutes
6 personnes

☆

2 petits piments rouges séchés
8 grains de poivre noir
2 gousses d'ail
2 cuil. à soupe de tiges et de feuilles de coriandre fraîche hachées
80 ml d'huile
100 g de tempeh, coupé en fines tranches
250 g de fines aubergines, coupées en morceaux de 2 cm
1 cuil. à soupe de sauce de soja
1 cuil. à soupe de nuoc mam
1 cuil. à café de sucre de palme râpé
1 cuil. à soupe de jus de citron vert

**1** Faire tremper les piments 20 minutes dans un bol d'eau bouillante. Égoutter, épépiner puis hacher finement la chair.
**2** Dans un robot de cuisine, mixer le poivre, l'ail et la coriandre, en ajoutant éventuellement un peu d'eau jusqu'à obtention d'une pâte homogène.
**3** Verser l'huile dans un wok préchauffé à feu vif et l'étaler soigneusement. Faire revenir la pâte et les piments pendant 10 secondes. Ajouter le tempeh et faire revenir 2 minutes pour faire dorer. Sortir le tempeh du wok.
**4** Mettre les aubergines dans le wok et les faire revenir 6 minutes jusqu'à ce qu'elles soient dorées. Ajouter les sauces, le sucre de palme, le jus de citron vert et le tempeh et faire cuire encore 30 secondes sans cesser de remuer. Servir immédiatement avec du riz.

## POÊLÉE DE TOFU ET DE NOUILLES AUX CACAHUÈTES

Préparation : 15 minutes
Cuisson : 5 minutes
4 personnes

☆

250 g de tofu ferme, coupé en dés de 1,5 cm
2 gousses d'ail, hachées
1 cuil. à café de gingembre frais râpé
80 ml de kecap manis
90 g de beurre de cacahuète
2 cuil. à soupe d'huile d'arachide ou autre
500 g de nouilles hokkien

SAUTÉS

1 oignon, émincé
1 poivron rouge, émincé
125 g de brocoli, en fleurettes

1 Dans une jatte, mélanger le tofu, l'ail, le gingembre et la moitié du kecap manis. Mettre le beurre de cacahuète, 125 ml d'eau et le reste de kecap manis dans une autre jatte et mélanger soigneusement.
2 Verser l'huile dans un wok préchauffé à feu vif et l'étaler soigneusement. Égoutter le tofu et réserver la marinade. Faire cuire le tofu en deux fois, en le faisant dorer dans l'huile chaude. Le sortir du wok.
3 Mettre les nouilles dans une grande jatte résistant à la chaleur. Les plonger dans l'eau bouillante et laisser tremper 1 minute. Égoutter et dissocier délicatement les nouilles.
4 Ajouter les légumes dans le wok (avec un peu d'huile si nécessaire) et les faire revenir pour les attendrir. Ajouter le tofu, la marinade et les nouilles, puis le mélange au beurre de cacahuète, et bien remuer pour réchauffer.
NOTE : le kecap manis est une sauce de soja indonésienne sucrée. À défaut, remplacez-la par de la sauce de soja que vous sucrerez avec un peu de sucre roux.

## LISERONS D'EAU EN FEU À LA THAÏE
(Pahk boong fai daeng)

Préparation : 10 minutes
Cuisson : 2 minutes
4 personnes

☆

4 gousses d'ail, hachées
2 piments verts frais, coupés en fines rondelles
1 cuil. à soupe de sauce de soja noir
2 cuil. à soupe de nuoc mam
2 cuil. à café de sucre
2 cuil. à soupe d'huile
500 g de liserons d'eau, en morceaux de 3 cm

1 Dans une jatte, mélanger l'ail, les piments, les sauces et le sucre.
2 Verser l'huile dans un wok préchauffé à feu vif et l'étaler soigneusement. Faire revenir les liserons d'eau 1 minute pour les flétrir légèrement. Ajouter la sauce et faire revenir le tout 30 secondes pour bien enrober les liserons d'eau. Servir immédiatement.

LISERONS D'EAU EN FEU
Ce plat tire son nom de la méthode de cuisson utilisée par les grands chefs cuisiniers : ils arrosent d'huile le wok, mettent le feu au maximum et font revenir les liserons en les enrobant dans l'huile. L'huile qui gicle sur les bords du wok prend alors feu et les flammes dépassent généralement des bords du wok, donnant ainsi au plat un petit goût fumé. Cette méthode étant plutôt réservée aux professionnels, nous vous proposons ici une méthode moins spectaculaire que l'originale, mais qui a au moins le mérite de garder vos sourcils intacts.

*Ci-contre : Liserons d'eau en feu à la thaïe*

## ALGUES NORI

Préparées à base d'algues séchées, les feuilles d'algues nori sont généralement utilisées dans la cuisine japonaise pour envelopper les sushi ou les onigri (boulettes de riz salées). Riches en vitamines, en calcium, en protéines et en fer, les feuilles d'algues nori s'achètent en paquets dans les épiceries asiatiques ou dans les rayons de cuisine asiatique des supermarchés, soit non grillées (il faudra alors les griller sur la flamme du gaz avant emploi), soit déjà grillées, auquel cas elles sont parfois appelées « yakinori ».

*Ci-contre : Omelette aux algues nori et aux légumes sautés*

## OMELETTE AUX ALGUES NORI ET AUX LÉGUMES SAUTÉS

Préparation : 15 minutes
Cuisson : 20 minutes
4 personnes

☆

8 œufs
1 feuille d'algue nori de 10 cm sur 18 cm
60 ml d'huile
1 gousse d'ail, hachée
3 cuil. à café de gingembre frais finement râpé
1 carotte, coupée en julienne
2 courgettes, coupées en deux dans la longueur puis en biais en rondelles
200 g de champignons variés : champignons de Paris, enoki et pleurotes, émincés pour les plus gros
1 cuil. à soupe de sauce de soja japonaise
1 cuil. à soupe de mirin (vin de riz doux)
2 cuil. à café de pâte miso

**1** Battre légèrement les œufs. Rouler la feuille d'algue nori en serrant bien puis la découper en fines bandelettes. Les ajouter aux œufs, saler et poivrer (poivre fraîchement moulu).
**2** Verser 2 cuillerées à café d'huile dans un wok préchauffé à feu vif et l'étaler soigneusement. Ajouter 80 ml de la préparation aux œufs et l'étaler soigneusement. Laisser cuire 2 minutes pour laisser prendre puis retourner l'omelette et la laisser cuire 1 minute de l'autre côté. La retirer du wok et la réserver au chaud. Répéter l'opération pour faire 4 omelettes, en ajoutant 2 cuillerées à café d'huile à chaque fois.
**3** Faire chauffer le reste d'huile dans le wok et faire revenir l'ail et le gingembre 1 minute. Ajouter la carotte, les courgettes et les champignons en plusieurs fois et les faire revenir 3 minutes pour les attendrir. Remettre tous les légumes dans le wok, ajouter la sauce de soja, le mirin et la pâte miso et laisser mijoter 1 minute. Répartir les légumes dans les omelettes, les rouler et servir immédiatement avec du riz.

## POÊLÉE DE NOUILLES UDON

Préparation : 15 minutes
Cuisson : 10 minutes
4 personnes

☆

500 g de nouilles udon fraîches
2 cuil. à soupe de sauce de soja japonaise
2 cuil. à soupe de mirin
2 cuil. à soupe de kecap manis
1 cuil. à soupe d'huile
6 oignons verts, coupés en tronçons de 5 cm
3 gousses d'ail, hachées
1 cuil. à soupe de gingembre frais râpé

2 carottes, coupées en julienne de 5 cm de long
150 g de pois mangetout, coupés en deux en biais
100 g de germes de soja, équeutés
500 g de choy sum, coupé en julienne de 5 cm de long
2 feuilles d'algue nori grillées, coupées en fines lanières

**1** Porter une casserole d'eau à ébullition, y plonger les nouilles et laisser cuire 1 ou 2 minutes pour les attendrir et les dissocier. Égoutter et rincer à l'eau froide.
**2** Dans un bol ou un verre doseur, mélanger la sauce de soja, le mirin et le kecap manis.
**3** Préchauffer un wok à feu vif en le couvrant, verser l'huile et l'étaler soigneusement. Faire revenir les oignons verts, l'ail et le gingembre 1 ou 2 minutes pour les attendrir.
**4** Ajouter les carottes, les pois mangetout et 1 cuillerée à soupe d'eau, bien remuer puis couvrir et laisser cuire 1 ou 2 minutes pour attendrir les légumes.
**5** Ajouter les nouilles, les germes de soja et le choy sum puis verser la sauce. Bien remuer pour ramollir le choy sum et l'enrober de la sauce. Incorporer les feuilles d'algue nori juste avant de servir.

## TOFU À LA SAUCE DE SOJA NOIR

Préparation : 20 minutes
Cuisson : 15 minutes
4 personnes

☆

80 ml de bouillon de légumes
2 cuil. à café de maïzena
2 cuil. à café d'alcool de riz
1 cuil. à café d'huile de sésame
1 cuil. à soupe de sauce de soja
2 cuil. à soupe d'huile d'arachide
450 g de tofu ferme, coupé en dés de 2 cm
2 gousses d'ail, hachées très fin
2 cuil. à café de gingembre frais finement haché
3 cuil. à soupe de graines de soja noir, rincés et très finement écrasés
4 oignons verts, émincés en biais (parties verte et blanche)
1 poivron rouge, coupé en morceaux de 2 cm
300 g de petits pak-choi, coupés en biais en lanières de 2 cm

**1** Dans un petit bol, mélanger le bouillon de légumes, la maïzena, l'alcool de riz, l'huile de sésame, la sauce de soja, 1/2 cuillerée à café de sel et du poivre noir fraîchement moulu.
**2** Verser l'huile d'arachide dans un wok préchauffé à feu moyen et l'étaler soigneusement. Faire revenir le tofu en deux fois, 3 minutes chaque fois, pour le faire dorer. Le retirer du wok à l'aide d'une écumoire et le laisser égoutter sur du papier absorbant. Jeter les éventuels morceaux de tofu restés dans le wok ou collés aux bords.
**3** Faire revenir l'ail et le gingembre 30 secondes. Ajouter les haricots et l'oignon vert et faire revenir 30 secondes, puis ajouter le poivre et faire revenir 1 minute. Ajouter le pak-choi et faire revenir le tout 2 minutes. Reverser le tofu dans le wok et remuer doucement. Verser la sauce préparée au début et remuer doucement 2 ou 3 minutes pour la faire épaissir légèrement. Servir avec du riz vapeur.

*Ci-dessus : Tofu à la sauce de soja noir*

## HUILE DE SÉSAME

Très utilisée dans la cuisine chinoise, l'huile de sésame parfume agréablement les plats. Généralement utilisée en petite quantité à cause de son arôme puissant, elle risque de masquer le goût des autres ingrédients si l'on en abuse. L'huile de sésame s'obtient par pression de graines de sésame grillées, qui lui donnent sa couleur ambrée particulière.
Il existe une huile de sésame plus claire, à base de graines de sésame crues, mais elle ne remplace pas l'originale car il lui manque cet incomparable goût de noisette.

*Ci-dessus : Poêlée de tempeh*

## POÊLÉE DE TEMPEH

Préparation : 15 minutes
Cuisson : 15 minutes
4 personnes

☆

1 cuil. à café d'huile de sésame
1 cuil. à soupe d'huile d'arachide
2 gousses d'ail, hachées
1 cuil. à soupe de gingembre frais râpé
1 piment rouge frais, coupé en fines rondelles
4 oignons verts, émincés en biais
300 g de tempeh, coupé en dés de 2 cm
500 g de feuilles de petits pak-choi
800 g de gai lon (brocoli chinois), émincé
125 ml de sauce d'huître végétarienne
2 cuil. à soupe de vinaigre de riz
2 cuil. à soupe de feuilles de coriandre fraîche
40 g de noix de cajou grillées

**1** Verser les huiles d'arachide et de sésame dans un wok préchauffé à feu vif et les étaler soigneusement. Faire revenir l'ail, le gingembre, le piment et les oignons verts 1 ou 2 minutes pour ramollir l'oignon. Ajouter le tempeh et faire cuire 5 minutes jusqu'à ce qu'il soit doré. Retirer la préparation du wok et réserver.
**2** Mettre la moitié des légumes verts dans le wok avec 1 cuillerée à soupe d'eau, couvrir et laisser cuire 3 ou 4 minutes juste pour les ramollir. Les retirer du wok et recommencer avec le reste de légumes et un peu d'eau.
**3** Remettre les légumes et le tempeh dans le wok, ajouter la sauce et le vinaigre et bien réchauffer. Parsemer de coriandre et de noix de cajou. Servir avec du riz.

## POÊLÉE DE CHAMPIGNONS CHINOIS

Préparation : 10 minutes
Cuisson : 5 minutes
4 personnes

☆

1 cuil. à café de maïzena
1/4 de cuil. à café de poudre de cinq-épices
2 cuil. à soupe 1/2 d'alcool de riz
1 cuil. à soupe de sauce d'huître
2 cuil. à soupe d'huile d'arachide
1 cuil. à café d'huile de sésame
20 g d'oignon vert finement émincé
2 gousses d'ail, hachées fin
1 cuil. à soupe de gingembre frais coupé en fine julienne
200 g de champignons shiitake frais, coupés en deux
100 g de champignons de Paris, coupés en deux
100 g de pleurotes

100 g de champignons enoki, équeutés
1 cuil. à soupe de graines de sésame, grillées

**1** Mettre la maïzena et la poudre de cinq-épices dans un bol et y incorporer progressivement l'alcool de riz et la sauce d'huître.
**2** Verser les huiles dans un wok préchauffé à feu moyen et les étaler soigneusement. Faire revenir l'oignon vert, l'ail et le gingembre 2 minutes à feu moyen. Monter le feu, ajouter les shiitake et les champignons de Paris et les faire revenir pour les attendrir et libérer leur eau. Ajouter les pleurotes et les enoki et les faire revenir pour les attendrir.
**3** Incorporer le mélange à la poudre de cinq-épices, faire revenir le tout 30 secondes jusqu'à ce que les champignons soient glacés, puis parsemer de graines de sésame.

## LÉGUMES BRAISÉS AUX NOIX DE CAJOU

Préparation : 15 minutes
Cuisson : 10 minutes
4 personnes

☆

1 cuil. à soupe d'huile d'arachide
2 gousses d'ail, hachées
2 cuil. à café de gingembre frais râpé
300 g de choy sum, coupé en tronçons de 10 cm
150 g de mini-épis de maïs, coupés en deux en biais
185 ml de bouillon de volaille ou de légumes
200 g de pousses de bambou coupées en tranches
150 g de pleurotes, coupées en deux
2 cuil. à café de maïzena
2 cuil. à soupe de sauce d'huître
2 cuil. à café d'huile de sésame
90 g de germes de soja, équeutés
75 g de noix de cajou non salées grillées

**1** Verser l'huile dans un wok préchauffé à feu moyen et l'étaler soigneusement. Faire revenir l'ail et le gingembre pendant 1 minute. Augmenter le feu, ajouter le choy sum et le maïs et faire revenir le tout encore 1 minute.
**2** Incorporer le bouillon et laisser cuire 3 ou 4 minutes pour attendrir les côtes du choy sum. Ajouter les pousses de bambou et les champignons et faire cuire 1 minute.
**3** Dans un bol, mélanger la maïzena avec 1 cuillerée à soupe d'eau jusqu'à obtention d'une pâte. Incorporer cette pâte aux légumes, puis la sauce d'huître. Faire cuire 1 ou 2 minutes jusqu'à ce que la sauce épaississe. Incorporer l'huile de sésame et les germes de soja et servir immédiatement sur un lit de riz vapeur, parsemé de noix de cajou grillées.

**MINI-ÉPIS DE MAÏS**
Les mini épis de maïs sont de jeunes épis qui peuvent mesurer jusqu'à 10 cm. Appréciés pour leur croquant et leur douceur au goût, les mini épis de maïs se mangent entiers. De couleur jaune pâle, ils agrémentent souvent les plats au wok, auxquels ils apportent couleur et texture. Ils sont particulièrement prisés dans les cuisines chinoise et thaïlandaise.

*Ci-contre : Légumes braisés aux noix de cajou*

## NOUILLES AUX HARICOTS PIMENTÉS

Préparation : 15 minutes
Cuisson : 10 minutes
4 personnes

☆

250 g de nouilles de blé aux œufs plates fraîches
5 gousses d'ail, épluchées
3 échalotes rouges asiatiques, hachées
1 petit piment rouge frais, épépiné et haché
3 racines de coriandre fraîches, hachées
2 cuil. à soupe 1/2 d'huile d'arachide
500 g de haricots kilomètre
2 cuil. à soupe 1/2 de nuoc mam
1 cuil. à soupe 1/2 de sucre de palme râpé
1 cuil. à soupe de kecap manis
1 cuil. à soupe de jus de citron vert
1 cuil. à soupe d'oignon frit
1 petit piment rouge frais, finement émincé
rondelles de citron vert, en accompagnement

**1** Faire cuire les nouilles 1 minute dans une casserole d'eau bouillante pour les attendrir. Bien égoutter et réserver.
**2** Mettre l'ail, les échalotes, le piment et les racines de coriandre dans un mortier ou un robot de cuisine et les piler ou les mixer, en ajoutant éventuellement un peu d'eau, jusqu'à obtention d'une pâte homogène.
**3** Verser l'huile dans un wok préchauffé à feu vif, et l'étaler soigneusement. Faire revenir la pâte 1 minute jusqu'à ce que les parfums s'exhalent. Ajouter les haricots et les faire revenir 2 minutes puis baisser le feu au minimum, couvrir et laisser mijoter à l'étuvée 2 minutes. Augmenter de nouveau le feu, ajouter le nuoc mam, le sucre de palme et le kecap manis et faire cuire 1 minute. Ajouter les nouilles à la préparation et faire réchauffer 1 ou 2 minutes en mélangeant bien. Arroser de jus de citron vert. Répartir dans quatre bols, garnir avec l'oignon frit et le piment frais émincé, et servir avec des rondelles de citron vert.

## POTIRON AU PIMENT

Préparation : 15 minutes
Cuisson : 15 minutes
4 personnes

☆

800 g de potiron
2 cuil. à soupe d'huile
2 gousses d'ail, hachées
1 cuil. à café de gingembre frais râpé
2 piments oiseau frais, finement hachés
185 ml de bouillon de volaille ou de légumes
1 cuil. à soupe 1/2 de sauce de soja claire
1 cuil. à soupe de nuoc mam
1 cuil. à café de zeste de citron vert finement râpé

*Ci-dessous : Haricots kilomètre pimentés aux nouilles*

SAUTÉS

1 cuil. à soupe de jus de citron vert

1 cuil. à café de sucre de palme, en copeaux

25 g de feuilles de coriandre fraîche, hachées

**1** Éplucher le potiron et retirer les graines à l'aide d'une cuillère, de façon à obtenir 600 g de chair. Découper en dés de 1,5 cm.
**2** Verser l'huile dans un wok préchauffé à feu moyen et l'étaler soigneusement. Faire revenir l'ail, le gingembre et les piments 1 minute sans cesser de remuer. Ajouter les dés de potiron, le bouillon, la sauce de soja, le nuoc mam, le zeste et le jus de citron vert et le sucre de palme, couvrir et laisser cuire 10 minutes jusqu'à ce que le potiron soit tendre.
**3** Retirer le couvercle et remuer doucement 3 ou 4 minutes jusqu'à ce que la sauce ait réduit et que le potiron soit glacé. Incorporer délicatement la coriandre et servir immédiatement.

## POÊLÉE DE CHAMPIGNONS AUX CHÂTAIGNES D'EAU

Préparation : 15 minutes
Cuisson : 10 minutes
4 personnes

☆

60 ml d'huile

2 gousses d'ail, coupées en julienne

80 g de pignons

750 g d'assortiment de champignons frais (champignons de Paris bruns, pleurotes, shiitake), émincés

100 g de pois mangetout, coupés en deux

230 g de châtaignes d'eau en boîte, égouttées et émincées

150 g de germes de soja, équeutés

80 ml de sauce d'huître

2 cuil. à café d'huile de sésame

**1** Verser 2 cuillerées à soupe d'huile dans un wok préchauffé à feu vif et l'étaler soigneusement. Faire revenir l'ail et les pignons 1 minute, sans cesser de remuer, jusqu'à ce qu'ils soient dorés.
**2** Ajouter les champignons, les faire revenir 3 minutes à feu vif puis ajouter les pois mangetout et faire cuire encore 3 minutes pour ramollir les légumes, en ajoutant éventuellement un peu d'huile.
**3** Ajouter les châtaignes d'eau, les germes de soja, la sauce d'huître et l'huile de sésame et faire chauffer 30 secondes. Servir avec du riz.

### GERMES DE SOJA MARINÉS À LA CORÉENNE (Namul)

Blanchissez 300 g de germes de soja 1 ou 2 minutes pour les attendrir mais conserver leur croquant. Égouttez, rincez à l'eau froide et égouttez de nouveau. Mélangez 2 cuillerées à soupe de sauce de soja, 2 cuillerées à soupe de vinaigre de riz, 1 cuillerée à café 1/2 d'huile de sésame, 1/2 cuillerée à café de sucre, une pincée de sel, un peu de poivre noir moulu, 20 g d'oignon vert émincé et 1 cuillerée à soupe de graines de sésame. Versez le mélange sur les germes de soja et remuez. Mettez au frais 2 heures avant de servir en garniture. Vous pouvez également ajouter 1/2 cuillerée à café de flocons de piments à la marinade, pour un plat plus relevé. Pour 4 personnes en accompagnement.

*Ci-dessus : Poêlée de champignons aux châtaignes d'eau*

Ci-dessus : Tofu à l'aigre-douce

## TOFU À L'AIGRE-DOUCE

Préparation : 15 minutes
Cuisson : 20 minutes
4 personnes

☆

80 ml de vinaigre de riz
2 cuil. à soupe de sauce de soja claire
1 cuil. à soupe 1/2 de sucre en poudre
2 cuil. à soupe de sauce tomate
375 ml de bouillon de volaille ou de légumes
600 g de tofu ferme
3 ou 4 cuil. à soupe d'huile
1 grosse carotte, coupée en julienne
180 g de germes de soja, équeutés
95 g de champignons de Paris, émincés
6 à 8 oignons verts, émincés en biais
100 g de pois mangetout, coupés en biais en deux
1 cuil. à soupe de maïzena, délayée dans 2 cuil. à soupe d'eau

**1** Dans un bol, mélanger le vinaigre avec la sauce de soja, le sucre, la sauce tomate et le bouillon.
**2** Couper le tofu en deux dans l'épaisseur puis le redécouper en 16 triangles. Verser 2 cuillerées à soupe d'huile dans un wok préchauffé à feu vif et l'étaler soigneusement. Faire revenir le tofu en plusieurs fois, 2 minutes à feu moyen de chaque côté, jusqu'à ce qu'il soit doré et croustillant. Laisser égoutter sur du papier absorbant et réserver au chaud.
**3** Bien essuyer le wok puis le remettre à chauffer à feu vif. Verser le reste d'huile et l'étaler soigneusement. Ajouter la carotte, les germes de soja, les champignons, les oignons verts et les pois mangetout et faire sauter 1 minute. Incorporer la sauce et faire cuire 1 minute sans cesser de remuer. Ajouter la pâte de maïzena et laisser cuire jusqu'à ce que la sauce ait épaissi. Répartir le tofu dans plusieurs bols puis napper de sauce. Servir accompagné de riz vapeur.

## AUBERGINES À LA JAPONAISE

Préparation : 5 minutes
Cuisson : 15 minutes
4 personnes

☆☆

8 aubergines japonaises
80 ml d'huile d'arachide
2 cuil. à café de gingembre frais râpé fin
1/2 cuil. à café de dashi en poudre délayé dans 125 ml d'eau
1 cuil. à soupe de sauce de soja japonaise
1 cuil. à soupe de mirin (vin de riz doux)
1 cuil. à café de sucre
2 cuil. à café de pâte miso rouge
2 oignons verts, finement émincés

1 Couper les aubergines en rondelles d'environ 2,5 cm. Verser l'huile dans un wok préchauffé à feu vif et l'étaler soigneusement. Faire revenir les aubergines, en plusieurs fournées, 3 à 5 minutes jusqu'à ce qu'elles soient bien dorées. Remettre toutes les aubergines dans le wok.
2 Ajouter le gingembre et faire cuire encore 1 minute. Ajouter le dashi, la sauce de soja, le mirin et le sucre et laisser mijoter 2 minutes. Retirer le wok du feu et incorporer la pâte miso. Disposer les aubergines dans un plat de service et parsemer d'oignon vert. Servir en accompagnement de poisson frit, de riz et de pickles japonais.
NOTE : la pâte miso n'ayant pas un goût très prononcé, vous pouvez en ajouter 1 cuillerée à soupe pour obtenir un goût plus fort.

## PHAD THAÏ VÉGÉTARIEN

Préparation : 20 minutes + trempage : 20 minutes
Cuisson : 5 minutes
4 personnes

☆

400 g de nouilles de riz plates et longues
60 ml de sauce de soja
2 cuil. à soupe de jus de citron vert
1 cuil. à soupe de sucre roux
2 cuil. à café de sambal oelek
2 cuil. à soupe d'huile d'arachide
2 œufs, légèrement battus
1 oignon, coupé en fines rondelles
2 gousses d'ail, hachées
1 petit poivron rouge, coupé en fines lanières
6 oignons verts, finement émincés en biais
100 g de cubes de tofu, coupé en lanières de 5 mm
25 g de feuilles de coriandre fraîche hachées
90 g de germes de soja, équeutés
40 g de cacahuètes non salées, grillées et concassées

1 Laisser tremper les nouilles 15 à 20 minutes dans de l'eau chaude pour les attendrir. Égoutter soigneusement et réserver.
2 Pour faire la sauce, mélanger la sauce de soja avec le jus de citron vert, le sucre et le sambal oelek dans un bol.
3 Dans un wok préchauffé à feu vif, verser suffisamment d'huile pour couvrir toute la surface. Verser les œufs battus et incliner le wok pour faire une omelette fine. Laisser prendre 30 secondes. retirer l'omelette du wok, la rouler et la couper en fines tranches.
4 Faire chauffer le reste d'huile dans le wok. Faire revenir l'oignon, l'ail et le poivron 2 ou 3 minutes à feu vif jusqu'à ce que l'oignon fonde. Ajouter les nouilles et bien remuer. Ajouter les bandes d'omelette, l'oignon vert, le tofu et la moitié de la coriandre. Verser la sauce puis remuer pour bien enrober les nouilles. Parsemer de germes de soja, de cacahuètes grillées et du reste de coriandre. Servir immédiatement.

*Ci-dessous : Phad thaï végétarien*

## CHAMPIGNONS ASIATIQUES

De très nombreuses variétés de champignons sont cultivées partout en Asie, le plus connu d'entre eux étant le champignon noir de Chine, appelé shiitake au Japon. Il est notoire que son goût s'améliore en séchant, c'est pourquoi il est le plus souvent vendu séché. Ces champignons doivent tremper avant d'être utilisés et l'eau de trempage est ensuite souvent ajoutée dans les plats pour leur donner plus de goût. Les pleurotes, au goût délicat de fruit de mer, sont souvent utilisées dans les sautés. Le champignon noir est apprécié pour son arôme subtil et délicat et son léger croquant. On l'appelle aussi « oreille de Judas ».

*Ci-dessus : Sauté de tofu aux pois mangetout et aux champignons*

## SAUTÉ DE TOFU AUX POIS MANGETOUT ET AUX CHAMPIGNONS

Préparation : 10 minutes
Cuisson : 15 minutes
4 personnes

☆

60 ml d'huile d'arachide
600 g de tofu ferme, égoutté, coupé en dés de 2 cm
2 cuil. à café de sambal oelek ou de pâte de piment
2 gousses d'ail, finement émincées
300 g de pois mangetout, équeutés
400 g de champignons asiatiques frais (shiitake, pleurotes ou champignons noirs), émincés
60 ml de kecap manis

**1** Verser 2 cuillerées à soupe d'huile d'arachide dans un wok préchauffé à feu vif et l'étaler soigneusement. Faire revenir le tofu en deux fois, 2 ou 3 minutes jusqu'à ce qu'il soit doré des deux côtés, puis le mettre dans un plat.
**2** Faire chauffer le reste d'huile dans le wok et faire revenir le sambal oelek, l'ail, les pois mangetout et les champignons 1 ou 2 minutes avec 1 cuillerée à soupe d'eau. Les légumes doivent être presque cuits mais rester croquants.
**3** Remettre le tofu dans le wok, ajouter le kecap manis et faire cuire 1 minute, jusqu'à ce que la préparation soit chaude. Servir immédiatement avec du riz au jasmin à la vapeur.

## SAUTÉ DE PAK-CHOI À LA SAUCE D'HUÎTRE

Préparation : 10 minutes
Cuisson : 5 minutes
4 personnes

☆

1 pak-choi (chou chinois), finement ciselé
1 cuil. à soupe d'huile d'arachide
1 cuil. à café d'huile de sésame
2 gousses d'ail, hachées
2 cuil. à café de gingembre frais râpé
2 petits piments rouges frais, épépinés et finement hachés
4 oignons verts, coupés en biais en tronçons de 3 cm de long
2 cuil. à soupe de sauce d'huître

1 cuil. à soupe de vinaigre de riz
2 cuil. à soupe de graines de sésame grillées

1 Laver et égoutter le pak-choï, en le séchant le plus soigneusement possible.
2 Verser les huiles dans un wok préchauffé à feu vif et les répartir sur toute la surface. Faire revenir l'ail, le gingembre et les piments 30 secondes. Ajouter le pak-choï et l'oignon vert et remuer 2 minutes jusqu'à ce que le pak-choï ait ramolli. Incorporer la sauce d'huître et le vinaigre de riz, remuer pour bien mélanger et laisser cuire encore 1 minute. Ajouter les graines de sésame dans le pak-choï. Saler, poivrer, puis retirer la préparation du wok à l'aide d'une écumoire. Servir immédiatement.

## TOFU À LA CONFITURE DE PIMENT ET AUX NOIX DE CAJOU

Préparation : 20 minutes
Cuisson : 30 minutes
4 personnes

☆☆

80 ml d'huile d'arachide
12 échalotes rouges d'Asie, émincées
8 gousses d'ail, hachées
8 longs piments rouges frais, hachés
2 poivrons rouges, hachés
1 cuil. à soupe de concentré de tamarin
1 cuil. à soupe de sauce de soja
100 g de sucre de palme râpé
2 cuil. à soupe de kecap manis
1 cuil. à soupe d'huile d'arachide
6 oignons verts, coupés en tronçons de 3 cm
750 g de tofu silken, coupé en dés de 3 cm
25 g de basilic thaï frais
100 g de noix de cajou salées grillées

1 Pour faire la confiture de piment, faire chauffer la moitié de l'huile dans une poêle. Faire revenir les échalotes 2 minutes à feu moyen. Les mettre dans un robot de cuisine, ajouter les piments et le poivron et mixer pour obtenir une pâte homogène. Faire chauffer le reste d'huile dans la poêle et faire revenir cette pâte 2 minutes à feu moyen. Incorporer le concentré de tamarin, la sauce de soja et le sucre et laisser cuire 20 minutes.
2 Pour faire la sauce, mélanger 2 ou 3 cuillerées à soupe de confiture de piment avec le kecap manis dans un bol.
3 Faire chauffer l'huile à feu vif dans un wok antiadhésif et l'étaler soigneusement. Faire revenir les oignons verts 30 secondes puis les retirer. Faire ensuite revenir le tofu 1 minute. Verser la sauce et laisser cuire 3 minutes le temps que le tofu chauffe et s'enrobe de sauce. Remettre les oignons verts dans le wok, ajouter le basilic et les noix de cajou et laisser cuire pour flétrir le basilic.
NOTE : vous pouvez conserver le reste de confiture de piment jusqu'à 6 mois dans un récipient stérilisé. Voir page 86 pour la méthode de stérilisation.

*Ci-contre : Tofu à la confiture de piment et aux noix de cajou*

## GAI LON

Bien que cultivé toute l'année, le gai lon (brocoli chinois) est un légume d'hiver, c'est pourquoi on le trouve plus facilement et à des prix plus abordables pendant la saison froide. Choisissez un gai lon à feuilles bien vertes, sans taches, à côtes minces et cassantes. N'achetez pas un gai lon aux côtes trop épaisses, aux feuilles jaunies ou aux fleurs écloses, signe d'un légume plus vieux.

*Ci-dessus : Gai lon au gingembre, au citron vert et aux cacahuètes*

## GAI LON AU GINGEMBRE, AU CITRON VERT ET AUX CACAHUÈTES

Préparation : 5 minutes
Cuisson : 5 minutes
4 personnes

☆

40 g de pulpe de tamarin
1 cuil. à soupe d'huile d'arachide
600 g de gai lon (brocoli chinois), équeuté et coupé en deux dans la largeur
1 petit piment rouge frais, épépiné et haché
2 gousses d'ail, finement émincées
3 cuil. à café de gingembre frais finement râpé
1 cuil. à soupe de sucre
1 cuil. à soupe de jus de citron vert
1 cuil. à café d'huile de sésame
1 cuil. à soupe de cacahuètes non salées grillées, finement hachées

1 Dans un bol, mettre la pulpe de tamarin et couvrir avec 60 ml d'eau bouillante. Laisser tremper 5 minutes puis égoutter. Jeter les morceaux.
2 Verser l'huile d'arachide dans un wok antiadhésif préchauffé à feu vif et l'étaler soigneusement. Faire fondre le gai lon 2 ou 3 minutes. Ajouter le piment, l'ail et le gingembre et cuire 1 minute. Ajouter le sucre, le jus de citron vert et 1 cuillerée à soupe du tamarin. Laisser mijoter 1 minute. Verser la préparation dans un plat et arroser d'huile de sésame. Parsemer de cacahuètes et servir.

## CHOU-FLEUR ÉPICÉ AUX PETITS POIS

Préparation : 15 minutes
Cuisson : 10 minutes
4 à 6 personnes

☆

2 cuil. à soupe d'huile
1 petit oignon, finement émincé
2 cuil. à café de graines de moutarde jaune
3 gousses d'ail, hachées
1 cuil. à soupe de gingembre frais finement haché
1 cuil. à soupe de cumin en poudre
2 cuil. à café de coriandre en poudre
2 cuil. à café de curcuma en poudre
1 petit chou-fleur (800 g), en fleurettes
150 g de petits pois surgelés
3 cuil. à soupe de feuilles de coriandre fraîche hachées

1 Verser l'huile dans un wok préchauffé à feu vif et l'étaler soigneusement. Faire revenir l'oignon et les graines de moutarde 2 minutes, jusqu'à ce que les graines commencent à sauter.
2 Ajouter l'ail, le gingembre, le cumin, la coriandre et le curcuma avec 1 cuillerée à café de sel et faire revenir 1 minute pour exhaler les arômes. Ajouter le chou-fleur et le faire sauter avec les épices.
3 Incorporer 250 ml d'eau au mélange, couvrir et laisser mijoter 4 minutes. Ajouter les petits pois et cuire 2 à 3 minutes. Les petits pois doivent être cuits et le chou-fleur tendre mais croquant. Retirer le wok du feu et incorporer la coriandre.

## LÉGUMES ASIATIQUES ET TOFU À LA SAUCE TERIYAKI

Préparation : 15 minutes
Cuisson : 20 minutes
6 personnes

☆

650 g de petits pak-choi
500 g de choy sum
440 g de haricots kilomètre, équeutés
60 ml d'huile
1 oignon, coupé en fines rondelles
60 g de sucre roux
½ cuil. à café de poudre de piment
2 cuil. à soupe de gingembre frais râpé
250 ml de sauce teriyaki
1 cuil. à soupe d'huile de sésame
600 g de tofu silken, égoutté

1 Couper les pak-choi et les choy sum en trois dans la largeur et les haricots en tronçons de 10 cm.
2 Verser 1 cuillerée à soupe d'huile dans un wok préchauffé à feu vif et l'étaler soigneusement. Faire frire l'oignon 3 à 5 minutes pour qu'il soit croustillant. Retirer du wok à l'aide d'une écumoire et laisser égoutter sur du papier absorbant.
3 Réchauffer le wok à feu vif en ajoutant 1 cuillerée à soupe d'huile. Faire fondre la moitié des légumes 2 ou 3 minutes, retirer du wok et recommencer avec l'autre moitié dans le reste d'huile. Sécher le wok.
4 Mélanger le sucre, le piment, le gingembre et la sauce teriyaki, dans le wok et porter à ébullition. Laisser mijoter 1 minute. Ajouter l'huile de sésame et le tofu et laisser mijoter 2 minutes, en remuant une fois (le tofu doit se casser). Répartir les légumes dans plusieurs assiettes puis verser la sauce par-dessus. Parsemer d'oignons frits.

*Ci-contre : Légumes asiatiques et tofu à la sauce teriyaki*

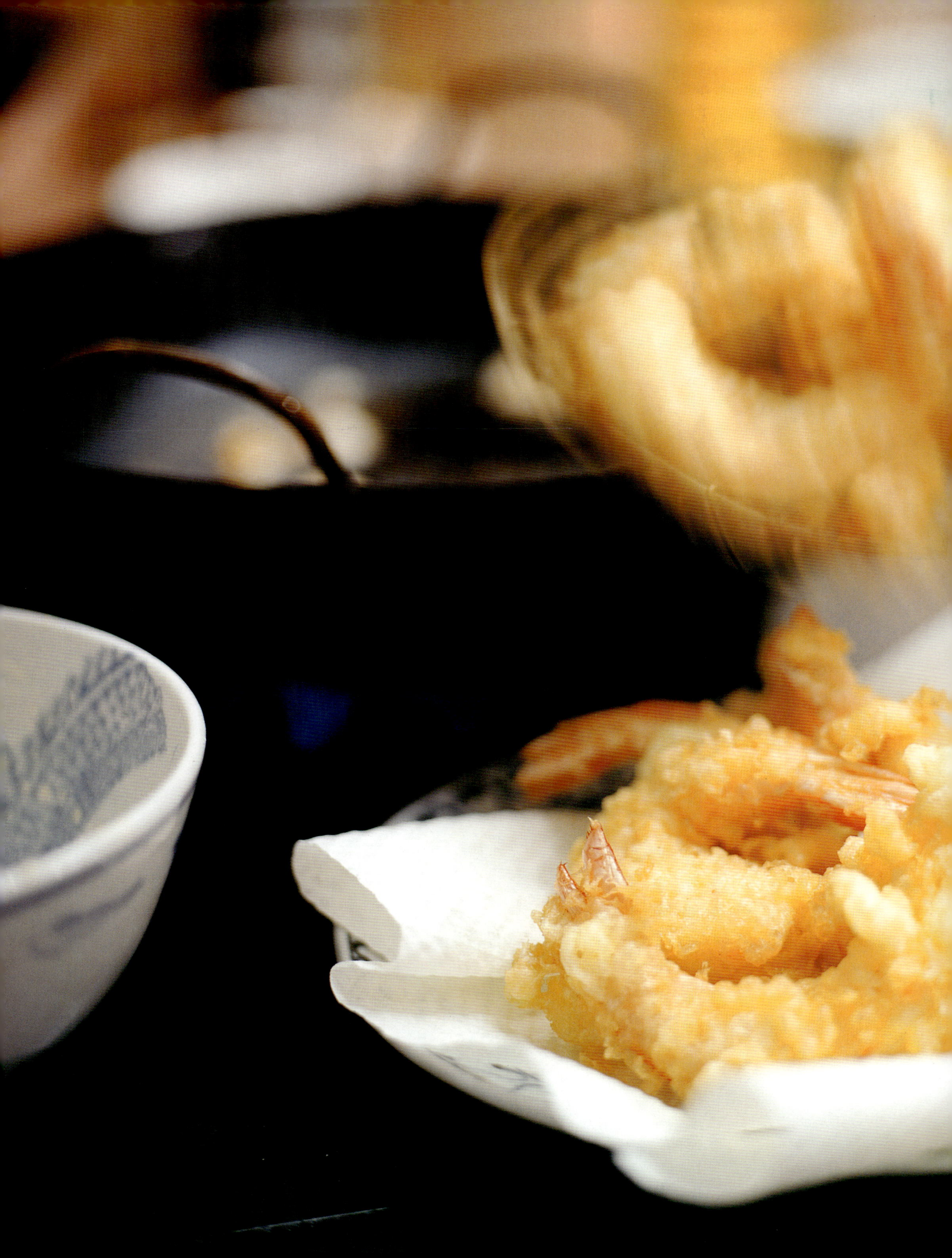

# LA FRITURE

La friture ne se résume pas aux beignets et aux frites. Il existe toute une gamme de plats asiatiques résultant d'une immersion brève dans l'huile bouillante, procédé qui couvre les aliments d'une enveloppe croustillante alors que l'intérieur reste moelleux. Les Chinois, en particulier, préparent diverses boulettes qu'ils servent, selon la tradition, lors du yum cha. Frire les aliments éveille les sens, depuis le grésillement lorsqu'on les plonge dans l'huile jusqu'à la belle couleur dorée et à l'aspect croustillant qu'ils prennent sous nos yeux. Dans ce chapitre, les plats se présentent généralement sous forme de petites boulettes ou bouchées, à présenter lors d'un buffet ou encore à déguster à la cuisine, pendant que le reste du repas se prépare.

# L'ART DE LA FRITURE

Bien que n'étant pas un mode de cuisson que l'on utilise quotidiennement, la friture est une méthode plus facile que l'on ne pense, idéale à l'occasion d'un yum cha ou d'une fête.

La friture est une méthode de cuisson très appréciée dans les cuisines asiatiques, car elle donne une consistance croustillante et un fondant succulent aux aliments. En Occident, elle est assez diabolisée depuis quelques années. Il n'y a pourtant aucune raison de la dénigrer. Il est vrai que cette méthode de cuisson nécessite une grande quantité d'huile, mais si l'on s'y prend bien, les aliments n'en absorbent que très peu.

### FRIRE DANS UN WOK
Le wok fait un excellent bac à friture grâce à ses bords arrondis vers le haut et à sa grande surface de cuisson. Il présente également l'avantage d'être suffisamment grand pour cuire de grandes quantités de nourriture sans déborder.

Pas besoin d'un wok supplémentaire pour frire : un seul et même wok de 30 à 35 cm de diamètre qui vous permet déjà de faire sauter, cuire à la vapeur, braiser et préparer des soupes convient également bien pour la friture. Cependant, le bain d'huile devant rester bien stable, préférez un wok à deux poignées, qui risque moins d'être déséquilibré qu'un wok équipé d'une seule poignée. Si vous cuisinez sur des plaques électriques, prenez un wok à fond plat et si vous avez une cuisinière à gaz, utilisez une grille plate pour le stabiliser.

### AUTRES ACCESSOIRES
La louche grillagée (en vente dans les épiceries asiatiques) est un ustensile très en vogue en Asie : il s'agit d'une passoire circulaire en métal équipée d'un long manche en bambou, que l'on utilise pour sortir de l'huile les aliments une fois frits sans emmener trop d'huile.

Des baguettes de cuisine en bois aident à retourner les aliments pour qu'ils cuisent uniformément, et leur longueur évite les brûlures à cause de l'huile qui saute. Évitez les baguettes en plastique, plus difficiles à manier que celles en bambou.

Certains aiment utiliser une petit grille fixée sur le côté du wok, qui permet de réserver au chaud les aliments déjà cuits pendant que le reste est en train de frire.

Le thermomètre est également pratique. Il en existe spécialement conçus pour la friture et la confiserie, qui se fixent sur le côté du récipient, et équipés d'une sonde que l'on immerge dans le liquide bouillant. Ils s'achètent dans les magasins spécialisés.

### L'HUILE DE FRITURE
Pour la friture plus que pour le sauté, le choix de l'huile est capital. Toutes les huiles se décomposent à une certaine température, appelée « point de fumée », mais d'une huile à une autre celui-ci diffère. Les signes de cette décomposition sont une fumée noire, un assombrissement de l'huile et la formation de particules à la surface. Le beurre et les graisses animales en général ont un point de fumée assez bas (environ 190 °C), elles brûlent donc très rapidement. Les graisses végétales ont une température critique plus élevée (environ 230 °C). Pour la friture, choisissez une huile dont la température critique est élevée, pour qu'elle ne fume pas ou ne brûle pas les aliments. L'huile d'arachide ou de colza convient bien. Si vous utilisez de l'huile d'arachide, préférez une huile raffinée à une huile pressée à froid : elle est moins chère et son goût neutre convient parfaitement.

## PEUT-ON RÉUTILISER L'HUILE ?

Bien qu'on puisse réutiliser l'huile, une huile fraîche donne de meilleurs résultats : l'huile absorbe le goût des aliments qu'elle a frits (surtout des aliments au goût prononcé comme les fruits de mer). En outre, une fois chauffée, elle devient rance (surtout s'il reste des particules alimentaires) et sa structure est altérée. Avec une huile fraîche, vous serez sûr de sentir le goût de vos aliments et non celui de l'huile. Si vous souhaitez cependant réutiliser l'huile, filtrez-la et veillez à ne pas trop la faire chauffer.

## LA BONNE TEMPÉRATURE

Comme le choix de l'huile, celui de la température est essentiel. Afin d'obtenir des aliments frits croustillants à la surface et tendres à l'intérieur, il faut une huile ni trop froide (la cuisson serait plus longue et les aliments gorgés d'huile) ni trop chaude (les aliments brûleraient à l'extérieur avant que l'intérieur ne cuise). Dans nos recettes, nous indiquons la température de friture recommandée. Pour contrôler la température, utilisez un thermomètre spécialisé.

Si vous n'en disposez pas, faites le test du morceau de pain : faites chauffer l'huile puis plongez-y un dé de pain. Le temps que met le pain à brunir vous indique la température de l'huile.

| | |
|---|---|
| 5 secondes | 200 °C |
| 10 secondes | 190 °C |
| 15 secondes | 180 °C |
| 20 secondes | 170 °C |
| 30 à 35 secondes | 160 °C |

Lorsqu'on plonge les aliments dans l'huile, la température de celle-ci baisse, il faudra donc la réchauffer avant de remettre une nouvelle fournée à frire.

## TRUCS ET ASTUCES

- Pour éviter de vous brûler, assurez-vous que le wok est bien stable, posé bien en équilibre sur la plaque de cuisson. Pour ce faire, utilisez un wok à fond plat, un wok à deux poignées, ou un wok maintenu par une grille spéciale.
- Ne mettez pas trop d'huile dans le wok : un remplissage entre un tiers et deux tiers devrait laisser assez de place pour que l'huile saute et bouillonne sans éclabousser une fois les aliments plongés dedans.
- Pour éviter que l'huile ne saute, les aliments doivent être aussi secs que possible. S'ils sont enrobés de pâte, veillez à bien les débarrasser de l'excédent avant de les frire. S'ils ont été marinés, sortez-les de la marinade à l'aide d'une écumoire pour qu'ils s'égouttent bien.
- Lorsque vous faites frire des préparations de petite taille, immergez-les doucement et progressivement dans le wok à l'aide d'une écumoire résistant à la chaleur, en les faisant glisser le long du bord, ou faites-les frire dans un panier à friture grillagé équipé d'un long manche. Cela limitera les éclaboussures.
- Faites chauffer l'huile à la température recommandée puis ajustez la température pendant la cuisson pour la maintenir.
- Plongez les aliments en plusieurs fois pour éviter que l'huile ne déborde.
- Préparez une assiette couverte de papier absorbant froissé pour égoutter les aliments frits.

## LES ÉTAPES DE LA FRITURE

*La première étape consiste à faire chauffer l'huile à la bonne température. Si vous ne possédez pas de thermomètre spécial friture, faites le test du dé de pain (voir précédemment).*

*Plongez progressivement les aliments dans l'huile, un à un ou bien par deux, en faisant bien attention aux éclaboussures. Cela évite que l'huile ne déborde, permet de maintenir l'huile à une température constante et aide à une cuisson uniforme.*

*Faites cuire peu d'aliments à la fois, en les faisant bien dorer, puis sortez-les de l'huile (une écumoire grillagée vous y aidera très bien).*

*Laissez égoutter les aliments sur du papier absorbant froissé pendant que vous faites cuire le reste.*

- Si vous cuisinez une grande quantité de nourriture, préchauffez votre four à 160 °C (th. 5 à 6) et gardez les aliments cuits au chaud dans le four pendant que le reste est en train de cuire.
- Salez (ou sucrez pour les desserts) les aliments plutôt après les avoir frits pour limiter l'absorption d'huile.
- Il ne coûte rien de garder un grand seau d'eau près de la cuisinière pour éteindre d'éventuelles flammes.
- Gardez en tête où se trouvent votre extincteur et votre couverture anti-feu : vous n'en aurez certainement pas besoin, mais il est toujours bon de les avoir sous la main.

*Ci-dessus : Crevettes poivre et sel*

## CREVETTES POIVRE ET SEL

Préparation : 20 minutes
 + réfrigération : 30 minutes
Cuisson : 5 minutes
4 à 6 personnes

☆☆

1 blanc d'œuf

2 gousses d'ail, hachées

1 kg de crevettes moyennes crues, décortiquées et déveinées, en conservant la queue

1 cuil. à soupe d'huile d'arachide

1 long piment rouge frais, émincé en biais

90 g de farine de riz

1 cuil. à soupe de poivre du Séchouan moulu

1 cuil. à café de poivre blanc moulu

2 cuil. à café de sel de mer moulu

1 cuil. à café de sucre en poudre

huile d'arachide, pour la friture

**1** Dans une jatte, mélanger le blanc d'œuf et l'ail avant d'ajouter les crevettes. Bien remuer pour enduire les crevettes puis recouvrir d'un film alimentaire et mettre 30 minutes au réfrigérateur.
**2** Pendant ce temps, faire chauffer l'huile dans une petite poêle et faire revenir le piment 1 minute sans cesser de remuer. Retirer le piment de la poêle et le laisser égoutter sur du papier absorbant. Dans un bol, bien mélanger la farine de riz avec le poivre du Séchouan, le poivre blanc, le sel et le sucre.
**3** Remplir un wok d'huile au tiers et porter à 180 °C (un dé de pain doit y dorer en 15 secondes). Enduire chaque crevette de farine, la débarrasser de l'excédent puis mettre les crevettes à frire par fournées, 1 minute, pour qu'elles dorent et cuisent bien. Les laisser égoutter sur du papier absorbant froissé. Saler, poivrer et servir.

## PORC À L'AIGRE-DOUCE

Préparation : 20 minutes + macération : 30 minutes
 + refroidissement : 30 minutes
Cuisson : 30 minutes
4 à 6 personnes

☆☆

1 cuil. à soupe de sauce de soja claire

3 cuil. à café d'alcool de riz

1 pincée de poivre blanc

500 g de filet de porc, coupé en dés de 1,5 cm

60 g de farine

60 g de maïzena

1 cuil. à café de bicarbonate de soude

huile, pour la friture

FRITURE

## SAUCE

- 2 cuil. à café d'huile
- 1 cuil. à café de gingembre frais finement haché
- 1 gousse d'ail, hachée
- 1 petit oignon, coupé en fines tranches
- 1 petite carotte, coupée en biais en fines rondelles
- 1 petit poivron vert, coupé en lanières d'environ 5 cm de long
- 100 g de morceaux d'ananas en boîte, bien égouttés en réservant 80 ml de jus
- 60 g de pousses de bambou, émincées
- 60 ml de sauce tomate
- 1 cuil. à soupe ½ de vinaigre de riz
- 1 cuil. à soupe ½ de sucre
- 1 cuil. à soupe de sauce de soja claire
- 2 cuil. à café de maïzena délayées dans 125 ml d'eau

**1** Dans une jatte non métallique, mélanger la sauce de soja avec l'alcool de riz et le poivre blanc. Ajouter le porc et laisser mariner 30 minutes.

**2** Mélanger la farine avec la maïzena, le bicarbonate de soude et 1 cuillerée à café de sel, puis incorporer progressivement 145 ml d'eau froide jusqu'à obtention d'une pâte épaisse et collante. Y plonger les dés de porc et bien mélanger avec les mains.

**3** Remplir un wok au tiers avec les huiles et porter à 180 °C (un dé de pain doit y dorer en 15 secondes). Séparer les morceaux de porc avec les doigts et les plonger individuellement dans l'huile. Les faire frire par fournées, 1 minute ½ pour les faire dorer, en les détachant éventuellement du fond du wok au bout d'une minute de cuisson, après quoi ils flotteront à la surface. Les mettre à sécher en une seule couche sur du papier absorbant froissé et laisser refroidir à température ambiante. Retirer le wok du feu en laissant l'huile dedans.

**4** Pour faire la sauce, faire chauffer un deuxième wok. Une fois très chaud, y verser l'huile et l'incliner pour enduire le fond. Faire revenir le gingembre, l'ail et l'oignon 1 minute. Ajouter la carotte et faire revenir 2 minutes, puis mettre le poivron vert et faire revenir 1 minute. Les légumes doivent être tendres mais croquants. Ajouter les morceaux d'ananas et les pousses de bambou, bien remuer et faire revenir 1 minute pour bien chauffer. Retirer la préparation du wok. Mélanger la sauce tomate, le vinaigre de riz, le sucre, la sauce de soja, la pâte de maïzena et le jus d'ananas réservé et verser le mélange dans le wok. Faire cuire 2 ou 3 minutes à feu vif pour faire bouillir et épaissir, puis reverser les légumes dans le wok. Bien remuer puis retirer du feu.

**5** Porter de nouveau l'huile de friture à 180 °C et remettre le porc à frire en deux fournées, 1 ou 2 minutes. Il doit être croustillant, doré et bien chaud. Laisser égoutter sur du papier absorbant, puis le mélanger à la sauce. Servir immédiatement avec du riz ou comme composant d'un repas de banquet (ce plat devient pâteux si l'on le laisse reposer trop longtemps).

PORC À L'AIGRE-DOUCE
Le porc à l'aigre-douce conjugue les deux saveurs les plus extrêmes : le sucré et l'acide. Adaptation d'un plat cantonais traditionnel qui remonterait à l'époque de la dynastie Qing (1644-1911), ce plat a été modifié par les Occidentaux, qui y ont ajouté de l'ananas et de la sauce tomate.

*Ci-contre : Porc à l'aigre douce*

## CROQUETTES DE POISSON À LA THAÏLANDAISE

Les croquettes de poisson à la thaïlandaise sont devenues en Occident un plat incontournable de restaurant asiatique, où elles sont servies en entrée. Cependant, le fait de servir une entrée avant un plat principal est une pratique très récente en Thaïlande, qui ne se voit que dans les grandes villes. On mange plutôt ces croquettes en en-cas ou comme composant d'un dîner de banquet.

*Ci-dessus : Croquettes de poisson à la thaïlandaise*

## CROQUETTES DE POISSON À LA THAÏLANDAISE
(Tod man pla)

Préparation : 25 minutes
Cuisson : 15 minutes
6 personnes

☆☆

**SAUCE AU PIMENT**

125 g de sucre

60 ml de vinaigre blanc

1 cuil. à soupe de nuoc mam

1 petit piment rouge frais, haché

1/4 de carotte, finement émincée

1/4 de concombre, épluché, épépiné et émincé

1 cuil. à soupe de cacahuètes grillées, hachées

500 g de filets de sébaste, peau enlevée

1 cuil. à soupe 1/2 de pâte de curry rouge thaïe (*voir* page 56)

60 g de sucre

60 ml de nuoc mam

1 œuf

200 g de haricots kilomètre, coupés en tronçons

10 feuilles de lime kafir fraîches, finement hachées

huile, pour la friture

**1** Pour faire la sauce, mettre le sucre, le vinaigre, le nuoc mam et le piment dans une casserole avec 125 ml d'eau. Laisser mijoter 5 minutes pour faire épaissir. Laisser refroidir puis incorporer le reste des ingrédients. Réserver jusqu'au moment de servir.
**2** Mettre le poisson dans un robot de cuisine et mixer jusqu'à obtention d'un mélange homogène. Ajouter la pâte de curry, le sucre, le nuoc mam et l'œuf. Mixer encore 10 secondes pour amalgamer. Ajouter les haricots et les feuilles de lime kafir. Former des boulettes de la taille d'une balle de golf et les aplatir.
**3** Remplir un wok d'huile au tiers et porter à 180 °C (un dé de pain doit y dorer en 15 secondes). Faire frire les croquettes par fournées, 3 à 5 minutes, en les retournant de temps en temps. Les laisser égoutter sur du papier absorbant froissé. Servir avec la sauce.

## KARAAGE DE POULET

Préparation : 15 minutes + macération : 12 heures
Cuisson : 30 minutes
20 karaage

☆☆☆

1 poulet de 1,5 kg

125 ml de sauce de soja japonaise

60 ml de mirin (vin de riz doux)

2 cuil. à soupe de saké

1 cuil. à soupe de gingembre frais finement haché

4 gousses d'ail, hachées

huile, pour la friture

maïzena, pour l'enrobage

1 À l'aide d'un couperet, séparer les ailes du poulet et les couper en deux au niveau de l'articulation. Couper le poulet en deux au milieu, puis recouper chaque moitié en deux. Couper chaque quart en quatre morceaux égaux, en veillant à garder un peu de peau sur chaque morceau. Il faut obtenir 20 morceaux en tout.
2 Dans une jatte non métallique, mélanger la sauce de soja, le mirin, le saké, le gingembre et l'ail, y plonger les morceaux de poulet et mélanger pour les enrober. Couvrir et mettre au réfrigérateur pour la nuit, en remuant de temps en temps.
3 Préchauffer le four à 150 °C (th. 5). Remplir un wok d'huile au tiers et porter à 160 °C (un dé de pain doit y dorer en 30 à 35 secondes). Pendant que l'huile chauffe, égoutter le poulet et l'enduire uniformément de maïzena bien salée et poivrée, en secouant doucement chaque morceau pour le débarrasser de l'excédent. Faire frire 4 ou 5 morceaux de poulet à la fois pendant 4 à 5 minutes, pour qu'ils soient bien cuits, tendres et croustillants et dorés à l'extérieur. Laisser égoutter sur du papier absorbant froissé. Réserver les morceaux frits au chaud dans le four pendant que le reste est en train de frire. Servir chaud avec des tranches de citron vert.

## POISSON FRIT DANS SA SAUCE AU TAMARIN

Préparation : 25 minutes
Cuisson : 10 minutes
4 personnes

★★☆

2 cuil. à soupe de pulpe de tamarin

2 cuil. à soupe d'huile d'arachide

3 gousses d'ail, hachées

2 cuil. à soupe de galanga frais râpé

2 cuil. à soupe de sucre de palme râpé

2 cuil. à soupe de nuoc mam

2 cuil. à soupe de jus de citron vert

1 vivaneau ou 1 brème entier de 750 g, nettoyé et écaillé

maïzena, pour saupoudrer

huile, pour la friture

1 cuil. à soupe d'échalotes frites

2 petits piments rouges frais, épépinés et finement râpés

2 cuil. à soupe de feuilles de coriandre fraîche

1 Dans un bol, mettre la pulpe de tamarin avec 80 ml d'eau bouillante et laisser refroidir. Écraser le mélange avec les doigts pour dissoudre la pulpe puis filtrer et réserver le liquide. Jeter la pulpe.
2 Faire chauffer l'huile dans une casserole. Faire revenir l'ail et le galanga 1 minute. Ajouter le sucre de palme, l'eau de tamarin, le nuoc mam et le jus de citron vert et remuer à feu moyen jusqu'à fonte du sucre. Laisser bouillir 1 ou 2 minutes pour faire épaissir. Couvrir et réserver au chaud.
3 Entailler le poisson des deux côtés en formant des croix de 2 cm de large et de 5 mm de profondeur. Essuyer en tapotant avec du papier absorbant. Saupoudrer légèrement le poisson de maïzena.
4 Remplir un wok d'huile au tiers et porter à 180 °C (un dé de pain doit y dorer en 15 secondes). Faire frire le poisson 6 à 7 minutes. Il doit être doré et bien cuit (le retourner éventuellement à mi-cuisson). Le laisser égoutter sur du papier absorbant en salant et en parsemant de poivre fraîchement moulu.
5 Disposer le poisson dans un plat et verser la sauce par-dessus. Servir, parsemé d'échalotes frites, de piment et de feuilles de coriandre.

*Ci-dessous : Poisson frit dans sa sauce au tamarin*

## ŒUFS DU GENDRE
(Kai leŭk koey)

Préparation : 15 minutes
Cuisson : 15 minutes
6 personnes

☆☆

6 œufs

huile, pour la friture

2 cuil. à soupe d'huile

2 gousses d'ail, coupées en fines rondelles

6 échalotes rouges, coupées dans la longueur en fines rondelles

80 ml de nuoc mam

150 g de sucre de palme, râpé

1 cuil. à café de concentré de tamarin

1 cuil. à café de sambal oelek

3 cuil. à soupe de coriandre fraîche hachée

1 Mettre les œufs dans une casserole d'eau froide et porter à ébullition. Laisser cuire 4 minutes. Rincer à l'eau froide et éplucher les œufs.
2 Remplir un wok d'huile au tiers et porter à 170 °C (un dé de pain doit y dorer en 20 secondes). Plonger les œufs dans l'huile à l'aide d'une écumoire et les faire frire 2 à 3 minutes pour les faire dorer, en les tournant délicatement. Réserver au chaud.
3 Faire chauffer 2 cuillerées à soupe d'huile dans une poêle. Faire dorer l'ail et les échalotes. Les égoutter sur du papier absorbant froissé. Baisser le feu, verser le nuoc mam, le sucre de palme, le concentré de tamarin, le sambal oelek et 60 ml d'eau et faire cuire sans cesser de remuer jusqu'à fonte du sucre. Laisser épaissir 2 minutes. Incorporer l'ail et les échalotes.
4 Couper les œufs en deux et les disposer dans une assiette. Verser la sauce et décorer avec la coriandre.
NOTE : en Thaïlande, ce plat est souvent servi dans les mariages, ce qui explique son nom.

*Ci-dessous : Œufs du gendre*

## GALETTES CORÉENNES

Préparation : 15 minutes + repos : 10 minutes
Cuisson : 20 minutes
12 galettes

☆☆

### Sauce

2 oignons verts, finement hachés

1 petite gousse d'ail, finement hachée

1 cuil. à soupe 1/2 de sauce de soja japonaise

1 cuil. à soupe de mirin (vin de riz doux)

2 cuil. à café de graines de sésame grillées moulues

1 cuil. à café de sucre

1 filet d'huile de sésame

1/4 de cuil. à café de flocons de piment (facultatif)

### Galettes

500 g de pommes de terre

5 oignons verts, râpés

2 œufs, légèrement battus

2 cuil. à soupe de maïzena

huile d'arachide, pour la friture

1 Pour faire la sauce, mélanger tous les ingrédients dans une petite jatte non métallique.
2 Éplucher et râper grossièrement les pommes de terre dans une jatte non métallique. Les immerger dans l'eau froide pour éviter qu'elles ne s'oxydent et mettre de côté 10 minutes. Égoutter et bien essorer les pommes de terre râpées avec les mains. Les mettre dans une jatte propre avec l'oignon vert râpé et bien mélanger. Dans une petite jatte à part, mélanger les œufs avec la maïzena et poivrer. Verser le mélange sur les pommes de terre et bien mélanger.
3 Remplir un wok d'huile au tiers et porter à 180 °C (un dé de pain doit y dorer en 15 secondes). Modeler des boulettes de préparation

FRITURE

dans la paume de la main, en les aplatissant pour qu'elles fassent 5 cm d'épaisseur. Plonger doucement les croquettes dans l'huile quatre par quatre, à l'aide d'une écumoire, et les faire frire 5 minutes en les retournant une fois. Elles doivent être dorées des deux côtés. Les retirer de l'huile et les laisser égoutter sur du papier absorbant froissé. Servir immédiatement avec la sauce.

## NOUILLES FRITES
(Mee krob)

Préparation : 30 minutes + trempage : 20 minutes
Cuisson : 15 minutes
4 à 6 personnes

☆☆

4 champignons shiitake séchés
huile, pour la friture
100 g de vermicelle de riz sec
100 g de cubes de tofu, coupés en julienne
4 gousses d'ail, hachées
1 oignon, émincé
1 escalope de poulet, finement émincée
8 haricots verts, coupés en tronçons en biais
6 oignons verts, finement émincés en biais
8 crevettes moyennes crues, décortiquées et déveinées, en conservant la queue
30 g de germes de soja, équeutés
feuilles de coriandre fraîche, en garniture

SAUCE
60 ml de vinaigre blanc
60 ml de nuoc mam
5 cuil. à soupe de sucre
1 cuil. à soupe de sauce de soja
1 cuil. à soupe de sauce au piment douce

**1** Mettre les champignons à tremper 20 minutes dans l'eau bouillante. Les essorer, jeter les pieds et émincer finement les chapeaux.
**2** Remplir un wok d'huile au tiers et porter à 180 °C (un dé de pain doit y dorer en 15 secondes). Faire frire les nouilles par fournées, 5 secondes, pour les faire gonfler et croustiller. Bien les égoutter sur du papier absorbant froissé.
**3** Plonger le tofu dans le wok par fournées et le faire frire 1 minute pour le faire croustiller. Égoutter. Retirer soigneusement l'huile du wok, en laissant l'équivalent de 2 cuillerées à soupe.
**4** Réchauffer le wok. Une fois très chaud, y faire revenir l'ail et l'oignon 1 minute. Ajouter le poulet, les champignons, les haricots et la moitié de l'oignon vert et faire revenir 2 minutes le temps que le poulet cuise bien. Ajouter les crevettes et faire revenir 2 minutes pour les faire rosir.
**5** Dans une jatte, mélanger tous les ingrédients de la sauce puis la verser dans le wok. Faire revenir 2 minutes. Le poulet et les crevettes doivent être cuits et la sauce sirupeuse.
**6** Retirer le wok du feu et ajouter les nouilles, le tofu et les germes de soja. Décorer avec la coriandre et le reste d'oignon vert.

### MEE KROB
Le mee krob a été inventé par le chef cuisinier d'un restaurant situé près du palais royal de Bangkok. Un jour où le roi revenait de voyage, il vit un attroupement près du palace. Intrigué, il demanda pourquoi et on lui répondit que toute cette foule attendait de goûter un nouveau plat de nouilles appelé mee krob. Le roi lui-même devint un adepte de ce plat de nouilles frites. Le mee krob se mange toujours chez les descendants de ce cuisinier, mais aussi dans bien d'autres endroits. Aux quatre coins de la Thaïlande, on sert du mee krob en-cas ou en accompagnement de currys. Union de méthodes de cuisson chinoises traditionnelles avec des ingrédients et des saveurs thaïes, ce plat est un exemple typique de l'hybridité de la cuisine thaïlandaise.

*Ci-dessus : Nouilles frites*

## CALMARS FRITS ET SALADE DE VERMICELLE

Préparation : 30 minutes + trempage :
   10 minutes + macération : 15 minutes
Cuisson : 10 minutes
4 personnes

☆ ☆ ☆

1 cuil. à soupe de crevettes séchées
2 cuil. à soupe d'alcool de riz
2 cuil. à soupe de sauce de soja claire
1 cuil. à soupe de vinaigre noir
2 cuil. à café de gingembre frais finement haché
2 oignons verts, finement hachés
1 cuil. à café de sauce à l'ail pimentée
1 cuil. à café d'huile de sésame

*Ci-dessus : Calmars frits et salade de vermicelle*

SALADE

600 g de blancs de calmars nettoyés
125 ml de jus de citron
250 g de vermicelle transparent
1 petit concombre libanais, épépiné et coupé en julienne
90 g de germes de soja, équeutés
2 cuil. à soupe de feuilles de coriandre fraîche hachées
1 cuil. à soupe de grains de poivre du Séchouan grillés à sec
2 cuil. à café de sel de mer
1 cuil. à café de poivre blanc moulu
1 cuil. à café de poivre noir fraîchement moulu
1/4 de cuil. à café de flocons de piment
60 g de farine
45 g de farine de riz
huile d'arachide, pour la friture
2 blancs d'œufs, légèrement battus
feuilles de coriandre fraîche, en garniture

**1** Mettre les crevettes séchées dans une petite jatte résistant à la chaleur, les immerger dans l'eau bouillante et laisser tremper 10 minutes. Égoutter et émincer finement. Reverser les crevettes dans la jatte, les recouvrir d'alcool de riz et laisser tremper jusqu'à utilisation.
**2** Pour faire la sauce salade, mettre la sauce de soja, le vinaigre noir, le gingembre, l'oignon vert, la sauce à l'ail pimentée et l'huile de sésame dans un bol. Bien mélanger le tout puis réserver jusqu'à utilisation.
**3** Ouvrir les filets de calmars, les laver et bien les sécher avec du papier absorbant. Les poser côté chair lisse vers le haut et y dessiner des entailles en forme de losange, en veillant à ne pas transpercer la chair. Couper les calmars en morceaux de 2,5 cm sur 4 cm. Mettre les morceaux dans un plat non métallique puis verser le jus de citron par-dessus. Couvrir de film alimentaire et laisser mariner 15 minutes au réfrigérateur.
**4** Pendant ce temps, mettre le vermicelle transparent dans une jatte résistant à la chaleur, le recouvrir d'eau bouillante et laisser tremper 3 ou 4 minutes pour le ramollir. Égoutter et rincer à l'eau froide. Égoutter à nouveau puis reverser les nouilles dans un plat creux. Ajouter le concombre, les germes de soja et la coriandre hachée.
**5** Dans un mortier ou un moulin à épices, amalgamer les grains de poivre du Séchouan grillés à sec avec le sel de mer, le poivre blanc, le poivre noir et les flocons de piment et les moudre ensemble en poudre fine. Verser cette poudre dans une jatte avec la farine et la farine de riz et mélanger le tout. Égoutter les

calmars et les essuyer avec du papier absorbant.
**6** Remplir un wok d'huile au tiers et porter à 180 °C (un dé de pain doit y dorer en 15 secondes). Tremper les calmars dans le blanc d'œuf puis bien les enduire de farine épicée et les faire frire 1 minute, en cinq ou six fournées (éviter de trop remplir le wok). Ils doivent être légèrement dorés et bien cuits. Les laisser égoutter sur du papier absorbant froissé et les saupoudrer d'un peu de sel (le sel aide à éliminer l'excédent d'huile).
**7** Verser la sauce salade et la préparation aux crevettes dans les nouilles et remuer doucement. Disposer les calmars frits sur les nouilles, décorer avec les feuilles de coriandre et servir immédiatement.

## AILES DE POULET FARCIES THAÏES
(Peek gai yud sai)

Préparation : 30 minutes + repos
Cuisson : 20 minutes
12 ailes de poulet

☆☆☆

12 belles ailes de poulet

20 g de vermicelle de riz sec

1 cuil. à soupe de sucre de palme râpé

2 cuil. à soupe de nuoc mam

200 g de porc haché

2 oignons verts, hachés

3 gousses d'ail, hachées

1 petit piment rouge frais, haché

3 cuil. à soupe de feuilles de coriandre fraîches hachées

huile d'arachide, pour la friture

farine de riz bien salée et poivrée, pour enrober les ailes de poulet

sauce au piment douce, en accompagnement

**1** À l'aide d'un petit couteau tranchant, en partant de la partie charnue de l'aile, gratter chaque aile le long de l'os, en poussant la chair et la peau, jusqu'à l'articulation. Tordre et retirer l'os dénudé, puis le jeter. Attention à ne pas percer la peau.
**2** Mettre le vermicelle à tremper 6 à 7 minutes dans une jatte d'eau bouillante. Bien égoutter et le découper en tronçons de 2 cm au ciseau. Réserver. Dans un bol, mélanger le sucre de palme avec le nuoc mam jusqu'à fonte du sucre.
**3** Dans un robot de cuisine, bien mixer le hachis de porc, l'oignon vert, l'ail et le piment avec la préparation au nuoc mam. Reverser le mélange dans une jatte et y incorporer la coriandre et le vermicelle coupé.
**4** Séparer la farce en 12 boules. Farcir la partie désossée de chaque aile d'une boule de farce, en maintenant bien l'ouverture avec un cure-dent.
**5** Mettre les ailes de poulet dans un récipient pour cuisson à la vapeur en métal ou en bambou posé sur un wok rempli d'eau frémissante, en veillant à ce que le fond ne touche pas l'eau. Couvrir et laisser cuire à la vapeur 8 minutes. Retirer les ailes de poulet et les mettre de côté pour qu'elles s'affermissent et refroidissent.
**6** Remplir un wok propre et sec d'huile au tiers et porter à 200 °C (un dé de pain doit y dorer en 5 secondes). Enduire les ailes de farine salée et poivrée. Les faire frire 3 minutes par fournées pour bien les faire dorer. Les égoutter sur du papier absorbant froissé. Retirer les cure-dent et servir avec la sauce au piment douce.

AILES DE POULET FARCIES THAÏES

À l'aide d'un petit couteau tranchant, pousser la chair le long de l'os en allant vers l'articulation.

Tordre et retirer l'os dénudé de l'articulation.

*Ci-dessous : Ailes de poulet farcies à la thaïe*

## NEMS INDONÉSIENS

Préparation : 30 minutes + trempage : 20 minutes
Cuisson : 25 minutes
20 nems

☆☆

4 champignons shiitake séchés
80 g de vermicelle de riz
1 cuil. à soupe d'huile d'arachide
2 gousses d'ail, hachées
2 cuil. à café de gingembre frais haché
250 g de porc, haché
250 g de crevettes moyennes crues, décortiquées et finement hachées
1 cuil. à soupe de sauce de soja claire, un peu plus en accompagnement
1 cuil. à soupe de sauce d'huître
1 cuil. à soupe d'alcool de riz
1 carotte, râpée
8 châtaignes d'eau, finement hachées
4 oignons verts, coupés en fines rondelles
200 g de pak-choï (chou chinois), finement râpé
1 cuil. à soupe de sauce au piment douce
2 cuil. à café de maïzena
20 grandes galettes de riz
huile, pour la friture

**1** Immerger les champignons dans l'eau bouillante et laisser tremper 20 minutes. Égoutter et bien les essorer. Jeter les pieds durs et émincer finement les chapeaux. Pendant ce temps, mettre les nouilles à tremper 6 à 7 minutes dans l'eau bouillante jusqu'à ce qu'elles soient molles et translucides. Égoutter puis les couper en tronçons de 5 cm de long.
**2** Verser l'huile dans un wok préchauffé à feu vif et l'incliner pour enduire le fond. Faire revenir l'ail et le gingembre 1 minute. Ajouter le hachis de porc et faire revenir 3 minutes en remuant pour casser les gros morceaux. Ajouter les crevettes et faire revenir 1 minute pour les faire rosir. Incorporer le reste des ingrédients sauf la maïzena et les galettes de riz et laisser cuire 2 minutes pour que l'ensemble se mélange. Saler et poivrer.
**3** Dans un bol, mélanger la maïzena avec 2 cuillerées à soupe d'eau jusqu'à obtention d'une pâte homogène.
**4** Empiler les galettes de riz sous un torchon humide. Prendre une galette à la fois, la disposer sur le plan de travail, un coin tourné vers soi. Mettre 2 cuillerées à soupe de garniture au centre de chaque galette, badigeonner les bords d'un peu de pâte de maïzena et rouler en serrant bien, en rentrant les bords à l'intérieur au fur et à mesure, et en collant le tout avec un peu de pâte de maïzena. Répéter l'opération, en couvrant les nems roulés d'un torchon humide pour les empêcher de sécher pendant la réalisation des autres.
**5** Remplir un wok d'huile au tiers et porter à 180 °C (un dé de pain doit y dorer en 15 secondes). Faire frire les nems par fournées de 2 ou 3, en les retournant doucement pendant 2 minutes pour les faire dorer uniformément. Les laisser égoutter sur du papier absorbant froissé. Servir avec de la sauce de soja claire ou une sauce de son choix.

---

**NEMS INDONÉSIENS**

Avec les doigts, humecter les bords de la galette de riz avec la pâte de maïzena.

Rouler le nem en rentrant les bords à l'intérieur, puis coller avec de la pâte de maïzena.

*Ci-contre : Nems indonésiens*

## CUBES DE TOFU POIVRE ET SEL

Préparation : 15 minutes
Cuisson : 10 minutes
4 à 6 personnes

☆☆

125 ml de sauce au piment douce

2 cuil. à soupe de jus de citron

250 g de maïzena

2 cuil. à soupe de sel

1 cuil. à soupe de poivre blanc moulu

2 cuil. à café de sucre en poudre

380 g de cubes de tofu, coupés en deux et soigneusement séchés

4 blancs d'œufs, légèrement battus

huile d'arachide, pour la friture

tranches de citron, en accompagnement

1 Dans une jatte, mélanger la sauce au piment douce avec le jus de citron et réserver.
2 Mettre la maïzena, le sel, le poivre et le sucre en poudre dans une jatte et bien mélanger le tout.
3 Tremper le tofu dans le blanc d'œuf puis le rouler dans la maïzena, en le débarrassant de l'excédent.
4 Remplir un wok d'huile au tiers et porter à 180 °C (un dé de pain doit y dorer en 15 secondes). Faire frire le tofu par fournées, 1 ou 2 minutes pour le rendre croustillant. Le laisser égoutter sur du papier essuie-tout. Accompagner de la sauce au piment et de tranches de citron.

## CREVETTES FRITES AU PONZU À LA JAPONAISE

Préparation : 15 minutes
Cuisson : 10 minutes
18 crevettes

☆☆

18 grosses crevettes crues

2 cuil. à soupe de maïzena

3 œufs

120 g de panko (chapelure japonaise)

huile d'arachide, pour la friture

80 ml de ponzu (voir Note)

1 Décortiquer et déveiner les crevettes, en laissant la queue. Ouvrir le dos de chaque crevette de façon à former un papillon puis le mettre entre deux couches de film alimentaire et battre doucement de façon à obtenir une forme de côtelette.
2 Mettre la maïzena, les œufs et la chapelure dans des bols séparés. Battre légèrement les œufs. Tremper chaque crevette d'abord dans la maïzena puis dans l'œuf et enfin dans la chapelure, en veillant à ce que chaque crevette soit bien couverte de chapelure.
3 Remplir un wok d'huile au tiers et porter à 180 °C (un dé de pain doit y dorer en 15 secondes). Faire frire les crevettes six par six, 1 minute de chaque côté, jusqu'à ce que la chapelure soit dorée (elle ne doit pas brûler). Servir immédiatement avec le ponzu.
NOTE : si vous ne trouvez pas de ponzu, mélangez 60 ml de sauce de soja avec 1 cuillerée à soupe de jus de citron.

*Ci-dessus : Crevettes frites au ponzu à la japonaise*

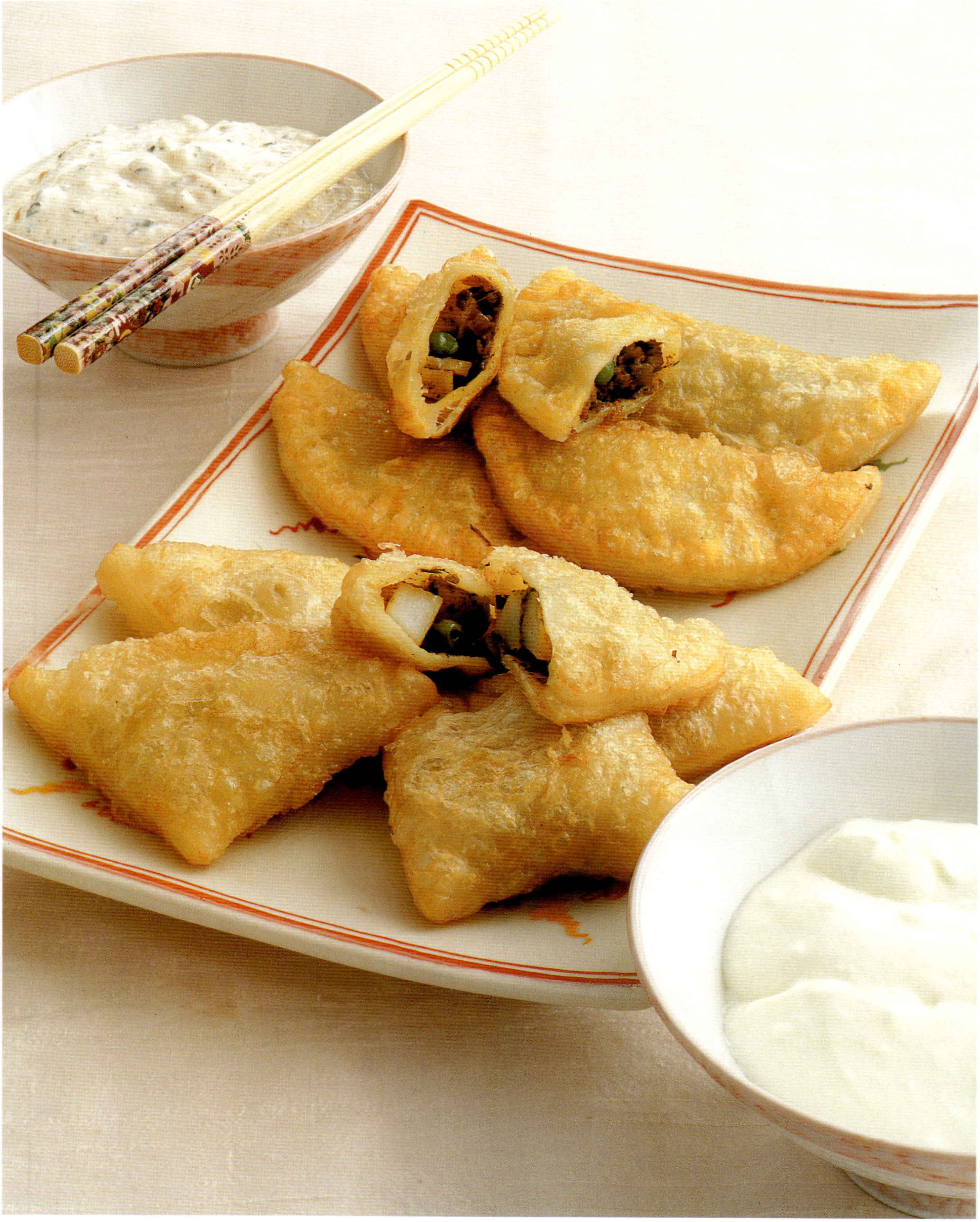

## MINI-FEUILLETÉS AU CURRY

Préparation : 20 minutes + refroidissement : 30 minutes + réfrigération : 30 minutes
Cuisson : 1 heure et 25 minutes
24 mini-feuilletés

☆☆☆

1 gros piment rouge séché, haché
1 cuil. à café 1/2 de graines de coriandre
1/2 cuil. à café de graines de fenouil
250 g de pommes de terre, épluchées
60 ml d'huile d'arachide
1 carotte, coupée en petits dés
115 g de petits pois surgelés, décongelés
1 petit oignon, finement émincé
2 gousses d'ail, hachées
2 cuil. à soupe de poudre de curry malaisien
150 g de bœuf maigre, haché
60 ml de bouillon de bœuf
6 mini-pâtes feuilletées surgelées prêtes à l'emploi
2 jaunes d'œufs, légèrement battus
huile d'arachide, pour la friture
raita, en accompagnement (voir page 86)

1 Moudre ensemble le piment séché et les graines de coriandre et de fenouil en une fine poudre. Réserver.
2 Faire cuire à demi les pommes de terre 15 minutes à l'eau. Laisser refroidir un peu et les couper en dés.
3 Verser 1 cuillerée à soupe d'huile dans un wok préchauffé à feu vif et l'incliner pour enduire le fond. Mettre le feu sur moyen et faire revenir la carotte 4 à 5 minutes pour la ramollir. Ajouter les petits pois et faire revenir 3 minutes. Verser le tout dans une jatte non métallique résistant à la chaleur. Verser 1 cuillerée à soupe d'huile dans le wok et faire revenir les pommes de terre 3 à 4 minutes pour les faire dorer. Les mettre dans la jatte avec les autres légumes.
4 Faire chauffer le reste d'huile à feu vif. Faire revenir l'oignon et l'ail 1 minute. Incorporer les épices et la poudre de curry et remuer 30 secondes pour diffuser les arômes. Ajouter le bœuf haché et faire cuire pour le faire dorer, en cassant les morceaux. Baisser le feu, verser le bouillon et laisser mijoter 10 minutes. Mettre la préparation dans la jatte avec les légumes. Bien remuer. Laisser refroidir 30 minutes.
5 Pendant ce temps, séparer les pâtes feuilletées à l'aide d'un couteau et les mettre à décongeler sur une grille.
6 À l'aide d'un emporte-pièce rond de 10 cm de diamètre, découper 24 ronds de pâte. Disposer 1 cuillerée à café 1/2 ou 2 de garniture sur une moitié de rond et le replier en deux. Assembler les bords, éventuellement avec un peu d'eau, et les piquer à l'aide d'une fourchette pour bien faire tenir. Procéder de même avec les autres ronds. Badigeonner une face de chaque feuilleté de jaune d'œuf, les disposer sur une plaque et les mettre 30 minutes au frais.
7 Remplir un wok d'huile au tiers et porter à 180 °C (un dé de pain doit y dorer en 15 secondes). Faire frire les feuilletés quatre par quatre, 3 à 5 minutes pour les faire dorer et bien faire cuire le centre. Servir avec de la raita ou du yaourt nature.

## SAMOSAS

Préparation : 30 minutes
Cuisson : 25 minutes
24 samosas

☆☆☆

1 cuil. à soupe d'huile
1 oignon, émincé
1 cuil. à café de gingembre frais râpé
1 gousse d'ail, hachée
2 cuil. à café de coriandre moulue
2 cuil. à café de cumin moulu
2 cuil. à café de garam masala
1 cuil. à café 1/2 de poudre de piment
1/4 de cuil. à café de curcuma moulu
300 g de pommes de terre, coupées en dés de 1 cm et cuites à l'eau
40 g de petits pois surgelés
2 cuil. à soupe de coriandre fraîche hachée
1 cuil. à café de jus de citron
6 feuilles de pâte feuilletée pré-abaissées
huile, pour la friture
raita, en accompagnement (voir page 86)

1 Verser l'huile dans un wok préchauffé à feu moyen et bien la répartir. Faire revenir l'oignon, le gingembre et l'ail 2 minutes à feu moyen pour les ramollir. Ajouter les épices, les pommes de terre, les petits pois et 2 cuillerées à café d'eau. Laisser cuire 1 minute pour que le liquide s'évapore. Retirer du feu et incorporer les feuilles de coriandre et le jus de citron.
2 À l'aide d'un emporte-pièce de 12,5 cm de diamètre, découper 12 ronds de pâte, puis recouper chaque rond en deux. Former des cônes avec les demi-ronds, humecter les bords et coller le côté en laissant une ouverture assez grande pour contenir 3 cuillerées à café de garniture. Refermer les cônes.
3 Remplir un wok d'huile au tiers et porter à 180 °C (un dé de pain doit y dorer en 15 secondes). Frire les samosas 1 à 2 minutes pour les faire dorer. Les égoutter sur du papier absorbant froissé, saler et poivrer. Servir avec de la raita ou du yaourt nature.

GARAM MASALA
Bien qu'il existe de nombreuses versions de ce mélange d'épices indien, le garam (« pimenté ») masala (« mélange d'épices ») se compose toujours de poivre noir, de cannelle, de clous de girofle, de piment, de graines de cardamome, de cumin et de coriandre, de curcuma et de muscade. Pour savoir comment faire votre garam masala, reportez-vous à la page 75.

*Page ci-contre, de haut en bas : Mini-feuilletés au curry ; Samosas*

## TEMPURA DE CREVETTES

Pratiquer plusieurs entailles sur l'abdomen des crevettes.

Incorporer la farine à l'aide de baguettes (la pâte doit être grumeleuse).

Verser un peu du reste de pâte sur les crevettes, en faisant attention aux éclaboussures d'huile.

*Ci-dessus : Tempura de crevettes*

## TEMPURA DE CREVETTES

Préparation : 25 minutes
Cuisson : 10 minutes
4 personnes

☆☆

12 grosses crevettes crues
huile, pour la friture
1 œuf
250 ml d'eau, glacée
125 g de farine à tempura, tamisée
2 glaçons
1 feuille d'algue nori, en fines lanières

1 Éplucher les crevettes, les déveiner mais garder la queue intacte. À l'aide d'un couteau affûté, dessiner trois ou quatre entailles diagonales sur l'abdomen de chaque crevette, sur un tiers de la surface. Sécher les crevettes en les tapotant avec du papier absorbant.
2 Remplir un wok d'huile au tiers et porter à 180 °C (un dé de pain doit y dorer en 15 secondes). Pendant que l'huile chauffe, mettre l'œuf dans une grande jatte et le casser à l'aide de baguettes ou d'une fourchette. Ajouter l'eau glacée et bien mélanger à l'aide des baguettes. Ajouter la farine tamisée en une fois et remuer avec les baguettes pour mélanger un peu, puis ajouter les glaçons (le mélange doit être grumeleux). Tremper les crevettes dans la pâte et les faire frire 4 par 4, en reversant un peu de pâte dessus pour leur donner un aspect irrégulier. Laisser frire 1 minute.
3 Mettre les crevettes à égoutter sur du papier absorbant froissé, parsemer d'algue nori et servir.

## TOFU AGEDASHI

Préparation : 15 minutes + trempage : 1 heure
Cuisson : 15 minutes
4 personnes

☆☆

40 g d'algue konbu (varech)
1 à 2 cuil. à soupe de sauce de soja
2 à 3 cuil. à café de sucre
600 g de tofu mou
huile, pour la friture
fécule de pomme de terre, pour parsemer
4 oignons verts, finement émincés en biais
20 g de daikon (radis japonais), râpé
1 cuil. à café de gingembre frais râpé

1 Passer un torchon humide sur le konbu pour le nettoyer (ne pas laver). Le mettre dans une grande jatte et l'immerger dans 1 litre d'eau. Laisser tremper 1 heure. Verser le tout dans une casserole, porter à ébullition en retirant la casserole du feu juste avant l'ébullition. Jeter le konbu. Incorporer la sauce de soja

et le sucre, couvrir et réserver au chaud.
**2** Couper le tofu en cubes de 3 cm et l'égoutter.
**3** Remplir un wok d'huile au tiers et porter à 190 °C (un dé de pain doit y dorer en 10 secondes). Saupoudrer légèrement le tofu de fécule puis le débarrasser de l'excédent. Faire frire les dés de tofu en trois fois, 2 à 3 minutes pour les faire dorer, en les retournant éventuellement à mi-cuisson. Laisser égoutter sur du papier absorbant froissé puis saupoudrer généreusement de sel.
**4** Verser 125 ml de bouillon dans chaque bol et mettre le tofu par-dessus. Parsemer d'oignon vert, de daikon et de gingembre.

## TEMPURA DE LÉGUMES

Préparation : 25 minutes
Cuisson : 15 minutes
4 personnes

☆☆

### MAYONNAISE AU WASABI

125 g de mayonnaise aux œufs entiers
2 cuil. à café de pâte de wasabi
1 cuil. à café de sauce de soja japonaise
1 cuil. à café de saké

1 petite courgette, râpée
1 petite pomme de terre, coupée en julienne
1/2 carotte, coupée en julienne
1/2 oignon, finement émincé
100 g de patate douce, râpée
4 oignons verts, partie verte comprise, coupés en tronçons de 2 cm
4 feuilles d'algue nori, en fines lanières
250 g de farine à tempura, tamisée
500 ml d'eau de Seltz frappée
huile, pour la friture
2 cuil. à soupe de lamelles de gingembre en saumure

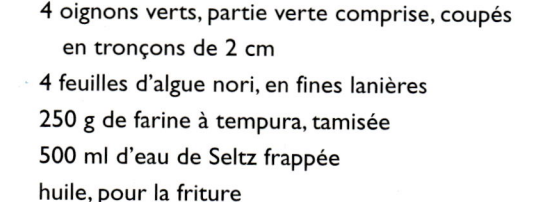

**1** Pour faire la mayonnaise au wasabi, mélanger tous les ingrédients dans un bol. Réserver jusqu'au moment de servir.
**2** Pour faire les beignets, mettre la courgette, la pomme de terre, la carotte, l'oignon, la patate douce, l'oignon vert et les lanières d'algue dans une jatte. Mélanger le tout.
**3** Tamiser la farine à tempura au-dessus d'une grande jatte et creuser un puits au milieu. Y verser l'eau de Seltz et mélanger légèrement avec des baguettes ou une fourchette (la pâte doit être grumeleuse). Ajouter les légumes et les incorporer rapidement sans trop mélanger.
**4** Remplir un wok d'huile au tiers et porter à 180 °C (un dé de pain doit y dorer en 15 secondes). Plonger doucement 60 ml de la préparation dans l'huile, en veillant à ce que le petit tas de garniture ne soit pas trop compact. Laisser frire 1 à 2 minutes pour faire croustiller et dorer. Laisser égoutter sur du papier absorbant froissé et parsemer de sel de mer. Répéter l'opération avec le reste de pâte, de façon à obtenir 11 autres tempura. Servir immédiatement, surmonté d'un peu de mayonnaise au wasabi et de gingembre en saumure.

**WASABI**
Une fois épluchée, la racine comestible du *Wasabia japonica*, cultivé au Japon, a un goût très piquant et très prononcé, qui s'approche du raifort. On le surnomme d'ailleurs « le raifort japonais ». Le wasabi frais se râpe ou est utilisé pour faire une pâte, mais en Occident on le trouve plus facilement sous forme de poudre séchée ou de pâte prête à l'emploi. Le goût brûlant du wasabi laisse vite place à une saveur pure et rafraîchissante qui relève les plats à merveille.

*Ci-contre : Tempura de légumes*

## GINGEMBRE

Lorsque vous achetez du gingembre, prenez un morceau bien dense et ferme, noueux, avec une peau rugueuse sans être fripée. Au printemps et en été, les magasins de fruits et légumes vendent parfois du gingembre jeune, au goût plus doux et dont la peau, bien plus tendre que celle du gingembre normal, peut être conservée.

## COUSSINS DE RIZ AU POULET ET AUX CHAMPIGNONS

Préparation : 15 minutes + macération : 2 heures
+ trempage : 20 minutes
+ refroidissement : 15 minutes
Cuisson : 20 minutes
24 coussins

☆☆

- 1 à 2 cuil. à soupe de sauce barbecue chinoise
- 1 cuil. à soupe d'alcool de riz
- 2 cuil. à café de sauce hoisin
- 2 cuil. à café de sauce de soja claire
- 1/2 cuil. à café d'huile de sésame
- 1 pincée de poudre de cinq-épices
- 1 pincée de poivre blanc
- 2 cuil. à café de gingembre frais râpé
- 2 oignons verts, hachés fin, parties blanche et verte séparées
- 400 g de blancs de poulet, coupés en fines lanières
- 4 champignons shiitake séchés
- 60 ml d'huile, un peu plus pour la friture
- 125 g de pousses de bambou en boîte, rincées, égouttées et coupées en julienne
- 12 pois mangetout, émincés
- 2 gousses d'ail, finement hachées
- 24 petites galettes de riz carrées
- sauce hoisin, en accompagnement (facultatif)

**1** Dans une jatte non métallique, mélanger la sauce barbecue avec l'alcool de riz, la sauce hoisin, la sauce de soja, l'huile de sésame, la poudre de cinq-épices, le poivre blanc, 1 cuillerée à café du gingembre et la partie blanche de l'oignon vert. Ajouter ensuite le poulet, couvrir et mettre au frais au moins 2 heures.

**2** Pendant ce temps, mettre les champignons dans une jatte, les immerger dans l'eau bouillante et laisser tremper 20 minutes. Bien les essorer, jeter les pieds et émincer finement les chapeaux.

**3** Verser 1 cuillerée à soupe d'huile dans un wok préchauffé à feu vif et l'incliner pour enduire le fond. Faire revenir les champignons, les pousses de bambou et les pois mangetout 1 à 2 minutes. Ajouter une cuillerée à soupe d'huile, l'ail et le reste de gingembre et faire revenir 30 secondes. Verser le mélange dans une jatte non métallique. Égoutter le poulet. Faire chauffer une cuillerée à soupe d'huile dans le wok et faire revenir le poulet 2 ou 3 minutes. Il doit être bien cuit. Mettre le poulet dans la jatte, en ajoutant la partie verte de l'oignon vert. Bien mélanger. Laisser refroidir 15 minutes.

**4** Prendre une galette de riz et la placer en diagonale sur le plan de travail de façon à avoir un coin vers soi. Rouler 1 cuillerée à soupe de la préparation en forme de saucisse et la mettre au centre de la galette de riz, à la verticale. Replier la galette comme une enveloppe, en rentrant les bords à l'intérieur. Recommencer avec le reste de galettes et de garniture.

**5** Remplir un wok d'huile au tiers et porter à 180 °C (un dé de pain doit y dorer en 15 secondes). Immerger doucement 4 à 6 coussins

*Ci-contre : Coussins de riz au poulet et aux champignons*

FRITURE

## CHAMPIGNONS ENLACÉS D'ALGUES NORI

Envelopper les champignons d'une bande d'algue et humecter le bout pour coller.

À l'aide de baguettes, tremper les champignons enveloppés d'algue dans la pâte à tempura.

Faire frire les rubans de patate douce dans l'huile chaude pour les faire dorer et croustiller.

---

à la fois dans le wok et les faire frire 1 à 2 minutes, en les retournant à mi-cuisson pour une cuisson, une couleur dorée et un croustillant uniformes. Bien égoutter sur du papier absorbant froissé et servir immédiatement, éventuellement accompagné de sauce hoisin.

## CHAMPIGNONS ENLACÉS D'ALGUES NORI

Préparation : 30 minutes
Cuisson : 15 minutes
4 personnes

☆☆

80 ml de sauce de soja japonaise
100 ml de mirin (vin de riz doux)
2 cuil. à café de gingembre frais râpé
2 cuil. à café de sucre
3 feuilles d'algue nori, grillées
12 champignons ouverts, pieds ôtés
400 g de patate douce
huile, pour la friture
225 ml d'eau de Seltz frappée
1 œuf, légèrement battu
125 g de farine à tempura
2 cuil. à soupe de poudre de wasabi

1 Pour faire la sauce, mettre la sauce de soja, le mirin, le gingembre, le sucre et 1 cuillerée à café d'eau dans une casserole et faire chauffer à feu moyen tout en remuant, jusqu'à fonte du sucre. Couvrir et réserver au chaud.
2 À l'aide de ciseaux, couper les algues nori en douze bandes de 4 cm de large. Envelopper chaque champignon d'une bande, en humectant le bout pour aider à coller. À l'aide d'un économe, couper la patate douce en rubans.
3 Remplir un wok d'huile au tiers et porter à 190 °C (un dé de pain doit y dorer en 10 secondes). Faire frire la patate douce par fournées, 30 à 60 secondes pour la faire dorer et croustiller. Égoutter sur du papier absorbant froissé, saler, poivrer et réserver au chaud.
4 Mettre l'eau de Seltz et l'œuf dans une grande jatte et bien battre. Ajouter la farine à tempura et la poudre de wasabi et mélanger légèrement avec des baguettes ou une fourchette (la pâte doit être grumeleuse). Tremper les champignons dans la pâte et les faire frire 1 à 2 minutes par fournées en les retournant une fois, pour les faire dorer et croustiller. Égoutter sur du papier absorbant froissé et saler. Servir immédiatement accompagné des rubans de patate douce et de la sauce.

*Ci-dessus : Champignons enlacés d'algues nori*

## RAITA

Peu utilisé dans les cuisines d'Asie en général, le yaourt nature est pourtant très utilisé dans la cuisine indienne. Il est rare qu'un repas indien n'en contienne pas. Les raitas, mélanges de yaourt nature avec un autre aliment cru ou cuit (le concombre étant un composant très apprécié pour son goût frais, mais l'on peut y mettre aussi de la gourde blanche ou de la pomme de terre) sont l'accompagnement que l'on sert le plus. La saveur douce et rafraîchissante du yaourt équilibre le côté piquant et relevé des plats indiens. Les yaourts grecs ou bulgares, au goût neutre, sont parfaits pour faire du raita, de par leur légère aigreur et leur onctuosité. Pour préparer vous-même du raita, reportez-vous à la page 86.

*Ci-dessus : Pakoras de légumes*

## PAKORAS DE LÉGUMES

Préparation : 30 minutes + repos : 15 minutes
Cuisson : 20 minutes
4 personnes

☆☆

35 g de besan (farine de pois chiches)
40 g de farine levante
45 g de farine de soja
1/2 cuil. à café de curcuma moulu
1 cuil. à café de poivre de Cayenne
1/2 cuil. à café de coriandre moulue
1 petit piment vert frais, épépiné et finement haché
200 g de chou-fleur
140 g de patate douce
180 g d'aubergine
180 g d'asperges fraîches
huile, pour la friture
raita, en accompagnement (*voir* page 86)

**1** Tamiser les trois farines au-dessus d'une jatte puis ajouter le curcuma, le poivre de Cayenne et la coriandre moulus, le piment et 1 cuillerée à café de sel. Incorporer progressivement 250 ml d'eau froide, de façon à obtenir une pâte souple. Réserver 15 minutes. Préchauffer le four à 120 °C (th. 4).
**2** Entre-temps, couper le chou-fleur en petites fleurettes. Couper la patate douce et l'aubergine en rondelles de 5 mm et les asperges en tronçons de 6 cm.
**3** Remplir un wok d'huile au tiers et porter à 170 °C (un dé de pain doit y dorer en 20 secondes). Tremper les légumes dans la pâte puis les faire frire 1 à 2 minutes par petites fournées, pour les dorer légèrement. Les retirer de l'huile à l'aide d'une écumoire et les mettre à égoutter sur du papier absorbant froissé. Réserver au chaud dans le four pendant que le reste frit. Servir accompagné de raita ou de yaourt nature.

## CORIANDRE FRITE

Remplissez un wok d'huile au tiers et portez à 180 °C (un dé de pain doit y dorer environ en 15 secondes). Effeuillez une botte de coriandre et faites frire les feuilles 30 secondes, par fournées, jusqu'à ce qu'elles soient croustillantes. Sortez-les de l'huile à l'aide d'une écumoire et mettez-les à égoutter sur du papier absorbant froissé. Utilisez-les en garniture.

FRITURE

## CREVETTES À LA NOIX DE COCO ET LEUR SAUCE AU PIMENT

Préparation : 35 minutes + réfrigération : 30 minutes
Cuisson : 30 minutes
4 personnes, en entrée

☆☆

24 grosses crevettes crues, décortiquées et déveinées, en conservant la queue

farine, pour l'enrobage

1 œuf

1 cuil. à soupe de lait

60 g de noix de coco, râpée

25 g de feuilles de coriandre fraîche hachées, 1 cuil. à soupe en plus pour la sauce

2 cuil. à soupe 1/2 d'huile

300 g d'échalotes rouges d'Asie, hachées

2 gousses d'ail, finement hachées

2 cuil. à café de gingembre frais finement haché

1 piment rouge frais, épépiné et coupé en fines rondelles

1 cuil. à café de curcuma moulu

270 ml de crème de noix de coco

2 feuilles de lime kafir, coupées en fines lanières

2 cuil. à café de jus de citron vert

2 cuil. à café de sucre de palme râpé

3 cuil. à café de nuoc mam

huile, pour la friture

150 g de mesclun

**1** Prendre les crevettes par la queue et les enduire de farine. Les tremper ensuite dans le mélange d'œuf et de lait, et enfin dans le mélange de noix de coco et de coriandre. Mettre 30 minutes au frais.
**2** Dans une casserole, faire chauffer l'huile et faire revenir les échalotes, l'ail, le gingembre, le piment et le curcuma, 3 à 5 minutes à feu moyen, pour que les arômes se diffusent. Ajouter la crème de noix de coco, les feuilles de lime kafir, le jus de citron vert, le sucre et le nuoc mam. Porter à ébullition puis baisser le feu et laisser mijoter 2 ou 3 minutes pour faire épaissir. Réserver au chaud.
**3** Remplir un wok d'huile au tiers et porter à 170 °C (un dé de pain doit y dorer en 20 secondes). Immerger doucement les crevettes dans le wok et les faire frire 3 à 5 minutes par fournées, pour les faire dorer. Les laisser égoutter sur du papier absorbant froissé et saler.
**4** Ajouter la coriandre supplémentaire à la sauce. Répartir le mesclun dans quatre bols, disposer les crevettes par-dessus et arroser de sauce.

## OIGNON FRIT

À l'aide d'un couteau tranchant, coupez un oignon en rondelles très fines. Égouttez-les 10 minutes sur du papier absorbant. Remplissez d'huile une casserole profonde à fond épais jusqu'au tiers et portez à 160 °C (un dé de pain doit y dorer en 35 secondes). Faites frire l'oignon par fournées environ 1 minute pour le faire bien dorer et croustiller. Égouttez sur du papier absorbant et laissez refroidir. Vous pouvez le conserver jusqu'à 2 semaines dans un récipient hermétique. Utilisez-le en décoration ou pour relever le goût du riz indonésien et des plats de nouilles.

*Ci-dessous : Crevettes à la noix de coco et leur sauce au piment*

# YUM CHA

Partager des yum cha, que l'on nomme également dim sum, entre amis est aujourd'hui devenu un loisir que l'on pratique le week-end, non seulement en Chine du Sud, d'où il est originaire, mais également dans toutes les communautés chinoises à travers le monde. Appréciée pour la variété des petits mets qu'il propose, c'est un régal à la fois pour le palais et pour les yeux que l'on peut déguster sans formalité.

En cantonais, yum cha signifie littéralement « boire du thé », la rencontre entre deux grandes traditions chinoises : boire du thé et manger. Les origines du yum cha remontent à la dynastie Sung (960-1279), où l'on construisait des salons de thé où les hommes pouvaient se retrouver pour se reposer, parler affaire ou simplement discuter. Les cuisiniers de ces salons confectionnaient de délicieux en-cas pour accompagner le thé, lesquels ont pris le nom de dim sum. Les Cantonais ont ensuite fait du yum cha un véritable art. Petit à petit, des spécialités venues d'autres régions de la Chine, comme les raviolis de Shanghai, sont venues s'ajouter à la longue liste des mets yum cha.

Le mieux est donc de les servir avec du thé. Non seulement celui-ci facilite la digestion, mais il permet également de s'éclaircir le palais et de neutraliser l'apport de matière grasse dû aux aliments frits. Il occupe une position tellement importante, que dans les restaurants yum cha traditionnels, il n'est pas rare d'avoir à choisir le thé avant même de pouvoir jeter un coup d'œil au menu.

### QUE CHOISIR ?
Les dim sum peuvent avoir diverses formes, couleurs, saveurs et textures. Pour la plupart, ils se présentent sous forme de boulettes ou de rouleaux, enveloppés d'une pâte de farine blanche (le plus souvent de blé, de riz ou de tapioca). Leur éventail étant très large, il est important que les mets yum cha attirent l'œil, afin de se démarquer parmi la myriade de plats disponibles. L'aspect est également important pour une autre raison. L'amateur éclairé saura déduire la composition de la

farce en examinant la forme, la taille et la texture de ce qui entoure le mets. Les plats sont divisés en quatre catégories.

Les plats préparés à la vapeur constituent la catégorie principale dont vous trouverez ici les recettes les plus célèbres. Parmi eux, on peut citer les brioches au porc à la vapeur (page 270), les raviolis aux crevettes (page 290), et les classiques raviolis au porc et à la crevette (page 282).

La deuxième catégorie comprend les plats frits, tels que les rouleaux de printemps (page 252) et les gow gee (page 252) tandis que la troisième regroupe tous les plats qui n'appartiennent à aucune des deux catégories précédentes.

La quatrième, quant à elle, rassemble tous les mets sucrés, tels que les tartes à la crème, le pudding à la mangue, la génoise à la vapeur ou la gelée de noix de coco. Beaucoup de ces desserts sont disponibles dans les pâtisseries asiatiques.

## LE YUM CHA À LA MAISON

Les recettes suivantes sont celles des plats yum cha les plus typiques. Comme au restaurant, vous pouvez choisir, en fonction de votre temps et de votre appétit, la quantité de plats à préparer, en les accompagnant ou non de mets que vous aurez achetés chez un traiteur asiatique.

### PLATS À LA VAPEUR
- Raviolis aux légumes, page 266
- Papillotes de lotus au riz gluant, page 268
- Brioches au porc à la vapeur, page 270
- Raviolis de Shangai, page 276
- Poulet à la vapeur à la chinoise et riz en feuilles de lotus, page 277
- Travers de porc yum cha à la vapeur à la sauce de soja noir, page 282
- Raviolis frits au porc et à la crevette, page 282
- Perles, page 288
- Raviolis aux crevettes, page 290
- Raviolis au porc et aux oignons verts, page 287
- Rouleaux de galette de riz aux crevettes, page 292
- Raviolis au porc et aux châtaignes d'eau à la vapeur, page 293
- Rouleaux de légumes à la vapeur, page 294

### PLATS FRITS
- Coussins de riz au poulet et aux champignons, page 242
- Nems, Gow gee, page 252
- Rouleaux de légumes croustillants, page 254
- Toasts à la crevette, page 258
- Poivrons farcis, page 259

*Dans le sens des aiguilles d'une montre, de haut en bas : Gai lon à la vapeur ; Poivrons farcis ; Brioches au porc à la vapeur ; Raviolis frits au porc et à la crevette ; Nems*

## CRÊPES DE MAÏS
(Tod man kaopot)

Préparation : 15 minutes + réfrigération : 1 heure
Cuisson : 25 minutes
12 crêpes

☆

6 épis de maïs frais ou 325 g de maïs en grains, égoutté
4 oignons verts, finement émincés
1 gousse d'ail, hachée
1 cuil. à café de poudre de curry indien
2 cuil. à soupe de farine levante
1 cuil. à café de sauce de soja
1 œuf
huile, pour la friture
sauce au piment douce, en accompagnement (facultatif)

1 Le cas échéant, retirer les grains des épis à l'aide d'un couteau tranchant. Dans un presse-purée, mélanger maïs, oignon vert, ail, poudre de curry, farine, sauce de soja et œuf et écraser le tout. Couvrir de film alimentaire et mettre au réfrigérateur 1 heure.

2 Remplir un wok au tiers d'huile, faire chauffer à 180 °C et placer quelques cuillerées à soupe de la préparation au maïs sans surcharger. Faire cuire chaque crêpe 2 à 3 minutes sur chaque face jusqu'à ce qu'elles soient dorées, en les tournant avec précaution pour éviter qu'elles ne se fendent. Retirer du wok et égoutter sur du papier absorbant. Renouveler l'opération avec le reste du mélange. Servir éventuellement accompagné de sauce au piment douce.

## BŒUF ARC-EN-CIEL

Préparation : 25 minutes + congélation : 40 minutes + macération : 2 heures + repos : 15 minutes
Temps de cuisson : 20 minutes
4 personnes

☆☆☆

500 g de rumsteck
1 cuil. à soupe d'alcool de riz
1 cuil. à café de bicarbonate de soude
1/2 cuil. à café de sucre
1 bonne pincée de poivre du Séchouan moulu
2 cuil. à soupe de maïzena
1 blanc d'œuf, légèrement battu
huile d'arachide, pour la friture
1 carotte, coupée en fine julienne
2 oignons verts, coupés en fine julienne, un peu plus pour garnir

### SAUCE

1 cuil. à café d'ail, très finement haché
2 cuil. à café de gingembre frais très finement haché
2 cuil. à café de vinaigre de riz japonais
1 cuil. à café 1/2 de sauce de soja épaisse
1 cuil. à café 1/2 d'alcool de riz
1 à 1 cuil. à café 1/2 de pâte de soja pimentée
60 g de sucre
quelques gouttes d'huile de sésame

1 Entourer la viande de film alimentaire et la placer environ 40 minutes au congélateur, jusqu'à ce qu'elle soit à demi congelée, afin de faciliter la découpe. Retirer le film et couper la viande en fines tranches d'environ 5 cm de longueur. Couper chaque tranche en fines lanières de quelques millimètres de largeur. Mélanger l'alcool de riz, le bicarbonate, le sucre, le poivre et 1/2 cuillerée à café de sel et

*Ci-dessous : Crêpes de maïs*

incorporer la viande. Couvrir le tout et réfrigérer 2 heures.
**2** Lier la maïzena et le blanc d'œuf, incorporer à la préparation à la viande et laisser reposer 15 minutes.
**3** Pendant ce temps, remplir le wok au tiers d'huile d'arachide et faire chauffer à 190 °C. Faire frire la carotte 1 à 2 minutes jusqu'à ce qu'elle commence à se colorer et à durcir aux angles. Égoutter sur du papier absorbant. Faire revenir l'oignon 1 minute, jusqu'à ce qu'il soit croustillant, égoutter et ajouter à la carotte.
**4** Faire cuire le bœuf par petites fournées, en plongeant de minces filaments arrachés à chaque lanière dans l'huile. Veiller à ce qu'ils ne s'agglutinent pas en les séparant avec des baguettes. Laisser cuire 1 à 2 minutes, jusqu'à ce qu'ils dorent. Égoutter sur du papier absorbant et laisser refroidir. Faire frire de nouveau 1 minute à la même température, jusqu'à ce que le bœuf soit très coloré et craquant. Égoutter. La seconde cuisson permet d'ajouter du croustillant à la viande.
**5** Pour préparer la sauce, placer un autre wok sur le feu. Lorsqu'il est très chaud, verser l'huile en remuant. Ajouter l'ail et le gingembre et faire sauter quelques secondes. Ajouter le vinaigre, la sauce de soja, l'alcool de riz, la pâte de soja pimentée, le sucre, l'huile de sésame et 80 ml d'eau. Porter à ébullition. Laisser cuire 1 minute, jusqu'à ce que le mélange soit caramélisé et laqué.
**6** Ajouter le bœuf, la carotte et l'oignon dans le wok. Bien mélanger le tout. Saupoudrer d'oignon vert et servir avec du riz ou en accompagnement de plats asiatiques.

## SACHETS D'ARGENT
(Toong ngern young)

Préparation : 30 minutes + refroidissement
Cuisson : 15 minutes
30 sachets d'argent

☆☆☆

1 cuil. à soupe d'huile d'arachide
4 échalotes rouges d'Asie, finement hachées
2 gousses d'ail, hachées
1 cuil. à soupe de gingembre frais râpé
150 g de viande de poulet, hachée
150 g de viande de porc, hachée
2 cuil. à café de sauce de soja claire
40 g de cacahuètes grillées, concassées
2 cuil. à café de sucre de palme râpé
2 cuil. à café de jus de citron vert
3 cuil. à café de nuoc mam
3 cuil. à soupe de feuilles de coriandre fraîche hachées
30 carrés de pâte à wonton
huile, pour la friture
ciboulette, pour fermer les sachets

**1** Faire chauffer un wok à feu moyen. Tapisser l'intérieur d'huile. Ajouter les échalotes, l'ail et le gingembre et faire cuire 1 à 2 minutes, jusqu'à ce que les échalotes fondent. Ajouter la viande et faire cuire 4 minutes, sans laisser se former de grumeaux.
**2** Incorporer la sauce de soja, les cacahuètes, le sucre de palme, le jus de citron vert, le nuoc mam et la coriandre. Cuire 1 à 2 minutes sans cesser de remuer, jusqu'à ce que le mélange soit sec. Laisser refroidir.
**3** Placer 2 cuillerées à café de farce au centre de chaque carré de pâte à wonton. Humidifier les bords. Soulever les côtés et pincer la pâte au sommet pour former un sachet. Ôter la pâte superflue.
**4** Remplir un wok au tiers d'huile et faire chauffer à 190 °C. Frire les sachets 30 à 60 secondes, par petites fournées, jusqu'à ce qu'ils soient dorés et croquants. Égoutter. Fermer les sachets avec la ciboulette.

Ci-dessus : Sachets d'argent

LE GRAND LIVRE DU WOK

POULET AU CITRON
On trouve ce classique à base de poulet frit laqué d'une sauce acidulée au citron, au menu de tous les restaurants chinois du monde. Bien que l'on puisse se procurer des sauces au citron prêtes à l'emploi à peu près partout, elles contiennent souvent des colorants artificiels, à qui elles doivent leur belle couleur jaune soleil, et peuvent également contenir beaucoup de sucre. Choisissez plutôt de la préparer vous-même.

*Ci-dessus : Poulet au citron*

## POULET AU CITRON

Préparation : 15 minutes
Cuisson : 20 minutes
4 personnes

☆☆

800 g de blancs de poulet, sans la peau
poivre noir, fraîchement moulu
1 œuf, légèrement battu
maïzena, pour enrober le poulet
huile, pour la friture
125 ml de jus de citron
1 cuil. à soupe de vinaigre de vin blanc
60 g de sucre
1 cuil. à soupe 1/2 de maïzena supplémentaire, pour la sauce
tranches d'oignons verts, pour décorer
citron, pour décorer

1 Saler et poivrer le poulet. L'enduire d'œuf battu et le rouler dans la maïzena.
2 Remplir un wok au tiers d'huile et faire chauffer à 180 °C. Faire cuire le poulet environ 6 minutes, jusqu'à ce qu'il soit doré et bien cuit. Cuire chaque filet séparément. Égoutter sur du papier absorbant.
3 Dans une casserole, mélanger le jus de citron, le vinaigre, le sucre et 60 ml d'eau et faire chauffer à feu doux, sans cesser de remuer, jusqu'à ce que le sucre ait fondu. Porter à ébullition. Réduire le feu et laisser mijoter 1 à 2 minutes. Délayer le supplément de maïzena dans 60 ml d'eau, ajouter à la casserole et bien mélanger. Faire cuire 1 minute, jusqu'à ce que la sauce soit à ébullition et épaississe.
4 Couper le poulet en tranches, verser la sauce par-dessus et décorer de tranches d'oignons verts et de citron. Servir avec du riz.

## AGNEAU CROUSTILLANT À LA LAITUE

Préparation : 15 minutes + congélation : 30 minutes + macération : 3 heures
Cuisson : 20 minutes
4 personnes

☆☆

400 g de filets d'agneau (échine, aloyau ou longe)
2 cuil. à soupe de sauce de soja claire
1 cuil. à soupe d'alcool de riz
2 cuil. à café de nuoc mam
1/2 cuil. à café d'huile de sésame
2 gousses d'ail, hachées
1 cuil à café de gingembre frais finement râpé
40 g de maïzena
250 ml d'huile
12 jeunes feuilles de laitue romaine
sauce aux prunes, en accompagnement
4 oignons verts, émincés en biais

1 Envelopper la viande de film alimentaire et la placer 30 minutes dans le congélateur jusqu'à ce qu'elle soit à demi congelée. Retirer le film et couper finement la viande en trois dans le sens de la longueur. Couper ensuite dans l'autre sens afin d'obtenir une fine julienne. Dans un saladier, bien mélanger la sauce de soja, l'alcool de riz, le nuoc mam, l'huile de sésame, l'ail et le gingembre. Rouler la viande dans cette préparation. Couvrir et réfrigérer 2 heures.
2 Saupoudrer le mélange de maïzena tamisée. Bien mélanger. Placer la viande sur une plaque et réfrigérer 1 heure de plus sans couvrir.
3 Faire préchauffer le four à 150 °C (th. 2). Dans un wok, faire chauffer l'huile à 180 °C. Faire frire l'agneau 5 à 6 minutes, jusqu'à ce qu'il soit bruni et croustillant. Retirer la viande et égoutter sur du papier absorbant. Réserver au chaud au four en attendant que le reste cuise.
4 Pour servir, couper une feuille de laitue et la tenir dans une main. De l'autre verser un peu de sauce aux prunes dans la feuille, remplir de farce à l'agneau et parsemer d'oignon vert. Il est aussi possible de disposer les ingrédients dans des plats séparés afin que les convives puissent se servir eux-mêmes.

1 Pour préparer la sauce, mélanger dans un saladier la sauce de piment doux, le mirin, le gingembre et la sauce de soja japonaise.
2 Placer les nouilles dans un bol et recouvrir d'eau bouillante. Laisser tremper 1 minute, jusqu'à ce qu'elles ramollissent. Bien égoutter et sécher avec du papier absorbant. Couper les nouilles en tronçons de 5 cm et les placer dans une jatte. Ajouter la viande, l'oignon, l'ail, la coriandre, le nuoc mam, la sauce d'huître et le jus de citron vert et bien mélanger en malaxant. Prendre garde à ce que la viande soit répartie uniformément.
3 Prendre une cuillerée de cette préparation et la rouler de façon à former une boulette. Recommencer l'opération jusqu'à obtenir 30 boulettes au total. Il est important de bien tasser chaque boulette afin qu'elle reste bien compacte.
4 Remplir un wok au tiers d'huile et faire chauffer à 170 °C. Faire frire chaque boulette 2 à 3 minutes, jusqu'à ce qu'elle soit dorée et bien cuite. Égoutter sur du papier absorbant. Servir chaud accompagné de la sauce.

*Ci-dessous : Boulettes au porc et aux nouilles à la sauce de piment douce*

## BOULETTES AU PORC ET AUX NOUILLES À LA SAUCE AU PIMENT DOUCE

Préparation : 30 minutes
Cuisson : 20 minutes
30 boulettes

☆ ☆ ☆

### Sauce
80 ml de sauce au piment douce
2 cuil. à café de mirin (vin de riz doux)
2 cuil. à café de gingembre frais finement émincé
125 ml de sauce de soja japonaise

250 g de nouilles hokkien
300 g de viande de porc, hachée
6 oignons verts, finement émincés
2 gousses d'ail, hachées
4 cuil. à soupe de feuilles de coriandre fraîche finement hachées
1 cuil. à soupe de nuoc mam
2 cuil. à soupe de sauce d'huître
1 cuil. à soupe 1/2 de jus de citron vert
huile d'arachide, pour la friture

*NEMS À LA CHINOISE*

Replier une fois la galette de riz horizontalement, puis replier les côtés avant de la rouler.

## NEMS À LA CHINOISE

Préparation : 45 minutes + macération : 20 minutes + repos : 15 minutes
Cuisson : 20 minutes
30 nems

☆☆

2 champignons shiitake, séchés
250 g de viande de porc hachée
1 cuil. à soupe 1/2 de sauce de soja épaisse
2 cuil. à café de xérès sec
1/2 cuil. à café de poudre de cinq-épices
2 cuil. à soupe de maïzena, plus 1 cuil. à café 1/2
80 ml d'huile d'arachide
1/2 branche de céleri, coupée en petits morceaux
2 oignons verts, coupés en fines rondelles
30 g de pousses de bambou, en julienne
40 g de pak-choi (chou chinois), râpé
2 gousses d'ail, hachées
2 cuil. à café de gingembre frais finement haché
1/4 de cuil. à café de sucre
1/4 de cuil. à café d'huile de sésame
250 g de galettes de riz carrées, de 12 cm de côté
huile, pour la friture

### SAUCE

2 cuil. à soupe de sauce de soja
1 cuil. à soupe de sauce hoisin
1 cuil. à soupe de sauce aux prunes
1 cuil. à soupe de sauce de piment doux

**1** Faire tremper les champignons 20 minutes à l'eau chaude. Sécher, équeuter et couper les chapeaux en fines rondelles.
**2** Dans une jatte en verre, mélanger la viande, la sauce de soja, le xérès et la poudre de cinq-épices avec une cuillerée à soupe de maïzena. Laisser reposer 15 minutes.
**3** Faire chauffer 2 cuillerées à soupe d'huile d'arachide dans un wok à feu vif jusqu'à ce qu'elle fume presque. Faire sauter le céleri, l'oignon, les pousses de bambou et le pak-choi 3 à 4 minutes, jusqu'à ce que le mélange soit fondant. Saler et retirer du wok.
**4** Faire chauffer le reste de l'huile dans le wok et faire cuire l'ail et le gingembre 30 secondes. Ajouter la préparation au porc et faire sauter 2 à 3 minutes, jusqu'à ce que ce soit presque cuit. Délayer 1 cuillerée à café 1/2 de maïzena dans 60 ml d'eau. Remettre les légumes cuits dans le wok et ajouter les champignons en remuant. Ajouter le sucre, l'huile de sésame et le mélange à la maïzena en remuant 2 minutes. Retirer du feu et laisser refroidir.
**5** Pour préparer la sauce, mélanger les ingrédients avec 80 ml d'eau dans un saladier.
**6** Confectionner une pâte avec le reste de maïzena et 2 à 3 cuillerées à café d'eau froide. Placer une galette sur le plan de travail, un coin dirigé vers soi. Déposer 2 cuillerées à café de farce au centre, enduire les bords avec un peu de la pâte de maïzena. Rouler la galette en fermant les extrémités. Répéter l'opération avec le reste des galettes et de la farce.
**7** Remplir un wok au tiers d'huile et faire chauffer à 180 °C. Faire frire chaque rouleau jusqu'à ce qu'il soit doré. Égoutter sur du papier absorbant. Servir chaud accompagné de la sauce.

## GOW GEE

Préparation : 25 minutes + macération : 20 minutes
Cuisson : 15 minutes
20 gow gee

☆☆

4 champignons shiitake séchés
220 g de viande de porc, hachée
100 g de blanc de poireau, coupé en petits morceaux
50 g de daikon en saumure, coupé en morceaux
2 cuil. à café de sauce de soja claire
2 cuil. à café d'huile de sésame
2 cuil. à café de maïzena
1/2 cuil. à café de gingembre frais râpé
20 feuilles de pâte à gow gee rondes
huile, pour la friture
vinaigre noir chinois, en accompagnement
sauce de soja claire, en accompagnement

**1** Faire tremper les champignons 20 minutes à l'eau chaude. Sécher, équeuter et émincer finement les chapeaux. Dans une jatte en verre, mélanger la viande, le poireau, le daikon, la sauce de soja, l'huile de sésame, la maïzena, le gingembre et 1/2 cuillerée à café de sel.
**2** Placer 2 cuillerées à café de farce au centre d'une feuille de pâte. Humidifier les bords et refermer la feuille afin de former une demi-lune. Coller les bords.
**3** Remplir un wok au tiers d'huile et faire chauffer à 180 °C. Faire frire chaque gow gee 2 à 3 minutes, jusqu'à ce qu'il soit doré et cuit. Égoutter sur du papier absorbant et déguster trempé dans du vinaigre noir ou de la sauce de soja claire.

*Page ci-contre, de gauche à droite : Nems à la chinoise ; Gow gee*

FRITURE

## ROULEAUX DE LÉGUMES CROUSTILLANTS

Préparation : 15 minutes + macération :
30 minutes + refroidissement
+ réfrigération : 30 minutes
Cuisson : 10 minutes
6 rouleaux

☆☆

- 4 gros champignons shiitake, séchés
- 2 cuil. à soupe d'huile d'arachide
- 1 cuil. à café de gingembre frais râpé
- 2 oignons verts, en fines rondelles
- 1 petite carotte, en julienne
- 100 g de pousses de bambou, en julienne
- 50 g de tofu ferme, coupé en petits morceaux
- 1 cuil. à soupe de sauce de soja claire
- 1/2 cuil. à café de sucre
- 2 cuil. à café de maïzena
- 6 feuilles de pâte de soja de 20 x 25 cm
- huile d'arachide, pour la friture

**1** Faire tremper les champignons 20 minutes dans de l'eau chaude. Sécher, couper les pieds durs et émincer finement les chapeaux.

**2** Pour préparer la farce, faire chauffer un wok à feu vif et tapisser l'intérieur d'huile. Ajouter les champignons, le gingembre, l'oignon, la carotte, les pousses de bambou et le tofu et faire sauter 1 minute à feu moyen. Ajouter la sauce de soja, le sucre et 1/2 cuillerée à café de sel et laisser cuire 1 minute de plus, en mélangeant bien. Égoutter dans une passoire et laisser refroidir.

**3** Lier la maïzena avec 1 cuillerée à soupe d'eau pour former une pâte. Faire tremper les feuilles de pâte de soja 10 à 15 secondes à l'eau tiède pour les ramollir. Bien égoutter et sécher avec du papier absorbant. Placer une feuille sur le plan de travail et enduire les bords de pâte de maïzena. Placer 2 cuillerées à soupe de farce à une extrémité de la feuille, replier les angles vers le centre et fermer la feuille de façon à former un rectangle. Répéter l'opération avec les autres feuilles et le reste de la farce jusqu'à préparer 6 gros rouleaux. Placer 30 minutes minimum au réfrigérateur.

**4** Remplir un wok au tiers d'huile d'arachide et faire chauffer à 180 °C. Faire frire les rouleaux 2 à 3 minutes chacun, jusqu'à ce qu'ils soient dorés et croustillants. Égoutter sur du papier absorbant et servir immédiatement.

---

**FEUILLES DE PÂTE DE SOJA**

Les feuilles de pâte de soja séchées sont confectionnées en faisant sécher la fine pellicule qui se forme à la surface du lait de soja lorsqu'on le fait bouillir. Vendues par paquets dans les épiceries asiatiques, elles se présentent sous forme de feuilles rugueuses qui doivent être trempées à l'eau chaude avant utilisation afin de pouvoir les plier. Prenez garde en les manipulant, elles sont souvent fragiles et peuvent casser ou se déchirer facilement. Elles sont source de protéines dans l'alimentation végétarienne bouddhiste et sont principalement utilisées pour envelopper des aliments cuits à la vapeur ou frits ou pour ajouter de la texture et des protéines à certains sautés, soupes ou plats braisés.

*Ci-contre : Rouleaux de légumes croustillants*

## PAKORAS ÉPICÉS AUX CREVETTES

Préparation : 20 minutes
Cuisson : 10 minutes
16 pakoras

☆☆

85 g de besan (farine de pois chiches)
1/2 cuil. à café de levure chimique
1/4 de cuil. à café de poudre de curcuma
1 cuil. à café de coriandre moulue
1/2 cuil. à café de cumin en poudre
1/2 cuil. à café de poudre de piment
huile, pour la friture
1 cuil. à soupe de blanc d'œuf
16 crevettes crues, déveinées, décortiquées en conservant la queue

SAUCE
250 g de yaourt nature
3 cuil. à soupe de coriandre fraîche hachée
1 cuil. à café de cumin en poudre
garam masala, pour saupoudrer

1 Au travers d'un tamis, verser le besan, la levure et les épices dans une grande jatte et saler. Creuser un puits au centre et ajouter progressivement 250 ml d'eau en remuant doucement pour bien mélanger.
2 Remplir un wok au tiers d'huile et faire chauffer à 160 °C. Battre le blanc d'œuf jusqu'à ce qu'il soit ferme et l'incorporer à la pâte. En les tenant par la queue, tremper les crevettes dans la pâte puis doucement dans l'huile.
3 Faire cuire 2 minutes, 4 crevettes à la fois, sans surcharger le wok, jusqu'à ce que la pâte dore légèrement. Égoutter sur du papier absorbant.
4 Pour préparer la sauce, mélanger le yaourt, la coriandre et le cumin. Saupoudrer de garam masala. Servir avec les crevettes.

### CHEVELURE DE SIRÈNE

Râper très finement 350 g de feuilles de pak-choi ou de choy-sum et sécher sur du papier absorbant. Remplir un wok au tiers d'huile d'arachide et faire chauffer à 180 °C. Frire les lanières de pak-choi 20 secondes, une poignée à la fois, jusqu'à ce qu'elles colorent et qu'elles ne grésillent plus. Prenez garde, elles brûlent facilement. Égoutter sur du papier absorbant. Saupoudrer de sel et de sucre en poudre.
NOTE : il s'agit d'un des en-cas préférés des Chinois mais on peut aussi le déguster en garniture.

### PAKORAS

Très populaire en Inde, le pakora est un beignet frit, à base de fruits de mer, de légumes ou de viande, enrobés dans une pâte préparée avec de la farine besan, elle-même composée de pois chiches finement moulus. Ces petits délices croustillants sont le plus souvent dégustés en en-cas ou à l'apéritif.

*Ci-dessus : Pakoras épicés aux crevettes*

## GRAINES DE SÉSAME

Plante des régions tropicales ou subtropicales qui produit des cosses qui, en séchant, s'ouvrent, libérant ainsi des centaines de minuscules graines. Les graines de sésame sont généralement de couleur beige mais elles peuvent également être jaunes, rougeâtres ou noires selon la variété. Elles peuvent être utilisées crues, mais lorsqu'elles sont grillées, elles prennent un petit goût sucré de noisette. Ces graines sont constituées à 50 % d'huile et pour cette raison, elles rancissent rapidement. Achetez-les en petites quantités et conservez-les jusqu'à 3 mois au réfrigérateur. Les graines de Sésame sont utilisées à travers le monde, et en Chine et au Japon, on les consomme également grillées et pressées, sous forme d'huile.

*Ci-dessus : Crevettes au miel*

## CREVETTES AU MIEL

Préparation : 20 minutes
Cuisson : 15 minutes
4 personnes

☆☆

16 grosses crevettes crues
maïzena, pour saupoudrer les crevettes
huile, pour la friture
3 blancs d'œuf, légèrement battus
2 cuil. à soupe de maïzena supplémentaire, pour la pâte
2 cuil. à soupe d'huile, un peu plus pour la sauce
90 g de miel
2 cuil. à soupe de graines de sésame, grillées

**1** Décortiquer les crevettes sans ôter les queues et déveiner. Sécher et saupoudrer d'un peu de maïzena. Remplir un wok au tiers d'huile et faire chauffer à 180 °C.
**2** Battre les blancs d'œuf dans une jatte à part jusqu'à ce qu'ils soient mousseux. Ajouter le supplément de maïzena, saler et fouetter doucement jusqu'à ce que le mélange soit homogène. En les tenant par la queue, tremper les crevettes dans la pâte puis dans l'huile. Faire cuire 3 à 4 minutes quelques crevettes à la fois, jusqu'à ce que les beignets soient croquants et dorés et que les crevettes soient cuites. Retirer du wok, égoutter sur du papier absorbant et réserver au chaud.
**3** Faire chauffer le supplément d'huile et le miel 2 à 3 minutes à feu moyen, jusqu'à ce que le mélange frémisse. Placer les crevettes sur un plat et verser la sauce au miel par-dessus. Saupoudrer de graines de sésame et servir immédiatement, accompagné de riz à la vapeur.

## KOFTA DE CHOU-FLEUR

Préparation : 10 minutes
Cuisson : 15 minutes
16 koftas

☆☆

300 g de chou-fleur, en fleurettes
100 g de chou, râpé
10 g de feuilles de coriandre fraîche
1 gros piment vert, haché
2 gousses d'ail, émincées
55 g de besan (farine de pois chiches)
½ cuil. à café de cumin en poudre
½ cuil. à café de coriandre moulue
½ cuil. à café de garam masala
huile, pour la friture
raita, en accompagnement

**1** Dans un robot de cuisine, bien mixer le chou, le chou-fleur, la coriandre, le piment et l'ail.
**2** Verser le mélange obtenu dans un saladier

et incorporer le besan, le cumin, la coriandre moulue, le garam masala et 1/2 cuillerée à café de sel. Prélever une cuillerée à soupe de ce mélange et lui donner la forme d'une boulette. Répéter l'opération avec le reste du mélange.
**3** Remplir un wok au tiers d'huile et faire chauffer à 170 °C. Faire frire les koftas 3 à 4 minutes chacune, jusqu'à ce qu'elles dorent ou que le chou-fleur soit bien cuit. Servir accompagné de raita.

## BOULETTES DE POULET FRITES

Préparation : 20 minutes + réfrigération : 30 minutes
Cuisson : 15 minutes
Environ 30 boulettes

☆☆

- 50 g de vermicelle de riz
- 500 g de viande de poulet hachée
- 3 gousses d'ail, finement émincées
- 1 cuil. à soupe de gingembre frais haché
- 1 piment rouge frais, épépiné et coupé en petits morceaux
- 1 œuf, légèrement battu
- 2 oignons verts, en fines rondelles
- 4 cuil. à soupe de feuilles de coriandre fraîche, hachées
- 40 g de farine
- 60 g de châtaignes d'eau, finement hachées
- huile, pour la friture

SAUCE
- 125 ml de sauce de piment doux
- 125 ml de sauce de soja
- 1 cuil. à soupe d'alcool de riz

**1** Placer le vermicelle dans un saladier qui aille au four, couvrir d'eau bouillante et laisser tremper 6 à 7 minutes. Égoutter. Découper en petits tronçons, avec des ciseaux pour faciliter l'opération.
**2** Dans un saladier, mélanger la viande, l'ail, le gingembre, le piment, l'œuf, l'oignon, la coriandre, la farine et les châtaignes d'eau. Incorporer le vermicelle et saler. Couvrir de film alimentaire et réfrigérer 30 minutes. Former des boulettes avec quelques cuillerées à soupe de cette préparation.
**3** Remplir un wok au tiers d'huile et faire chauffer à 180 °C. Faire frire les boulettes 2 minutes chacune, jusqu'à ce qu'elles soient bien dorées et bien cuites. Égoutter sur du papier absorbant.
**4** Pour préparer la sauce, mélanger la sauce de piment doux, la sauce de soja et l'alcool de riz. Servir avec les boulettes de poulet chaudes en n'oubliant pas les piques ou les cure-dents pour piquer les boulettes.

**SAUCE AU PIMENT DOUCE**
Ce condiment sucré et épais est particulièrement apprécié des Thaïlandais et des Malais. On le déguste le plus souvent en y trempant certains mets ou en assaisonnement dans certains plats de nouilles frites. La version malaise est moins sucrée et plus pimentée.

*Ci-contre : Boulettes de poulet frites*

## TOASTS À LA CREVETTE

Préparation : 20 minutes
Cuisson : 15 minutes
36 toasts

☆☆

### SAUCE
125 ml de sauce tomate
2 gousses d'ail, hachées
2 petits piments rouges frais, épépinés et coupés en petits morceaux
2 cuil. à soupe de sauce hoisin
2 cuil. à café de sauce Worcester

350 g de crevettes moyennes crues
1 gousse d'ail
75 g de châtaignes d'eau en boîte, égouttées
1 cuil. à soupe de coriandre fraîche hachée
2 morceaux de 2 cm de gingembre frais, grossièrement haché
2 œufs, jaunes et blancs séparés
1/4 de cuil. à café de poivre blanc
12 tranches de pain, sans la croûte
155 g de graines de sésame
huile, pour la friture

1 Pour préparer la sauce, mélanger la sauce tomate, l'ail, le piment, la sauce hoisin et la sauce Worcester dans un bol.
2 Décortiquer les crevettes et retirer avec précaution la veine noire sur le dos de chaque crevette en commençant par la tête. Placer les crevettes dans un robot de cuisine et mixer 20 à 30 secondes avec l'ail, les châtaignes d'eau, la coriandre, le gingembre, les blancs d'œuf, le poivre et 1/4 cuillerée à café de sel jusqu'à obtenir un mélange homogène.
3 Enduire chaque tranche de pain de jaune d'œuf battu et tartiner de préparation à la crevette. Saupoudrer généreusement de graines de sésame. Découper chaque tranche en 3 morceaux de taille égale.
4 Remplir un wok au tiers d'huile et faire chauffer à 180 °C. Faire frire chaque toast, face tartinée vers le bas, 10 à 15 secondes, jusqu'à ce qu'il soit doré et croustillant. Retourner les toasts à mi-cuisson. Retirer les toasts du wok avec des pinces ou une spatule. Égoutter sur du papier absorbant. Servir accompagné de la sauce.

*Ci-dessous : Toasts à la crevette*

### NOIX CONFITES

Placer 125 g de noix dans une casserole et couvrir d'eau. Porter à ébullition et laisser bouillir pendant 2 minutes. Égoutter. Remettre les noix dans la casserole avec 125 g de sucre et 125 ml d'eau et laisser cuire pendant 10 minutes. Égoutter. Enduire les noix de miel. Remplir un wok au tiers d'huile et faire chauffer à 180 °C. Faire frire les noix pendant 5 à 8 minutes, jusqu'à ce qu'elles soient bien dorées. Égoutter sur du papier absorbant et parsemer de graines de sésame. Servir en-cas ou pour accompagner une tasse de thé ou un goûter. Ingrédients pour 150 g de noix confites.

# POIVRON FARCI

Préparation : 10 minutes
 + réfrigération : 30 minutes
Cuisson : 30 minutes
24 bouchées

☆☆

2 poivrons verts

maïzena, pour enrober les poivrons

400 g de viande de porc, hachée

3 oignons verts, émincés

2 gousses d'ail, hachées

1 cuil. à soupe de sauce de soja claire

2 cuil. à café de gingembre frais haché

2 cuil. à café de sauce d'huître

2 cuil. à café d'alcool de riz

1 cuil. à café de maïzena

1 œuf, légèrement battu

½ cuil. à café de sucre en poudre

huile, pour la friture

feuilles de coriandre fraîche, pour décorer

### Sauce

375 ml de bouillon de volaille

2 cuil. à soupe de graines de soja noir, rincés
 et écrasés à l'aide d'une fourchette

1 cuil. à soupe de sauce de soja claire

3 cuil. à café de maïzena délayée dans 80 ml d'eau

2 cuil. à café de sauce d'huître

**1** Couper les poivrons en deux dans le sens de la longueur. Épépiner et retirer les membranes. Couper chaque moitié en trois puis chaque lanière en deux dans la largeur jusqu'à obtenir 24 morceaux. Rouler chaque morceau dans la maïzena.
**2** Placer la viande dans un robot de cuisine avec l'oignon, l'ail, la sauce de soja, le gingembre, la sauce d'huître, l'alcool de riz, la maïzena, l'œuf et le sucre. Assaisonner avec ¼ de cuillerée à café de sel et mixer par à-coups jusqu'à obtenir un mélange homogène.
**3** Placer 2 cuillerées à soupe de mélange à l'intérieur de chaque morceau de poivron, en appuyant pour que la farce reste bien en place. Couvrir et réfrigérer 30 minutes.
**4** Remplir un wok au tiers d'huile et faire chauffer à 170 °C. Ajouter les poivrons, la farce vers le haut et faire cuire 3 à 4 minutes, 4 à la fois, jusqu'à ce qu'ils soient dorés et bien cuits. Retirer du wok et égoutter sur du papier absorbant.
**5** Retirer toute l'huile du wok, à l'exception d'une cuillerée à soupe. Pour préparer la sauce, ajouter le bouillon, les haricots et la sauce de soja. Porter à ébullition. Verser lentement la préparation à la maïzena dans le bouillon et remuer 1 minute, jusqu'à épaississement. Laisser mijoter 1 à 2 minutes. Retirer du feu et incorporer la sauce d'huître. Dresser les poivrons sur un plat, arroser de sauce, décorer de feuilles de coriandre et servir immédiatement.

*Ci-dessus : Poivron farci*

## POUDRE DE CINQ-ÉPICES

Il s'agit d'un mélange chinois d'épices à base d'anis étoilé, de cannelle de Chine (ou parfois de cannelle classique), de poivre du Séchouan, de graines et de bulbes de fenouil, qui marie les saveurs sucrées, pimentées et aromatiques. Peuvent aussi entrer dans sa composition la cardamome, la coriandre, la peau d'orange séchée et le gingembre. Ce mélange se présente sous la forme d'une poudre ou sous forme de bouquet attaché avec une ficelle.

*Ci-dessus : Poulet croustillant et son sel au cinq-épices*

## POULET CROUSTILLANT ET SON SEL AU CINQ-ÉPICES

Préparation : 10 minutes + repos : 5 h 15
Cuisson : 50 minutes
4 à 6 personnes

☆☆☆

1,6 kg de poulet
3 anis étoilés
2 bâtons de cannelle
1 écorce d'orange séchée
1 morceau de 2 cm de gingembre frais légèrement écrasé
125 ml de sauce de soja épaisse
60 ml de sauce de soja claire
80 ml d'alcool de riz
60 g de sucre
2 litres d'huile, pour la friture
brins de coriandre, en garniture

### LAQUE
90 g de miel
2 cuil. à soupe de sauce de soja épaisse
2 cuil. à soupe de vinaigre de riz chinois

### SEL AU CINQ-ÉPICES
1 cuil. à soupe de sel fin
1 cuil. à café de poudre de cinq-épices
½ cuil. à café de poivre du Séchouan
1 cuil. à café de sucre (facultatif)

**1** Rincer le poulet. Sécher avec du papier absorbant et dégraisser. Dans une sauteuse ou un fait-tout juste assez grand pour contenir le poulet, mélanger l'anis, la cannelle, l'écorce d'orange, le gingembre, les sauces de soja, l'alcool de riz et le sucre avec 2 litres d'eau. Porter à ébullition, réduire le feu et laisser mijoter.
**2** Placer délicatement le poulet dans ce mélange et si nécessaire, ajouter assez d'eau pour le couvrir. Laisser mijoter 30 minutes, retirer du feu et laisser reposer 10 minutes dans le jus. Retirer le poulet, en prenant soin de ne pas casser la peau et le placer sur une grille ou une plaque à pâtisserie 3 heures au réfrigérateur. Ne pas couvrir afin que la peau sèche convenablement. Après 3 heures, la peau devrait être très sèche, comme du parchemin.
**3** Pour préparer la laque, placer les ingrédients dans un petit wok ou une casserole avec 185 ml d'eau. Porter à ébullition puis badigeonner le poulet de cette préparation à l'aide d'un pinceau à pâtisserie, en veillant à bien enduire toute la

FRITURE

peau. Réfrigérer à nouveau 2 heures.
**4** Pendant ce temps, pour préparer le sel au cinq-épices, faire chauffer un petit wok ou une casserole à feu doux. Ajouter le sel, la poudre de cinq-épices, le poivre et le sucre (facultatif). Faire frire 3 à 4 minutes, jusqu'à ce que le poivre devienne noir et qu'il libère son parfum. Retirer les grains de poivre. Servir le sel dans 2 raviers pour l'accompagnement.
**5** Juste avant de servir, faire chauffer l'huile à 180 °C dans un wok. Placer délicatement le poulet et faire frire sur une face jusqu'à ce que la peau soit très foncée et très craquante. Retourner le poulet très délicatement et faire frire l'autre face. Quand il est entièrement bruni, le retirer à l'aide d'un grand tamis et bien égoutter sur du papier absorbant. Saupoudrer la peau d'un peu du sel au cinq-épices et laisser reposer 5 minutes.
**6** Pour servir, couper le poulet en deux dans le sens de la longueur avec un couperet ou gros couteau de cuisine, puis en morceaux suffisamment petits pour être attrapés avec des baguettes. Placer le poulet sur un plat, décorer de brins de coriandre et servir immédiatement, accompagné du sel au cinq-épices.

## BONDAS

Préparation : 30 minutes
Cuisson : 25 minutes
24 bondas

☆ ☆

2 cuil. à café d'huile
1 cuil. à café de graines de moutarde brune
1 oignon, finement émincé
2 cuil. à café de gingembre frais râpé
4 feuilles de curry
3 petits piments verts, finement hachés
1,2 kg de pommes de terre, coupées en dés et cuites
1 pincée de poudre de curcuma
2 cuil. à soupe de jus de citron
20 g de feuilles de coriandre fraîche, hachées
huile, pour la friture

PÂTE

110 g de besan (farine de pois chiches)
30 g de farine levante
45 g de farine de riz
1/4 de cuil. à café de poudre de curcuma
1 cuil. à café de poudre de piment

**1** Faire chauffer un wok à feu moyen, verser l'huile et l'étaler soigneusement. Ajouter les graines de moutarde et remuer 30 secondes. Ajouter l'oignon, le gingembre, les feuilles de curry, et le piment et faire cuire 2 minutes. Ajouter les pommes de terre, le curcuma et 2 cuillerées à café d'eau. Remuer 2 minutes, jusqu'à ce qu'il n'y ait plus d'eau. Retirer du feu et laisser refroidir.
**2** Incorporer le jus de citron et la coriandre et assaisonner à son goût. À l'aide d'une cuillère à soupe, confectionner 24 boulettes.
**3** Pour préparer la pâte, verser la farine, le curcuma, la poudre de piment et 1 cuillerée à café de sel dans un bol en les tamisant. Creuser un puits au centre et verser progressivement 350 ml d'eau, tout en fouettant jusqu'à former une pâte homogène.
**4** Remplir un autre wok au tiers d'huile et faire chauffer à 180 °C. Tremper les boulettes dans la pâte puis dans l'huile chaude 1 à 2 minutes, jusqu'à ce qu'elles dorent. Égoutter sur du papier absorbant et saler. Servir chaud.

*Ci-dessous : Bondas*

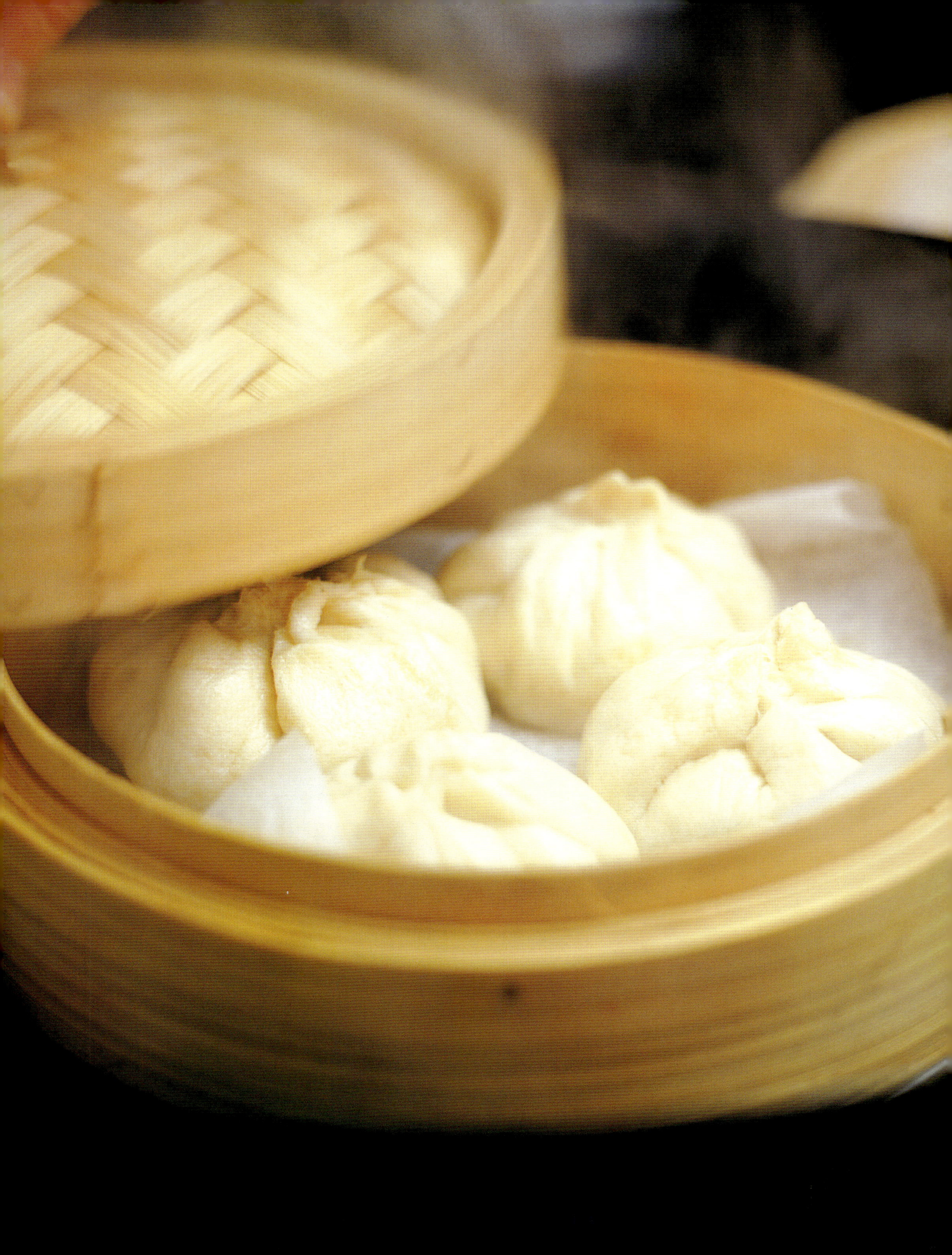

# CUISSON À LA VAPEUR

Si vous recherchez les saveurs les plus fraîches et les plus pures, la cuisine à la vapeur répondra à toutes vos attentes. Cette cuisson en douceur préserve en même temps les qualités nutritives et gustatives de chaque ingrédient. À l'opposé de la friture, rapide, la cuisson à la vapeur est lente et harmonieuse ; les Chinois lui attribuent même des vertus apaisantes. Il existe toute une palette de recettes, du poulet à la vapeur aux classiques raviolis, déjà rencontrés dans le yum cha. L'un des aspects les plus intéressants de la cuisine à la vapeur réside dans le fait que l'art culinaire peut s'y exprimer de différentes manières. Les raviolis, minutieusement préparés, peuvent être directement servis à table dans un joli panier à étuver en bambou.

# CUIRE À LA VAPEUR

Muni d'un wok et d'un panier à étuver, vous voilà prêt pour la cuisine à la vapeur, que ce soit pour préparer du poisson, des raviolis ou des papillotes en feuilles de bananier.

## SES ATOUTS

La cuisson à la vapeur est l'un des modes de cuisson les plus doux. Elle permet en effet de conserver toute la texture, la forme et le goût des aliments et peut également raviver le goût d'aliments séchés en les hydratant et en leur rendant leur souplesse.

Il existe deux méthodes distinctes : la plus répandue consiste à placer la nourriture dans un récipient fermé au-dessus d'un liquide en ébullition tandis que la seconde revient au contraire à verser l'eau directement sur les aliments, avant de couvrir et de placer le tout sur le feu. La nourriture cuit alors grâce à la vapeur qui se dégage du liquide.

La cuisson à la vapeur est un procédé sain car les aliments cuisent sans matière grasse.

## LA MÉTHODE ASIATIQUE

La cuisson à la vapeur est l'un des piliers de la cuisine asiatique. Elle y est en effet beaucoup plus répandue que dans la cuisine occidentale. En Occident, elle est souvent considérée comme fade et associée à des pratiques diététiques rébarbatives, en Asie, on l'apprécie pour ses qualités nutritives, sa facilité et son esthétique et, lors d'un repas, pour sa capacité à contrebalancer des plats plus forts (currys, sautés ou fritures).

De nombreux plats asiatiques sont préparés selon ce procédé comme dans le yum cha, la plupart des mets sont enveloppés de pâte, parmi eux, la célèbre brioche au porc (page 270). De plus, beaucoup d'aliments peuvent être cuits à la vapeur, enveloppés dans des feuilles de bananier, de lotus ou de bambou, comme le poulet à la chinoise accompagné de riz (page 277). Le poisson entier à la vapeur, quant à lui, est souvent à l'honneur dans les banquets asiatiques car il symbolise l'abondance, en particulier lors des fêtes du Nouvel An chinois.

## UTILISER UN WOK

Grâce à sa forme concave et ses larges bords, le wok permet de produire beaucoup de vapeur. Sa taille, quant à elle, permet à la vapeur de circuler librement et de mieux cuire les aliments. Veillez à ce que le wok soit bien stable lorsque vous le posez sur le feu, pour éviter, au cas où vous le renverseriez, de vous ébouillanter. Les modèles les plus pratiques possèdent deux anses ou un fond plat, ceux qui sont munis d'un socle ou les modèles électriques.

Beaucoup de cuisiniers chinois utilisent des woks différents pour la cuisson à la vapeur et la friture car l'eau chaude, utilisée pour la vapeur, altère les saveurs résiduelles que confère le wok aux aliments frits.

## LES AUTRES USTENSILES

En dehors du wok (et de son couvercle), vous n'avez besoin que d'une grille ou d'un panier à étuver pour servir de support à la nourriture.

Les paniers à étuver asiatiques en bambou sont idéals pour cela : ils sont à la fois peu coûteux, efficaces et peuvent très bien tenir lieu de plat de service. Pourtant, bien qu'il s'agisse de la solution que nous avons adoptée dans la plupart des recettes présentées ici, ce n'est pas la seule.

Vous pouvez en effet utiliser des paniers à étuver en acier ou en aluminium. Certains sont composés d'un socle percé de trous qui se pose directement dans le wok, que l'on couvre d'un plat résistant à la chaleur. Les paniers métalliques sont plus faciles à nettoyer mais ils sont aussi plus chers et moins esthétiques que ceux en bambou.

Une autre solution consiste à utiliser un plat, un moule à gâteau en verre par exemple, et de le placer dans le wok, posé sur une grille métallique afin d'éviter qu'il ne touche l'eau.

## LES PANIERS À ÉTUVER EN BAMBOU

Il en existe de toutes les tailles adaptés à tous les woks. Pour un wok classique de 30 à 35 cm, utilisez des paniers de 25 à 32 cm de diamètre. Procurez-vous en au moins deux ainsi qu'un couvercle, vous pourrez les empiler et ainsi faire cuire de plus grandes quantités de nourriture en même temps.

Avant la première utilisation, plongez votre panier en bambou 15 minutes dans l'eau pour enlever la forte odeur qui s'en dégage.

Pour éviter que la nourriture n'attache au fond du panier, il est nécessaire d'enduire ce dernier d'un peu d'huile ou bien de le chemiser. Cette dernière solution permet d'éviter que les aliments s'imprègnent du goût du bambou. Il vous suffit pour cela d'utiliser du papier sulfurisé ou des feuilles de bananier, ces dernières ayant l'avantage d'être plus agréables à l'œil.

Une fois le panier chemisé et la nourriture disposée à l'intérieur, couvrez-le (vous n'aurez pas besoin du couvercle du wok). Placez le panier au-dessus d'un wok d'eau frémissante. Si vous avez empilé plusieurs paniers et que la cuisson est longue, pensez à intervertir les paniers à mi-cuisson afin que tous les aliments soient cuits uniformément.

Bien que les paniers en bambou soient faciles d'entretien, il est nécessaire de les laver après chaque utilisation, en particulier après la cuisson de certains aliments très odorants comme le poisson et de s'assurer qu'ils sont tout à fait secs avant de les ranger, pour éviter qu'ils ne moisissent.

## PRÉCAUTIONS

Si vous utilisez des plats en porcelaine ou en céramique, il est conseillé de les préparer pour éviter qu'ils ne cassent au contact de la vapeur. Pour ce faire, placez une grille dans le wok et déposez-y le plat. Remplissez ensuite le wok d'eau jusqu'à ce que le plat soit entièrement immergé, couvrez et portez à ébullition. Faites bouillir 10 minutes, puis retirez du feu et laissez refroidir. Le plat est prêt et définitivement protégé.

## TRUCS ET ASTUCES

● Remplissez le wok au tiers d'eau bouillante ou d'eau froide et portez à ébullition. Ne mettez pas trop d'eau, vous risqueriez de faire bouillir les aliments mais mettez-en suffisamment, pour ne pas que le wok soit à sec avant la fin de la cuisson.
● Assurez-vous que le fond du panier à étuver ne touche pas l'eau, ce contact dénaturerait les aliments.
● Si vous utilisez un plat en céramique, laissez assez d'espace autour de celui-ci pour

## *LA VAPEUR EN 5 ÉTAPES*

*Les paniers à étuver en bambou sont peu onéreux, agréables et faciles à utiliser. Chemisez le fond avec une feuille de papier sulfurisé pour empêcher que les aliments n'attachent.*

*Préparez les aliments à cuire et placez-les dans le panier, au besoin en les empilant.*

*Remplissez le wok au tiers d'eau et portez à ébullition. Conservez toujours une réserve d'eau à portée de main au cas où trop d'eau se serait évaporée et que vous ayez à en ajouter.*

*Placez le panier dans le wok de façon à ce qu'il se trouve au-dessus de l'eau bouillante mais sans la toucher. Couvrez avec le couvercle du panier ou celui du wok.*

*Prenez garde lorsque vous retirez le panier du wok à ne pas vous brûler avec la vapeur.*

pouvoir le retirer facilement à la fin de la cuisson.
● Si le temps de cuisson dépasse 10 minutes, prévoyez un supplément d'eau pour réapprovisionner le wok.
● Faites en sorte que l'eau soit toujours frémissante.
● Prenez garde en retirant le plat du wok. Assurez-vous d'abord d'avoir coupé le gaz.
● Prenez garde en soulevant le couvercle. Faites toujours en sorte qu'il vous serve de protection afin d'éviter que la vapeur ne vous brûle.
● Rappelez-vous que même lorsque vous avez retiré le plat du wok, la nourriture continue à cuire pendant encore quelques instants.

## RAVIOLIS AUX LÉGUMES

**Huiler légèrement ses mains pour rouler la pâte.**

**Abaisser la pâte en forme de disques.**

**Envelopper la farce en ramenant les bords de la pâte et en les pressant les uns contre les autres.**

# RAVIOLIS AUX LÉGUMES

Préparation : 40 minutes
  + trempage : 20 minutes
Cuisson : 20 minutes
24 raviolis

☆☆☆

8 champignons shiitake séchés
1 cuil. à soupe d'huile
2 cuil. à café de gingembre frais finement haché
2 gousses d'ail, hachées
1 pincée de poivre blanc
100 g d'oignons verts, émincés
100 g de liserons d'eau, en morceaux de 1 cm de longueur
60 ml de bouillon de volaille
2 cuil. à soupe de sauce d'huître
1 cuil. à soupe de maïzena
1 cuil. à café de sauce de soja
1 cuil. à café d'alcool de riz
45 g de châtaignes d'eau, hachées
sauce au piment, en accompagnement

### PÂTE À RAVIOLIS
200 g de farine de froment
1 cuil. à café de maïzena
huile, pour pétrir

**1** Faire tremper les champignons 20 minutes dans de l'eau chaude. Sécher, équeuter et émincer finement les chapeaux.

**2** Faire chauffer un wok à feu vif, verser l'huile et l'étaler soigneusement. Ajouter l'ail, le gingembre, le poivre blanc et 1 pincée de sel et laisser cuire 30 secondes. Ajouter les oignons verts et les liserons d'eau et laisser cuire encore 1 minute.

**3** Mélanger le bouillon, la sauce d'huître, la maïzena, la sauce de soja et l'alcool de riz dans un bol. Incorporer dans le wok avec les châtaignes d'eau et les champignons. Laisser cuire 1 à 2 minutes, jusqu'à ce que le mélange épaississe. Retirer du feu et laisser refroidir complètement.

**4** Pour préparer la pâte à raviolis, tamiser la farine et la maïzena dans une jatte. Creuser un puits au centre et verser progressivement 185 ml d'eau bouillante, tout en malaxant. Quand les farines et l'eau sont bien mélangées, s'enduire les mains d'huile et pétrir la pâte jusqu'à obtention d'une boule lustrée.

**5** Prélever une noix de pâte et couvrir la jatte pendant la confection des raviolis. Bien s'enduire à nouveau les mains d'huile et aplatir la noix de pâte entre les paumes. Abaisser la pâte à l'aide d'un rouleau à pâtisserie en disques aussi fins que possible et ne dépassant pas 10 cm de diamètre. Placer une cuillerée à soupe de farce au centre et presser les bords les uns contre les autres afin de former un sachet autour de la farce.

**6** Placer une couche de raviolis dans un panier à étuver chemisé de papier sulfurisé, en laissant de l'espace entre chacun. Couvrir et faire cuire chaque fournée 7 à 8 minutes au-dessus d'un wok d'eau frémissante. Servir accompagné de sauce de piment.

NOTE : la farine de froment est une poudre très fine de texture similaire à celle de la maïzena. Vous en trouverez dans les épiceries asiatiques.

*Ci-contre : Raviolis aux légumes*

## POISSON À LA VAPEUR

Préparation : 15 minutes + macération : 4 heures
Cuisson : 25 minutes
4 personnes

☆☆

60 g de pâte de miso blanche
1 cuil. à soupe d'huile
2 gousses d'ail, hachées
1 cuil. à soupe 1/2 de gingembre frais râpé
2 cuil. à soupe de sauce de soja claire
2 cuil. à soupe de sauce d'huître
1,5 kg de vivaneaux campèches entiers, vidés et écaillés
4 oignons verts, émincés en biais
feuilles de coriandre fraîche, en garniture

**1** Dans un robot de cuisine, mélanger la pâte de miso, l'huile, l'ail, le gingembre, les sauces de soja et d'huître et mixer jusqu'à obtenir un mélange homogène. Si le poisson ne rentre pas dans le panier à étuver, couper la tête.
**2** Faire 4 entailles obliques sur chaque flanc du poisson. Badigeonner un flanc de la moitié de la préparation en la faisant bien pénétrer dans les entailles. Répéter l'opération sur l'autre flanc avec le reste de la pâte. Poser sur un plat, envelopper de film alimentaire et réfrigérer 2 à 4 heures.
**3** Chemiser un panier à étuver de papier sulfurisé. Y placer le poisson et parsemer d'oignon vert. Couvrir et faire cuire à la vapeur 20 à 25 minutes au-dessus d'un wok d'eau frémissante, jusqu'à ce que le poisson soit cuit. Rajouter de l'eau au fur et à mesure, si nécessaire.
**4** Retirer le poisson du panier, arroser du jus de cuisson récupéré au fond et garnir de coriandre. Servir avec du riz vapeur et des légumes sautés.

## GAI LON À LA VAPEUR
(BROCOLI CHINOIS)

Laver 800 g de gai lon (brocoli chinois) et le couper en trois. Placer une couche de gai lon dans un panier à étuver chemisé de papier sulfurisé. Couvrir, faire cuire 2 à 3 minutes au-dessus d'un wok d'eau frémissante, jusqu'à ce que les feuilles soient flétries et les tiges bien cuites.
Pendant ce temps, faire chauffer 2 cuillerées à café d'huile à feu vif dans une casserole, jusqu'à ce que l'huile soit chaude sans pour autant fumer. Retirer du feu, ajouter 2 gousses d'ail coupées en julienne et 1/2 cuillerée à café de gingembre frais râpé et remuer 1 à 2 minutes. Remettre sur le feu, incorporer 80 ml de bouillon de volaille, un filet d'huile de sésame et porter à ébullition en remuant jusqu'à ce que la sauce ait réduit légèrement. Retirer du feu et incorporer 2 cuillerées à soupe de sauce d'huître. Assaisonner de poivre blanc au goût. Arroser le gai lon de sauce et servir. Pour 4 à 6 personnes.

### PÂTE MISO BLANCHE
Préparées à partir de graines et de germes de soja, le goût, la couleur et la texture des diverses variétés de pâte miso dépendent des proportions de germes de soja, de sel et de kofi (moisissure) utilisées, ainsi que de la durée de fermentation. La pâte blanche est plus jeune et possède un goût plus raffiné et moins salé que les variantes rouges et brunes, qui ont fermenté plus longtemps.

*Ci-dessus : Poisson à la vapeur*

*Ci-dessus : Poulet aux légumes verts chinois et sauce de soja aux champignons*

### POULET AUX LÉGUMES VERTS CHINOIS ET SAUCE DE SOJA AUX CHAMPIGNONS

Préparation : 10 minutes + trempage : 20 minutes
 + macération : 1 heure
Cuisson : 20 minutes
4 personnes

☆☆

10 g de champignons shiitake séchés

2 cuil. à soupe de sauce de soja claire

2 cuil. à soupe d'alcool de riz

1/2 cuil. à café d'huile de sésame

1 cuil. à soupe de gingembre frais émincé

4 blancs de poulet de 200 g, sans la peau

450 g de pak-choi, sans les extrémités, coupé en quartiers dans le sens de la longueur

125 ml de bouillon de volaille

1 cuil. à soupe de maïzena

1 Faire tremper les champignons 20 minutes dans 60 ml d'eau bouillante. Égoutter, en réservant le jus. Équeuter et émincer finement les chapeaux.
2 Dans une jatte non métallique, mélanger la sauce de soja, l'alcool de riz, l'huile de sésame et le gingembre. Couvrir et laisser mariner 1 heure au réfrigérateur.
3 Chemiser un panier à étuver de papier sulfurisé. Y mettre les blancs de poulet, en réservant la marinade. Couvrir et faire cuire 6 minutes au-dessus d'un wok d'eau frémissante. Retourner le poulet et faire cuire encore 6 minutes. Disposer le pak-choi sur le poulet et faire cuire 2 à 3 minutes.
4 Pendant ce temps, mettre la marinade avec les champignons et leur jus dans une casserole. Porter à ébullition. Dans un bol, délayer la maïzena dans suffisamment de bouillon pour former une pâte onctueuse. Incorporer cette préparation et le reste de bouillon dans la casserole. Faire cuire 2 minutes à feu moyen, sans cesser de remuer, jusqu'à ce que la sauce épaississe.
5 Disposer chaque blanc de poulet avec un peu de pak-choi dans les assiettes et napper de sauce. Servir avec du riz.

### PAPILLOTES DE LOTUS AU RIZ GLUANT ET AU PORC

Préparation : 15 minutes + trempage : 1 heure
 + macération : 30 minutes
Cuisson : 45 minutes
8 personnes

☆☆☆

600 g de riz blanc gluant

4 grandes feuilles de lotus

4 champignons shiitake, séchés

2 cuil. à soupe de crevettes séchées

350 g de filets de porc, en cubes de 2 cm

2 cuil. à café de gingembre frais coupé en fines rondelles

1 cuil. à soupe 1/2 de sauce de soja

1 cuil. à soupe 1/2 de maïzena

1 cuil. à soupe de sauce d'huître

2 cuil. à café de sucre

1 cuil. à café d'huile de sésame

2 cuil. à soupe d'huile

1 gousse d'ail, finement émincée

2 saucisses lap choog, découpées en fines rondelles

2 oignons verts, finement émincés

1 Laver le riz à l'eau froide, bien égoutter et mettre dans une casserole avec 600 ml d'eau. Porter à ébullition à feu vif. Réduire le feu, couvrir

# CUISSON À LA VAPEUR

hermétiquement et laisser mijoter 20 minutes. Laisser refroidir complètement.

**2** Couper les feuilles de lotus en deux. Les placer dans un saladier, couvrir d'eau bouillante et laisser tremper 1 heure. Sécher sur du papier absorbant. En même temps, dans deux bols séparés, couvrir les champignons et les crevettes d'eau bouillante et laisser tremper 20 minutes. Bien égoutter. Équeuter les champignons et émincer finement les chapeaux.

**3** Pendant ce temps, hacher grossièrement le porc au robot de cuisine. Mettre dans une jatte avec le gingembre, 1 cuillerée à soupe de sauce de soja et 2 cuillerées à café de maïzena. Bien mélanger. Laisser mariner 20 à 30 minutes.

**4** Dans un bol, bien mélanger la sauce d'huître, le sucre, l'huile de sésame et le reste de sauce de soja.

**5** Faire chauffer un wok à feu vif. Verser l'huile et l'étaler soigneusement. Quand le wok est bien chaud, ajouter la préparation au porc et faire revenir 2 à 3 minutes. Ajouter les champignons coupés en petits morceaux, la crevette, l'ail, la saucisse et l'oignon. Faire sauter 2 minutes. Ajouter la préparation au mélange de sauce de soja et de sauce d'huître, et bien mélanger. Délayer le reste de maïzena avec 220 ml d'eau. Ajouter progressivement la pâte obtenue dans le wok. Faire cuire encore 1 minute, sans cesser de remuer, jusqu'à ce que la préparation épaississe.

**6** Les mains mouillées, façonner 16 boulettes de riz. Former un cône avec une feuille de lotus et, en la tenant fermement, la remplir d'une boulette de riz. Creuser la boulette, remplir avec 1/8 de la préparation au porc et recouvrir d'une autre boulette de riz. Refermer la feuille de lotus pour envelopper la farce et fermer avec une pique à cocktail. Ficeler solidement le tout. Le sachet terminé doit être triangulaire. Répéter l'opération avec le reste de feuilles de lotus, de farce et de riz.

**7** Placer une couche de sachets dans un panier à étuver en bambou double. Couvrir et placer 15 minutes au-dessus d'un wok d'eau frémissante. Retourner les sachets et laisser cuire encore 15 minutes, en ajoutant de l'eau si nécessaire. Servir immédiatement.

## PAPILLOTES DE LOTUS AU RIZ GLUANT ET AU PORC

Placer une boulette de riz dans la feuille de lotus pliée en forme de cône, puis la creuser en son milieu.

Placer une seconde boulette de riz dans le cône, au-dessus de la farce.

Replier la feuille de manière à bien envelopper la farce.

Une fois que le sachet a une belle forme de triangle, le ficeler solidement.

*Ci-contre : Papillotes de lotus au riz gluant et au porc*

# LE GRAND LIVRE DU WOK

**BRIOCHES AU PORC**

*Saupoudrer la pâte de levure et rabattre les bords vers le centre.*

*Abaisser chaque noix de pâte pour former un disque de 12 cm de diamètre.*

*Rapprocher les bords des disques pour envelopper la farce.*

## BRIOCHES AU PORC À LA VAPEUR
(Char siu bau)

Préparation : 40 minutes + repos : 10 minutes + 3 heures
Cuisson : 20 minutes
12 brioches

☆☆☆

**PÂTE**

2 cuil. à soupe de sucre
1 cuil. à café 1/2 de levure de bière
310 g de farine
1 cuil. à soupe d'huile
1 cuil. à café 1/2 d'huile de sésame
1 cuil. à café 1/2 de levure chimique

1 cuil. à café d'huile
250 g de porc grillé à la chinoise, émincé
2 cuil. à soupe de sauce d'huître
2 cuil. à café de sucre
2 cuil. à café d'alcool de riz
1 cuil. à café d'huile de sésame
1 cuil. à café de sauce de soja
12 carrés de papier sulfurisé de 5 cm de côté

**1** Pour préparer la pâte, verser 250 ml d'eau dans une jatte. Ajouter le sucre. Remuer quelques secondes pour le faire fondre. Ajouter la levure de bière. Couvrir et laisser reposer 10 minutes.
**2** Verser la farine tamisée dans une autre jatte. Creuser un puits en son centre et verser la préparation à la levure et l'huile. Remuer rapidement. Verser cette préparation sur une surface légèrement farinée et la pétrir 8 minutes jusqu'à obtention d'une pâte homogène et souple. Enduire une troisième jatte d'huile de sésame. Y placer la pâte en la malaxant pour qu'elle s'imprègne d'huile. Couvrir et laisser lever au moins 3 heures.
**3** Poser la pâte levée sur un plan de travail légèrement fariné et l'abaisser jusqu'à former un grand disque. Saupoudrer le centre de levure chimique en rabattant les bords vers le centre. Presser les bords les uns contre les autres. Pétrir encore 5 minutes. Diviser la pâte en 12 boules de même taille. Couvrir d'un linge humide pour qu'elles ne sèchent pas.
**4** Pour préparer la farce, faire chauffer un wok à feu vif. Verser l'huile et l'étaler soigneusement. Mettre le porc et faire cuire 30 secondes, sans cesser de remuer. Ajouter la sauce d'huître, le sucre, l'alcool de riz, l'huile de sésame, et la sauce de soja et faire cuire 1 à 2 minutes. Verser la préparation dans une jatte. Laisser refroidir.
**5** Abaisser chaque noix de pâte sur une surface farinée jusqu'à former un disque de 12 cm de diamètre. Placer une bonne cuillerée à soupe de farce au centre de chaque disque. Replier les bords. Presser fermement les bords les uns contre les autres. Placer chaque brioche sur un carré

*Ci-contre : Brioches au porc à la vapeur*

de papier sulfurisé. Placer 2 couches de 6 brioches dans un double panier à étuver en bambou. Couvrir et laisser cuire 15 minutes au-dessus d'un wok d'eau frémissante.

## POISSON AU GINGEMBRE THAÏLANDAIS ET AU BEURRE DE CORIANDRE

Préparation : 15 minutes
  + réfrigération : 30 minutes
Cuisson : 10 minutes
4 personnes

☆☆

60 g de beurre, à température ambiante

1 cuil. à soupe de feuilles de coriandre fraîche, finement émincées

2 cuil. à soupe de jus de citron vert

1 cuil. à soupe d'huile

1 cuil. à soupe de sucre de palme, râpé

4 piments rouges longs frais, épépinés et coupés en morceaux

2 tiges de lemon-grass, effeuillées

4 filets de 200 g de poissons à chair blanche (saint-pierre ou bar)

1 citron vert, coupé en fines rondelles

1 cuil. à soupe de gingembre frais en lanières

**1** Bien mélanger le beurre et la coriandre émincée. Donner à la pâte obtenue la forme d'un rouleau. Envelopper le tout de film alimentaire. Réserver au réfrigérateur au moins 30 minutes ou jusqu'à utilisation.

**2** Dans une jatte non métallique, mélanger le jus de citron vert, l'huile, le sucre de palme et les piments. Remuer le mélange jusqu'à dissolution du sucre. Couper le lemon-grass en deux.

**3** Mettre un morceau au centre d'une feuille de papier aluminium, suffisamment grande pour envelopper un filet de poisson entier. Poser un filet de poisson sur le morceau de coriandre et le badigeonner avec la préparation au citron vert. Disposer quelques rondelles de citron vert et quelques lanières de gingembre par-dessus et fermer la papillote. Répéter l'opération avec le reste des ingrédients pour obtenir en tout 4 papillotes.

**4** Chemiser un panier à étuver de papier sulfurisé. Y disposer les papillotes de poisson. Faire cuire 10 minutes au-dessus d'un wok d'eau frémissante, jusqu'à ce que le poisson s'émiette facilement lorsqu'on y pique une fourchette.

**5** Pour servir, disposer chaque papillote ouverte sur une assiette, accompagnée de tranches de beurre de coriandre, de riz et de légumes verts à la vapeur.

### CORIANDRE
Également appelée persil chinois, la coriandre fut introduite en Chine en provenance d'Asie centrale il y a plus de 2000 ans. La prédominance de la coriandre est telle que dans certains dialectes chinois, le terme qui désigne le persil se traduit littéralement par « coriandre étrangère ». Lorsque vous en achetez, prenez garde de prendre celle dont les feuilles sont intactes, paraissent fraîches et ne semblent pas sur le point de flétrir.

*Ci-dessus : Poisson au gingembre thaïlandais et au beurre de coriandre*

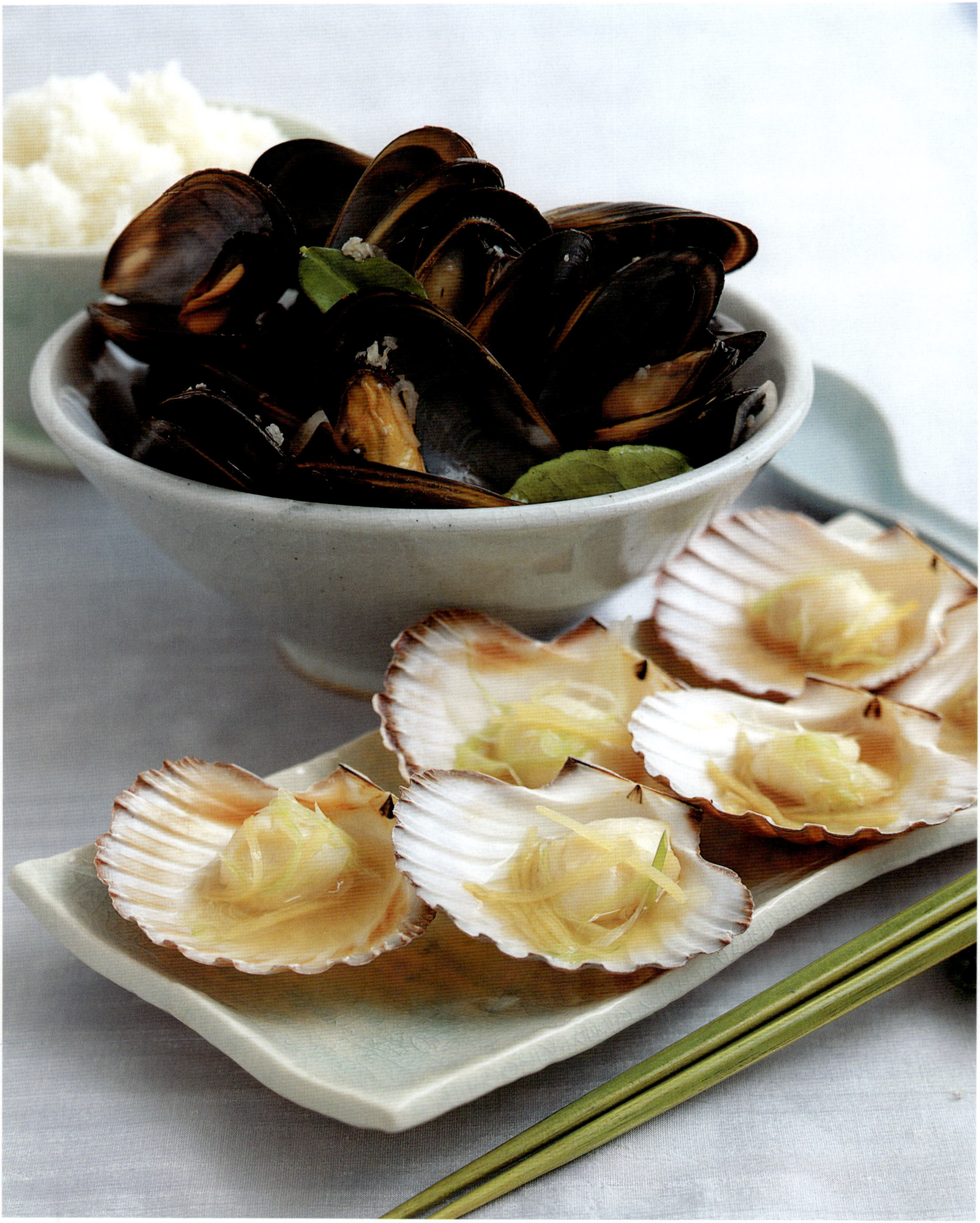

## MOULES À LA VAPEUR AU LEMON-GRASS ET AU GINGEMBRE

Préparation : 15 minutes
Cuisson : 10 minutes
4 personnes

☆

2 kg de moules noires
1 cuil. à soupe de nuoc mam
2 gousses d'ail, hachées
4 petites échalotes d'Asie, finement émincées
1 cuil. à soupe de gingembre frais en fines lanières
2 piments farineux, épépinés et coupés en fines rondelles
2 tiges de lemon-grass, partie blanche seule, écrasées et coupées en tronçons de 5 cm
4 feuilles de lime kafir fraîches
1 cuil. à soupe de jus de citron vert
1 citron vert, en quartiers (facultatif)

**1** Gratter les moules avec une brosse et ébarber. Jeter les moules cassées ou ouvertes. Bien rincer.
**2** Verser le nuoc mam et 125 ml d'eau dans un wok. Porter à ébullition. Ajouter la moitié des moules et parsemer de la moitié de l'ail, des échalotes, du gingembre, des piments, du lemon-grass et des feuilles de lime. Couvrir et laisser cuire 2 à 3 minutes, en secouant le wok fréquemment, jusqu'à ce que les moules commencent à s'ouvrir. Retirer les moules et jeter celles qui sont restées fermées. Renouveler l'opération avec le reste des moules et des aromates (il n'est pas nécessaire d'ajouter de l'eau ou du bouillon). Mettre les moules dans un plat, en laissant le jus de cuisson dans le wok.
**3** Ajouter le jus de citron vert dans le wok, saler et poivrer. Verser le jus et tous les aromates sur les moules et servir garni de quartiers de citron vert.

## HUÎTRES À L'ASIATIQUE

Préparation : 15 minutes
Cuisson : 5 minutes
4 personnes

☆

12 huîtres dans leurs coquilles
2 gousses d'ail, finement émincées
2 morceaux de 2 cm de gingembre frais en julienne
2 oignons verts, émincés en biais
60 ml de sauce de soja japonaise
60 ml d'huile d'arachide
feuilles de coriandre fraîche, en garniture

**1** Chemiser un panier à étuver en bambou de papier sulfurisé. Y placer les huîtres sans les empiler.
**2** Dans un bol, bien mélanger l'ail, le gingembre et les oignons. Verser ce mélange sur les huîtres. Ajouter une cuillerée à café de sauce de soja sur chaque huître. Couvrir et faire cuire 2 minutes au-dessus d'un wok d'eau frémissante.
**3** Dans une casserole, faire chauffer l'huile d'arachide jusqu'à ce qu'elle fume, et en verser délicatement un filet sur chaque huître. Garnir de feuilles de coriandre et servir immédiatement.

## COQUILLES SAINT-JACQUES AU SOJA, AU GINGEMBRE ET AUX OIGNONS VERTS

Préparation : 5 minutes + macération : 10 minutes
Cuisson : 15 minutes
4 à 6 personnes

☆

24 coquilles Saint-Jacques entières
3 cuil. à café de sauce de soja claire
3 cuil. à café d'alcool de riz
1 cuil. à soupe de bouillon de volaille ou d'eau
3 oignons verts, en lanières
1 cuil. à soupe 1/2 de gingembre frais en julienne
1/2 à 1 cuil. à soupe de sauce de soja claire
1/2 cuil. à café de sucre (facultatif)

**1** Parer les coquilles Saint-Jacques et retirer les noix des coquilles. Rincer, sécher les coquilles et réserver.
**2** Dans une jatte non métallique, mélanger la sauce de soja et l'alcool de riz avec les noix et laisser mariner 10 minutes.
**3** Chemiser un panier à étuver en bambou de papier sulfurisé. Y placer six coquilles sans les empiler. Placer une noix dans chaque coquille. Mélanger la marinade avec le bouillon de volaille et en verser un peu sur chaque coquille. Parsemer d'oignon vert et de gingembre. Couvrir et faire cuire 2 à 3 minutes au-dessus d'un wok d'eau frémissante, en veillant à ne pas trop les faire cuire. Faire de même avec les autres coquilles.
**4** La sauce de soja, dans laquelle on peut éventuellement faire fondre le sucre, peut-être servie en guise d'accompagnement ou recouvrir directement les coquilles.

---

### COQUILLES SAINT-JACQUES

Gratter soigneusement les moules à l'aide d'une brosse.

Retirer les barbes des moules.

*Page ci-contre, de haut en bas : Moules à la vapeur au lemon-grass et au gingembre ; Coquilles Saint-Jacques au soja, au gingembre et aux oignons verts*

## SHIITAKE FARCIS

Préparation : 30 minutes
Cuisson : 20 minutes
4 à 6 personnes

☆☆

- 300 g de crevettes moyennes crues
- 150 g de blancs de poulet, hachés
- 50 g de gras de porc (demandez à votre boucher), coupé très finement
- 30 g de jambon, coupé finement
- 1 oignon vert, finement émincé
- 2 gousses d'ail, hachées
- 1 cuil. à soupe 1/2 de châtaignes d'eau émincées
- 1 cuil. à soupe 1/2 de pousses de bambou émincées
- 1 cuil. à café 1/2 de gingembre frais râpé
- 1 cuil. à soupe d'alcool de riz
- 1 cuil. à soupe de sauce d'huître, un peu plus en supplément
- 1 cuil. à soupe de sauce de soja claire
- quelques gouttes d'huile de sésame
- 1 blanc d'œuf, battu jusqu'à ce qu'il soit mousseux
- 1/4 de cuil. à café de sucre
- 1 pincée de poudre de cinq-épices
- 300 g de champignons shiitake frais
- 1 litre de bouillon de volaille
- 1 anis étoilé
- graines de sésame grillées, pour décorer

1 Pour préparer la farce, décortiquer et déveiner les crevettes. Hacher leur chair et la placer dans un saladier avec le poulet, le gras de porc, le jambon, l'oignon, l'ail, les châtaignes d'eau, les pousses de bambou, le gingembre, l'alcool de riz, la sauce d'huître, la sauce de soja, l'huile de sésame, le blanc d'œuf, le sucre, la poudre de cinq-épices et le poivre blanc. Bien mélanger le tout.

2 Équeuter les champignons et réserver les pieds. Remplir généreusement chaque chapeau de farce, en arrondissant le sommet. La quantité de farce utilisée dépendant de la taille des shiitake, il est possible qu'elle ne soit pas utilisée totalement.

3 Verser le bouillon de volaille et 500 ml d'eau dans un wok. Ajouter l'anis étoilé et le pieds de champignons. Porter à ébullition à feu vif. Réduire le feu.

4 Chemiser un panier à étuver en bambou de papier sulfurisé. Y placer une couche de champignons, la farce vers le haut. Couvrir et faire cuire 15 minutes au-dessus du wok, jusqu'à ce que la farce et les champignons soient bien cuits. Dresser sur un plat, en arrosant d'un peu de bouillon. Selon les goûts, il est possible d'ajouter un peu de sauce d'huître et des graines de sésame grillées. Servir en accompagnement d'autres plats asiatiques ou comme entrée lors d'un repas chinois.

NOTE : en achetant vos shiitake frais, choisissez des champignons charnus, avec des chapeaux fermes et recourbés. Évitez ceux dont les chapeaux sont abîmés et déshydratés car ils sont déjà trop murs. Choisissez-les de taille similaire pour une cuisson uniforme.

*Ci-dessus : Shiitake farcis*

# FEUILLES DE BANANIER AUX CREVETTES À LA VAPEUR

Préparation : 25 minutes + macération : 2 heures
Cuisson : 10 minutes
4 personnes

☆☆

1 morceau de 2,5 cm de gingembre frais râpé
2 petits piments rouges frais, finement émincés
4 oignons verts, finement émincés
2 tiges de lemon-grass, partie blanche seule, finement coupées
2 cuil. à café de sucre roux doux
1 cuil. à soupe de nuoc mam
2 cuil. à soupe de jus de citron vert
1 cuil. à soupe de graines de sésame, grillées
2 cuil. à soupe de feuilles de coriandre fraîche, hachées
1 kg de crevettes crues, décortiquées et déveinées
8 petites feuilles de bananier

**1** Dans un robot de cuisine, placer le gingembre, les piments, les oignons et le lemon-grass et mixer par à-coups jusqu'à obtention d'une pâte. Verser dans une jatte, incorporer le sucre, le nuoc mam, le jus de citron vert, les graines de sésame et la coriandre en mélangeant bien. Incorporer les crevettes à la préparation en veillant à bien l'enrober. Couvrir et laisser mariner 2 heures au réfrigérateur.

**2** Pendant ce temps, placer les feuilles de bananier dans une jatte résistant à la chaleur, couvrir d'eau bouillante et laisser tremper 3 minutes. Égoutter et sécher avec du papier absorbant. Découper les feuilles en carrés d'environ 18 cm de côté.

**3** Diviser la préparation à la crevette en 18 parts égales. Placer une portion de farce sur chaque feuille. Plier la feuille de façon à envelopper la farce et la fermer en la piquant avec une brochette en bois.

**4** Faire cuire les feuilles de bananier farcies 8 à 10 minutes dans un panier à étuver en bambou placé sur un wok d'eau frémissante, jusqu'à ce que la farce soit bien cuite.

## FEUILLES DE BANANIER

C'est en raison de leur grande souplesse que les feuilles de bananier sont utilisées dans de nombreux pays asiatiques pour envelopper la nourriture cuite à la vapeur ou au four. Avant de les utiliser, les feuilles doivent être soigneusement rincées, trempées dans l'eau bouillante jusqu'à ce qu'elles ramollissent et débarrassées de leur tige centrale. Vous pourrez trouver ce produit dans les épiceries asiatiques ou les boutiques spécialisées dans la vente de fruits exotiques, ou bien peut-être avez-vous un ami qui possède un bananier.

*Ci-contre : Feuilles de bananier aux crevettes à la vapeur*

## RAVIOLIS DE SHANGAI

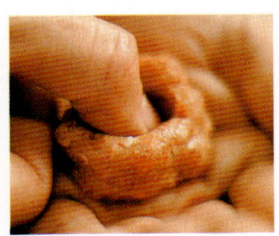

**RAVIOLIS DE SHANGAI**
(Gun tong gau)

Préparation : 40 minutes + réfrigération : 4 heure + repos : 1 heure
Cuisson : 10 minutes
24 raviolis

☆☆☆

200 g de viande de porc hachée
100 g de crevettes crues, décortiquées et déveinées
2 cuil. à café de gingembre frais râpé
2 gousses d'ail, hachées
1 oignon vert, finement émincé
3 cuil. à café d'alcool de riz
2 cuil. à café de sauce de soja
1/2 cuil. à café d'huile de sésame
1 pincée de poivre blanc moulu
3 cuil. à soupe de blanc d'œuf battu
3 cuil. à café de maïzena
185 ml de bouillon de volaille
1 cuil. à café 1/2 gélatine en poudre
24 carrés de pâte à wonton

### SAUCE

1 cuil. à soupe de sauce de soja épaisse
3 cuil. à café de vinaigre noir chinois
1 cuil. à café de sucre
2 cuil. à soupe 1/2 de gingembre frais émincé

**1** Dans un robot de cuisine, mixer la viande, la chair de crevette, le gingembre, l'ail, l'oignon, l'alcool de riz, la sauce de soja, l'huile de sésame et le poivre, jusqu'à ce que tout soit bien mélangé. Verser dans une jatte, incorporer le blanc d'œuf et la maïzena. Réfrigérer 4 heures ou toute la nuit si possible.

**2** Pendant ce temps, verser le bouillon dans une casserole, couvrir et porter à ébullition à feu vif. Retirer du feu, ajouter la gélatine et remuer jusqu'à ce qu'elle soit dissoute. Verser dans un moule à cake de 8 x 25 cm et réfrigérer 1 à 2 heures, jusqu'à ce que le mélange ait pris. Le découper en cubes de 1,5 cm de côté.

**3** Pour préparer la sauce, mélanger la sauce de soja, le vinaigre, le sucre et 125 ml d'eau. Remuer jusqu'à ce que le sucre soit dissous. Ajouter le gingembre et laisser reposer 1 heure afin que leurs parfums s'exhalent.

**4** Les doigts mouillés, rouler 3 cuillerées à café de farce en boule. Creuser un trou profond au centre de chaque boulette. Y placer un cube de gélatine et recouvrir complètement de farce. Placer le tout au centre d'un carré de pâte à wonton, en mouillant les bords. Rabattre deux coins opposés et les assembler. Fermer les deux autres coins. Renouveler l'opération jusqu'à obtenir 24 raviolis.

**5** Chemiser un panier à étuver en bambou de papier sulfurisé. Y placer une couche de raviolis. Couvrir et faire cuire 5 à 6 minutes au-dessus d'un wok rempli d'eau frémissante, jusqu'à ce qu'ils soient bien cuits. Servir avec la sauce.

---

Avec les doigts mouillés, former un creux profond dans chaque boulette.

Placer un cube de gélatine dans le creux formé.

Placer la boulette au centre d'un carré de pâte, mouiller les bords et les sceller.

Appuyer sur les jointures afin que le ravioli soit bien fermé.

*Ci-contre: Raviolis de Shangai*

## POULET À LA VAPEUR À LA CHINOISE ET RIZ EN FEUILLES DE LOTUS

Préparation : 20 minutes + trempage : 2 heures
  + repos : 10 minutes
Cuisson : 30 minutes
4 personnes

★ ★ ☆

2 feuilles de lotus

6 champignons shiitake, séchés

275 g de riz rond

1 cuil. à soupe d'huile d'arachide

250 g de filets de poulet, coupé en cubes de 1,5 cm

2 gousses d'ail, émincées

3 cuil. à café de gingembre frais râpé

50 g de châtaignes d'eau, hachées

60 ml de sauce de soja claire

1 cuil. à soupe d'alcool de riz

1 cuil. à café de maïzena

**1** Faire tremper les feuilles de lotus 2 heures dans l'eau chaude. Les couper en deux.
**2** Faire tremper les champignons 20 minutes dans l'eau bouillante. Égoutter, en réservant le jus de trempage. Sécher. Équeuter et émincer les chapeaux.
**3** Rincer le riz. Verser dans une casserole avec 375 ml d'eau. Porter à ébullition, réduire le feu, couvrir et laisser cuire 10 minutes à feu doux. Laisser reposer 10 minutes à couvert.
**4** Faire chauffer un wok à feu vif, verser l'huile et l'étaler soigneusement. Ajouter le poulet et faire revenir 3 minutes, jusqu'à ce qu'il soit doré. Ajouter l'ail, le gingembre, les châtaignes d'eau et les champignons et laisser cuire encore 30 secondes. Ajouter 2 cuillerées à soupe de sauce de soja, d'alcool de riz et 60 ml du jus des champignons. Délayer la maïzena dans 1 cuillerée à soupe d'eau. Incorporer la pâte obtenue dans le wok et laisser cuire jusqu'à épaississement. Ajouter le riz et le reste de la sauce de soja.
**5** Placer chaque feuille de lotus, la face brune vers le bas, sur un plan de travail. Déposer 1/4 de la préparation au riz au centre de chaque feuille, en formant un tas d'environ 6 cm sur 8 cm. Rabattre les petits côtés et rouler le tout dans la longueur jusqu'à obtenir une portion. Renouveler l'opération avec le reste de la préparation. Placer les rouleaux, la jointure vers le bas dans un grand panier à étuver chemisé de papier sulfurisé. Cuire 20 minutes au-dessus d'un wok d'eau frémissante, en rajoutant de l'eau si nécessaire. Défaire la papillote avant de déguster.

### FEUILLES DE LOTUS

Les feuilles de lotus sont les feuilles du nénuphar, dont les graines et les racines sont également utilisées dans la cuisine asiatique. Les feuilles de lotus sont de grande taille et solides et conviennent donc tout à fait pour envelopper des aliments pendant la cuisson. Bien qu'elles ne soient pas consommées elles-mêmes, elles apportent un petit goût très particulier de terre et de fumée aux ingrédients qu'elles enveloppent. Si vous les utilisez pour envelopper de la farce, placez celle-ci du côté clair de façon à ce que la face brune soit à l'extérieur.

*Ci-dessus : Poulet à la vapeur à la chinoise et riz en feuilles de lotus*

## POISSON ENTIER À LA VAPEUR AU GINGEMBRE

Quand le poisson est cuit, la chair s'émiette facilement à la fourchette.

Placer les poissons cuits sur des assiettes et arroser d'un filet d'huile très chaude.

*Ci-dessus : Poisson entier à la vapeur au gingembre*

## POISSON ENTIER À LA VAPEUR AU GINGEMBRE

Préparation : 10 minutes
Cuisson : 15 minutes
4 personnes

☆

4 brèmes entières de 350g, vidées et écaillées (*voir* Note)
2 cuil. à soupe de gingembre frais coupé en julienne
60 ml d'huile d'arachide
2 à 3 cuil. à soupe de sauce de soja
6 oignons verts, finement émincés en biais
45 g de brins de coriandre fraîche

**1** Pratiquer 2 entailles obliques dans la partie la plus charnue des flancs de chaque poisson. Les placer dans un panier à étuver chemisé de papier sulfurisé (selon la taille du panier à étuver, il sera peut-être nécessaire d'en utiliser deux). Couvrir et laisser cuire 10 minutes au-dessus d'un wok d'eau frémissante, jusqu'à ce que le poisson s'émiette facilement lorsqu'on le pique avec une fourchette.
**2** Placer chaque poisson dans une assiette et parsemer de gingembre.
**3** Dans une casserole, faire chauffer l'huile d'arachide à feu moyen jusqu'à ce qu'elle fume. Verser l'huile chaude sur chaque poisson en faisant attention car l'huile, qui doit être très chaude pour que le poisson soit saisi, risque d'éclabousser. Arroser de sauce de soja et garnir avec les oignons et la coriandre. Servir avec du riz et des légumes à la vapeur.
NOTE : vous pouvez remplacer la brème par du vivaneau à queue jaune ou du flet.

## BOULES DE CRISTAL

Préparation : 15 minutes + macération : 1 heure
Cuisson : 10 minutes
4 personnes (en entrée)

☆

12 grosses crevettes crues
2 cuil. à soupe d'alcool de riz
2 cuil. à soupe de sauce de soja épaisse
1/2 cuil. à café de sucre
2 gousses d'ail, hachées
1 cuil. à soupe d'oignon vert, finement émincé
2 cuil. à café de gingembre frais finement haché
1 oignon vert, en rondelles obliques
1/4 de cuil. à café d'huile de sésame

1 Décortiquer et déveiner les crevettes, en conservant les queues. Mettre l'alcool de riz, la sauce de soja, l'ail, le sucre, l'oignon émincé, le gingembre et 1/4 de cuillerée à café de sel dans un plat à gratin, qui puisse entrer dans un grand panier à étuver. Remuer pour faire fondre le sel et le sucre. Rouler les crevettes dans cette préparation. Couvrir et mettre au réfrigérateur 1 heure.
2 Placer le plat à gratin dans le panier à étuver et le tout au-dessus d'un wok d'eau frémissante. Couvrir et laisser cuire 8 à 10 minutes. Servir chaud, garni de rondelles d'oignons et arrosé d'huile de sésame.

## POULET À LA VAPEUR AU LEMON-GRASS ET AU GINGEMBRE ACCOMPAGNÉ DE LÉGUMES VERTS CHINOIS

Préparation : 25 minutes
Cuisson : 25 minutes
4 personnes

☆

- 4 blancs de poulet de 200 g
- 2 tiges de lemon-grass
- 1 morceau de 5 cm de gingembre frais, coupé en julienne
- 1 citron vert, coupé en fines rondelles
- 500 ml de bouillon de volaille
- 350 g de choy sum, coupé en morceaux de 10 cm
- 800 g de gai lon (brocoli chinois), coupé en morceaux de 10 cm
- 200 g de nouilles aux œufs fraîches
- 60 ml de kecap manis
- 60 ml de sauce de soja
- 1 cuil. à café d'huile de sésame
- graines de sésame grillées, en garniture

1 Couper chaque blanc de poulet en deux dans l'épaisseur.
2 Couper les tiges de lemon-grass afin que les tronçons mesurent environ 5 cm de plus que les filets puis les couper en deux dans la largeur. Placer un de ces tronçons sur la moitié de chaque morceau de poulet, garnir de gingembre et de rondelles de citron vert et recouvrir des moitiés de poulet restantes.
3 Verser le bouillon dans un wok et faire chauffer jusqu'à ce qu'il frémisse. Chemiser deux paniers à étuver de papier sulfurisé. Placer deux blancs dans chaque panier sans les empiler. Couvrir et laisser cuire 12 à 15 minutes au-dessus du wok de bouillon frémissant jusqu'à ce le poulet soit tendre, en intervertissant les paniers à mi-cuisson.
4 Faire cuire les légumes 3 minutes de la même manière, jusqu'à ce qu'ils soient fondants. Porter le bouillon du wok à ébullition.
5 Faire cuire les nouilles 1 minute à l'eau bouillante. Égoutter et réserver au chaud.
6 À l'aide d'un fouet, bien mélanger le kecap manis, la sauce de soja et l'huile de sésame dans une jatte.
7 Répartir les nouilles dans 4 assiettes et verser un peu de bouillon par-dessus. Recouvrir d'un peu de légumes, ajouter le poulet et arroser généreusement de sauce. Parsemer de graines de sésame grillées et servir.

NOTE : vous pouvez choisir de laisser le lemon-grass dans le poulet ou de le retirer. Si vos invités ne connaissent pas cet ingrédient, précisez-leur qu'il ne se mange pas.

*Ci-dessous : Poulet à la vapeur au lemon-grass et gingembre accompagné de légumes verts chinois*

## RAVIOLIS AUX NOIX SAINT-JACQUES ET AUX POIS MANGETOUT

Placer deux cuillerées de farce au milieu de chaque feuille de pâte.

Mouiller et rabattre les bords vers le centre afin d'en recouvrir la pâte.

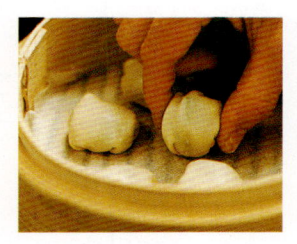

Placer les raviolis, la jointure vers le bas, dans un panier à étuver en bambou chemisé de papier sulfurisé.

## RAVIOLIS AUX NOIX DE SAINT-JACQUES ET AUX POUSSES DE POIS MANGETOUT

Préparation : 30 minutes + réfrigération : 4 heures
Cuisson : 10 minutes
24 raviolis

☆☆

1/2 cuil. à café de bicarbonate de soude

250 g de pousses de pois mangetout, lavées, séchées et coupées en morceaux de 1 cm

250 g noix de Saint-Jacques, sans le corail

1 cuil. à café de gingembre frais finement râpé

1 cuil. à soupe 1/2 de sauce d'huître

1 cuil. à café de sauce de soja claire

1 cuil. à café d'alcool de riz

1/2 cuil. à café d'huile de sésame

1 cuil. à café 1/2 de sucre

1 cuil. à café de maïzena

1 blanc d'œuf

24 feuilles de pâte gow gee

1 Porter une casserole d'eau salée à ébullition, ajouter le bicarbonate et les pousses de pois et laisser blanchir 10 secondes. Égoutter et passer sous l'eau froide. Égoutter soigneusement et sécher.

2 Dans un robot de cuisine, mixer les noix de Saint-Jacques, le gingembre, la sauce d'huître, la sauce de soja, l'alcool de riz, l'huile de sésame, le sucre, la maïzena, le blanc d'œuf et 1/4 de cuillerée à café de sel jusqu'à ce que le mélange soit homogène et lisse. Verser dans un bol, couvrir et mettre 4 heures au réfrigérateur. Ajouter les pousses en mélangeant bien.

3 Placer 2 cuillerées de farce au centre de chaque feuille de pâte, mouiller et rabattre les bords afin d'envelopper la farce. Appuyer pour bien fermer le ravioli. Retirer la pâte superflue. Placer une couche de raviolis, la jointure vers le bas, dans un panier à étuver en bambou double chemisé de papier sulfurisé. Couvrir et laisser cuire 8 minutes au-dessus d'un wok d'eau frémissante, jusqu'à ce qu'ils soient bien cuits.

## ENCORNETS FARCIS À LA VAPEUR

Préparation : 10 minutes + réfrigération : 1 heure + repos : 10 minutes
Cuisson : 10 minutes
6 personnes

☆☆

400 g de filets de vivaneau campêche ou d'ombrine, coupés en morceaux

400 g de crevettes moyennes crues, décortiquées, déveinées et hachées

250 g de moules cuites, hachées

15 g de feuilles et de tiges de coriandre fraîche, hachées

*Ci-contre : Raviolis aux noix de Saint-Jacques et aux pousses de pois mangetout*

- 80 ml de crème de noix de coco
- 60 ml de nuoc mam
- 6 feuilles de lime kafir fraîches, en lanières
- 2 œufs
- 2 cuil. à soupe de pâte de curry rouge prête à l'emploi
- 3 cuil. à café de sauce de piment
- 1 cuil. à café de sucre
- 10 petits encornets, de 12 à 14 cm de long
- sauce de poisson pimentée thaïe (Nam pla prik), en accompagnement

**1** Pour préparer la farce, mixer 30 secondes le poisson dans un robot de cuisine, jusqu'à ce qu'il forme une boule. Verser dans une jatte non métallique et réserver. Mixer les crevettes et les moules 10 secondes et ajouter au poisson.
**2** Placer les autres ingrédients dans le robot, à l'exception des encornets et de la sauce de poisson. Mixer 3 minutes. Ajouter la préparation au poisson et remuer à l'aide d'une cuillère en bois pour bien mélanger. Couvrir de film alimentaire et mettre 1 heure au réfrigérateur.
**3** À l'aide d'une cuillère, remplir les encornets de farce en prenant soin de s'arrêter à 1 cm du bord. Fermer les encornets avec un cure-dent. Les placer dans un panier à étuver en bambou chemisé de papier sulfurisé, sans les empiler. Couvrir et laisser cuire 10 minutes au-dessus d'un wok d'eau frémissante. Retirer du feu et laisser encore 10 minutes au-dessus du wok. Couper les encornets en trois et servir accompagné de sauce.

## TOFU AU SOJA À LA VAPEUR

Préparation : 15 minutes
 + macération : 30 minutes
Cuisson : 10 minutes
4 personnes

☆

- 2 cuil. à soupe de sauce de soja
- 2 cuil. à soupe de kecap manis
- 1 cuil. à café d'huile de sésame
- 500 g de tofu ferme, égoutté
- 1 cuil. à café 1/2 de gingembre frais en julienne
- 3 oignons verts, coupées en tranches obliques
- 50 g de feuilles de coriandre fraîche, hachées
- 1 à 2 cuil. à soupe d'échalotes frites croustillantes

**1** Dans une jatte, mélanger la sauce de soja, le kecap manis et l'huile. Couper le tofu en deux dans le sens de la largeur, puis le découper en triangles. Disposer dans un plat résistant à la chaleur et arroser de sauce. Laisser mariner 30 minutes en retournant le tofu une fois.
**2** Parsemer le tofu de gingembre. Placer le plat sur une grille au-dessus d'un wok d'eau frémissante et faire cuire 3 à 4 minutes à couvert. Parsemer d'oignon et de coriandre, couvrir et laisser cuire encore 3 minutes. Parsemer d'échalotes frites et servir.

### ÉCHALOTES FRITES CROUSTILLANTES

Les produits que l'on trouve dans le commerce sont préparés à partir d'échalotes rouges coupées en très fines tranches et frites jusqu'à ce qu'elles deviennent croustillantes. Elles sont très prisées dans la cuisine indonésienne, dans laquelle elles garnissent de nombreux plats, ajoutant de la texture et du goût aux mets, ainsi qu'un petit goût d'oignon plus doux et plus subtil. Les lamelles d'ail frits sont également disponibles dans le commerce et sont utilisées de la même manière. Vous pouvez vous les procurer en bocaux ou en paquets dans toutes les épiceries asiatiques.

*Ci-dessus : Tofu au soja à la vapeur*

**RAVIOLIS AU PORC ET AUX CREVETTES À LA VAPEUR**

Plier les côtés du carré de pâte pour envelopper la farce tout en laissant le sommet à l'air libre.

### RAVIOLIS AU PORC ET AUX CREVETTES À LA VAPEUR
(Shu mai)

Préparation : 25 minutes
Cuisson : 5 minutes
24 raviolis

☆☆

300 g de viande de porc, hachée
300 g de chair de crevettes, hachée
3 oignons verts, en fines rondelles
60 g de châtaignes d'eau, hachées
1 cuil. à café 1/2 de gingembre frais finement haché
1 cuil. à soupe de sauce de soja claire, un peu plus pour l'accompagnement
1 cuil. à café de sucre en poudre
24 carrés de pâte à wonton
sauce au piment, en accompagnement

1 Pour préparer la farce, bien mélanger le porc, la chair de crevette, les oignons, les châtaignes d'eau, le gingembre, la sauce de soja et le sucre dans une jatte en verre.
2 Placer une bonne cuillerée à soupe de farce au milieu d'un carré de pâte. Ramener les bords vers le milieu en pliant les parois mais sans recouvrir le sommet du ravioli. Fermer soigneusement le fond de celui-ci en pressant la pâte. Couvrir avec un linge humide. Répéter l'opération jusqu'à épuisement de la farce afin d'obtenir 24 raviolis au total.
3 Placer les raviolis dans un double panier à étuver en bambou chemisé de papier sulfurisé en laissant de l'espace entre chacun. Couvrir et laisser cuire 5 minutes au-dessus d'un wok d'eau frémissante, jusqu'à ce qu'ils soient bien cuits. Servir accompagné de sauce au piment ou de soja.
NOTE : vous pouvez préparer ces raviolis avec seulement du porc, il vous suffit alors d'en doubler la quantité.

### TRAVERS DE PORC YUM CHA À LA VAPEUR À LA SAUCE DE SOJA NOIR

Préparation : 15 minutes
Cuisson : 1 h 15
6 à 8 personnes

☆☆

2 cuil. à soupe 1/2 de graines de soja noir (pas en boîte), rincés et bien écrasés à la fourchette
2 cuil. à café de sucre en poudre
60 ml de sauce de soja claire
2 cuil. à soupe 1/2 d'alcool de riz
1 cuil. à café d'huile de sésame
1,2 kg de travers de porc, coupées en morceaux de 5 cm

*Ci-dessus : Raviolis au porc et aux crevettes à la vapeur*

## CUISSON À LA VAPEUR

- 1 cuil. à soupe d'huile d'arachide
- 1 cuil. à soupe de gingembre frais en julienne
- 3 gousses d'ail, hachées
- 1 piment rouge frais, finement haché
- 250 ml de bouillon de volaille
- 2 oignons verts, émincés en biais

**1** Dans un bol, mélanger les graines de soja noir, le sucre, la sauce de soja, l'alcool de riz et l'huile de sésame.
**2** Mettre le porc dans un grand panier à étuver en bambou chemisé de papier sulfurisé. Couvrir et laisser cuire 45 minutes au-dessus d'un wok d'eau frémissante en ajoutant de l'eau si c'est nécessaire.
**3** Vider le wok et bien l'essuyer. Faire chauffer le wok à feu vif, verser l'huile et l'étaler soigneusement. Ajouter le gingembre, l'ail et le piment et faire revenir 30 secondes. Incorporer le porc dans le wok ainsi que la préparation aux graines de soja et le bouillon. Porter à ébullition, réduire le feu et laisser cuire 30 minutes, en remuant de temps en temps, jusqu'à ce que le bouillon ait réduit et que le porc soit craquant et gluant. Parsemer d'oignon et servir.

## GYOZA

Préparation : 50 minutes
 + repos : 30 minutes
Cuisson : 25 minutes
40 gyozas

☆☆☆

- 150 g de pak-choi (chou chinois), en très fines lanières
- 225 g de viande de porc, hachée
- 2 gousses d'ail, finement émincées
- 2 cuil. à café de gingembre frais finement haché
- 2 oignons verts, finement émincés
- 2 cuil. café de maïzena
- 1 cuil. à soupe de sauce de soja claire
- 2 cuil. à café d'alcool de riz
- 2 cuil. à café d'huile de sésame
- 40 feuilles de pâte à raviolis (farine et eau)
- 2 cuil. à soupe d'huile
- 125 ml de bouillon de volaille

**1** Dans une passoire, saupoudrer le pak-choi avec ½ cuillerée à café de sel en agitant pour bien mélanger. Laisser égoutter 30 minutes en remuant de temps en temps. Ce procédé permettra de faire dégorger le chou et d'éviter à la farce d'être trop gorgée d'eau.
**2** Dans une jatte mélanger avec les mains le porc, l'ail, le gingembre, les oignons, la maïzena, la sauce de soja, l'alcool de riz et l'huile de sésame.
**3** Rincer le pak-choi sous l'eau froide. Sécher avec du papier absorbant. Ajouter à la préparation au porc et mélanger soigneusement.
**4** Placer une cuillerée à café de farce au milieu d'une feuille de pâte. Mouiller le bords et plier la feuille en deux pour former un demi-cercle. Fermer le gyoza en pressant la pâte entre le pouce et l'index et taper le fond sur une surface dure pour l'aplatir. Renouveler l'opération avec le reste de la farce et des feuilles de pâte.
**5** Faire chauffer ¼ de l'huile à feu moyen dans un wok. Y faire cuire 10 gyozas 2 minutes, la partie plate vers le bas. Réduire le feu et ajouter ¼ du bouillon en remuant le wok pour décoller les gyozas. Couvrir et faire cuire 4 minutes à la vapeur, jusqu'à ce que le jus se soit évaporé. Retirer du wok et réserver au chaud. Recommencer avec le reste d'huile, de bouillon et les autres gyozas. Servir avec de la sauce de soja ou du vinaigre noir.

*Ci-dessous : Gyoza*

POISSON EN FEUILLES DE BANANIER

Rabattre les coins des carrés de feuille de bananier vers l'intérieur puis les ficeler.

Remplir presque entièrement chaque panier de préparation au poisson.

Recouvrir le poisson de lanières de chou et l'arroser de nuoc mam.

*Ci-contre : Poisson en feuilles de bananier à la vapeur*

## POISSON EN FEUILLES DE BANANIER À LA VAPEUR

Préparation : 45 minutes
Cuisson : 10 minutes
10 papillotes

☆

2 grandes feuilles de bananier
350 g de filets de poisson à chair blanche ferme, coupés en fines lanières
1 à 2 cuil. à soupe de pâte de curry rouge
125 ml de crème de coco
75 g de chou, en fines lanières
2 cuil. à soupe de nuoc mam
2 cuil. à soupe de jus de citron vert
1 à 2 cuil. à soupe de sauce au piment douce
1 piment rouge frais, haché (facultatif)

1 Couper les feuilles de bananier en carrés de 10 cm de côté et pratiquer une fente de 3 cm dans chaque coin en direction du centre. Rabattre les coins et les agrafer et/ou les lier ensemble pour former un petit panier. Au besoin, recouper les coins pour leur donner un aspect régulier.
2 Dans une jatte, mélanger délicatement le poisson avec la pâte de curry et la crème de coco. Placer quelques cuillerées de farce dans chaque panier en feuille de bananier.
3 Chemiser un grand panier à étuver en bambou de feuilles de bananier supplémentaires et de feuilles de chou. Y disposer les paniers. Couvrir le poisson de lanières de chou et arroser de nuoc mam. Couvrir et laisser cuire 7 minutes au-dessus d'un wok d'eau frémissante. Arroser de jus de citron vert et de sauce au piment et servir parsemé de piment.
NOTES : vous pouvez préparer vous-même la pâte de curry (*voir* page 56) ou l'acheter prête à l'emploi. Vous pouvez remplacer les feuilles de bananier par des papillotes en papier aluminium.

## POISSON AU THÉ AU JASMIN

Préparation : 10 minutes
Cuisson : 15 minutes
4 personnes

☆

200 g de feuilles de thé au jasmin
100 g de gingembre frais, coupé en fines rondelles
4 oignons verts, coupés en morceaux de 5 cm
4 portions de 200 g de poisson à chair blanche (vivaneau à queue jaune ou loup tropical)

SAUCE AUX OIGNONS VERTS ET AU GINGEMBRE
125 ml de court-bouillon
60 ml de sauce de soja claire
3 oignons verts, coupés en fines rondelles
1 cuil. à soupe de gingembre frais en fines lanières
2 cuil. à café de sucre
1 gros piment rouge frais, coupé en rondelles

1 Placer une couche de thé, de gingembre et d'oignon vert dans le panier du bas d'un double panier à étuver chemisé de papier sulfurisé. Couvrir et laisser cuire 10 minutes au-dessus d'un wok d'eau frémissante, jusqu'à ce que le thé soit humide.
2 Placer une rangée de poissons dans le panier du haut et laisser cuire 5 à 10 minutes selon l'épaisseur des filets. Le poisson est cuit lorsque la pointe d'un couteau peut pénétrer la chair sans résistance.
3 Pour préparer la sauce, mélanger tous les ingrédients avec 125 ml d'eau dans une casserole. Faire chauffer 5 minutes à feu doux, jusqu'à ce que le sucre soit dissous. Arroser avec la sauce et servir accompagné de choy sum à la vapeur et de riz.

## CREVETTES À LA CANNE À SUCRE

Préparation : 30 minutes + réfrigération : 15 minutes
Cuisson : 10 minutes
10 crevettes

☆☆

1 kg de crevettes moyennes crues, décortiquées, déveinées et grossièrement hachées
2 cuil. à soupe de feuilles de coriandre fraîche hachées
2 cuil. à soupe de menthe fraîche hachée
1 tige de lemon-grass, finement hachée
1 petit piment rouge frais, épépiné et finement haché
1 gousse d'ail, hachée
1 cuil. à soupe 1/2 de nuoc mam
2 cuil. à café de jus de citron vert
1/2 cuil. à café de sucre
10 morceaux de 10 cm x 5 mm de canne à sucre
quartiers de citron vert, en garniture

1 Dans un robot de cuisine, mixer les crevettes et les autres ingrédients (à l'exception de la canne à sucre et des quartiers de citron vert) avec 1/4 de cuillerée à café de sel jusqu'à obtenir une pâte homogène.
2 Les mains mouillées, rouler 2 cuillerées à soupe de cette préparation en boule. Entourer le milieu d'un bâton de canne à sucre avec cette boule de farce en pressant fortement pour qu'elle ne se détache pas. Renouveler l'opération avec le reste des bâtons et de la farce. Réfrigérer 15 minutes.
3 Placer une rangée de bâtons farcis dans un panier à étuver en bambou chemisé de papier sulfurisé. Couvrir et laisser cuire 7 à 8 minutes au-dessus d'un wok d'eau frémissante, jusqu'à ce qu'ils soient cuits.

4 Servir avec les quartiers de citron ou accompagné de sauce au piment douce mélangé à un peu de nuoc mam.

### SAUCE VIETNAMIENNE TRADITIONNELLE
(Nuoc mam cham)

Mélanger 185 ml de nuoc mam, 60 ml de jus de citron vert, 2 cuillerées à soupe de sucre de palme râpé, 2 piments oiseaux frais finement hachés, 1 ou 2 gousses d'ail hachées et 125 ml d'eau en remuant jusqu'à dissolution complète du sucre. Verser dans une petite saucière. Pour 350 ml.

NOTE : au Vietnam, cette sauce accompagne tous les repas. Elle est particulièrement délicieuse servie avec des raviolis cuits à la vapeur.

Ci-dessus : Crevettes à la canne à sucre

### LE CITRON VERT DANS LA CUISINE THAÏE

L'une des spécificités de la cuisine thaïe réside dans l'omniprésence des saveurs acides, dues notamment au jus de citron vert. Outre son goût particulier, le citron vert a la particularité d'attendrir les viandes et les poissons. Les Thaïlandais ont su tirer avantage de cette qualité et ont conçu une méthode simple et efficace pour déloger une arête de poisson accidentellement coincée dans votre gorge. Il vous suffit de sucer un morceau de citron vert, en avalant lentement le jus ou de vous gargariser avec le jus. Très vite, l'arête sera suffisamment molle pour que vous puissiez l'avaler avec un verre d'eau.

*Ci-dessus : Poisson entier à la vapeur au piment, à l'ail et au citron vert*

## POISSON ENTIER À LA VAPEUR AU PIMENT, À L'AIL ET AU CITRON VERT
(Pla noong mahao)

Préparation : 20 minutes
Cuisson : 25 minutes
4 à 6 personnes

☆☆

1 à 1,5 kg de vivaneaux à queue jaune entiers, vidés
1 citron vert, coupé en tranches
piments rouges frais, finement hachés, en garniture
feuilles de coriandre fraîche, en garniture
quartiers de citron vert, en garniture

### Sauce

2 cuil. à café de purée de tamarin
5 piments rouges longs frais, épépinés et hachés
6 grosses gousses d'ail, grossièrement hachées
6 racines et tiges de coriandre fraîche
8 échalotes rouges d'Asie, hachées
1 cuil. à soupe 1/2 d'huile
2 cuil. à soupe 1/2 de jus de citron vert
130 g de sucre de palme, râpé
60 ml de nuoc mam

**1** Rincer les poissons et les sécher sur du papier absorbant. Marquer 2 entailles obliques sur la partie la plus charnue des flancs de chaque poisson, pour que la cuisson soit homogène. Farcir les poissons de quartiers de citron vert, envelopper de film alimentaire et mettre au réfrigérateur.
**2** Pour préparer la sauce, délayer le tamarin dans 60 ml d'eau. Dans un robot de cuisine, mixer soigneusement les piments, l'ail, la coriandre et les échalotes. Ajouter un peu d'eau au besoin.
**3** Faire chauffer l'huile dans une casserole. Ajouter cette préparation et laisser cuire 5 minutes à feu moyen. Ajouter le mélange au tamarin, le jus de citron vert et le sucre de palme. Réduire le feu et laisser mijoter 10 minutes jusqu'à épaississement. Incorporer le nuoc mam.
**4** Disposer le poisson dans un panier à étuver en bambou chemisé de papier sulfurisé. Couvrir et laisser cuire 6 minutes par kg de poisson, jusqu'à ce que la chair s'émiette facilement lorsqu'on la pique avec une fourchette.
**5** Verser la sauce sur le poisson et garnir de piment, de coriandre et de citron vert. Servir avec du riz vapeur.

## RAVIOLIS AU PORC ET AUX OIGNONS VERTS

Préparation : 45 minutes + macération : 3 heures
Cuisson : 15 minutes
24 raviolis

☆☆

- 1 cuil. à café d'huile
- 2 gousses d'ail, hachées
- 2 cuil. à café de gingembre frais finement râpé
- 250 g d'oignons verts, coupés en tronçons de 1 cm
- 200 g de viande de porc, hachée
- 2 cuil. à soupe de sauce d'huître
- 3 cuil. à café d'alcool de riz
- 2 cuil. à café de sauce de soja claire
- 1/2 cuil. à café d'huile de sésame
- 1 cuil. à café de maïzena
- 24 feuilles de pâte gow gee

**1** Faire chauffer un wok à feu vif. Verser l'huile et l'étaler soigneusement. Mettre l'ail, le gingembre et les oignons verts dans le wok et faire revenir 1 minute, jusqu'à ce que les oignons verts aient légèrement flétri. Retirer du feu et laisser refroidir.
**2** Entre-temps, dans une jatte non métallique, bien mélanger la viande, la sauce d'huître, l'alcool de riz, la sauce de soja, l'huile de sésame et la maïzena. Couvrir et mettre 3 heures au réfrigérateur. Lorsque la préparation à base d'oignons est froide, l'incorporer soigneusement au contenu de la jatte et remettre au réfrigérateur jusqu'à la fin des 3 heures.
**3** Placer 2 cuillerées à café de farce au centre d'une feuille de pâte. Mouiller les bords puis plier la feuille en deux en forme de demi-rond. Plisser la partie arrondie du ravioli. Renouveler l'opération avec le reste des feuilles et de farce. Placer une couche de raviolis dans chaque panier d'un double panier à étuver en bambou chemisé de papier sulfurisé. Couvrir et laisser cuire 12 minutes, jusqu'à ce qu'ils soient bien cuits.

### RAVIOLIS AU PORC ET AUX OIGNONS VERTS

Déposez 2 cuillerées à café de farce au centre d'une feuille de pâte.

Pliez la feuille en deux pour former un demi-cercle.

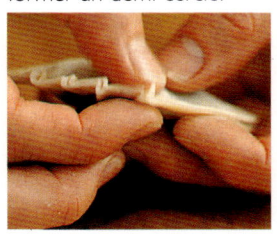

Plisser le bord arrondi du ravioli à intervalles réguliers.

*Ci-contre : Raviolis au porc et aux oignons verts*

**PERLES**

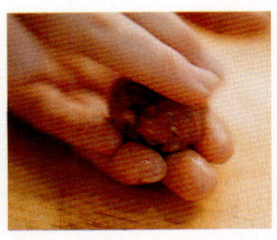

Roulez la préparation au porc en petites boules.

Roulez chaque boulette dans le riz pour qu'elle en soit uniformément couverte.

## POISSON PARFUMÉ À LA VAPEUR FAÇON CAMBODGIENNE
(Amok trei)

Préparation : 15 minutes
 + réfrigération : 30 minutes + repos
Cuisson : 30 minutes
4 personnes

☆☆

### PÂTE ÉPICÉE

- 1 tige de lemon-grass, partie blanche seule, hachée
- 1 racine de coriandre, lavée
- 2 feuilles de lime kafir fraîches, en fines lanières
- 3 gousses d'ail, hachées
- 4 échalotes rouges d'Asie, émincées
- 2 cuil. à café de nuoc mam

- 550 g de filets de poisson à chair blanche sans arête (cobia ou loup tropical)
- 400 ml de lait de coco (ne pas secouer la boîte)
- 1 1/2 à 2 cuil. à soupe de pâte de curry rouge prête à l'emploi
- 3 cuil. à café de nuoc mam
- 1 cuil. à café de sucre de palme râpé
- 4 feuilles de lime kafir fraîches, en fines lanières
- 4 gros gai lon (brocolis chinois) ou feuilles d'épinards, lavés et coupés en lanières de 5 cm
- 1 piment rouge frais, finement haché

**1** Pour préparer la pâte épicée, placer les ingrédients dans un robot de cuisine et mixer brièvement jusqu'à ce qu'une pâte fine se forme. Réserver.
**2** Couper les filets de poisson en morceaux de 2 cm, en mettre la moitié dans le robot et mixer brièvement pour qu'ils ne soient pas trop hachés.
**3** À l'aide d'une cuillère, séparer la crème et le lait de coco. Réserver la crème. Mélanger 185 ml du lait ainsi obtenu avec la pâte épicée, la pâte de curry, le nuoc mam, le sucre de palme et la moitié des feuilles de lime kafir dans une jatte. Remuer toujours dans le même sens jusqu'à ce que tout soit bien mélangé. Ajouter tout le poisson en remuant à l'aide d'une spatule en bois 1 à 2 minutes toujours dans le même sens jusqu'à ce que le poisson soit juste mélangé. Il est important de ne pas trop remuer, la préparation risquerait de se séparer à la cuisson. Réfrigérer 30 minutes.
**4** Remplir un wok au tiers d'eau. Porter à ébullition puis réduire le feu. Chemiser un plat de 1,25 l résistant à la chaleur ou un grand moule à gâteau de feuilles de gai lon et y verser la préparation au poisson. Couvrir le poisson avec la crème de coco (environ 125 ml) et parsemer de piment et des feuilles de lime kafir restantes. Placer le plat dans un panier à étuver, couvrir, et laisser cuire 30 minutes au-dessus du wok. Le poisson est cuit lorsque la pointe d'un couteau piquée dans la chair en ressort propre. Retirer du feu et laisser refroidir 5 à 10 minutes. Servir éventuellement garni de coriandre.

## PERLES

Préparation : 20 minutes + trempage : 20 minutes
Cuisson : 1 h 15
15 à 18 perles

☆☆

- 1 petit champignon shiitake séché
- 300 g de viande de porc, hachée
- 150 g de crevettes moyennes crues, décortiquées, déveinées et grossièrement hachées
- 1 cuil. à soupe d'oignon vert émincé
- 2 cuil. à café de gingembre frais haché
- 2 cuil. à café de lemon-grass, partie blanche seule haché
- 1 feuille de lime kafir, en fines lanières
- 1 gousse d'ail, émincée
- 1 cuil. à café de nuoc mam
- 1 œuf
- 1 cuil. à soupe de feuilles de coriandre fraîche hachées
- 200 g de riz blanc gluant
- sauce au piment douce, en accompagnement

**1** Faire tremper le champignon 20 minutes à l'eau chaude. Équeuter et émincer le chapeau.
**2** Dans un robot de cuisine, mixer la viande, la chair de crevette, l'oignon, le gingembre, le lemon-grass, la feuille de lime kafir, l'ail, le nuoc mam et l'œuf 10 à 15 secondes, jusqu'à ce que tout soit bien mélangé. Verser dans une jatte, incorporer le champignon et la coriandre.
**3** Placer le riz dans une jatte. Les mains mouillées, rouler la préparation au porc en boules de 2,5 à 3 cm de diamètre. Rouler chaque boulette dans le riz pour qu'elles en soient couvertes.
**4** Placer les boulettes dans un double panier à étuver en bambou chemisé de papier sulfurisé en évitant qu'elles ne se touchent. Faire cuire 1 h à 1 h 15 au-dessus d'un wok d'eau frémissante, en rajoutant de l'eau si nécessaire. Servir accompagné de sauce au piment douce.

*Page ci-contre, de haut en bas : Poisson parfumé à la vapeur façon cambodgienne ; Perles*

CUISSON À LA VAPEUR

# LE GRAND LIVRE DU WOK

**RAVIOLIS AUX CREVETTES**

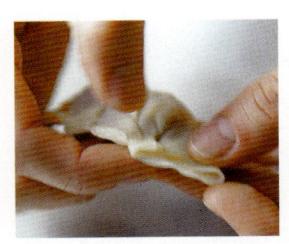

Plisser le ravioli, en partant du centre.

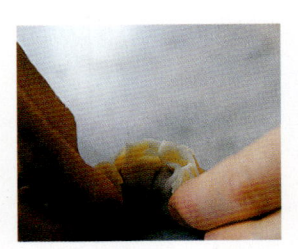

Recourber le ravioli avec les doigts pour lui donner la forme d'un croissant.

## RAVIOLIS AUX CREVETTES
(Har gau)

Préparation : 40 minutes
+ réfrigération : 1 heure
Cuisson : 15 minutes
24 raviolis

☆☆

300 g de crevettes moyennes crues, décortiquées, déveinées et finement hachées
100 g de viande de porc, hachée
4 oignons verts, partie blanche seule, émincés
25 g de pousses de bambou, hachées
1 blanc d'œuf
1 cuil. à café de gingembre frais haché
1 cuil. à café d'huile de sésame
1/4 de cuil. à café de poivre blanc moulu
24 feuilles de pâte à gow gee

### SAUCE
60 ml de sauce de soja
1 cuil. à soupe de vinaigre rouge chinois
1/4 de cuil. à café d'huile de sésame

1 Pour la farce, mélanger les crevettes, la viande, les oignons, les pousses de bambou, le blanc d'œuf, le gingembre, l'huile de sésame, le poivre blanc et 1 cuillerée à café de sel dans une jatte jusqu'à ce que le mélange soit homogène. Couvrir de film alimentaire et mettre 1 heure au réfrigérateur.
2 Disposer 2 cuillerées à café de farce au centre d'une feuille de pâte, en donnant à la farce une forme allongée plutôt que ronde. Humecter légèrement les bords. Plier la feuille en deux pour former une demi-rond. Plisser le bord arrondi en pressant fortement entre le pouce et l'index. Rabattre les coins pour fermer le ravioli et lui donner la forme d'un croissant. Il doit être bien fermé pour éviter que la farce ne s'écoule pendant la cuisson. Répéter l'opération avec le reste des feuilles et de farce.
3 Placer les raviolis, en évitant qu'ils ne se touchent, dans un panier à étuver en bambou de 28 cm de diamètre chemisé de papier sulfurisé. Deux fournées ou l'utilisation d'un double panier seront sans doute nécessaires. Couvrir et laisser cuire 8 minutes au-dessus d'un wok d'eau frémissante, jusqu'à ce qu'ils soient cuits.
4 Entre-temps, préparer la sauce en mélangeant la sauce de soja, le vinaigre rouge et l'huile de sésame. Servir en accompagnement des raviolis.

*A droite : Raviolis aux*

CUISSON À LA VAPEUR

## POULET AUX CHAMPIGNONS

Préparation : 15 minutes + macération : 30 minutes
+ trempage : 20 minutes
+ refroidissement : 10 minutes
Cuisson : 25 minutes
4 à 6 personnes

☆

750 g de blancs de poulet, coupées en cubes

3 oignons verts, l'un émincé, les 2 autres coupés en morceaux de 2 cm

1 cuil. à soupe de gingembre frais finement haché

1 cuil. à soupe d'ail finement émincé

1 cuil. à soupe 1/2 de sauce de soja claire

1 cuil. à soupe de sauce d'huître

1 cuil. à soupe d'alcool de riz

2 cuil. à café de maïzena

1/4 de cuil. à café de sucre

quelques gouttes d'huile de sésame

1 pincée de poivre blanc

5 champignons shiitake séchés

40 g de châtaignes d'eau, coupées en fines rondelles

un peu plus d'oignon vert, finement émincé en biais, en garniture

**1** Dans une jatte, mélanger le poulet, l'oignon émincé, le gingembre, l'ail, les sauces de soja et d'huître, l'alcool de riz, la maïzena, le sucre, l'huile de sésame et le poivre blanc en remuer soigneusement jusqu'à ce que le mélange soit homogène. Mettre 30 minutes au réfrigérateur.

**2** Entre-temps, faire tremper les champignons 20 minutes dans l'eau chaude. Sécher, équeuter et couper les chapeaux en quatre.

**3** Mélanger les champignons, les châtaignes d'eau et les morceaux d'oignon à la préparation au poulet. La placer dans un plat creux en céramique de 1 litre qui tienne dans un grand panier à étuver. Couvrir de papier sulfurisé ou aluminium. Mettre le plat dans le panier, couvrir et laisser cuire 20 à 25 minutes au-dessus d'un wok d'eau frémissante, jusqu'à ce que le poulet soit à peine cuit. Au besoin, remuer le poulet à mi-cuisson pour lui assurer une cuisson homogène.

**4** Retirer le plat du panier et laisser refroidir 10 minutes. Placer un plat de service à l'envers sur le plat contenant le poulet et renverser le tout. Retirer délicatement le plat du dessus. Garnir de fines rondelles d'oignon vert et servir avec du riz vapeur ou en accompagnement d'autres plats asiatiques.

**CHAMPIGNONS SHIITAKE**
Shiitake est à l'origine un terme japonais qui désigne une variété de champignons forestiers qui poussent sur le bois en décomposition. Ce nom a désormais fait le tour du monde (bien que les Chinois utilisent le terme de champignons noirs chinois). L'étymologie du mot est tout à fait littérale : také signifie champignon alors que le terme shii désigne l'un des arbres sur lequel on peut trouver ce champignon (bien qu'il pousse plus aisément sur d'autres arbres à feuilles caduques). En raison de son goût très fort, on ne l'utilise qu'en petites quantités. On peut l'acheter frais ou séché mais les champignons séchés sont beaucoup plus forts en goût que les frais. Ils peuvent se conserver indéfiniment dans un récipient à l'abri de l'air et doivent être plongés dans l'eau avant utilisation.

*Ci-dessus : Poulet aux champignons*

## PÂTE DE SÉSAME CHINOISE

Originaire de la province du Séchouan, à l'ouest de la Chine, la pâte de sésame occupe une place très importante dans la cuisine spécifiquement séchouanaise. Contrairement au tahini, son équivalent du Moyen-Orient, la version chinoise est préparée à partir de graines grillées plutôt que de graines crues. Son arôme est donc plus riche et son goût plus puissant et plus subtil. Il est difficile de remplacer l'un par l'autre, bien que certaines recettes préconisent d'utiliser du tahini additionné de quelques gouttes d'huile de sésame pour la remplacer au pied levé.

*Ci-dessus : Rouleau de galette de riz aux crevettes*

## ROULEAUX DE GALETTE DE RIZ AUX CREVETTES

Préparation : 30 minutes
 + refroidissement
Cuisson : 20 minutes
4 personnes

☆

### Sauce
140 g de pâte de sésame

80 ml de sauce de soja claire

60 ml de jus de citron vert

45 g de sucre de palme, râpé

1 cuil. à soupe d'huile de sésame

2 cuil. à soupe d'huile d'arachide

1 cuil. à café d'huile de sésame

4 gousses d'ail, finement hachées

5 oignons verts, finement émincés

160 g d'oignons verts, coupés en tronçons de 2 cm

160 g de châtaignes d'eau, coupés en fines rondelles

40 g de graines de sésame, légèrement grillées

500 g de galettes de riz fraîches

800 g de petites crevettes crues, décortiquées et déveinées

50 g de cacahuètes non salées, concassées

**1** Pour préparer la sauce, mélanger la pâte de sésame, la sauce de soja, le jus de citron vert, le sucre de palme et l'huile de sésame dans une jatte jusqu'à ce que le sucre soit dissous et la sauce onctueuse. Si le mélange semble trop épais, ajouter une cuillerée à soupe d'eau.
**2** Dans une poêle, faire chauffer l'huile d'arachide et de sésame, ajouter l'ail et faire revenir 1 minute. Faire fondre l'oignon et les oignons verts 2 minutes. Ajouter les châtaignes d'eau et les graines de sésame. Retirer du feu et laisser refroidir.
**3** Dérouler les galettes et les découper en 8 rectangles de 15 cm sur 17 cm. Placer 1 cuillerée à soupe de préparation aux oignons le long d'un grand côté. Déposer une rangée de 4 crevettes, recourbées, par-dessus la farce puis enrouler la galette autour de la farce. Disposer le tout sur une assiette qui tienne dans un panier à étuver. Répéter l'opération avec le reste de la farce. Positionner 2 couches de rouleaux sur l'assiette en plaçant une feuille de papier sulfurisé entre les deux pour éviter qu'ils ne collent les uns aux autres.
**4** Déposer l'assiette dans le panier à étuver, couvrir et laisser cuire 10 minutes au-dessus d'un wok d'eau frémissante jusqu'à ce que les crevettes soient cuites et qu'elles deviennent opaques.
**5** À l'aide d'un torchon, retirer l'assiette du panier, arroser de sauce et parsemer de cacahuètes. Verser le reste de la sauce dans un ravier pour y tremper les rouleaux.

# RAVIOLIS AU PORC ET AUX CHÂTAIGNES D'EAU À LA VAPEUR

Préparation : 25 minutes + repos : 30 minutes
Cuisson : 10 minutes
24 raviolis

☆☆

## PÂTE
125 g de farine
60 g de tapioca
30 g de saindoux

250 g de viande porc, hachée
50 g de châtaignes d'eau, hachées
2 oignons verts, émincés
1 cuil. à café de gingembre frais haché
2 cuil. à café de sauce de soja
1 cuil. à café d'alcool de riz
1/2 cuil. à café de sucre
1/2 cuil. à café de maïzena
1 œuf
1/4 de cuil. à café d'huile de sésame

1 Pour préparer la pâte, passer la farine, le tapioca et le saindoux quelques secondes au robot de cuisine jusqu'à obtenir un mélange homogène. En continuant à actionner le robot, ajouter lentement 185 ml d'eau bouillante jusqu'à former une pâte épaisse et visqueuse. Pétrir cette pâte 2 à 3 minutes sur une surface légèrement farinée. La rouler en boule, l'entourer de film alimentaire et réserver 30 minutes.

2 Pour préparer la farce, placer la viande, les châtaignes d'eau, les oignons, le gingembre, la sauce de soja, l'alcool de riz, le sucre, la maïzena, l'œuf, l'huile de sésame et 1/2 cuillerée à café de sel dans un robot de cuisine. Mixer quelques secondes jusqu'à ce que le mélange soit homogène. Verser dans une jatte.

3 Diviser la pâte en 4 parts égales. Rouler chaque partie pour former un rouleau d'une dizaine de cm de long et de 2 cm de diamètre. Couper chaque rouleau en tronçons de 1,5 cm. Couvrir avec un linge humide.

4 Sur une surface huilée, aplatir chaque tronçon avec le plat de la lame d'un couperet huilé pour former des disques très fins de 10 à 12 cm de diamètre.

5 Placer 2 cuillerées à café de farce au centre de chaque disque. Ramener les bords vers le sommet, en appuyant fortement, en tournant et en tirant vers le haut pour retirer tout excès de pâte. La pâte ne doit pas être trop épaisse sur le dessus.

6 Placer une couche de raviolis dans un grand panier à étuver en bambou chemisé de papier sulfurisé. Couvrir et laisser cuire 6 minutes au-dessus d'un wok d'eau frémissante, jusqu'à ce qu'ils soient bien cuits. Servir chaud.

---

**RAVIOLIS AU PORC ET AUX CHÂTAIGNES D'EAU À LA VAPEUR**

Diviser la pâte en quatre portions égales et donner la forme d'un rouleau.

Abaissez chaque tronçon avec un couperet.

Placer 2 cuillerées à café de farce au centre de chaque disque et refermer.

Appuyer fermement et torsader sur le sommet pour retirer l'excès de pâte.

*Ci-contre : Raviolis au porc et aux châtaignes d'eau à la vapeur*

## ROULEAUX DE LÉGUMES À LA VAPEUR

Préparation : 20 minutes + trempage : 25 minutes
Cuisson : 20 minutes
4 à 6 personnes

☆

SAUCE
60 ml de sauce au piment forte
2 cuil. à soupe de sauce hoisin
1 cuil. à soupe de sauce de soja claire
1 cuil. à soupe de cacahuètes sans sel, broyées

20 g de champignons shiitake séchés
250 g de pak-choi (chou chinois), râpé
1 grosse carotte, râpée
4 oignons verts, coupés en rondelles
60 g de pousses de bambou, coupées en julienne
2 gousses d'ail, hachées
2 cuil. à soupe de châtaignes d'eau, hachées
2 cuil. à soupe de feuilles de coriandre fraîche, hachées
1 cuil. à soupe 1/2 de nuoc mam
1 cuil. à soupe de sauce de soja
1 cuil. à café de racine de gingembre râpé
2 feuilles de pâte de soja

*Ci-dessous : Rouleaux de légumes à la vapeur*

**1** Pour préparer la sauce, mélanger tous les ingrédients dans un bol. Réserver.
**2** Faire tremper les champignons 20 minutes à l'eau chaude. Égoutter, équeuter et émincer très finement les chapeaux. Sécher. Mélanger les chapeaux avec le reste des ingrédients de la farce à l'exception des feuilles de pâte de soja.
**3** Si les feuilles de pâte de soja sont grandes, les couper en deux. Faire tremper 30 secondes à l'eau chaude. Les retirer de l'eau une à une, en les essorant.
**4** Poser une feuille sur un plan de travail. Diviser la farce en portions en fonction du nombre de feuilles. Rouler la farce en rouleaux de 27 cm de long environ. Placer un rouleau le long du grand côté d'une feuille et rouler doucement le tout, en repliant les extrémités vers l'intérieur au fur et à mesure. Renouveler l'opération avec le reste des feuilles.
**5** Placer une rangée de rouleaux, la jointure vers le bas, dans un panier à étuver en bambou chemisé de papier sulfurisé. Couvrir et laisser cuire 20 minutes au-dessus d'un wok d'eau frémissante. Retirer du feu et laisser refroidir. Une fois que le rouleau a durci, le découper en tronçons de 1,5 cm. Servir accompagné de la sauce.

## GÂTEAUX DE POISSON À LA VAPEUR

Préparation : 15 minutes
Cuisson : 15 minutes
24 gâteaux

☆☆

600 g de filets de poisson à chair blanche ferme (brème ou cobia, par exemple)
5 oignons verts, finement émincés
1 tige de lemon-grass, partie blanche seule, hachée
3 cuil. à soupe de feuilles et de tiges de coriandre fraîche, hachées
2 gousses d'ail, hachées
3 feuilles de lime kafir, très finement hachées
2 petits piments rouges frais, épépinés et finement hachés
60 ml de lait de coco
1 cuil. à soupe 1/2 de nuoc mam
3 cuil. à café de jus de citron vert
1 œuf, légèrement battu
24 feuilles de basilic fraîches
feuilles de coriandre fraîche, en garniture
sauce au piment douce, en accompagnement (facultatif)

CUISSON À LA VAPEUR

1 Chemiser un panier à étuver en bambou de papier sulfurisé. Dans un robot de cuisine, bien mixer le poisson, les oignons, le lemon-grass, la coriandre, l'ail, les feuilles de lime kafir, les piments, le lait de coco, le nuoc mam, le jus de citron vert et l'œuf jusqu'à obtenir un mélange homogène et lisse. À l'aide d'une cuillère à soupe, confectionner 24 gâteaux de 4 cm de diamètre de cette farce.
2 Placer chaque gâteau sur une feuille de basilic et dans le panier à étuver en évitant qu'ils ne se touchent (au besoin, utiliser un second panier à étuver). Couvrir et laisser cuire 10 à 12 minutes au-dessus d'un wok d'eau frémissante, jusqu'à ce qu'ils soient bien cuits. Garnir chaque gâteau de poisson d'une feuille de coriandre et servir immédiatement sur les feuilles de basilic, éventuellement accompagné de sauce au piment douce.

## POISSON À LA SAUCE DE SOJA NOIR À LA VAPEUR

Préparation : 20 minutes
Cuisson : 10 minutes
4 personnes

☆☆

1 cuil. à soupe de graines de soja noir
2 cuil. à soupe d'alcool de riz
1 cuil. à soupe de sauce d'huître
2 cuil. à café de sauce de soja claire
1 cuil. à café de gingembre frais râpé
1/2 cuil. à café de sucre
4 filets de 120 g de vivaneau à queue jaune
2 oignons verts, finement coupé en biais
1 kg de pak-choi jeune, épluché et coupé en quatre
sauce d'huître, pour assaisonner
1/2 cuil. à café d'huile de sésame
1 oignon vert, émincé, en garniture

1 Bien rincer le soja noir sous l'eau froide et égoutter. Verser dans un bol et écraser à l'aide d'une fourchette. Ajouter l'alcool de riz, les sauces d'huître et de soja, le gingembre et le sucre, en remuant bien.
2 Retirer toutes les arêtes du poisson. Tremper chaque filet dans la sauce au soja noir et les placer, sans les empiler, dans un plat à tarte huilé. Napper avec le reste de la sauce et parsemer d'oignon vert. Placer le plat dans un panier à étuver en bambou, couvrir et laisser cuire 5 à 7 minutes au-dessus d'un wok d'eau frémissante, jusqu'à ce que la chair s'émiette à la fourchette. Retirer le plat du panier, couvrir et réserver au chaud.
3 Placer le pak-choi dans le fond du panier à étuver, couvrir et laisser cuire 2 minutes au-dessus du wok, jusqu'à ce qu'il soit fondant. Dresser sur un plat, arroser de sauce d'huître et d'huile de sésame et recouvrir avec les filets de poisson. Garnir d'oignon émincé et servir immédiatement.

### SAUCE DE POISSON PIMENTÉE THAÏLANDAISE
(Nam pla prik)

Dans une casserole, verser 125 g de sucre, 60 ml de vinaigre de vin blanc, 1 cuillerée à soupe de nuoc mam, 1 petit piment rouge frais haché et 125 ml d'eau. Laisser mijoter 5 minutes, jusqu'à ce que le mélange épaississe légèrement. Laisser refroidir. Incorporer le 1/4 d'une petite carotte râpée, le 1/4 d'un petit concombre, pelé, épépiné et haché et 1 cuillerée à soupe de cacahuètes grillées concassées. Servir comme condiment pour accompagner repas et en-cas thaïs.
4 personnes.

*Ci-dessus : Poisson à la sauce de soja noir à la vapeur*

# INDEX

Les numéros de pages en *italique* renvoient aux illustrations. Les numéros de pages en caractères **gras** renvoient aux thèmes traités dans les marges ou dans les encadrés.

**A**

Agneau, 129
  Agneau à l'ail, aux champignons et aux nouilles, 130, *130*
  Agneau à l'indienne aux épices et au yaourt, 79, *79*
  Agneau à la mongolienne, 132, *132*
  Agneau au satay, 124, *124*
  Agneau au soja pimenté, 130
  Agneau aux nouilles et à la sauce aigre, 127, *127*
  Agneau aux oignons verts, 129, *129*
  Agneau croustillant à la laitue, 250
  Agneau balti, 76, *76*
  Agneau en feuilles de laitue, 124
  Ragoût d'agneau épicé à l'indienne, 68
  Salade d'agneau chaude, 126, *126*
  Salade de nouilles au thé vert à l'agneau et à la tomate, 133, *133*
  Sauté d'agneau à la menthe, 125, *125*
  Sauté d'agneau à la sauce d'huître, 128
  Sauté d'agneau au cumin, 132
  Sauté d'agneau aux poireaux, 126
  Sauté d'agneau et d'aubergines aux épices, 131, *131*
  soupe chinoise à l'agneau, au vermicelle transparent et à la ciboulette chinoise, 36
  Vermicelle de riz à l'agneau et aux cacahuètes, 128, *128*
Ail
  Agneau à l'ail, aux champignons et aux nouilles, 130, *130*
  Bœuf à l'ail et au poivron rouge, 104
  Crevettes à la sauce aux haricots aillée, 198, *198*
  Poisson entier à la vapeur au piment, à l'ail et au citron vert, 286, *286*
  Salade de crevettes à l'ail et au gingembre, 186, *186*
Alcool de riz, 108
Algue nori, 212
  Champignons enlacés d'algues nori, 243, *243*, **243**
  Omelette aux algues nori et aux légumes sautés, 212, *212*
Amande
  Amandes grillées au tamari et haricots verts épicés, 207, *207*
  Poulet aux amandes, 156, **156**
  Poulet aux amandes et aux asperges, 156
Ananas
  Curry thaï de canard à l'ananas, 96, *96*
  Riz frit au bœuf et à l'ananas, 179
Anis étoilé, 14
  Poulet braisé au gingembre et à l'anis étoilé, 78, *78*
Asperge, 148
  Bœuf chinois et asperges à la sauce d'huître, 105, *105*
  Poulet aux amandes et aux asperges, 156
  Poulet sauté aux asperges, 160
  Sauté de porc, d'asperges et de mini-épis de maïs, 148, *148*
Aubergine, 131
  Aubergine à la pâte de soja pimentée, 208
  Aubergines à la japonaises, 218
  Aubergines au tempeh, 210, *210*
  Curry rouge de bœuf aux aubergines thaïes, 60, *60*
  Curry rouge de poulet et d'aubergine, 80
  Curry vert d'aubergines et de patates douces, 97, *97*
  Hachis de porc cambodgien aux aubergines, 137
  Marinade d'aubergines à l'indienne, 64, **64**
  Sauté d'agneau et d'aubergines aux épices, 131, *131*

**B**

Bambou, 10
  Paniers à étuver en bambou, 265
Basilic, 160
  Poulet au basilic thaïlandais, 160, *160*
  Sauté de bœuf aux haricots kilomètre et au basilic, 122, *122*
  Sauté de fruits de mer au basilic thaïlandais, 194
  Sauté de poulet au basilic thaïlandais et aux noix de cajou, 174, *174*
Beurre
  Poisson au gingembre thaïlandais et au beurre de coriandre, 271, *271*
  Poulet au beurre, 61, *61*, **61**
Bœuf
  Bœuf à l'ail et au poivron rouge, 104
  Bœuf à la coriandre, 116, *116*
  Bœuf arc-en-ciel, 248
  Bœuf au lemon-grass, 113, *113*
  Bœuf au piment, 104, *104*
  Bœuf au poivre à l'asiatique, 106, *106*
  Bœuf au tamarin, 62, *62*
  Bœuf aux épices asiatiques, 92
  Bœuf chinois à la sauce de soja noir, 106
  Bœuf chinois et asperges à la sauce d'huître, 105, *105*
  Bœuf et pousses de bambou à la vietnamienne, 118, *118*
  Bœuf indonésien braisé au soja, 99, *99*
  Bœuf panang, 82, *82*
  Curry de bœuf et de potiron thaï, 89, *89*
  Curry de bœuf musaman à la thaïlandaise, 64, *64*
  Curry rouge de bœuf aux aubergines thaïes, 60, *60*
  Curry sec de bœuf à l'indonésienne, 78-79
  Lanières de bœuf épicées poêlées à sec, 120, *120*
  Pho au bœuf, 40, *40*
  Ragoût de bœuf hoisin, 80, *80*
  Riz frit au bœuf et à l'ananas, 179
  Salade de bœuf thaïe, 107, *107*
  Sauté chinois de bœuf au gai lon, 111, *111*
  Sauté de bœuf au gingembre, 123, *123*
  Sauté de bœuf au tangerines, 108
  Sauté de bœuf aux épinards, 115, *115*
  Sauté de bœuf aux feuilles de chêne, 119, *119*
  Sauté de bœuf aux haricots kilomètre et au basilic, 122, *122*
  Sauté de bœuf aux pois mangetout, 110, *110*
  Sauté de bœuf aux shiitake, 117
  Sauté de bœuf bulgogi à la coréenne, 118
  Sauté de bœuf et de pâte de soja pimentée, 122
  Sauté de bœuf grésillant à la chinoise, 120, *120*, **120**
  Sauté de bœuf rapide, 109, *109*
  Sauté de bœuf teriyaki et de haricots de soja, 112, *112*
  Sauté de nouilles au bœuf à la coréenne, 110
  Sauté de nouilles au bœuf thaï, 108, *108*

# INDEX

Soupe de nouilles au bœuf du Séchouan, 43, *43*
Soupe vietnamienne épicée au bœuf, au porc et au nouilles, 26, *26*
Bondas, 261
Bouillon
    Bouillon de nouilles au crabe et au maïs ,45, *45*
    Bouillon thaïlandais aux moules, 44, *44*
Boule de cristal, 278
Boulette, 83
    Boulettes au porc et aux nouilles à la sauce au piment douce, 251, *251*
    Boulettes de poulet frites, 257, *257*
    Boulettes de viandes à tête de lion, 83, *83*, **83**
    Curry de boulettes de poisson, 90, *90*
    Soupe claire chinoise aux boulettes de porc et aux nouilles, 41, *41*
    Soupe de nouilles aux boulettes de poisson, 36, *36*
Brioches au porc à la vapeur, 247, 270, *270*, **270**
Brocoli
    Sauté de porc laqué aux brocolis, 147, *147*

## C

Cacahuète
    Gai lon au gingembre, au citron vert et aux cacahuètes, 222, *222*
    Poêlée de tofu et de nouilles aux cacahuètes, 210
    Vermicelle de riz à l'agneau et aux cacahuètes, 128, *128*
Calmar
    Calmar au piment doux, 200
    Calmar au poivre vert, 192, *192*
    Calmar au sel et poivre, 185, *185*, **185**
    Calmar pimenté aux nouilles hokkien, 195, *195*
    Calmars au sambal indonésiens, 190, *190*
    Calmars frits et salade de vermicelle, 234, *234*
    Sauté de calmar à la coriandre, au poivre et au vermicelle transparent, 181, *181*
Canard
    Canard chinois rôti aux nouilles de riz, 162, *162*, **162**
    Canard sauté à la sauce aux prunes et au gingembre, 159, *159*
    Curry Thaï de canard à l'ananas, 96, *96*
    Soupe de canard aux cinq épices et aux nouilles somen, 49, *49*
    Soupe thaïlandaise de nouilles de riz au canard, 39, *39*
Caramel
    Crevettes au caramel à la vietnamienne, 188, *188*, **188**
    Poulet à la coriandre et au caramel, 174
    Sauté de porc et de potiron au caramel, 153, *153*
Champignon, 10, 14, 19
    Agneau à l'ail, aux champignons et aux nouilles, 130, 130
    Champignons enlacés d'algues nori, 243, *243*, **243**
    Champignons noirs aux crevettes et aux légumes, 186
    Coussins de riz au poulet et aux champignons, 242, *242*
    Nouilles aux quatre champignons, 204, *204*
    Poêlée de champignons chinois, 214
    Poêlée de champignons et de châtaignes d'eau, 217, *217*
    Poulet au légumes verts chinois et sauce de soja aux champignons, 268, *268*
    Poulet aux champignons, 291, *291*
    Poulet aux noix et aux champignons de paille, 168, 168
    Sauté de tofu aux pois mangetout et aux champignons, 220, *220*
    Sauté thaïlandais de porc et de champignons au poivre, 144, *144*
Châtaigne d'eau, 15, 197
    Poêlée de champignons et de châtaignes d'eau, 217, 217
    Raviolis au porc et aux châtaignes d'eau à la vapeur, 293, *293*, **293**

Sauté de patates douces aux épinards et aux châtaignes d'eau, 209, *209*
Chevelure de sirène, 255
Chou-fleur
    Chou-fleur aux épices et aux petits pois, 222
    Kofta de chou-fleur, 256
Choy sum, 18
    Porc à la sauce aux prunes et au choy sum, 149, *149*
Chu chee
    Pâte de curry chu chee, 57
    Pâte de curry végétarienne chu chee, 63, **63**
Chutney doux à la mangue, 86
Ciboulette chinoise, 18
    Soupe chinoise à l'agneau, au vermicelle transparent et à la ciboulette chinoise, 36
Cinq-épices, 12
    Poudre de cinq-épices, **260**
    Poulet croustillant et son sel au cinq-épices, 260, *260*
    Sauté de porc aux cinq épices, 146, *146*
    Soupe de canard aux cinq épices et aux nouilles somen, 49, *49*
Citron, **172**
    Poulet au citron, 250, *250*, **250**
    Poulet sauté au citron et au gingembre, 172, *172*
Citron vert, 286
    Gai lon au gingembre, au citron vert et aux cacahuètes, 222, *222*
    Lassi à la noix de coco et au citron vert, **97**
    Poisson entier à la vapeur au piment, à l'ail et au citron vert, 286, *286*
    Poulet à la coriandre et au citron vert, 172
Poulet nonya au citron vert, 76
Riz au lemon grass et au citron vert, 73
Concombre, 193
    Raita au concombre, 86
    Sauté de poisson au concombre, 193, *193*
Confiture de piment, 164, 11
    Poulet thaïlandais à la confiture de piment et aux noix de cajou, 164, *164*
    Tofu à la confiture de piment et aux noix de cajou, 221, *221*
Coriandre, 18, 271
    Bœuf à la coriandre, 116, *116*
    Coriandre frites, **244**
    Moules au soja noir et coriandre, 67, *67*, **67**
    Poisson au gingembre thaïlandais et au beurre de coriandre, 271, *271*
    Poulet à la coriandre et au caramel, 174
    Poulet à la coriandre et au citron vert, 172
    Sauté de calmar à la coriandre, au poivre et au vermicelle transparent, 181, *181*
Crabe, 184
    Bouillon de nouilles au crabe et au maïs, 45, 45
    Crabe au piment, 191, *191*, **191**
    Crabe au poivre de Singapour, 184, *184*, **184**
    Curry de crabe, 91, *91*, **91**
Crêpe
    Crêpes chinoises aux crevettes, 201, *201*
    Crêpes de maïs, 248, *248*
    Crêpes vietnamiennes au porc, aux crevettes et au vermicelle, 150, *150*
Crevette, **199**
    Champignons noirs aux crevettes et aux légumes, 186
    Crêpes chinoises aux crevettes, 201, *201*
    Crêpes vietnamiennes au porc, aux crevettes et au vermicelle, 150, *150*
    Crevettes à la canne à sucre, 285, *285*
    Crevettes à la canne à sucre, 285, *285*

297

Crevettes à la noix de coco et leur sauce au piment, 245, *245*
Crevettes à la sauce au tamarin épicée, 199, *199*
Crevettes à la sauce aux haricots aillée, 198, *198*
Crevettes au caramel à la vietnamienne, 188, *188*, **188**
Crevettes au lemon-grass thaïlandaises, 183, *183*
Crevettes au miel, 256, *256*
Crevettes au piment doux, 180, *180*, **180**
Crevettes aux épices, 98, *98*
Crevettes et nouilles sautées du Séchouan, 200, *200*
Crevettes frites au ponzu à la japonaise, 237, *237*
Crevettes poivre et sel, 228, *228*
Crevettes san choy bau, 197, *197*
Crevettes sautées du Séchouan, 188
Curry de crevettes à la noix de coco, 93, *93*
Curry jungle de crevettes, 74, *74*
Curry vert de crevettes aux nouilles sautées, 196
Feuilles de bananier aux crevettes à la vapeur, 275, *275*
Laksa aux crevettes, 24, *24*
Omelette aux crevettes, 194, *194*
Pakoras épicés aux crevettes, 255, *255*
Pâte de crevettes, **25**
Raviolis au porc et aux crevettes à la vapeur, 282, *282*, **282**
Raviolis aux crevettes, 290, *290*, **290**
Rouleaux de galette de riz aux crevettes, 292, *292*
Salade de crevettes à l'ail et au gingembre, 186, *186*
Salade de crevettes au lime kafir, 202
Salade de vermicelle de riz aux crevettes, 202, *202*
Soupe aux crevettes aigre-piquante, 32, *32*
Soupe aux crevettes et au lait de coco, 29, *29*
Soupe aux wonton de crevettes à la noix de coco, 48, *48*, **48**
Tempura de crevettes, 240, *240*, **240**
Toasts à la crevette, 258, *258*
Cuisine nonya, **65**
Cuisine sri lankaise, **88**
Cuisson à la vapeur 263-265
Cumin, 11
Sauté d'agneau au cumin, 132
Curry
Curry au potiron, 68-69
Curry de bœuf et de potiron thaï, 89, *89*
Curry de bœuf musaman à la thaïlandaise, 64, *64*
Curry de boulettes de poisson, 90, *90*
Curry de crabe, 91, *91*, **91**
Curry de crevettes à la noix de coco, 93, *93*
Curry de fruits de mer de Bali, 95, *95*
Curry de fruits de mer rouge léger, 63, *63*
Curry de nouilles mee, 85, *85*
Curry de poisson malais, 81, *81*
Curry de poisson sri lankais à la tomate, 88, *88*
Curry de poisson Thaï, 96
Curry de porc rouge Thaï aux mini-épis de maïs, 74
Curry de poulet salé de Malaisie, 65, *65*
Curry de poulet vert à la thaïlandaise, 69, *69*
Curry de tête de poisson malais, 70-71
Curry doux de poulet à la vietnamienne, 94, *94*, **94**
Curry indonésien de potiron et d'épinards, 84
Curry jaune de légumes, 77, *77*
Curry jaune de poisson, 2
Curry jungle de crevettes, 74, *74*
Curry rouge de bœuf aux aubergines thaïes, 60, *60*
Curry rouge de poulet et d'aubergine, 80
Curry sec de bœuf à l'indonésienne, 78-79
Curry Thaï de canard à l'ananas, 96, *96*
Curry vert d'aubergines et de patates douces, 97, *97*
Curry vert de crevettes aux nouilles sautées, 196
Feuilles de curry, *18*

Mini-feuilletés au curry, 239, *238*
Pâte de curry chu chee, 57
Pâte de curry de Madras, 58
Pâte de curry de Vindaloo, 59
Pâte de curry du Balti, 58
Pâte de curry jaune thaïe, 57
Pâte de curry jungle, 59
Pâte de curry musaman, 59
Poudre de curry à poisson, **81**
Salade chaude de poulet au curry, 169, *169*
Soupe de poulet et de nouilles au curry, 33, *33*

**D**
Daikon, 18
Sauté de porc au daikon, 146
Dashi, **204**
Noix de Saint-Jacques aux nouilles soba et au dashi, 35, *35*, 204
Dim sum, 246

**E**
Échalotes frites croustillantes, 11, 281
Épices, 10-12
Agneau à l'indienne aux épices et au yaourt, 79, *79*
Amandes grillées au tamari et haricots verts épicés, 207, *207*
Bœuf aux épices asiatiques, 92
Chou-fleur aux épices et aux petits pois, 222
Crevettes à la sauce au tamarin épicée, 199, *199*
Crevettes aux épices, 98, *98*
Lanière de bœuf épicée poêlées à sec, 120, *120*
Pakoras épicés aux crevettes, 255, *255*
Ragoût d'agneau épicé à l'indienne, 68, *68*
Riz indien au ghee épicé, 72
Sauté d'agneau et d'aubergines aux épices, 131, *131*
Soupe de poulet épicée indonésienne, 34, *34*
Soupe vietnamienne épicée aux bœuf, au porc et aux nouilles, 26, *26*
Épinards, 115
Curry indonésien de potiron et d'épinards, 84
Sauté de bœuf aux épinards, 115, *115*
Sauté de patates douces aux épinards et aux châtaignes d'eau, 209, *209*

**F**
Feuille de bananier, 275
Feuilles de bananier aux crevettes à la vapeur, 275, *275*
Poisson en feuilles de bananier à la vapeur, 284, *284*, **284**
Feuille de lotus, 277
Papillotes de lotus au riz gluant et au porc, 268-269, *269*, **269**
Fourmis grimpant aux arbres, 151
Fruits de mer
Curry de fruits de mer de Bali, 95, *95*
Sauté de fruits de mer au basilic thaïlandais, 194
Soupe de fruits de mer combinée vietnamienne, 51, *51*

**G**
Gai lon (brocoli chinois), 18
Gai lon à la vapeur, **267**
Gai lon au gingembre, au citron vert et aux cacahuètes, 222, *222*
Porc laqué au gai lon, 134
Sauté chinois de bœuf au gai lon, 111, *111*
Galanga, 18
Soupe thaïe au poulet et au galanga, 27, *27*
Galette
Galettes coréennes, 232
Rouleaux de galette de riz aux crevettes, 292, *292*

# INDEX

Garam masala, 12, **75**, **239**
    Moules masala, 75, *75*
Gastronomie thaïlandaise, 32
Germes de soja, 107
    Germes de soja marinés à la coréenne, 217
Gingembre, 19, **242**
    Canard sauté à la sauce aux prunes et au gingembre, 159, *159*
    Coquilles Saint-Jacques au soja, au gingembre et aux oignons verts, *272*, 273
    Gai lon au gingembre, au citron vert et aux cacahuètes, 222, *222*
    Moules à la vapeur au lemon-grass et au gingembre, 273, *273*, **273**
    Poisson au gingembre thaïlandais et au beurre de coriandre, 271, *271*
    Poisson entier à la vapeur au gingembre, 278, *278*, **278**
    Poisson sauté au gingembre, 185
    Poulet à l'orange et au gingembre, 156, *156*
    Poulet à la vapeur au lemon-grass et au gingembre accompagné de légumes verts chinois, 279, *279*
    Poulet braisé au gingembre et à l'anis étoilé, 78, *78*
    Poulet sauté au citron et au gingembre, 172, *172*
    Riz au gingembre et aux oignons verts, 73
    Salade de crevettes à l'ail et au gingembre, 186, *186*
    Sauce aux oignons verts et au gingembre, 284
    Sauté de bœuf au gingembre, 123, *123*
    Sauté de poulet au gingembre et nouilles hokkien, 175, *175*
    Sauté thaïlandais au porc et au gingembre, 145, *145*
Gosht korma, 68
Gow gee, 247, *253*
Gyoza, 283, *283*

## H
Haricots de soja
    Sauté de bœuf teriyaki et de haricots de soja ,112, *112*
Haricot kilomètre, 19
    Haricots kilomètre pimentés aux nouilles, 216, *216*
    Porc thaïlandais aux haricots kilomètre, 138
    Sauté de bœuf aux haricots kilomètre et au basilic, 122, *122*

## I
Influence française sur la cuisine chinoise, **150**

## K
Kofta de chou-fleur, 256

## L
Lait de coco, 11
    Poulet indonésien au lait de coco, 90
    Soupe aux crevettes et au lait de coco, 29, *29*
Laksa, **24**
    Laksa aux crevettes, 24, *24*
    Laksa penang au poisson, 25, *25*
Larb, **177**
Légumes
    Champignons aux crevettes et aux légumes, 186
    Curry jaune de légumes, 77, *77*
    Légumes asiatiques et tofu à la sauce teriyaki, 223, *223*
    Légumes braisés aux noix de cajou, 215, *215*
    Légumes sautés, 208, *208*
    Omelette aux algues nori et aux légumes sautés, 212, *212*
    Pakoras de légumes, 244, *244*
    Poulet à la vapeur au lemon-grass et au gingembre accompagné de légumes verts chinois, 279, *279*
    Poulet au légumes verts chinois et sauce de soja aux champignons, 268, *268*
    Raviolis aux légumes, 266, *266*
    Rouleaux de légumes à la vapeur, 294, *294*
    Rouleaux de légumes croustillants, 254 , *254*
    Soupe de nouilles ramen au porc laqué et aux légumes verts, 47, *47*
    Soupe japonaise aux légumes et nouilles ramen, 28, *28*
    Tempura de légumes, 241, *241*
Lemon-grass, 19, 26, **113**
    Bœuf au lemon-grass, 113, *113*
    Crevettes au lemon-grass thaïlandaises, 183, *183*
    Moules à la vapeur au lemon-grass et au gingembre, 273, *273*
    Poulet à la vapeur au lemon-grass et au gingembre accompagné de légumes verts chinois, 279, *279*
    Poulet sauté au lemon-grass, 168
    Riz au lemon grass et au citron vert, 73
Lime kafir
    Lime et feuilles de lime kafir, 19
    Salade de crevettes au lime kafir, 202
Liseron d'eau, 19
    Liserons d'eau en feu à la thaïe, 211, *211*, **211**
    Sauté de porc à la sauce aux haricots jaunes et aux liserons d'eau, 148

## M
Maïs
    Bouillon de nouilles au crabe et au maïs, 45, *45*
    Crêpes de maïs, 248, *248*
    Curry de porc rouge Thaï aux mini-épis de maïs, 74
    Soupe chinoise au poulet et au maïs, 37, *37*
    Soupe de nouilles ramen au porc et au maïs, 38, *38*
Ma por tofu, 137, *137*, **137**
Mee krob, **233**
Menthe
    Menthe vietnamienne, **19**
    Sauté d'agneau à la menthe, 125, *125*
Miel, **167**
    Crevettes au miel, 256, *256*
    Poulet au miel, 167, *167*
Mini-épis de maïs, 215
    Curry de porc rouge Thaï aux mini-épis de maïs, 74
    Sauté de porc, d'asperges et de mini-épis de maïs, 148, *148*
Moules, 67
    Bouillon thaïlandais aux moules, 44, *44*
    Moules à la vapeur au lemon-grass et au gingembre, 273, *273*
    Moules au soja noir et coriandre, 67, *67*, **67**
    Moules masala, 75, *75*

## N
Nems
    Nems à la chinoise, 252, *252*, **252**
    Nems indonésiens, 236, *236*, **236**
Noix
    Noix confites, **258**
    Poulet aux noix et aux champignons de paille, 168, *168*
Noix de cajou
    Légumes braisés aux noix de cajou, 215, *215*
    Poulet thaïlandais à la confiture de piment et aux noix de cajou, 164, *164*
    Sauté de porc au potiron et aux noix de cajou, 138, *138*
    Sauté de poulet au basilic thaïlandais et aux noix de cajou, 174, *174*
    Tofu à la confiture de piment et aux noix de cajou, 221, *221*
Noix de coco, 63
    Crevettes à la noix de coco et leur sauce au piment, 245, *245*
    Curry de crevettes à la noix de coco, 93, *93*
    Lassi à la noix de coco et au citron vert, **97**
    Riz coco indonésien, 72

Soupe aux wonton de crevettes à la noix de coco, 48, *48*, **48**
Noix de Saint-Jacques
    Noix de Saint-Jacques à la pâte de soja pimentée, 203, *203*
    Noix de Saint-Jacques à la sauce de soja noir, 183
    Noix de Saint-Jacques aux nouilles soba et au dashi, 35, *35*
    Noix de Saint-Jacques aux pois mangetout, 196, *196*
    Raviolis aux noix de Saint-Jacques et aux pousses de pois mangetout, 280, *280*, **280**
Nouilles **16-17**
    Agneau à l'ail, aux champignons et aux nouilles, 130, *130*
    Agneau aux nouilles et à la sauce aigre, 127, *127*
    Bouillon de nouilles au crabe et au maïs, 45, *45*
    Boulettes au porc et aux nouilles à la sauce au piment douce, 251, *251*
    Calmar pimenté aux nouilles hokkien, 195, *195*
    Canard chinois rôti aux nouilles de riz, 162, *162*, **162**
    Crevettes et nouilles sautées du Séchouan, 200, *200*
    Curry de nouilles mee, 85, *85*
    Curry vert de crevettes aux nouilles sautées, 196
    Dégustation de nouilles, *28*
    Haricots kilomètre pimentés aux nouilles, 216, *216*
    Noix de Saint-Jacques aux nouilles soba et au dashi, 35, *35*
    Nouilles au porc à la sauce aux haricots brune, 152, *152*
    Nouilles aux quatre champignons, 204, *204*
    Nouilles de blé et poisson au soja noir, 189, *189*
    Nouilles de Singapour, 170, *170*, **170**
    Nouilles frites, 233, *233*
    Nouilles sautées à l'indonésienne, 154, *154*
    Nouilles Shanghai au porc, 139, *139*
    Nouilles végétariennes bouddhistes, 206, *206*
    Poêlée de nouilles udon, 212
    Poêlée de tofu et de nouilles aux cacahuètes, 210
    Poisson aigre-doux et nouilles hokkien, 182, *182*
    Poulet teriyaki aux nouilles japonaises,155, *155*
    Salade de nouilles au thé vert à l'agneau et à la tomate, 133, *133*
    Salade de nouilles thaïlandaise au porc, 140, *140*
    Sauté de nouilles au boeuf à la coréenne, 110
    Sauté de nouilles au bœuf thaï, 108, *108*
    Sauté de porc et de nouilles hokkien, 141, *141*
    Sauté de poulet au gingembre et nouilles hokkien, 175, *175*
    Soupe aux crevettes et au lait de coco, 29, *29*
    Soupe chinoise de nouilles longues et courtes, 50, *50*
    Soupe claire chinoise aux boulettes de porc et aux nouilles, 41, *41*
    Soupe de canard aux cinq épices et aux nouilles somen, 49, *49*
    Soupe de nouilles aigre-piquante chinoise, 46, *46*
    Soupe de nouilles au bœuf du Séchouan, 43, *43*
    Soupe de nouilles au poulet, 27
    Soupe de nouilles aux boulettes de poisson, 36, *36*
    Soupe de nouilles ramen au porc et au maïs, 38, *38*
    soupe de nouilles vietnamienne au poisson, 32
    Soupe de poulet et de nouilles au curry, 33, *33*
    Soupe de Shanghai au poulet et aux nouilles, 42, *42*
    Soupe japonaise aux légumes et nouilles ramen, 28, *28*
    Soupe japonaise miso aux nouilles et au poulet, 30, *30*
    Soupe thaïlandaise de nouilles de riz au canard, 39, *39*
    Soupe vietnamienne épicée au bœuf, au porc et au nouilles, 26, *26*
Nuoc mam, 12

## O

Œufs du gendre, 232, *232*
Oignon, 119
    Agneau aux oignons verts, 129, *129*
    Coquilles Saint-Jacques au soja, au gingembre et aux oignons verts, 273, *273*, **273**
    Oignon frit, **245**
    Raviolis au porc et aux oignons verts, 287, *287*, **287**
    Riz au gingembre et aux oignons verts, 73
    Sauce aux oignons verts et au gingembre, 284
Omelette
    Omelette aux algues nori et aux légumes sautés, 212, *212*
    Omelette aux crevettes, 194, *194*

## P

Pak-choi, **208**
    Espadon au pak-choi, 198
    Pak-choi braisé, 204, *204*
    Sauté de Pak-choi à la sauce d'huître, 220
    Tofu sauté au pak-choi, 207
Pakoras, **255**
    Pakoras de légumes, 244
    Pakoras épicés aux crevettes, 255, *255*
Pancit canton, 192
Patate douce
    Curry vert d'aubergines et de patates douces, 97, *97*
    Sauté de patates douces aux épinards et aux châtaignes d'eau, 209, *209*
Pâte
    Pâte à gow gee, pâte à wonton, pâte de riz, **15**
    Pâte de crevettes, **25**
    Pâte miso blanche, 267
    Pâte de piment forte, **87**
    Pâte de sésame chinoise, **292**
    Pâte de wasabi, 15, **241**
Pâte de curry, 163
    Pâte de curry chu chee, 57
    Pâte de curry de Madras, 58
    Pâte de curry de Vindaloo, 59
    Pâte de curry du Balti, 58
    Pâte de curry jaune thaïe, 57
    Pâte de curry jungle, 59
    Pâte de curry musaman, 59
    Pâte de curry rouge thaï, 56
    Pâte de curry thaïlandais, 163, **163**
    Pâte de curry végétarienne chu chee, 63, **63**
    Pâte de curry vert thaï, 56
Pâte de soja
    Aubergine à la pâte de soja pimentée, 208
    Feuilles de pâte de soja, **254**
    Noix de Saint-Jacques à la pâte de soja pimentée, 203, *203*
    Sauté de bœuf et de pâte de soja pimentée, 122
Petit pois
    Chou-fleur aux épices et aux petits pois, 222
Petits poulpes sautés, 187, *187*
Perles, 288, *288*, **289**
Phad thaï, 134, *134*
    Phad thaï végétarien, 219, *219*
Pho, **40**
    Pho au bœuf, 40, *40*
Piment, 18
    Agneau au soja pimenté, 130
    Aubergine à la pâte de soja pimentée, 208
    Bœuf au piment et aux prunes, 117, *117*
    Bœuf au piment, 104, *104*
    Calmar au piment doux, 200
    Calmar pimenté aux nouilles hokkien, 195, *195*
    Confiture de piment, 87
    Crabe au piment, 191, *191*, **191**
    Crevettes à la noix de coco et leur sauce au piment, 245, *245*
    Crevettes au piment doux, 180, *180*, **180**

# INDEX

Croquettes de poisson à la thaïlandaise, 230, *230*, **230**
Haricots kilomètre pimentés aux nouilles, 216, *216*
Noix de Saint-Jacques à la pâte de soja pimentée, 203, *203*
Pâte de piment forte, 87
Poisson entier à la vapeur au piment, à l'ail et au citron vert, 286, *286*
Potiron au piment, 216
Poulet sauté au piment doux, 165, *165*
Sauce au piment frit, **141**
Sauce de poisson pimenté thaïlandais, **295**
Tofu à la confiture de piment et aux noix de cajou, 221, *221*

Poêlée
    Poêlée de champignons chinois, 214
    Poêlée de champignons et de châtaignes d'eau, 217, *217*
    Poêlée de nouilles udon, 212
    Poêlée de tempeh, 214, *214*
    Poêlée de tofu et de nouilles aux cacahuètes, 210

Poireau
    Sauté d'agneau aux poireaux, 126
    Poulet sauté aux graines de sésame et aux poireaux, 166, *166*

Pois mangetout
    Germes de pois mangetout, 157, **157**
    Noix de Saint-Jacques aux pois mangetout, 196, *196*
    Poulet sauté aux germes de pois mangetout, 157, *157*
    Raviolis aux noix de Saint-Jacques et aux pousses de pois mangetout, 280, *280*, **280**
    Sauté de bœuf aux pois mangetout, 110, *110*
    Sauté de poulet aux pois mangetout, 171, *171*
    Sauté de tofu aux pois mangetout et aux champignons, 220, *220*

Poisson
    Croquettes de poisson à la thaïlandaise, 230
    Curry de poisson malais, 81, *81*
    Curry de poisson sri lankais à la tomate, 88, *88*
    Curry de poisson Thaï, 96
    Curry de tête de poisson malais, 70-71
    Curry jaune de poisson, 92, *92*
    Gâteaux de poisson à la vapeur, 294
    Laksa penang au poisson, 25, *25*
    Nouilles de blé et poisson au soja noir, 189, *189*
    Poisson à la sauce de soja noir à la vapeur, 295, *295*
    Poisson à la vapeur, 267, *267*
    Poisson aigre-doux et nouilles hokkien, 182, *182*
    Poisson au gingembre thaïlandais et au beurre de coriandre, 271, *271*
    Poisson au thé au jasmin, 284
    Poisson en feuilles de bananier à la vapeur, 284, *284*, **284**
    Poisson entier à la vapeur au gingembre, 278, *278*, **278**
    Poisson entier à la vapeur au piment, à l'ail et au citron vert, 286, *286*
    Poisson frit dans sa sauce au tamarin, 231, *231*
    Poisson parfumé à la vapeur façon cambodgienne, 288, *288*, **288**
    Poisson sauté au gingembre, 185
    Sauté de poisson au concombre, 193, *193*
    Soupe de nouilles aux boulettes de poisson, 36, *36*
    soupe de nouilles vietnamienne au poisson, 32

Poivre
    Bœuf au poivre à l'asiatique, 106, *106*
    Calmar au poivre vert, 192, *192*
    Calmar au sel et poivre, 185, *185*, **185**
    Crabe au poivre de Singapour, 184, *184*, **184**
    Crevettes poivre et sel, 228, *228*
    Cubes de tofu poivre et sel, 237
    Poulet sauté au poivre du Séchouan, 173, *173*
    Sauté de calmar à la coriandre, au poivre et au vermicelle transparent, 181, *181*
    Sauté de poulet au poivre, 154

Sauté thaïlandais de porc et de champignons au poivre, 144, *144*

Poivron
    Bœuf à l'ail et au poivron rouge, 104
    Poivron farci, 259, *259*

Porc
    Boulettes au porc et aux nouilles à la sauce au piment douce, 251, *251*
    Brioches au porc à la vapeur, 270, *270*
    Crêpes vietnamiennes au porc, aux crevettes et au vermicelle, 150, *150*
    Curry de porc rouge Thaï aux mini-épis de maïs, 74
    Filet de porc à la sauce de soja noir, 152
    Hachis de porc cambodgien aux aubergines, 137
    Nouilles au porc à la sauce aux haricots brune, 152, *152*
    Nouilles Shanghai au porc, 139, *139*
    Papillotes de lotus au riz gluant et au porc, 268-269, *269*, **269**
    Poitrine de porc rouge, 60-61
    Porc à l'aigre-douce, 228, *228*, **228**
    Porc à la sauce aux prunes et au choy sum, 149, *149*
    Porc au sésame, 137, *137*
    Porc doux à la thaïlandaise, 70, *70*
    Porc laqué au gai lon, 134
    Porc laqué chinois, **11**, **47**
    Porc mu shu, 142, *142*, **142**
    Porc thaïlandais aux haricots kilomètre, 138
    Porc vindaloo, 84, *84*, **84**
    Raviolis au porc et aux châtaignes d'eau à la vapeur, 293, *293*, **293**
    Raviolis au porc et aux crevettes à la vapeur, 282, *282*, **282**
    Raviolis au porc et aux oignons verts, 287, *287*, **287**
    Rouelle de porc braisée à la nord-vietnamienne, 66, *66*
    Salade de nouilles thaïlandaise au porc, 140, *140*
    Sauté de porc à la sauce aux haricots jaunes et aux liserons d'eau, 148
    Sauté de porc au daikon, 146
    Sauté de porc au potiron et aux noix de cajou, 138, *138*
    Sauté de porc aux cinq épices, 146, *146*
    Sauté de porc et de nouilles hokkien, 141, *141*
    Sauté de porc et de potiron au caramel, 153, *153*
    Sauté de porc laqué aux brocolis, 147, *147*
    Sauté de porc, d'asperges et de mini-épis de maïs, 148, *148*
    Sauté japonais de porc et de chou, 144
    Sauté thaïlandais au porc et au gingembre, 145, *145*
    Sauté thaïlandais de porc et de champignons au poivre, 144, *144*
    Soupe claire chinoise aux boulettes de porc et aux nouilles, 41, *41*
    Soupe de nouilles ramen au porc et au maïs, 38, *38*
    Soupe de nouilles ramen au porc laqué et aux légumes verts, 47, *47*
    Soupe vietnamienne épicée au bœuf, au porc et au nouilles, 26, *26*
    Travers de porc yum cha à la vapeur à la sauce de soja noir, 282

Potiron
    Curry au potiron, 68-69
    Curry de bœuf et de potiron thaï, 89, *89*
    Curry indonésien de potiron et d'épinards, 84
    Potiron au piment, 216
    Sauté de porc au potiron et aux noix de cajou, 138, *138*
    Sauté de porc et de potiron au caramel, 153, *153*
    Soupe thaïlandaise au potiron et à la noix de coco, 38

Poulet
    Ailes de poulet farcies thaïes, 235, *235*, **235**
    Boulettes de poulet frites, 257, *257*
    Coupes de salade au poulet, 170

Coussins de riz au poulet et aux champignons, 242, *242*
Curry de poulet salé de Malaisie, 65, *65*
Curry de poulet vert à la thaïlandaise, 69, *69*
Curry doux de poulet à la vietnamienne, 94, *94*, **94**
Curry rouge de poulet et d'aubergine, 80
Karaage de poulet, 230
Poulet à l'orange et au gingembre, 156, *156*
Poulet à la coriandre et au citron vert, 172
Poulet à la vapeur à la chinoise et riz en feuilles de lotus, 277, *277*
Poulet à la vapeur au lemon-grass et au gingembre accompagné de légumes verts chinois, 279, *279*
Poulet au basilic thaïlandais, 160, *160*
Poulet au beurre, 61, *61*, **61**
Poulet au citron, 250, *250*, **250**
Poulet au légumes verts chinois et sauce de soja aux champignons, 268, *268*
Poulet au miel, 167, *167*
Poulet aux amandes et aux asperges, 156
Poulet aux amandes, 156, **156**
Poulet aux champignons, 291, *291*
Poulet aux noix et aux champignons de paille, 168, *168*
Poulet braisé au gingembre et à l'anis étoilé, 78, *78*
Poulet chow mein, 161, *161*
Poulet croustillant et son sel au cinq-épices, 260, *260*
Poulet du général Tso, 176, *176*
Poulet du Séchouan, 71, *71*
Poulet indonésien au lait de coco, 90
Poulet kung pao, 159, *159*
Poulet nonya au citron vert, 76-77
Poulet sauté au citron et au gingembre, 172, *172*
Poulet sauté au lemon-grass, 168
Poulet sauté au piment doux, 165, *165*
Poulet sauté au poivre du Séchouan, 173, *173*
Poulet sauté aux asperges, 160
Poulet sauté aux germes de pois mangetout, 157, *157*
Poulet sauté aux graines de sésame et aux poireaux, 166, *166*
Poulet teriyaki aux nouilles japonaises, 155, *155*
Poulet thaïlandais à la confiture de piment et aux noix de cajou, 164, *164*
Salade chaude de poulet au curry, 169, *169*
Salade de poulet haché thaïlandaise, 177, *177*
Sauté de poulet au basilic thaïlandais et aux noix de cajou, 174, *174*
Sauté de poulet au gingembre et nouilles hokkien, 175, *175*
Sauté de poulet au poivre, 154
Sauté de poulet au satay, 163, *163*
Sauté de poulet aux pois mangetout, 171, *171*
Sauté de poulet laqué à la sauce hoisin, 164
Soupe chinoise au poulet et au maïs, 37, *37*
soupe de nouilles au poulet, 27
soupe de poulet aigre à la cambodgienne, 44
soupe de poulet aigre-douce thaïlandaise, 42
Soupe de poulet épicée indonésienne, 34, *34*
Soupe de poulet et de nouilles au curry, 33, *33*
Soupe de Shanghai au poulet et aux nouilles, 42, *42*
Soupe japonaise miso aux nouilles et au poulet, 30, *30*
Soupe thaïe au poulet et au galanga, 27, *27*
Yakiudon au poulet, 166
Pousses de bambou, **10**
Bœuf et pousses de bambou à la vietnamienne, 118, *118*
Protocole chinois, **105**

## R

Ragoût
Ragoût d'agneau épicé à l'indienne, 68, *68*
Ragoût de bœuf hoisin, 80, *80*

Raita, **244**
Raita au concombre, 86
Raviolis
Raviolis au porc et aux châtaignes d'eau à la vapeur, 293, *293*, **293**
Raviolis au porc et aux crevettes à la vapeur, 282, *282*, **282**
Raviolis au porc et aux oignons verts, 287, *287*, **287**
Raviolis aux crevettes, 290, *290*, **290**
Raviolis aux légumes, 266, *266*
Raviolis aux noix de Saint-Jacques et aux pousses de pois mangetout, 280, *280*, **280**
Raviolis de Shangai, 276, *276*, **276**
Riz
Coussins de riz au poulet et aux champignons, 242, *242*
Papillotes de lotus au riz gluant et au porc, 268-269, *269*, **269**
Poulet à la vapeur à la chinoise et riz en feuilles de lotus, 277, *277*
Riz au gingembre et aux oignons verts, 73
Riz au lemon grass et au citron vert, 73
Riz au safran, 72-73
Riz au tamarin, **180**
Riz coco indonésien, 72
Riz cuit à la vapeur, 163, **163**
Riz frit au bœuf et à l'ananas, 179
Riz frit chinois, 179
Riz frit indien, 178
Riz frit végétarien thaïlandais, 178
Riz frit, 178
Riz indien au ghee épicé, 72
Rouleaux de galette de riz aux crevettes, 292, *292*
Vermicelle de riz à l'agneau et aux cacahuètes, 128, *128*
Rouleaux
Rouleaux de galette de riz aux crevettes, 292, *292*
Rouleaux de légumes à la vapeur, 294, *294*
Rouleaux de légumes croustillants, 254, *254*
Sachets d'argent, 249, *249*

## S

Safran
Riz au safran, 72-73
Salade
Calmars frits et salade de vermicelle, 234, *234*
Coupes de salade au poulet, 170
Salade chaude de poulet au curry, 169, *169*
Salade d'agneau chaude, 126, *126*
Salade de bœuf thaïe, 107, *107*
Salade de crevettes à l'ail et au gingembre, 186, *186*
Salade de crevettes au lime kafir, 202
Salade de nouilles au thé vert à l'agneau et à la tomate, 133, *133*
Salade de nouilles thaïlandaise au porc, 140, *140*
Salade de poulet haché thaïlandaise, 177, *177*
Salade de vermicelle de riz aux crevettes, 202, *202*
Sambal, **13**, **190**
Calmars au sambal indonésiens, 190
Samosas 239, 238
San choy bau, 135, *135*, **135**
Crevettes san choy bau, 197, *197*
Satay, **124**
Poulet au satay, 163, 163
Sauce satay, 169, **169**
Sauce aigre
Agneau aux nouilles et à la sauce aigre, 127, *127*
Soupe de poulet aigre à la cambodgienne, 44
Sauce aigre-douce
Poisson aigre-doux et nouilles hokkien, 182, *182*

# INDEX

Porc à l'aigre-douce, 228, *228*, **228**
Soupe de poulet aigre-douce thaïlandaise, 42
Tofu à l'aigre-douce, 218, *218*
Sauce aigre-piquante
    Soupe de nouilles aigre-piquante chinoise, 46, *46*
Sauce au piment
    Agneau au soja pimenté, 130
    Boulettes au porc et aux nouilles à la sauce au piment douce, 251, *251*
    Crevettes à la noix de coco et leur sauce au piment, 245, *245*
    Sauce au piment douce, **257**
    Sauce au piment frit, 141, **141**
Sauce au tamarin
    Crevettes à la sauce au tamarin épicée, 199, *199*
    Poisson frit dans sa sauce au tamarin, 231, *231*
Sauce aux haricots aillée
    Crevettes à la sauce aux haricots aillée, 198, *198*
Sauce aux haricots brune
    Nouilles au porc à la sauce aux haricots brune, 152, *152*
Sauce aux haricots jaunes
    Sauté de porc à la sauce aux haricots jaunes et aux liserons d'eau, 148
Sauce aux prunes, **149**
    Porc à la sauce aux prunes et au choy sum, 149, *149*
    Canard sauté à la sauce aux prunes et au gingembre, 159, *159*
Sauce de poisson pimentée thaïlandaise, **295**
Sauce de soja, **202**
    Bœuf chinois à la sauce de soja noir, 106
    Filet de porc à la sauce de soja noir, 152
    Noix de Saint-Jacques à la sauce de soja noir, 183
    Nouilles de blé et poisson au soja noir, 189, *189*
    Poisson à la sauce de soja noir à la vapeur, 295, *295*
    Tofu à la sauce de soja noir, 213, *213*
    Travers de porc yum cha à la vapeur à la sauce de soja noir, 282
Sauce de soja aux champignons
    Poulet au légumes verts chinois et sauce de soja aux champignons, 268, *268*
Sauce d'huître, **13**
    Bœuf chinois et asperges à la sauce d'huître, 105, *105*
    Sauté d'agneau à la sauce d'huître, 128
    Sauté de pak-choi à la sauce d'huître, 220
Sauce hoisin, **12**
    Ragoût de bœuf hoisin, 80, *80*
    Sauté de poulet laqué à la sauce hoisin, 164
Sauce teriyaki
    Légumes asiatiques et tofu à la sauce teriyaki, 223, *223*
Sauce vietnamienne traditionnelle, **285**
Sauté
    Agneau au satay, 124, *124*
    Sauté chinois de bœuf au gai lon, 111, *111*
    Sauté d'agneau à la menthe, 125, *125*
    Sauté d'agneau à la sauce d'huître, 128
    Sauté d'agneau au cumin, 132
    Sauté d'agneau aux poireaux, 126
    Sauté d'agneau et d'aubergines aux épices, 131, *131*
    Sauté de bœuf au gingembre, 123, *123*
    Sauté de bœuf aux épinards, 115, *115*
    Sauté de bœuf aux feuilles de chêne, 119, *119*
    Sauté de bœuf aux haricots kilomètre et au basilic, 122, *122*
    Sauté de bœuf aux pois mangetout, 110, *110*
    Sauté de bœuf aux shiitake, 117
    Sauté de bœuf aux tangerines, 108
    Sauté de bœuf bulgogi à la coréenne, 118
    Sauté de bœuf et de pâte de soja pimentée, 122
    Sauté de bœuf grésillant à la chinoise, 120, *120*, **120**
    Sauté de bœuf rapide, 109, *109*
    Sauté de bœuf teriyaki et de haricots de soja, 112, *112*
    Sauté de calmar à la coriandre, au poivre et au vermicelle transparent, 181, *181*
    Sauté de fruits de mer au basilic thaïlandais, 194
    Sauté de nouilles au boeuf à la coréenne, 110
    Sauté de nouilles au bœuf thaï, 108, *108*
    Sauté de Pak-choi à la sauce d'huître, 220
    Sauté de poisson au concombre, 193, *193*
    Sauté de porc à la sauce aux haricots jaunes et aux liserons d'eau, 148
    Sauté de porc au daikon, 146
    Sauté de porc au potiron et aux noix de cajou, 138, *138*
    Sauté de porc aux cinq épices, 146, *146*
    Sauté de porc et de nouilles hokkien, 141, *141*
    Sauté de porc et de potiron au caramel, 153, *153*
    Sauté de porc laqué aux brocolis, 147, *147*
    Sauté de porc, d'asperges et de mini-épis de maïs, 148, *148*
    Sauté de poulet au basilic thaïlandais et aux noix de cajou, 174, *174*
    Sauté de poulet au gingembre et nouilles hokkien, 175, *175*
    Sauté de poulet au poivre, 154
    Sauté de poulet au satay, 163, *163*
    Sauté de poulet aux pois mangetout, 171, *171*
    Sauté de poulet laqué à la sauce hoisin, 164
    Sauté de tofu aux pois mangetout et aux champignons, 220, *220*
    Sauté japonais de porc et de chou, 144
    Sauté thaïlandais au porc et au gingembre, 145, *145*
    Sauté thaïlandais de porc et de champignons au poivre, 144, *144*
Séchouan, 200
    Aromates du Séchouan, 71
    Crevettes et nouilles sautées du Séchouan 200, *200*
    Poulet du Séchouan, 71, *71*
    Poulet sauté au poivre du Séchouan, 173, *173*
    Soupe de nouilles au bœuf du Séchouan, 43, *43*
Sel
    Calmar au sel et poivre, 185, *185*, **185**
    Crevettes poivre et sel, 228, *228*
    Cubes de tofu poivre et sel, 237
Sésame, **256**
    Huile de sésame, **13**
    Porc au sésame, 137, *137*
    Poulet sauté aux graines de sésame et aux poireaux, 166, *166*
Shiitake, 291
    Sauté de bœuf aux shiitake, 117
    Shiitake farcis, 274, *274*
Soja
    Bœuf indonésien braisé au soja, 99, *99*
    Coquilles Saint-Jacques au soja, au gingembre et aux oignons verts, 273, *273*, **273**
    Moules au soja noir et coriandre, 67, *67*, **67**
    Tofu au soja à la vapeur, 281, *281*
Soto ayam, **34**
Soupe
    Soupe aux crevettes aigre-piquante, 32, *32*
    Soupe aux crevettes et au lait de coco, 29, *29*
    Soupe aux huit trésors, 31, *31*
    Soupe aux wonton de crevettes à la noix de coco, 48, *48*, **48**
    Soupe chinoise au poulet et au maïs, 37, *37*
    Soupe chinoise de nouilles longues et courtes, 50, *50*
    Soupe claire chinoise aux boulettes de porc et aux nouilles, 41, *41*
    Soupe composée chinoise, 30
    Soupe de fruits de mer combinée vietnamienne, 51, *51*

Soupe de nouilles aigre-piquante chinoise, 46, *46*
Soupe de nouilles au bœuf du Séchouan, 43, *43*
Soupe de nouilles au poulet, 27
Soupe de nouilles aux boulettes de poisson, 36, *36*
Soupe de nouilles ramen au porc et au maïs, 38, *38*
Soupe de nouilles ramen au porc laqué et aux légumes verts, 47, *47*
Soupe de nouilles vietnamienne au poisson, 32
Soupe de poulet aigre à la cambodgienne, 44
Soupe de poulet aigre-douce thaïlandaise, 42
Soupe de poulet épicée indonésienne, 34, *34*
Soupe de poulet et de nouilles au curry, 33, *33*
Soupe de Shanghai au poulet et aux nouilles, 42, *42*
Soupe japonaise aux légumes et nouilles ramen, 28, *28*
Soupe japonaise miso aux nouilles et au poulet, 30, *30*
Soupe miso rapide, 49
Soupe sukiyaki, 50
Soupe thaïe au poulet et au galanga, 27, *27*
Soupe thaïlandaise à la citrouille et à la noix de coco, 38
Soupe thaïlandaise de nouilles de riz au canard, 39, *39*
Soupe vietnamienne épicée au bœuf, au porc et au nouilles, 26, *26*
Soupes aigres-piquantes, 46

**T**

Tamari, **15**
Amandes grillées au tamari et haricots verts épicés, 207, *207*
Tamarin, **15, 62**
Bœuf au tamarin, 62, *62*
Poisson frit dans sa sauce au tamarin, 231, *231*
Riz au tamarin, **180**
Tempeh, **210**
Aubergines au tempeh, 210, *210*
Poêlée de tempeh, 214, *214*
Tempura
Tempura de crevettes, 240, *240*, **240**
Tempura de légumes, 241, *241*
Teriyaki, **112**
Légumes asiatiques et tofu à la sauce teriyaki, 223, *223*
Poulet teriyaki aux nouilles japonaises, 155, *155*
Sauté de bœuf teriyaki et de haricots de soja, 112, *112*

Tofu, **15**
Cubes de tofu poivre et sel, 237
Légumes au tofu asiatiques à la sauce teriyaki, 223, *223*
Poêlée de tofu et de nouilles aux cacahuètes, 210
Sauté de tofu aux pois mangetout et aux champignons, 220, *220*
Tofu à l'aigre-douce, 218, *218*
Tofu à la confiture de piment et aux noix de cajou, 221, *221*
Tofu à la sauce de soja noir, 213, *213*
Tofu agedashi, 240
Tofu au soja à la vapeur, 281, *281*
Tofu mariné, 204
Tofu sauté au pak-choi, 207
Tomate
Curry de poisson sri lankais à la tomate, 88, *88*
Salade de nouilles au thé vert à l'agneau et à la tomate, 133, *133*

**V**

Vermicelle, **16**
Calmars frits et salade de vermicelle, 234, *234*
Crêpes vietnamiennes au porc, aux crevettes et au vermicelle, 150, *150*
Salade de vermicelle de riz aux crevettes, 202, *202*
Sauté de calmar à la coriandre, au poivre et au vermicelle transparent, 181, *181*
soupe chinoise à l'agneau, au vermicelle transparent et à la ciboulette chinoise, 36
Vermicelle de riz à l'agneau et aux cacahuètes, 128, *128*
Vietnam, 66

**Y**

Yakisoba, *114*, **114**
Yakiudon au poulet, 166
Yaourt, **79**
Agneau à l'indienne aux épices et au yaourt, 79, *79*
Yum cha, 246
Travers de porc yum cha à la vapeur à la sauce de soja noir, 282
Yum woon sen, 140

# REMERCIEMENTS

PRÉPARATION DES PLATS : Alison Adams, Michelle Lawton, Valli Little, Ben Masters, Liz Nolan, Kim Passenger, Justine Poole, Christine Sheppard, Angela Tregonning.

PHOTOGRAPHIES : Cris Cordeiro, Craig Cranko, Joe Filshie, Roberto Jean Francois, Ian Hofstetter, Andre Martin, Luis Martin, Rob Reichenfeld, Brett Stevens.

STYLISME : Marie-Hélène Clauzon, Sarah de Nardi, Georgina Dolling, Carolyn Fienberg, Mary Harris, Cherise Koch, Michelle Noerianto.

RECETTES : Alison Adams, Ruth Armstrong, Roslyn Anderson, Rekha Arnott, Julie Ballard, Vanessa Broadfoot, Rebecca Clancy, Judy Clarke, Ross Dobson, Michelle Earl, Sue Forster Wright, Kathleen Gandy, Sonia Greig, Jane Griffiths, Saskia Hay, Katy Holder, Malini Jayaganesh, Caroline Jones, Eva Katz, Kathy Knudsen, Jane Lawson, Valli Little, Barbara Lowery, Tracey Meharg, Kerrie Mullins, Kate Murdoch, Christine Osmond, Maria Papadopoulos, Sally Parker, Kim Passenger, Sarah Randell, John Skinner, Melita Smilovic, Margot Smithyman, Shauna Stockwell, Barbara Sweeney, Angela Tregonning, Jody Vassallo, Lovoni Welch.

L'éditeur tient à remercier, pour leur concours dans la réalisation des photographies : AEG Kitchen Appliances ; Artiques & Country ; Art of Tiles ; Bay Swiss ; Bertolli Olive Oil ; Breville Holdings Pty Ltd ; Chief Australia ; Country Road ; Exclusive Tiles ; Global Treasures ; Home Utopia ; Kitchen Aid ; Les Olivades ; Liebherr Refrigeration and Wine Cellars ; Made in Japan ; MEC-Kambrook Pty Ltd ; No Chintz ; Pacific East India Company ; Papaya Studio ; Regeneration Tiles ; Renditions Tiles ; R.M.S. Marble & Granite ; Sheldon & Hammond ; Southcorp Appliances ; Sunbeam Corporation Ltd ; Tree of Life.